文人陈独秀

石钟扬·著

人民文学出版社

图书在版编目(CIP)数据

文人陈独秀／石钟扬著．—北京：人民文学出版社，2015
ISBN 978-7-02-011114-5

Ⅰ．①文… Ⅱ．①石… Ⅲ．①陈独秀（1879～1942）—传记 Ⅳ．① K827 = 6

中国版本图书馆 CIP 数据核字（2015）第 193866 号

责任编辑　王一珂
责任校对　常　虹
装帧设计　李思安
责任印制　王景林

出版发行　人民文学出版社
社　　址　北京市朝内大街 166 号
邮政编码　100705
网　　址　http://www.rw-cn.com

印　　刷　三河市鑫金马印装有限公司
经　　销　全国新华书店等

字　　数　428 千字
开　　本　720 毫米×1020 毫米　1/16
印　　张　30.25　插页 12
印　　数　1—7000
版　　次　2015 年 10 月北京第 1 版
印　　次　2015 年 10 月第 1 次印刷

书　　号　978-7-02-011114-5
定　　价　52.00 元

如有印装质量问题，请与本社图书销售中心调换。电话：01065233595

·陈独秀

・1917年6月,北京大学中国哲学门第一次毕业摄影。前排右四为陈独秀,右五为蔡元培

·1918年6月,北京大学文科哲学门第二次毕业摄影。前排右三为陈独秀,右四位蔡元培

・1918年6月,北京大学文科国文门第四次毕业摄影。前排右二为陈独秀,右三为蔡元培

· 1922年，陈独秀在莫斯科

·1937年春,陈独秀摄于南京狱中

·1937年冬，出狱后的陈独秀

·晚年陈独秀

・1916年10月5日，陈独秀致胡适书信手迹（现藏中国社会科学院近代史研究所）

适之兄：

晓曙事已看清吗，我们在上海讨论几个晚上，力主君力先生向上用功夫。首先同意的就是言旧长问题，君城方面已有了答接治撤换，南言却方面，你们走子建议。高同卿都希望卓之仍然担任去长。若言之定不在此久，则安徽十丹教育，也到绝地。据任教育厅的他们，和他政见完全之同，但群仙字字通士形式。

吾兄等一文预十。我们假想请任君蔚之接任，同和已任教书，生本屋长。教科书更有极之必要，吾已供心考虑。便请你写信约他春夏一下。从旧日去，我们好了介绍见二三不识字的运会同人，介绍到这些建议。也可觉名。

独秀 四月也七

· 1921年4月27日，陈独秀致胡适书信手迹（现藏中国社会科学院近代史研究所）

金粉泪 五十六首

放棄燕雲戰馬豪 胡地臙夢
倚天長劍此分誰 未来無善夢
裹足之霜在渡邊
要人玩要新生活 貪吏難招財
国說家國興亡都小筏满堆車
着放風筝
滄堂仙堂一手来萬般沒大

·1934年，陈独秀在狱中诗作《金粉泪》手迹（现藏上海中共一大会址纪念馆）

孔子与中国

孔子说：「是知也。」「知之为知之，不知为不知」，这样老实的人们的言论，不能拿

现在的眼光所有的东西，便不应该反对我们对孔子的态度，我孔子有过有偏信，

在汉代知道的偏信之不，孔子一偏信之家和建国一制度。

家都神话过的，战国诗书发达，春秋三传周礼（见儒选注）孔子之思

换言之，大概教授排除他言论限于立品因功……

孔子与中国

陈独秀

初校已经好 叶仁荆

・1940年，陈独秀致黄粹伯
论音韵书信手迹

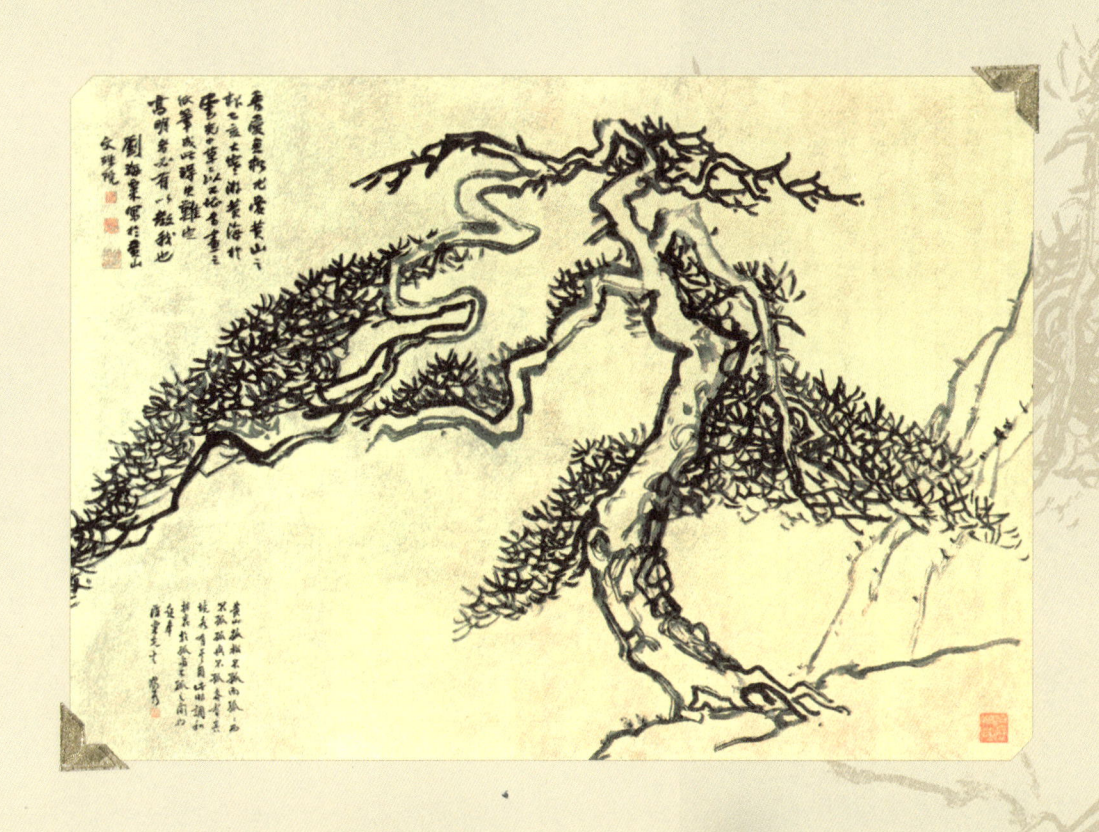

・1936年，陈独秀在狱中为刘海粟题画（现藏上海刘海粟纪念馆）

・1937年，陈独秀在狱中为
潘玉良题画

· 1937年，陈独秀在狱中为潘玉良题画

文人陈祸秀选

・题字：言恭达

目录

- 导　言·一世兴衰过眼明——陈独秀：一个人与一个时代的故事　001
- 第一章·站在高耸的塔上眺望——陈独秀与中国小说　071
- 第二章·从《惨世界》到《黑天国》——陈独秀的小说创作　109
- 第三章·笔底寒潮撼星斗——陈独秀与中国新诗　133
- 第四章·幸有艰难能炼骨——陈独秀与中国旧体诗　159
- 第五章·男子立身唯一剑——『陈仲甫体』与中国现代杂文　207
- 第六章·中国戏曲改革之先声——陈独秀与中国戏曲　241
- 第七章·书法由来见性真——陈独秀与中国书法艺术　261

- 第八章·曼殊善画工虚写——陈独秀与中国绘画艺术 285
- 第九章·骤雨旋风声满堂——陈独秀与『桐城谬种』 307
- 第十章·既开风气亦为师——陈独秀与胡适 345
- 第十一章·谁是五四时代的狂人——陈独秀与《狂人日记》及其他 405
- 外编·实庵自传 陈独秀 447
- 自跋·书的故事 461
- 再版后记 475
- 新版感言 479

·导 言·

一世兴衰过眼明——陈独秀：一个人与一个时代的故事

> 自来亡国多妖孽，
> 一世兴衰过眼明。
> 幸有艰难能炼骨，
> 依然白发老书生。
>
> ——陈独秀《金粉泪》之五十六

十多年前中国内地打造了一部影片，名曰《开天辟地》，让久违了的陈独秀以中共创始人的形象首登银幕，令人耳目一新。据说陈独秀之四子陈鹤年在香港看了激动不已，而其在大陆的三子陈松年却说父亲的形象不太像。

陈独秀的故人房秩五说，陈松年酷似乃父。他曾有诗悼陈，其间有云："季子音容犹仿佛"，并自注："君子松年言语笑貌酷似君。"[1] 知情者亦云不太像。

陈独秀到底为何种形象？

相信打开这本书的读者同我一样，很想见识见识一个活生生的陈独秀。而坊间流行的几部陈传（包括影片），似乎尚难满足人们的这种愿望。别无良法，只得借助当年亲见者的原始文字，或能见到一个更真实的陈独秀。

一、先睹为快：形象篇

◎ 汪原放笔下的陈独秀

1904年陈先生来办《俗话报》时，只有二十六岁。没有辫子，因为在日本留学时已经剪掉。怕惹人注目，所以又养，养得又不很长，又不能打辫，只好披着。[2]

《俗话报》即《安徽俗话报》。汪原放为陈之好友汪孟邹之侄，上海亚东图书馆的编辑，他这里所记的是陈独秀1904年初的形象。

◎ 张国焘笔下的陈独秀

陈先生曾是新文化运动的领袖，此时充当中国共产党的发起人，确实具有多方面的特长。他是中国当代的一位大思想家，好学深思，精力过人，通常每天上午和晚间是他阅读和写作的时候，下午则常与朋友们畅谈高论。他非常健谈，我住在他家里的这一段时间内，每当午饭后，如果没有别的客人打扰，他的话匣子便向我打开，往往要谈好几个钟头。他的谈吐不是学院式的，十分的引人入胜。他往往先提出一个假定，然后层出不穷的发问，不厌其烦地去求得他认为最恰当的答案。谈得起劲的时候，双目炯炯发光，放声大笑。他坚持自己的主张，不肯轻易让步，即不大显著的差异也不愿稍涉含混，必须说得清清楚楚才肯罢休。但遇到他没有考虑周到的地方，经人指出，他会立即坦率认错。他词锋犀利，态度严峻，像一股烈火似的，这和李大钊先生温和的性格比较起来，是一个极强烈的对照。[3]

这是中共建党初期的陈独秀形象。

·青年时期的陈独秀

◎ 彭述之笔下的陈独秀

陈独秀抵达莫斯科时，已是"不惑"之年：四十岁出头了。他中等身材，前额宽广，留有小胡子，牙齿整齐洁净，体态文雅，待人随和，但警惕性极高；眼神炯炯，闪耀着智慧之光，这就是他的充沛生命力。他的仪表确是与众不同，显然是一位大知识分子型。有时，他那悠然自得的眼神几近乎风流倜傥。

他是一位杰出的健谈者，在不拘形式的谈话中，顷刻间就能把对方征服。[4]

1922年11月初，陈独秀率中共代表团（仅三人）赴莫斯科参加第四次共产国际代表大会，前后居苏两个月。当时正在莫斯科东方大学学习的彭述之首次见到陈。

◎ 郑超麟笔下的陈独秀

　　袁庆云也是画家，他曾根据照相画了一幅陈独秀像，装了镜框，挂在我们东方大学寝室内。现在我觉得他画得很像，虽然真的陈独秀比画的陈独秀更苍老些。此时，陈独秀不过四十多岁，但头发已经稀少了。他身材中等，皮肤颇黑，眼睛斜起，说一口安庆话，笑时露出整齐的白牙齿。他不爱穿西装，第一次看见他时是长袍，马褂，呢帽，以后冬天常戴围巾，夏天则穿夏布长衫。这是全国革命的青年人所奉为导师的，又是道学先生所深恶痛绝的。关于他，当时已有许许多多神话和传说了。我现在亲眼看见了他，亲耳听了他说话。[5]

郑超麟所见的是刚从莫斯科归来的陈独秀，正好与彭述之所写的相衔接。《郑超麟回忆录》中还有一段文字回击吴稚晖对陈独秀父子三人的丑化（吴说，像他们这样的尊容再丑也没有了；王森然说，延年发倒生，几满额，吴稚晖称为妖孽）。郑说："陈独秀并不丑，没有见过他的人，可以看看《实庵自传》单行本封面上他的照片（亚东图书馆出版）。有一个女同志曾说他的眼睛是特别可爱的。乔年是个美男子……他的哥哥则与他相反，不很健康……但他并没有吴稚晖所形容的那种丑相。"[6]

◎ 徐志摩日记中的陈独秀

"新月派"诗人徐志摩《西湖游记》1923年10月16日日记有云：

　　昨夜散席后，又与适之去亚东书局，小坐，有人上楼，穿蜡黄西服，条子绒线背心，行路甚捷，帽沿下卷——颇似捕房"三等侦探"。适之起立为介绍，则仲甫也。彼坐我对面，我谛视其貌，发甚高，几在顶中，前额似斜坡，尤异者则其鼻梁之峻直，岐如眉脊，线画分明，若近代表现派仿非洲艺术所雕铜像，异相也。[7]

◎ 八七会议后的陈独秀

1927年八七会议撤销了陈独秀总书记的职务后，他避居武汉一条深巷的普通民房里，友人汪原放去看他。汪后来回忆说：

> 他正赤了膊，披了一大块白布做的汗巾，像一个拉大车的苦力，躺在竹榻上。……我和（黄）文容等三人伴送陈独秀回上海。陈独秀戴了风帽，装扮成一个病人，躺在上铺，吃饭也在舱内。船到九江，正值中秋，半夜以后，甲板上人少了，陈独秀出来凭栏赏了一会江月。一路上，陈独秀躺在床上很少开口，他经常喃喃自语的只有一句话："中国革命应该由中国人自己来领导。"……他那铁板的脸，紧闭的嘴角，显出倔强顽固的神态。[8]

◎ 记者笔下的陈独秀

> 陈为皖人，现年五十四岁，迩以多病貌甚清癯，唇蓄微髭，发已微斑，衣淡蓝色哔叽长衫，戴淡黄色呢帽。被拘入捕房后，捕头诘悉其有病，当派探送往工部局医院，旋经医生诊察得疟疾并不甚剧，认为尚可受鞫。[9]

这是陈独秀1932年10月15日被捕时，《申报》记者所撰《共产党首领陈独秀等被捕》中的一段，载1932年10月18日《申报》。

◎ 法庭上的陈独秀

> 检察官宣告后，首传陈独秀审讯，……陈两鬓已斑，须长寸许，面色红润，已无病容，四周瞻顾，态度自若。[10]

1933年4月14日，江苏高等法院借江宁地方法院（今夫子庙大市场）刑庭，开庭审讯陈独秀、彭述之等十一人，《国闻周报》第十卷第十七期载有记者所撰长篇报道《陈独秀案开审记》，上文为其中一段。

◎ 铁窗中的陈独秀

> 他谈话的神情一如往昔；背，被他的看东西望里钉的极锐利的目光带着向前稍勾一点，谈话时眼睛爱向上看，忽尔闭，忽尔睁的。他的一副眼睛，最能代表他的为人：钉则表示他看重事实，仰则是不断的向他的理想，一睁一闭显示着他遇事有决心。他的口才流利，幼年与人谈话往往终日不倦，戏谑杂出，一言不相投便嚷骂随之；朋友们爱他憎他都在这一点。因为他谈话痛快流利，不假做作，所以他虽从十几岁离家乡，到今天五十余岁还是一口土音。……独秀是个质胜文的人，尽管他是一个当代文章魁首（他的死友，我的姊丈葛温仲的话）！他如今穿着一件灰色的哔叽的夹袍，旧得只剩沿边一带还保持本来的较深的颜色，其余的部分都褪得成皮蛋壳的颜色了；又瘦得满面菜色，八字须儿；当他伴我们闲步到廊檐下时，还有点摇摇摆摆；这些都越发显示怀宁人的驾步，于他是生来的。[11]

邓以蛰（两弹元勋邓稼先之父）与陈同乡，1907年邓氏兄弟留学日本时，与陈独秀、苏曼殊同赁一屋，结下了深厚的友谊。分别二十年后，邓于南京狱中探望陈，并写下了这深情的文字。

◎ 苏雪林笔下的陈独秀

> 我那天才算认识了陈独秀的形貌。他那时大概有五十几岁，身上穿了一件起皱的蓝布大褂，脚曳一双积满灰尘的布鞋，服装非常平民化，人颇清瘦，头发灰秃，一脸风尘之色。但他那双眼睛却的确与众不同，开阖间，精光四射，透露着"刚强"、"孤傲"、"坚决"、"自信"。这正是一个典型的思想革命家的仪表；却也像金圣叹批评林冲：是说得到，做得彻，令人可佩，也令人可怕的善能斫伤天地元气的人物。[12]

陈独秀1937年8月被减刑释放，9月离南京赴武汉，在那里作了多次宣传抗战的演讲。当时正在武汉大学任教的苏雪林，所记的是陈独秀应武汉大学之邀来校演讲的情景。据说那天晚上会场挤得人山人海，而另有十几个学生"揎拳掳臂，环抱着那座讲台席地而坐"，监视着陈，"听他的话一不对，便要揍他个半死"；而他讲的是"动员民众"，言语间颇怪政府不知动员民众抗战之道，致有淞沪失守，首都撤退，他提供了几个动员民众的方法，吸引了各派学生，"便于掌声中结束了他的演讲"。

◎ 避居江津的陈独秀

1938年6月下旬陈独秀一家自汉口登舟入川，28日抵宜昌，任卓宣之妻尉素秋亦登民权轮，得晤陈氏。她回忆道：

> 我第一次见到陈先生，他未买到铺位，一家人在大菜舱外面打地铺（当时称之为三等活动舱）。陈先生穿着一套中装短衫裤，顶上灰白的头发，剃去周围，只留中间像茶壶盖样的一片，蓄有三四寸的头发，向后梳着。……郑学稼兄说：陈先生眼睛中特有的光芒，为他所仅见。他很少佩服谁，惟独对陈先生敬佩有加。我则觉得，陈先生眉宇之间，表现出一种爽朗刚健的气象，令人体会到古人所说"乾坤清气得来难"的含意。吐词琅琅如山泉松风，表现读书人的气概。[13]

陈氏定居江津时，与台静农父子相交甚密。台静农回忆说：

> 他谈笑自然，举止从容，像老儒或有道之士，但有时目光射人，则令人想象到《新青年》时代文章的叱咤锋利。[14]

舒芜是抗战期间流亡江津时见到陈独秀的，他说：

> 我每天都注意观察陈独秀一早在他所租房间当中一个厅堂上散步的情形：他穿一件灰布面的长袍，两手笼袖，在厅堂上来回走，先是缓步，走着走着快起，后来就成了跑来跑去，每次都是这样。他自然不会注意到我这样一个中学生，没有同我说过一句话。我却注意到他同人说话时，间或目光一闪，锋利逼人，同他当时的"土老头"的整个形象不大一样。我亲见的陈独秀，

留在印象中的仅此而已。后来我向路翎谈过,他在他的长篇小说《财主底儿女们》中,下卷第七章写蒋少祖会见陈独秀一场,反复写陈"在房间里疾速地徘徊,从这个壁角跑到那个壁角",又写,陈眼光中忽儿有"一种热燥的烈性的东西",都是吸收了我的讲述。[15]

大致排列了我所见到的当年亲见陈氏者的原始文字,相信你从中获得的第一个强烈印象为陈独秀彻里彻外是个书生形象,他晚年所云"依然白发老书生",正是绝妙的自我写照。其次是陈独秀又不同于一般书生,其最显著特点是目光锋利射人。高语罕在《参与陈独秀先生葬仪感言》中对陈独秀的目光作了理性的解读,他说:"在那时,梁启超、张君劢等正在闹玄学,而北洋军阀的执政府正在做最后的挣扎,独秀先生的两只小而锐利的眼睛却已经看到全国民众与文化界的迫切需要是什么。"[16]郑超麟晚年在回答有人问陈独秀是否有"矮子"的别称时,说《世纪》杂志上曾有任鸟《陈独秀的犯罪记录卡》一文,引1922年上海法租界巡捕房的记录陈独秀身高为1.63米,中国人身高到1.63米绝不能称为"矮子"了。[17]这就使陈独秀的形象更加准确化了。

二、先睹为快:逸事篇

上文展现了陈独秀的形象,这里我还想选择几则小故事的原始文字,略事排列,让你先睹为快,从而见到陈独秀性格中传奇而闪光的几个侧影。

◎ 没有资格参加"讨父团"

陈独秀1937年7月于南京狱中所撰《实庵自传》,首章就讲了一段小故事:

> 民国十年(1921)我在广东时,有一次宴会席上,陈炯明正正经经的问我:"外间说你组织什么'讨父团',真有此事吗?"我也正正经经的回答道:"我的儿子有资格组织这一团体,我连参加的资格也没有,因为我自幼便是一个没有父亲的孩子。"当时在座的人们,有的听了我的话,呵呵大笑,有的睁

大着眼睛看着我,仿佛不明白我说些什么,或者因为言语不通,或者以为答非所问。[18]

中共建党前夕,陈独秀曾应广东省长陈炯明之邀,任广东省教育委员会委员长。旧派势力欲驱之出粤,诬指他演说中有"百善淫为首,万恶孝居先"之类话,以致陈炯明有此问,并引出陈独秀诙谐风趣的回答。

◎ 陈独秀与"白胡爹爹"

陈独秀父亲早逝,少年时代由祖父"白胡爹爹"承担启蒙教育。陈独秀在《实庵自传》中说:

> 我从六岁到八九岁,都是这位祖父教我读书。我从小有点小聪明,可是这点小聪明却害苦了我。我大哥读书,他从来不大注意,独独看中了我,恨不得我一年之中把"四书""五经"都读完,他才称意。"四书"、《诗经》还罢了,我最怕的是《左传》,幸亏这位祖父或者还不知道"三礼"的重要,否则会送掉我的小性命。我背书背不出,使他生气动手打,还是小事;使他最生气,气得怒目切齿几乎发狂令人可怕的,是我无论挨了如何毒打,总一声不哭,他不止一次愤怒而伤感的骂道:"这个小东西,将来长大成人,必定是一个杀人不眨眼的凶恶强盗,真是家门不幸!"[19]

"白胡爹爹"这句感慨之言,到濮清泉笔下就成了:"这孩子将来不成龙就要成蛇。"[20]濮1932年与陈同案同狱,他听到的当是陈叙说的另一个版本。

◎ 陈独秀挥剪与头发风波

1903年3月31日晚,留学日本的陈独秀、邹容等惩治了生活腐败、思想顽固、拼命压制进步学生的姚煜(文甫)。章士钊记载:

> 姚煜一风尘下吏,偶辖一省海外学务(时充湖北留学生监督),无端撄留学生之逆鳞,由张继抱腰,邹容捧头,陈独秀挥剪,稍稍发抒割发代首之恨。

驯致酿成交涉大故，三人被遣返国，邹容则乘机刊布《革命军》，激起排满浪潮，不足十年，而清帝退位。区区一辫发去留，而关系种族存亡之大如此。[21]

头发引起的风波，在有清一代演出过种种悲喜剧。章士钊此段文字点化得颇佳，而今仍有人接过章的话题说，这一瞬间对陈独秀而言，极富象征意义，——他的一生所走的道路在这一剪中就选定了，他为之终生奋斗的，便是剪去国民灵魂中的"辫子"。头上的辫子易剪，灵魂中的辫子却不易剪，因而他注定走上了一条悲壮之路。[22]

◎"何物臭虫，虽布满吾衣被，亦不自觉。"

1903年陈之好友汪孟邹在芜湖开设科学图书社。次年陈"便背了一个包袱，拿着一把雨伞来了"，与汪每天共食"两顿粥"，办起了《安徽俗话报》。1922年陈在为该社20周年纪念册题词云：

> 我那时也是二十几岁的少年，为革新感情所驱使，寄居在科学图书社楼上，做《安徽俗话报》，日夜梦想革新大业，何物臭虫，虽布满吾衣被，亦不自觉。[23]

类似故事，此前有章士钊记载陈与他1903年共编《国民日日报》时"两人蛰居昌寿里之偏楼，对掌辞笔，足不出户，兴居无节，头面不洗，衣敝无以易，并也不浣。一日晨起，愚见其黑色袒衣，白物星星，密不可计。愚骇然曰：'仲甫，是为何耶？'独秀徐徐自视，平然答曰：'虱耳。'其行类如此。"[24] 此后有傅斯年云："民国二年，反袁举义，失败逃亡，在日本度他那穷得只有一件汗衫，其中无数虱子的生活。袁世凯死了，他回来，在上海开始办《新青年》。"[25]

◎"这是先生的脚"

冯友兰的《北大怀旧记》，颇有幽默感。尤其是他提及的那张很有名的北大哲学门毕业留影，寥寥数语，写活了陈独秀：

> 我们在民国七年毕业的时候，全体师生照了一张像。陈先生与梁漱溟先

·1918年，北京大学文科哲学门第二次毕业合影。前排左四马叙伦，左五蔡元培，左六陈独秀，左七梁漱溟

生坐一起。梁先生态度恭谨。陈先生则很豪放。他的一只脚，直横伸到梁先生面前。等到照片洗出以后，我们送一张与陈先生。他一看，说："很好，只是梁先生的脚，伸出太远一点。"我们的班长孙时哲（本文）说："这是先生的脚。"陈先生也为之大笑。[26]

◎ 狱中研究文字学

陈独秀视监狱为实验室，屡入狱中都坚持研究学问。1932年入狱则致力于文字学研究。当年同狱的濮清泉说：

> 关于研究文字学，有一段笑话，江苏南通有一位姓程的老先生也是小学家，因慕陈独秀之名，来到监狱里看他。两人一见如故，初期互道钦佩，中

期交换著作，也互称对方有卓见，后期争论起来，闹到面红耳赤，互斥浅薄，两人都高声大叫，拍桌对骂，幸而没有动武。原因是，为了一个父字，陈独秀说父字明明是画着一个人，以手执杖，指挥家人行事。而那位程先生说，父字明明是捧着一盆火，教人炊饭。陈说你不通，程说你不通，陈说你浅薄，程也说你浅薄。

隔了一会，陈独秀又和程老先生和好了。他写了一封信给罗家伦（当时中央大学校长），推荐程老先生教文史。罗家伦以程老先生迷信鬼神而拒绝了。[27]

王森然于1934年4月完成的《近代二十家评传》中收有陈独秀之第一部较为完备的评传。这里仅摘其二节：

◎ 陈独秀的追星族

先生（1932年）下狱数月……某日突来一女性访问，视之，乃一少妇，固不识，甚觉诧异。后妇告其名，始大悟，相对凄然。谈片刻，妇即辞去，后逾数日，仍赴狱探视。据云女士高姓，十年前为先生之高足，安徽人，貌甚美，擅交际，有名于平津，结纳权贵甚多。当先生蹉跎平津，终日从事著述，醉心其言论者殊众，高即其一。尝追随先生，以求深造，卒以思想不投，各走极端，不相问闻者垂数载。今被系狱中，尚能念旧访问，堪称难得云。

◎ "亦奇癖也"

先生记忆力甚强，昔寄居杭州萧寺时，能背诵杜诗全集，一字不遗。先生每于作文时，常用手摸脚，酷闻恶臭，文章则滔滔不穷，亦奇癖也。[28]

陈独秀的历史逸事当然远不止这么多，因为他与后来的毛泽东一样，是中国近百年来领袖人物中故事最多的一个。而上述种种，是我多年阅读陈氏史料中最抢眼的几个，也是最有文化韵味的故事。贯穿起来，大致可以看到一个文化追寻者艰苦跋涉的身影。

三、一座独秀山，两个陈独秀

陈独秀，谱名庆同，官名乾生，字仲甫，号实庵。一生使用笔名、化名数十个，其中最响亮、令人闻之如雷贯耳的，自然是"陈独秀"。其最早使用"独秀"一名，是1914年11月10日出版的《甲寅杂志》（章士钊主编）上发表的两篇文章：一曰《〈双枰记〉叙》，署名"独秀山民"；一曰《爱国心与自觉心》，署名"独秀"。他的好友汪孟邹见了曾说：你太不客气了，以为世界上只有你一个是"秀"的。陈氏答曰：哪里，我们安庆有座独秀山，我不过说我是这座山下的居民而已。[29] 安庆城西北四十里外平岗蜿蜒中有"一峰拔地，西望如卓笔，北望如覆釜，为县众山之祖，无所依附，故称独秀"。[30] 其实此山与安庆城北的大龙山之气象与名气都无可比拟。而且陈独秀的老家在安庆东郊白泽湖畔的"陈家剖屋"——盖陈氏宗祠坐落两保交界处，两保分界线将宗祠旧址一分为二，故有此称（俗称"陈家破屋"）。陈独秀自己1879年10月9日出生于安庆城北关"后营"[31]。皆与独秀山关联不大。他取名"独秀"显然看中的是独秀山名的文化意蕴，而"我是这座山下的居民"云云只是他机智的托词而已。"山不在高，有仙则灵。"陈独秀非仙非道，独秀山何幸，一经陈独秀引而为名，本不出名的一座小山，竟名扬四海，令人神往，毛泽东1953年2月20至21日视察安庆时，还饶有兴趣地询问当地行政长官：是陈独秀因独秀山而得名，还是独秀山因陈独秀而得名呢？[32]

世间的芸芸众生都是从父辈那里接受一个作为生命符号的命名，只有少数天才人物一旦自立就给自己取一个别具一格的名字。陈独秀就是这样的天才，"陈独秀"一经叫响，不管你是褒他还是贬他，他都足垂千古，而父辈的命名早退居历史的帷幕。"世界上只有你一个是'秀'的"——独秀，朋友漫释其名，却一语中的。"独秀"确为其性格特征与人生追求，"独秀"也庶几成了他生命的境界。

作为中国近代史上的风云人物，陈独秀一身担当着种种令人刮目相看的角色，其中最重要的莫过于他首先是文化领袖，其次才是政治领袖。前者致力于启蒙，后者致力于救亡。这两者之间是何关系？李泽厚先生就五四前后中国社会的历史变迁，曾有"启蒙与救亡的双重变奏"的高论，认为中国于五四之后"救亡压倒启蒙"。[33]言下之意，今日之中国应补上启蒙这一课。此论曾引起过强烈的争论。其中过节，本书置而不论。但李泽厚先生正确地指出，陈独秀在五四时代是"个性解放与政治批判携手同行，相互促进，揭开了中国现代史的新页"。[34]我想补充的是，陈独秀犹如"挑山赶日"的二郎神一样，奔走在中国近代历史的进程中，他从来就是两副重担一肩挑，其间虽有换肩之时（轻重缓急的转换），却从无息肩之日，直至生命的终结。

就一定的历史阶段而言，救亡——政治革命，有着启蒙——思想革命无可比拟的轰动效应，因而人们对陈氏的建党有"开天辟地"之誉；然就一个社会的长久发展而言，文化思想之启蒙，科学、民主的传播与实施，或许有着更为深远的意义与魅力。刘半农曾说："改良文学，是永久的学问；破坏孔教，是一时的事业。"[35]若将"改良文学"置换成"文化启蒙"，"破坏孔教"置换成"政治革命"，刘半农所说的"永久"与"一时"的关系，或许也能成立。

尽管如李泽厚所言："不容讳言，陈作为政治领袖，在中国不可能成功。他远远缺乏与中国社会极甚复杂的各个阶级、阶层打交道的丰富经验，也缺乏中国政治极其需要的灵活性极强的各式策略和权术，更缺乏具有人身依附特征的实力基础（如军队、干部）。正因为中国不是资本主义的近代社会，中国没有近代民主制度和民主观念，在实践上成功的中国政治领袖不是靠演说、靠文章、靠选票，而是靠实力、权术、政治上的'得人心'、组织上'三教九流'和五湖四海。这位书生气颇重的教授是注定要失败的。"[36]陈独秀晚年回首往事，也不免感慨："我的一生差不多是消耗在政治生涯中，至于我大部分政治生涯之失败，也并不足为虚荣的对象。"[37]还说："我奔走社会运动，奔走革命运动，三十余年，竟未能给贪官污吏的政治以致命的打击，说起来实在惭愧而又忿怒。"[38]但从政治角度研究陈独秀仍十分必要且前景广阔，因为弄清陈独秀政治上的功过是非，总结历史的经验教训，是推动中国现代化进程必不可少的精神财富。只是陈独秀的文人风采、文人本色，对其性格、命运影响极大；而长期以来其文人风采被其政治身份所掩盖，不为学界所关注。因而从文化角度来研究陈独秀，则尤其必要。不研究陈独秀而写中国近代史是片面的，不研究文人陈独秀而认识陈独秀是残缺的。要还其历史的本来面目，政治的、文化的两个陈独秀都不可偏废。政治型的陈独秀多有高明的研究，而本书所写的则只是文人陈独秀。

四、"终身的反对派"与不懈的文化追寻

作为文人的陈独秀，堪称博学鸿儒，多才多艺。著名史学家王森然曾说：

> （陈独秀）先生无书不读，又精通法文、日文。故其学，求无不精；其文，理无不透；雄辩滔滔，长于言才。无论任何问题，研究之，均能深入；解决之，计划周详；苟能专门致力于理论与学术，当代名家，实无其匹……近年来刻苦读书，思想因之大进，对于中国学术拟谋长足之进展；尝自诩当制造中国五十年新政治、学术之结晶品，以谢国人。其个性过强，凡事均以大无畏不顾一切之精神处理之。无论任何学说，必参己意以研究之，无迷信崇拜之意。故每当大会讨论之际，其意见迭出，精详过人；常使满堂震惊奇绝，或拍掌称快，或呆目无言，诚为一代之骄子，当世之怪杰也。[39]

王森然1934年这样勾画陈独秀的学者形象时，陈氏正在南京狱中。"近年来刻苦读书"云云，是陈变监狱为研究室的情景。透过王森然的礼赞，人们不难发现陈氏的学术魅力不在将学术政治化，而在将政治学术化；不在狂飙式的激进，而在十万青山一峰独秀般的孤独。将学术政治化，是近代以降中国的流行色调；将政治学术化，宛如朱光潜所云"人生的艺术化"[40]，在中国是一种理想的色彩。解读陈独秀，首先要读出他大名中的那个"独"字，"秀"即在其中。创办《安徽俗话报》为启迪民智而独抒己见，主持《新青年》发动新文化运动而独领风骚，被自己创建的政党清洗出局自称"撒翁"而独往独来，暮年避居江津而独钓寒江……就学术而言，陈氏对中外历史、哲学、政治、军事、文化、文学、艺术、教育，乃至宗教、道德、家庭、人口、

妇女、婚姻等诸多领域，皆有独到之研究，独具只眼的见地与独具特色的论著，不少论调至今仍闪烁着真理的光芒。

不过，本书更看重的是陈独秀于文化的内修与外烁。其内修表现为学而不厌的文化追寻，其外烁则指其诲人不倦的文化启蒙。这两者是相辅相成，相得益彰，甚至是互为因果的。

说起文化追寻，很容易想起陈独秀晚年借胡适之口给自己定位为"终身的反对派"。以往的理解，多着眼于政治，说陈氏接二连三地做了使不少人吓破了胆的康党、乱党、共党、共党反对派——托派，乃至托派的反对派……这自然也符合历史事实。然而陈氏自己似乎更多的是着眼于不同党派背后的文化内涵。

"终身的反对派"云云，源自于陈独秀1941年1月19日病中《致S和H的信》。这里的"S"，即孙几伊，"H"即胡秋原。陈与孙相别三年，与胡更二十馀年不见。因孙、胡有信致陈身边的何之瑜，言及陈晚年之作《我的根本意见》，才引出陈的这封有名的信件。信云：

> 弟自来立论，喜根据历史及现时之事变发展，而不喜空谈主义，更不喜引用前人之言以为立论之前提，此种"圣言量"的办法，乃宗教之武器也，非科学之武器也。
>
> 近作根本意见，亦未涉及何种主义，第七条主张重新估计布尔什维克的理论及其领袖（列宁、托洛斯基都包含在内）之价值，乃根据苏俄二十馀年的教训，非拟以马克思主义为尺度也。倘苏俄立国的道理不差（成败不必计），即不合乎马克思主义又谁得而非之。"圈子"即是"教派"。"正统"等于中国宋儒所谓"道统"，此等素与弟口胃不合，故而见得孔教道理有不对处，便反对孔教，见得第三国际道理有不对处，便反对它；对第四国际，第五国际，第……国际亦然。适之兄说弟是一个"终身的反对派"，实是如此，然非弟故意如此，乃事实迫我不得不如此也。譬喻吃肉，只要味道好，不问其售自何家。倘若味道不好，因其为陆稿荐出品而嗜之，是迷信也；倘若味道好，因其为

陆稿荐出品弃之，而此亦成见也。迷信与成见，均经不起事变之试验及时间之淘汰，弟两不取之。纸短话长，不尽万一，惟弟探讨真理之总态度，当以此得为二先生所了解也。

这里披露的是陈独秀"探讨真理之总态度"。略事分解，有四点值得注意：

其一，迷信与成见，两不取之。这里涉及如何看待"主义"，尤其是马克思主义的问题。"圈子"外的人易以"成见"而鄙弃之，"圈子"内的人却又易以"迷信"而崇拜之。两者都会导致对"主义"的误解或曲解，都不利于对真理的科学追寻。陈氏则"两不取之"，既无成见，也不迷信，以求把握科学之武器。

其二，陈氏所谓科学之武器，即在只"据历史及现时之事变发展"来立论，既不以任何"主义"来判断是非，也不以成败来论英雄，只看论证对象是否经得起"事变之试验及时间之淘汰"。实践是检验真理的唯一标准。但这实践，既可以是风平浪静的日常生活，更当是大浪淘沙式的"事变"；既可以是一时一刻的光景，更当是有一定流程的历史过程；既可以是少数精英制造的故事，更当是广大民众亲历其间的历史本身。

其三，"据历史及现时之事变发展"来立论，既如上述强调实践的观点，更着眼理论与时俱进的发展观。以实践为师，以历史为师，不断审视着历史与现实中的权威理论，"见得孔教道理有不对处，便反对孔教；见得第三国际道理有不对处，便反对它；对第四国际，第五国际，第……国际亦然"，从而成了"终身的反对派"。可见陈氏并非好作或故作惊人之论，乃实事不断追迫着这个敏感的灵魂，而使之不得不成了"终身的反对派"。

其四，作为"终身的反对派"，陈独秀不仅勇敢地分析、批评迎面而来的文化潮流，更无情地解剖着自己所信奉的文化（包括主义）。在不断地向主流文化挑战的同时，不断地向自我挑战；在不断地否定主流文化的同时，不断地否定自己。他正是在如此不停顿的否定之否定之中，进行着文化追寻。

陈独秀青年时代，在"去到考场放个屁，也替祖宗争口气"的世风，再加祖父的毒打与慈母的眼泪的合力的牵扯下,也曾在科举道上挣扎了一番。虽有十七岁考中第一名秀才的光荣历史,却未待1905年清廷废除科举,受到1897年乡试那丑态百出的"抡才大典"的刺激,他毅然由"选学妖孽"转变成了坚定的"康党"。想当初,这年轻的"康党"是何等的兴奋。他说:"吾辈少时读八股,讲旧学,每疾视士大夫习欧文谈新学者,以为皆洋奴,名教所不容也;前读康先生及其徒梁任公之文章,始恍然于域外之政教学术,粲然可观,茅塞顿开,觉昨非而今是。吾辈今日得稍有世界知识,其源泉乃康、梁二先生之赐。"[41]须知"戊戌庚子之际,社会之视康党为异端,为匪徒",而陈独秀竟"愤不能平,恒于广座为康先生辩护,乡里瞀儒,以此指吾辈为康党,为孔教罪人,侧目而远之"。[42]

然而,曾几何时,当年引领时代潮流的康有为,成了孔教会的首领,复辟党的帮闲。陈独秀于痛心疾首之余,写了一系列的批孔批康之檄文,一方面惊讶"不图当日所谓离经叛道之名教罪人康有为,今亦变而与夫未开化时代之人物之思想同一臭味"[43],一方面从理论与实践上分析"孔教与帝制,有不可离散之姻缘"[44],击中其尊孔即为复辟的要害。并利用《新青年》为阵地,在思想界掀起了一场反孔高潮。在这有似大义灭亲的壮举中,表现的自然是陈氏文化追求过程中"吾爱吾师,吾更爱真理"的执着。

· 《新青年》杂志

陈独秀这种文化追求的执着精神,更融入了他与第三共产国际、第四共产国际的恩恩怨怨。陈氏晚年以"譬喻吃肉,只要味道好,不问其售自何家"这极其简明的常识,重新审视了曾与之生死相依的第三共产国际、第四共产国际,而终大彻大悟地宣告:

我只注重我自己独立的思想,不迁就任何人的意见,我在此所发表的言论，已向人广泛声明过，只是我一个人的意见，不代表任何人，我已不隶属任何党派，不受任何人的命令指使，自作主张自负责任，将来谁是朋友，现在完全不知道。我绝对不怕孤立。[45]

试想在党派林立的现代中国，在斯大林主义与托洛茨基主义争斗犹酣的国际共运的背景下，作为曾是中共领袖与托派首脑的陈独秀说出这种话语，有着何等感慨与勇气。先觉者总是超前的，超前者总是孤独的，孤独者总是忧郁的；在忧郁中选择，在孤独中奋然前行……对于这样一个"绝对不怕孤立"的"独立的思想者"陈独秀，怎么可以说"陈独秀将主义误读成真理"，"就把它当作真理来坚守。陈独秀的革命被开除了，但他对主义的坚守却谁也夺不走"呢？[46]

"路漫漫其修远兮，吾将上下而求索。"陈独秀的文化追寻大致经历了早期的呐喊，中途的彷徨与晚年"回归五四"（按，"回归"乃某种意象云云，因为"人们永远不可能再次涉足于同一条河流"）的三部曲，其主旋律则始终是民主与科学。

五、"永远的新青年"与永恒的文化启蒙

陈独秀的一生不仅是文化追寻的一生，更是文化启蒙的一生。陈独秀的文化启蒙活动，就宏观而言是以五四新文化运动为中心而展开的。诚如美国著名华裔学者周策纵所云：

> 在近代中国的思想历程中，五四新文化运动无疑是一次最为壮丽的精神日出。以前的一切，似乎都汇集于此，彼此激荡奔腾；以后的一切，似乎都由此生发，造成了种种历史的巨变……[47]

作为五四新文化运动精神领袖的陈独秀，曾在这"最为壮丽的精神日出"中意气风发，挥斥方遒，以超人的智慧与勇气，重新评判着中国传统文化，精心设计着新文化的规范与走向，以德、赛两先生启迪民智，改造国民性，推动中国现代化之进程，功勋盖世。

谈到五四新文化运动,就不可不言及陈独秀创办的《新青年》。此前陈独秀协同章士钊创办过《国民日日报》《甲寅杂志》,独立主办过《安徽俗话报》等,此后又办过《每周评论》《共产党》月刊等,无一有如《新青年》精彩。"《新青年》是在中国近代第一份中文刊物出现整整一百年后创刊的"[48],其诞生前后中国报刊林立,然20世纪中国几乎很少有报刊堪与《新青年》媲美。

有人这样评说《新青年》:比之于当年康梁的强学会,北大的《新青年》群体显然更为出色,更有号召力。陈独秀于此充分展现了他那种独领风骚的领袖禀赋,而且不是凭借权杖或暴力呼风唤雨,而是主编一本杂志叱咤风云。中国人一向漠视的语言此刻在陈独秀那里突然显示了惊人的魅力,致使写作和演讲一时间成了极为高尚的行为。语言的这种魅力不仅为先秦时代的圣贤游说所不及,而且即便是古希腊雅典时代的雄辩家们也相形见绌。因为先秦的圣贤们虽然奠定了整个传统文化的话语体系,但他们的话语必须通过王者的权力才能产生实际的效应;而雅典时代的雄辩家们虽然将其口才与政治权力直接联系在一起,但他们影响的也只是权位的更替,而并不意味着改写一部历史。然而语言在以陈独秀为标志的五四时代,却不仅越过权杖直接诉诸整个社会,而且越过传统改写了一部历史。语言在时间和空间上所显示的这种能量是如此的不可思议,一个新的社会连同一部新的历史几乎是被陈独秀们言说出来的。整个的中国文化于此仿佛全部化作了语言,变成了一种以言说为中心的语言文化。正如中国传统文化的深层结构在于无言,陈独秀所主导的五四新文化运动的首要特征在于言说:不仅文化的核心在于言说,而且历史的可能性也在于言说。[49]

虽不无道理,却不免有点儿玄。还是《新青年》同人说得实在些。1919年底,《新青年》为重印前五卷刊登广告,其中说:"这《新青年》,仿佛可以算得'中国近五年的思想变迁史'了。不独社员的思想变迁在这里面表现,就是外边人的思想变迁也有一大部分在这里面表现。"[50] 1923年胡适说:

> 二十五年来,只有三个杂志可代表三个时代,可以说是创造了三个新时代:一个是《时务报》;一个是《新民丛报》;一个是《新青年》。而《民报》

和《甲寅》还算不上。

他还特别指出："《新青年》的使命在于文学革命与思想革命。"又可惜"这个使命不幸中断了",立志以其主编的《努力周报》"直接《新青年》三年前未竟的使命","在思想文艺上给中国政治建筑一个可靠的基础",[51] 从而亦可见"代表"并"创造了"一个新时代的《新青年》之初衷与地位。

1935年上海亚东图书馆、求益书社重印《新青年》时,胡适题词云：

> 《新青年》是中国文学史和思想史上划分一个时代的刊物。最近二十年中的文学运动和思想改革,差不多都是从这个刊物出发的。我们当日编辑作文的一班朋友,往往也不容易收存全份,所以我们欢迎这回《新青年》的重印。

蔡元培也为之题词：

> 《新青年》杂志为五四运动时代之急先锋。现传本渐稀,得此重印本,使研讨吾国人最近思想变迁者有所依据。甚可喜也。[52]

胡适、蔡元培都是从文化思想变迁的角度,高度评价《新青年》的,这正说明陈独秀是从根本上改变中国文化思想走向的高度

·1935年,胡适为上海亚东图书馆、求益书社重印《新青年》题词

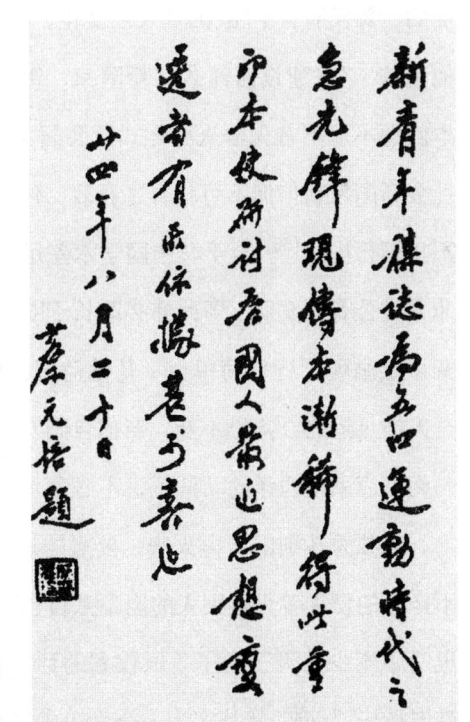

·1935年,蔡元培为上海亚东图书馆、求益书社重印《新青年》题词

来推行启蒙运动的。

陈独秀坚持文化启蒙,有其独特的智慧与方式。其最重要者有两点:其一为中西方文化相结合,以西方文化之精华去改造中国传统文化之惰性,促进中国文化之新生。陈氏对欧美文明全面取法:"近世欧洲之时代精神","见之伦理道德者,为乐利主义;见之政治者,为最大多数幸福主义;见之哲学者,曰经验论,曰唯物论;见之宗教者,曰无神论;见之文学艺术者,曰写实主义,自然主义"。[53] 陈氏对法兰西文化则更情有独钟,他曾说:"近代文明之特征,最足以变古之道,而使人心社会划然一新者,厥有三事:一曰人权说,一曰生物进化论,一曰社会主义是也";"此近世三大文明,皆法兰西人之赐。世界而无法兰西,今日之黑暗不识仍居何等"。[54]

所谓中西方文化相结合,在陈独秀那里实如鲁迅所言"从别国窃得火来,本意却是在煮自己的肉"。也就是说西方文化与中国文化之间改造与被改造的关系是不可动摇。陈氏有言:"欧洲输入之文化,与吾华固有之文化,其根本性质极端相反。"[55] 他坚信:"欲建设西洋式之新国家,组织西洋式之新社会,以求适今世之生存,则根本问题不可不首先输入西洋式社会国家之基础,所谓平等人权之新信仰,对于与此新社会新国家新信仰不可相容之孔教,不可不有彻底之觉悟,猛勇之决心;否则不塞不流,不止不行!"[56] 至于"中国学术差足观者,惟文史美术而已,此为各国私有之学术,非人类公有之文明;即此亦必取长于欧化,以史不明进化之因果,文不合语言之自然,音乐绘画雕刻皆极简单也;其他益智、厚生之各种学术,欧洲人之进步,一日千里,吾人捷足追之,犹恐不及,奈何自画?"[57] 他因而强调:中国文化"若是决计革新,一切都应采用西洋的新法子,不必拿什么国粹、什么国情的鬼话来捣乱"。[58]

陈独秀从别国窃得火来,要煮的远不只是中国传统文化,更包括自己的灵魂。而不像有的窃火者只煮别人的肉不煮自己的肉。如康有为受西潮的影响,曾在《大同书》里写下不少为天下女子争取权利的话:"始于男女平等,终于众生平等,必至是而吾爱愿始毕。"[59] 然其实为一个妻妾成群的人。他有一幅照片里两边环列的众姬犹如拱月的群星一般,以序数编号的"夫人"竟有六人之多,壮观得令人瞠目。

以科学、民主为出发点与归宿的启蒙运动，本是顺应世界潮流而勃起的，堪称"经国之大业，不朽之盛事"。[60]然中国之传统势力源远流长，在这里兴起启蒙运动，宛若逆水行舟，即使拼尽全力，也不可能达到林毓生先生所描写的"彻底反传统"的境界。[61]胡适声称全盘西化，也只落得个"七分传统，三分洋货"的角色，[62]陈独秀即使欲"彻底反传统"，也充其量与传统交个平手，即达到中西文化相结合之佳境。

其二为启蒙文化与大众文化相结合，以启蒙思想改造大众文化，以大众文化之形式传承启蒙精神。

其实陈独秀曾经效法的康党在由追求做"帝王师"向追求做"大众师"的转变过程中，就已注重以"大众化"的话语去进行"化大众"的工程。

《无锡白话报》主编裘廷梁在戊戌变法的高潮中，即发表了提倡白话文的纲领性文章《论白话为维新之本》，倡言"崇白话而废文言"，在批判文言诸多弊病之后，裘氏列举了白话的八大好处：

> 一曰省目力：读文言日尽一卷者，白话可十之，少亦五之三之，博极群书，夫人而能。二曰除骄气：文人陋习，尊己轻人，流毒天下，夺其所恃，人人气沮，必将进实求学。三曰免枉读：善读书者，略糟粕而取菁英；不善读书者，昧菁英而矜糟粕。买椟还珠，虽多奚益？改用白话，决无此病。四曰保圣教：《学》、《庸》、《论》、《孟》，皆两千年来古书，语简理丰，非卓识高才，未易领悟。译以白话，间附今义，发明精奥，庶人人知圣教之大略。五曰便幼学：一切学堂功课书，皆用白话编辑，逐日讲解，积三四年之力，必能通知中外古今及环球各种学问之崖略，视今日魁儒耆宿，殆将过之。六曰练心力：华人读书，偏重记性。今用白话，不恃熟读，而恃精思，脑力愈浚愈灵，奇异之才，将必迭出，为天下用。七曰少弃才：圆头方趾，才性不齐；优于艺者或短于文，违性施教，决无成就。今改用白话，庶几各精一艺，游惰可免。八曰便贫民：农书商书工艺书，用白话辑译，乡僻童子，各就其业，受读一二年，终身受用不尽。[63]

裘氏所言每项都与"开民智"相关，即使是"保圣教"也是维新派"开民智"工程之一个侧面（"庶人人知圣教之大略"）。而康、梁于"大众化"话语中又首选文艺（尤其是小说）作为"开民智"之利器。康有为有云："经史不如八股盛，八股不如小说何"，"仅识字之人，有不读经，无有不读小说者。故'六经'不能教，当以小说教之；正史不能入，当以小说入之；语录不能谕，当以小说谕之；律例不能治，当以小说治之"。[64] 原因是他们看到"欧美东瀛，其开化之时，往往得小说之助"[65]，"往往每一书出，而全国之议论为之一变"[66]。梁启超在其名文《论小说与群治之关系》中则更将小说提到无以复加的高度，他说：

> 欲新一国之民，不可不先新一国之小说。故欲新道德，必新小说；欲新宗教，必新小说；欲新政治，必新小说；欲新风俗，必新小说；欲新学艺，必新小说；乃至欲新人心，欲新人格，必新小说。何以故？小说有不可思议之力支配人道故。[67]

在维新受挫、救国无路的逆境中，梁启超等忧国忧民之士突然在浩如烟海的文化之中发现了小说这只小船。于是他们便把这只小船视为救民救己于苦海的诺亚方舟。以此为逻辑起点，梁启超发起了小说界革命、文界革命，提出"新文体"说，"不数年而吾国之新著新译之小说，几于汗万牛、充万栋，犹复日出不已而未有穷期也"。[68]

陈独秀们于五四时期似乎全面地继承了康、梁以"大众化"话语去"化大众"的启蒙智慧。其实是同中有异。贾植芳先生曾将两者相比较，指出，首先就所化之"大众"而言，维新派注重的是集体主义上的"众"，而五四时期《新青年》派则侧重的是个体主义上的"人"，前者注意的是民之智力的改变，而后者侧重的是人之德性的重铸——以人的文学去实现人的发现。其次，就"化大众"的策略而言，维新派直接将文学视为"新民"的工具或直接将文学变为鼓动大众革命激情的传声筒，如梁启超在《新中国未来记》中插入大量的政治"说教"，使之"似稗史非稗史，似论著非论著，不知成何种文体"；而五四时期陈独秀们是在保证文学之独立性的前提下，发挥其思想上"化大众"潜在功能。再次，就文学"大众化"的程度而言，维新派随着变法的流产，其文学由高高在上的"化大众"转向了低姿态的迎合市民阶层"大众之趣"的大众化。而五四时期的陈独秀们在文学的情感、题材与语言的大众化上都有一定的自觉性,尤其是语言的白话化再加一定程度的欧化,成为当时一道新的文化风景线(然陈独秀自己的白话文却无多少欧化成分)。[69]

不过,应当补充的是,对于中国本土能"化大众"的"大众化"文本——小说,陈独秀们与梁启超们的看法不大相同。梁氏虽称"小说为文学之最上乘也",然他对中国古代小说之评价却不佳,甚至认为中国小说是"中国政治腐败之总根源",正是从这个意义上他发起了小说界革命。而陈独秀等则从文学进化的观念出发,不但认为《水浒传》等白话小说"视《左传》《史记》何多让焉",并认为白话小说为当时"文学之正宗","与世界第一流文学比较而无愧色"。因而不仅对之有佳评,而且筹划上海亚东图书馆对之进行分段、标点、排印,使之成为推行白话文的教本,文化新人的思想载体。亚东版古典白话小说,多有陈独秀、胡适所写新序冠之卷首。鼓吹文学革命的新序,因白话小说而有了形象的载体;为大众喜闻乐见的白话小说,因陈独秀们的新序而焕发了新的艺术生命,被誉为"代表一个时代的新的文学"。这种在启蒙文化与大众文化相结合过程中所造成的"神圣施(耐庵)、曹(雪芹),土芥归(有光)、方(苞)"的社会效应,正代表了新文化运动的方向。

陈独秀正是以这两个结合的智慧与策略去观照中国小说、戏曲、诗文、书画,在这些领域几乎都有划时代的高见,并有创造性的实践。这些则为本书研究的重点内容。

即使是文字学那么冷僻的学问,陈独秀也着眼文化启蒙,以两个结合之智慧去研究它。就中西文化相结合而言,陈氏早在第二次革命失败之后,流亡上海时就闭门读书,为亚东图书馆编了一部《新华英文教科书》(署名CC生),并以此为参照系竭力推行中国文字拼音化运动;自己曾利用操办社会革命之余暇著有《中国拼音文字草案》,即使晚年居狱中仍甚望胡适"拿出当年提倡白话文的勇气,登高一呼"[70],掀起中国文字拼音化运动。就启蒙文化与大众文化相结合而言,陈氏始终认为"坑人的中国文字,实是教育普及的大障碍"[71],"主张语言文字大众化,由繁入简,最后目的是拉丁化及拼音文字，不过在这方面只能促渐变，不能来突变，如果来突变，那就要大家读天书，任何人也不懂"。他说："有人讥笑制造拼音文字的人，是想做仓颉第二，其实想做仓颉第二并不是什么可以被人讥笑的事；中国文字当然不是什么仓颉一人所造，是从远古一直到现在无数仓颉造成的，今后需要许多仓颉来制造新的文字。"同时"他说从文字的形成和发展，可以看到社会和国家的形成"，"他用文字学证明中国无生产奴隶，只有家用奴仆"。总之，陈氏认为"中国过去的小学家（研究《说文》的人），都拘泥于许慎、段玉裁的《说文解字》和注，不能形成一个文字科学"，他决心"用历史唯物论的观点，想探索一条文字学的道路"，[72] 建立中国文字科学。他将此视为五四新文化运动未竟的宏愿，于大革命失败之余，于南京狱中，于四川江津的衰病中，一直以超人的毅力与功力坚持着文字学研究。然他用力最多且最为珍视的书稿《小学识字教本》未完成就撒手人寰，未竟书稿上最后一个字竟是"抛"。陈独秀再也没有机会去解析这个传奇的"抛"字，但对他的这一生命奇观却引出过种种宿命论的解说。

五四时期的陈独秀以其独特的文化启蒙，给青年一阵狂飙，给社会一个震撼，给文化一道闪电。尤为可贵的是，他晚年又毅然回归五四，以大智大勇向专制文化与文化专制挑战，继续着其永恒的文化启蒙。他晚年的《告少年》是又一篇《敬告青年》书，其中所云："亦有星星火，燎原势竟成；作歌告少年，努力与天争"，激昂与深沉较那呼唤科学、民主的第一声号角是有过之而无不及，因而被后学者誉为"永远的新青年"。陈独秀这"永远的新青年"，宛若高尔基笔下的丹柯，捧着一颗燃烧的心，引领着无数的青年，战胜种种黑暗，奋进在追求科学与民主的道路上。

六、"独秀性格"面面观

陈独秀者，原名乾生，一名仲，字仲甫，怀宁旧家子。早岁读书有声。
言语峻利，好为断制。性狷急不能容人，亦辄不见容于人。

> 独秀则不羁之马，奋力驰去，回头之草弗啮，不峻之坂弗上，气尽途绝，行同凡马踣。[73]

这节文字，见诸七十多年前章士钊的一篇名文《吴敬恒—梁启超—陈独秀》，这大概是现存最早准确描述陈独秀性格的原始文字。章士钊与吴稚晖（即吴敬恒）相互驳难，别具一格地以比较研究方法施之于当代人物评论，不仅轰动一时，更为陈独秀研究留下了珍贵的文献。吴稚晖在《章士钊—陈独秀—梁启超》中，也涉及对陈独秀的评价，他说：

> 见独秀两个名词，尚以为是个绝世美男子。后我在《新青年》发起时晤到，正如韩退之所状苍苍者动摇者的形貌，令我叫奇。惟时黎元洪由副总统升任大总统时代的内阁，即定于上海霞飞路章先生的宅内，陈先生就像演赤壁之战，章先生充做诸葛亮，他充做鲁肃，客到之先，客散之后，只有他徘徊屏际。何以他们今日分道扬镳到如此？……所以若就时人动于感情的批评，止以章先生为开倒车者，陈先生为共产党的急先锋。[74]

虽不失为滑稽之雄，却似不及章文准确。章氏与陈独秀早在20世纪初就订莫逆之交，在《国民日日报》《甲寅》时代又一起滚过破絮，后虽因道不同而不相谋，但私交甚笃，相知甚深。因而章氏不仅对陈独秀性格，而且对其信仰以及南陈北李之关系都有深刻的理解。他在同一文中写道："独秀则别树一帜，为马克思之说，以自宠异。李大钊者，字守常，燕产也，为人肫自谦静，雅善文章，愚友之数岁，风义弥笃。至是折箠独秀，为之疏附。独秀得此良佐，声气骤腾之。二人者，性行既同，旨趣复一，出入莫斯科、北京、上海间，相与发挥，践履共产诸义，遂若洪然一炉，星焰迸发。"[75]试看今日坊间有几本相关史籍能作如此准确的解说。

还是这位章士钊，在1947年1月间一次谈话中肯定地说："仲甫为天生领袖，一决定事，不能动摇。"[76]如果说前者注目的是陈之鲜明个性，这里看中的则是陈之领袖素质，仍颇准确。其共同点在强调陈氏非凡的气质、刚毅的禀性。

同为友人，而蔡元培所注目的，则是陈独秀的"毅力与责任心"。他1933年4月

为亚东图书馆第九次印刷《独秀文存》作序,热情称赞尚囚在南京狱中的陈独秀:

> 二十五年前,我在上海《警钟报》社服务的时候,知道陈仲甫君。那时候,我们所做的,都是表面普及知识,暗中鼓吹革命的工作。我所最不能忘的,是陈君在芜湖,与同志数人合办一种白话报,他人逐渐的因不耐苦而脱离了,陈君独力支持了几个月。我很佩服他的毅力与责任心。[77]

以此为基点,才有1917年"三顾茅庐"礼聘陈独秀为北大文科学长之佳话;才有屡屡救陈氏于苦难之中的义举;才有1932年甘冒被国民党党部书面警告的风险出面解救陈氏,迫使蒋介石放弃以特别军事法庭秘密审判陈独秀案而移交法院公审的壮举。替身为囚徒的陈氏著作作序,且特别提到刚去看守所探望陈氏云云,无疑是这壮举的组成部分。

高语罕将陈独秀的坚毅秉性具体为吃苦耐穷与不怕死的精神。他说:"一个思想家或一个文学家若果要在他的生活奋斗的过程中,使他的学术上的创作和他的辉煌灿烂的人格保持着绝对的和谐,就必需具有一种为真理而牺牲的坚定意志和勇敢精神。"他认为陈独秀这种精神与意志表现为:第一是耐得穷,吃得苦。"三十年前,独秀先生一肩行李一把雨伞,足迹遍江淮南北,到处去物色革命的同志,以为推翻满清,建立民国的准备"。从在芜湖办《安徽俗话报》到上海办《新青年》,每天仅吃两顿粥,"他始终没有向朋友告贷过,在取与之间,十分严谨"。第二是把死生看得很淡。二次革命失败,在芜湖被驻防军人所捕并布告枪决,陈却从容催促:"要枪决,就快点罢!"旋经刘叔雅等竭力营救得免。1932年在上海被国民党政府逮捕,押解南京,陈在"京沪车中,酣睡达旦,若平居无事者然,其临难之从容不迫,而怡然处之,往往如此"。[78] 陈中凡也说:"看他表面冷淡,与人落落寡合,实则胸怀俊迈,富于热情,故当其奔走革命之际能勇往直前,入死出生,历百折终不稍挫。乃至临大难,则从容不迫,怡然自处,尤非意志坚定,具有严气正性、石心铁肠者不能臻此。"[79]

陈中凡(1888—1982)是陈独秀在北大任文科学长时的学生,对陈独秀终生执弟子礼。据他的《陈独秀先生印象记》称:1937年8月3日陈独秀出狱后曾寓其家中半个月,"各方面来慰问的人很多,也有送赙仪的,他一概不受,惟有北大同学和旧友底略受少许。还有许多人和他交换政治意见,借此探他底意向,尤其是周佛海、陶希圣等,常请他吃饭,参加他们所谓'低调'研讨会,先生始终毫无表示,他们无可如何。"此外尚有朱家骅拉他出面组织一个"新共党"或出任国民政府的劳动部长等,他都一概拒绝,表现了卓尔超群的浩然正气。这使陈中凡十分敬佩,特赋诗礼赞:

> 荒荒人海里,聒耳几天民?
> 侠骨霜筠健,豪情风雨频。
> 人方厌狂士,世岂识清尘?
> 且任鸾凤逝,高翔不可驯!

陈独秀随即步原韵和诗一首:

> 暮色薄大地,憔悴苦斯民。
> 豺狼骋郊邑,兼之氛尘频。
> 悠悠道路上,白发污红尘。
> 沧溟何辽阔,龙性岂易驯?[80]

陈中凡诗对老师"高翔不可驯"的铮铮铁骨与冲天豪情表示了衷心的敬仰之情,而陈独秀的和诗则表达了在革命征途上与虎狼搏斗到底的决心和"龙性岂易驯"的坚强意志。濮清泉则以"十年追随,深知其人"的资格说:"我认为他(陈独秀)是一个从思想到行为都是放荡不羁、自行其是的人。"[81]

鲁迅以形象的语言写了陈独秀性格中光明磊落的特性。他说:

> 假如将韬略比作一间仓库罢,独秀先生的是外面竖一面大旗,大书道:"内皆武器,来者小心!"但那门却开着的,里面有几枝枪,几把刀,一目了然,用不着提防。[82]

这大概就是"开诚布公"的形象化展现。曾为中共一大代表的包惠僧,则将陈独秀这个性格侧面具体化,他说:

> 我是读书人,他好比是书箱子,在学问上我受他不少影响,他俨然是我

的老师，每次谈话都如同他给我上课，我总是很认真地思考他的话。陈独秀不讲假话，为人正直，喜怒形于色，爱说笑话，很诙谐，可是发起脾气来也不得了。他认为可以信任的人什么都好办，如果不信任就不理你，不怕得罪人，办事不迁就。[83]

终生追随陈独秀的郑超麟，在回忆录中说："陈独秀一向鄙视内部组织上的阴谋诡计"，"陈独秀是富于意气的人，他容易信任人，容易过分估量所信任的人的价值，可是对这人失望之后又容易走到另一极端去"。[84]

如果说鲁迅所言只是其鲜明的印象，那么，包惠僧、郑超麟的话的背后当有大量鲜活的故事。近年有些文章说陈独秀在党内有家长作风。对此包惠僧说："有人说陈独秀是家长作风，当时是有一点，但以后就不行了，主要是听第三国际，他想当家长也不行了。"[85] 这里的"当时"指中共建党初期。

胡适曾称自己是一个不可救药的乐观主义者。其实陈独秀的乐观主义更甚。陈独秀的乐观旷达的胸襟，表现在他屡经磨难仍对人类的未来充满着信心。1937年8月，陈独秀从南京监狱获释未久，他与当年北大的学生傅斯年谈起世界局势时，傅不无颓丧地说："我对于人类前途很悲观，十月革命本是人类运命一大转机，可是现在法西斯的黑暗势力将要布满全世界，而所谓红色势力变成了比黑色势力还要黑，造谣中伤，倾陷、惨杀，阴贼险狠，专横武断，一切不择手段的阴谋暴行，都肆无忌惮地做了出来，我们人类恐怕到了最后的运命！"

陈说："不然，从历史上看来，人类究竟是有理性的高等动物，到了绝望时，每每自己会找到自救的道路，'山重水复疑无路，柳暗花明又一村'，此时各色黑暗的现象，只是人类进化大流中一个短时间的逆流，光明就在我们的前面，丝毫用不着悲观。"

傅很严肃地对陈说："全人类已临到了窒息的时候，还能够自救吗？"

陈说："不然，即使全世界都陷入了黑暗，只要我们几个人不向黑暗附和、屈服、投降，便能够自信有拨云雾而见青天的力量。譬如日本的黑暗势力，横行中国，压迫蹂躏得我们几乎窒息了，只要我们几个人有自信力，不但可救中国人，日本人将来也要靠我们得救,不要震惊于他们那种有强权无公理的武装力量。"

这话在一般人听来简直是天方夜谭,但傅斯年却颇以陈的见解为然。傅斯年对陈独秀佩服之情是由来已久,不说五四当年,仅说 1932 年 10 月 15 日陈独秀被捕,10 月 30 日傅斯年就有洋洋洒洒的《陈独秀案》一文发表,充分肯定陈于文学革命、伦理改革、社会主义上的功勋,称陈"在思想上是胆子最大,分解力是最透彻的人",是"中国革命史上光焰万丈的大彗星"。[86]因而此刻则尤其佩服陈独秀的乐观精神。陈、傅对话不久的 1937 年 9 月,陈独秀在中英协会上与胡适、傅斯年晤谈时,傅斯年将陈的乐观见解转告胡适,并说:"我真佩服仲甫先生,我们比他年纪轻,还没他精神旺,他现在还是乐观。"

有趣的是,这篇最见陈独秀乐观精神的师徒对话,是陈独秀自己在《我们断然有救》一文中记叙的。陈氏记下这段生动的对话之后,意犹未尽地说,"我现在还是想着"这个话题,并于文末强调:

> 我们不要害怕各色黑暗势力笼罩着全世界,在黑暗营垒中迟早都会放出一线曙光,终于照耀大地,只要我们几个人有自信力,不肯附和、屈服、投降于黑暗,不把光明当作黑暗,不把黑暗对付黑暗,全世界各色黑暗营垒中都会有曙光放出来。我根据这些观点,所以敢说:"我们断然有救!"[87]

而今我们读了这些文字,仍为其乐观精神所激动。陈独秀其人真可谓"行无愧怍心常坦,身处艰难气若虹"。[88]

陈独秀同时代论及其性格特色者还有静尘等,静尘说陈氏"忠于人,忠于事,忠于他自己的意志与思想"。[89]郑超麟以"意因"为笔名所发表的《悼独秀同志》说:"这个人必须是一个极不平庸的革命者性格,有绝顶的聪明,刚强的意志,敏锐的直觉,不屈服于任何偶像或旧规的。陈独秀同志正是这般的性格。"[90]

不过,陈独秀多次对自己性格的分析,或许更值得重视。他 1932 年 10 月被捕后,曾在狱中言及与斯大林的恩恩怨怨及大革命失败的责任,说:"我是执行他(斯大林——引者注)的训令的,他悔过我就悔过,要我做替罪羊,于情于理都说不通。"1928 年第三国际要陈到莫斯科去并给他个东方部长的职位,他竟严词拒绝。他说:"你们骂我是右倾机会主义,还有人骂我是叛卖革命,在这种情况之下,要我到莫斯科去当什么东方部长,岂非揶揄?我不愿当官,更不能当一个被人牵着鼻子走的牛,对你们的好意,敬谢不敏。"他进而说:

> 顽固不是我的性格,我认为对的,我是要坚持的。执拗的性格,我是有的。小时候母亲骂过我是个"小犟牛",但是我知道错了,我并不顽固。把不合理的罪名加在我的身上,纵要我人头落地,我也不会承认。[91]

稍知国际共运史与中共党史的人,都会知道陈氏为其"犟牛"性格付出过多少代价以及这条"犟牛"在当时是何等的难能可贵。

陈独秀晚年跟他的托派朋友也分手了,他在给托派领袖之一的陈其昌信中说:

> 我不懂得什么理论,我决计不顾忌偏左偏右,绝对力求偏颇,绝对厌弃中庸之道,绝对不说人云亦云豆腐白菜不痛不痒的话,我愿意说极正确的话,也愿意说极错误的话,绝不愿意不错又不对的话。[92]

陈独秀晚年于狱中所撰自传,回忆少年时代如何在祖父的毒打与母亲的眼泪中度过。两相比较,他说:"母亲的眼泪,比祖父的板子,着实有威权,一直到现在,我还是不怕打,不怕杀,只怕人对我哭,尤其妇人哭。"遭祖父毒打不哭,气得祖父愤怒而伤感地宣布:"这个小东西,将来长大成人,必定是一个杀人不眨眼的凶恶强盗。"陈独秀说:"祖父对我的预料,显然不符合,我后来并没有做强盗,并且最厌恶杀人。"[93]并进而说:

> 有人称赞我疾恶如仇,有人批评我性情暴躁。其实我性情暴躁则有之,疾恶如仇则不尽然,在这方面,我和我的母亲同样缺乏严肃坚决的态度,有时简直是优容奸恶,因此误过多少大事,上过多少恶当,至今虽然深知之,还未必痛改之,其主要原因固然由于政治上的不严肃,不坚决,而母亲的性格之遗传也有影响罢。

说到母亲性格之遗传,陈氏也对母亲的性格有描述:

母亲之为人，很能干而疏财仗义，好打抱不平，亲戚本家都称她为女丈夫；其实她本质还是一个老好人，往往优容奸恶，缺乏严肃坚决的态度。[94]

陈万雄据之概括为陈独秀性格的两面——刚烈而又温情，[95] 颇有见地，只是独秀性格的复杂性远过于此。

七、义门文化与仇父情结

复杂的"独秀性格"，有着极为复杂的成因。时代的原因、社会的原因，方方面面，难以言尽。陈独秀不仅是他所处时代的产物，他还以自己的智慧创造了一个陈独秀时代。有似恩格斯所说："这是一次人类从来没有经历过的最伟大的、进步的变革，是一个需要巨人而且产生了巨人——在思维能力、热情和性格方面，在多才多艺和学识渊博方面的巨人的时代。给现代资产阶级统治打下基础的人物，决不受资产阶级的局限，相反地，成为时代特征的冒险精神，或多或少地推动了这些人物。那时，差不多没有一个著名人物不曾作过长途的旅行，不会说四五种语言，不在几个专业上放射出光芒"，"他们的特征是他们几乎全都处在时代运动中，在实际斗争中生活着和活动着，站在这一方面或那一方面进行斗争，一些人用舌和笔，一些人用剑，一些人则两者并用。因此就有了使他们成为完人的那种性格上的完整和坚强"。[96] 只是"独秀性格"形成的时代与社会原因，时贤已有充分论述，本书则不在此处多费笔墨。本书仅在其地域文化尤其是宗族文化，这些他人不大注目处多说两句。

陈独秀产生的地域文化背景，最直白的表述是安庆陈独秀生平陈列馆的首栏标题：安庆出了个陈独秀。它的模拟对象，是不言而喻的。然而略作深究，就不难发现安庆文化在"独秀性格"中所产生的效应多来自于反作用力。反作用力对于人物性格，有时较所谓"正面影响"更富有塑造能力。就乡俗而言，曾国藩曾说安庆人俗而傲。陈独秀对此有切肤之痛。他晚年仍念念不忘安庆乡俗：

"眼皮子浅"这句批评，怀宁人（按，当时安庆与怀宁同治为首府首县，称怀宁人亦即安庆人）自己也承认，人家倒了霉，亲友邻舍们照例总是编排得比实际倒霉要超过几十倍；人家有点兴旺，他们也要附会得比实际超过几十倍。我们这一门姓陈的，在怀宁本是一个小户人家，绅士们向来是瞧不起的，全族中到我的父亲时才有一个秀才，叔父还中了举，现在看见我们弟兄又都是青年秀才，不但另眼相看，而且造出许多神话，说我们家的祖坟是如何如何好风水，说城外迎江寺的宝塔是陈家祖坟前一管笔，说我出世的前夜我母亲做过什么什么梦，诸如此类，不一而足。[97]

其实早在1904年办《安徽俗话报》时，陈独秀就有专文批判安庆诸如不合乎情理的婚姻规矩、专喜欢烧香敬菩萨、愚昧的妇女装扮等恶俗；广而言之"中国希奇古怪的坏风俗实在多的很"，"顶有关系国家强弱的"。经他分析批判后，"不说全改了，就是能改去一半，那怕把我的嘴说歪了，手写断了，我都是心服情愿的"。[98] 其良苦用心，天人共鉴。他正是痛感家乡的闭塞，民众的愚昧，"皖南皖北老山里头，离上海又远，各种报纸都看不着。别说是做生意的，做手艺的，就是顶刮刮读书的秀才也是一年三百六十天坐在家里没有报看，好象睡在鼓里一般，他乡外府出了倒下天来的事体，也是不能够知道的"，才不辞劳苦办起《安徽俗话报》，"用顶浅俗的话说，告诉我们安徽人，教大家好通达学问，明白时事"。[99] 陈独秀正是在反思安庆恶俗之后，才毅然走出闭塞的安庆的。他1904年6月说：

> 我十年以前，在家里读书的时候，天天只知道吃饭睡觉。就是发奋有为，也不过是念念文章，想骗几层功名，光耀门楣罢了。那知道国家是什么东西，和我有什么关系呢？到了甲午年，才听见人说有个什么日本国，把我们中国打败了。到了庚子年，又有什么英国、俄国、法国、德国、意国、美国、奥国、日本八国的联合军，把中国打败了。此时我才晓得，世界上的人原来是分做一国一国的，此疆彼界，各不相下。我们中国也是世界万国中之一国，我也是中国之一人。一国的盛衰荣辱，全国的人都是一样的消受，我一个人如何能逃脱得出呢。我想到这里，不觉一身冷汗，十分惭愧。我生长二十多

岁，才知道有个国家，才知道国家乃是全国人的大家，才知道人人有应当尽力于这大家的大义。我从前只知道一身快乐，一家荣耀，国家大事与我无干。那晓得全树将枯，岂可一枝独活；全巢将覆，焉能一卵独完。自古道国亡家破，四字相连。若是大家坏了，我一身也就不能快乐了，一家也就不能荣耀了。我越思越想，悲从中来。我们中国何以不如外国，要被外国欺负，此中必有缘故。我便去到各国，查看一番。[100]

人不能生而知之，所谓先知先觉，无非在于他能当国人尚睡之际率先解剖自己，使自己先行走出困境，走出梦境。陈独秀就是这样一个从故乡狭小天地里走出来的先知先觉。与其说是安庆出了个陈独秀，还不如说从安庆走出来个陈独秀。章士钊甚至认为陈独秀的出现在安徽是个奇迹，他说："陈君英姿挺秀，学贯中西。皖省地绾南北，每产材武之士，如斯学者，诚叹难得"，"远而一国，近而一省，育一人才，至为不易"。[101]

从安庆走出来的陈独秀，首先是求新声于异乡。陈氏在安庆办成的事业有限，他的事业与声誉主要产生于异乡，先是芜湖（办《安徽俗话报》与成立岳王会），继而上海（创办《新青年》与建党）与北京（任北大文科学长与发起新文化运动）……再就是求新声于异邦，陈独秀所醉心的法兰西文明、欧美文化主要是以日本为桥梁获得的。日本堪称中国近代革命的发祥地，陈独秀青年时代或留学或避难曾先后五次东渡日本。有这两个求新声的途径，才使这个"独秀山民"有着世界眼光与领袖风度，站在时代的制高点上纵览世界风云，粪土古今"圣贤"。

就主流文化而言，那是波及全国，与清廷几乎同运的桐城派古文，陈独秀少年时代不免也会耳濡之目染之。陈独秀文章之简洁或许就来自桐城派的影响，但陈氏自幼如同鄙薄八股般鄙薄之，他在叙述自己人生第一次大转折时说是"由选学妖孽转变到康梁派"，而不是说"由桐城谬种转变到康梁派"，仿佛桐城派从来就未进入他的视野。

陈独秀却直言不讳地承认自己曾经是"选学妖孽"。他说："自从祖父死后，经过好几个塾师，我都大不满意，到了十二三岁时，由大哥教我读书。大哥知道我不喜欢八股文章，除温习经书外，新教我读《昭明文选》。初读时，我也有点头痛，后来渐渐读出味道来了，从此更加看不起八股文。"[102] 桐城派的先驱本是以古文为时文，以古文来改造时文；而其末代塾师往往鼓吹以时文为古文，旨在寻找作古文之捷径，其结果是让古文与时文同归于尽，这大概就是陈独秀少年不满意塾师的内在原因；而到五四时代又因桐城派中方苞自诩"学行继程、朱之后，文章在韩、欧之间"，而当时北大内成为新文化运动最大阻力的恰为桐城派之殿军，因而陈独秀将其远祖近宗绑在一起，称为"十八妖魔"，统统视为扫荡之列，钱玄同则呼之为"桐城谬种"。而"选学"虽也被称为"妖孽"，实与康梁派又有某些相通之处，诚如胡适所谓康、梁都经过一个桐城时代，但他们后来都不满意于桐城的古文。他们又都曾经过一个复古的时代，都曾回到秦汉六朝；但他们从秦汉六朝得来的虽不是四六排偶的形式，却是骈文的"体例气息"。所谓体例，即是谭嗣同说的"沉博艳丽之文"；所谓气息，即是梁启超说的"笔锋常带情感"。[103] 陈独秀在告别"选学妖孽"时，还从它那里吸取了"扪虱而谈"的魏晋风度与"非汤武而薄周孔"的反传统精神。这或许正是五四时代，"选学妖孽"与"桐城谬种"同命不同运的秘密所在。

胡适晚年回忆陈独秀于五四当年批判"桐城谬种"的情景，说："'十八妖魔'是哪些人呢？他们是领导明代文风的'前七子'和'后七子'。另外四人则是明代的古文大家归有光和清代的方苞、刘大和姚鼐。这四位中的后三人（方、刘、姚），皆是陈独秀和我的安徽同乡。现在我们安徽又出了个陈独秀，居然把这三位乡前辈，也打入反文学革命的'十八妖魔'之列。独秀把中古以后直到现在所有的仿古作品，一概唾弃；而对那些俗文学里的小说、故事、戏曲等等作家则大加赞赏。"[104] 被陈氏赞赏的，当然还应包括从怀宁走向全国的徽班戏曲之类俗文学。

说到宗族文化，首先应感谢安庆图书馆的有心人，于20世纪80年代初从陈独秀的老家寻得一套完整的怀宁《义门陈氏宗谱》。诸多学者以此为依据，理清了陈氏从远古到陈独秀下一代的家世，功不可没。但我注目的则是这部宗谱所承载的文化，即义门文化。"义门"，是历代王朝为推行封建礼教，维护封建秩序而刻意树立的社会典范；所谓"义门"即累世同居而遵孝义的大户。中国累世同居之风，始于东汉；朝廷表彰义门，则始于南北朝。据不完全统计，从南北朝至清代，进入正史的义门不到两百户。自宋以降，义门规模最大者为宋代江州德安义门陈氏与明代婺州浦江义门郑氏。从怀宁《义门陈氏宗谱》可知，这江州义门陈氏即陈独秀其家之中古源头（远古可追溯到虞舜，则似无此必要；如同研究曹雪芹追溯到曹操，未必有意义）。江州陈氏义门，历经唐、南唐、宋三朝，计十三世，鼎盛时代"萃族三千七百余口"。至宋仁宗嘉七年（1062）七月奉旨分家，众官监护，依昭穆世次分别大小，派定二百九十一庄拈阄。阔公系下第十三世之汝心，拈到安徽省怀宁县怀宁庄，

·《义门陈氏宗谱》

此即陈独秀其家之近古源头，亦即怀宁义门陈氏之一世祖。这一支脉传到陈独秀一辈为十九世。

  试想当初那么庞大的累世同居家庭，该如何管理才能正常运转？当然只得乞之于家法。陈氏其家有家法三十三条，对家庭结构、生产活动、生活秩序、教育设置、物资分配、婚丧礼仪、惩罚规则等方方面面皆有严格规定，以求达到"即无妄为之费，即无日用不给之虞；且长长幼幼各安己业，无尔我间隔之心；即千万人如一人一心，千百世同一世一日矣"。这部家规细微到养狗之规范："蓄犬求吠，赖以守家。养犬一百，于馈饭堂，内设一大槽长三丈，以便百犬同食。碑载每日饲犬，鼓动群犬悉至，若有一犬不至，群犬昂首顾立不食；即犬俱至，必俟大犬导食，然后众犬随食。此亦义气之所化，非同俗犬争斗，不令有不义之像。"由此不难想象所谓义门的秩序森严。没有惩罚就没有义门家规，陈氏家规第三十三条云："立荆杖室一所，凡子侄冒过，或以贵凌贱，或以势加人，更有越礼犯份者，禀明长家，痛责羞惩，不必扰乱公庭，以

玷家声，以颓义风也。"家法中依子侄不轨情节轻重有杖五十、七十、一百，服役三年乃至"不可复生"——这无异将公堂移到私堂，说是："家秉三尺法，官省五刑条。"[105]

陈氏家法产生于唐昭宗大顺元年（890），按说离陈独秀够遥远了。其实不然。陈氏家法先由宋真宗诏令"赐王公以下各一本，使知孝义之风"，早已风传天下；陈氏族内自宋嘉分户以后，各房宗谱中都转载此家法。怀宁陈氏自清至民国，至少修了三次宗谱，分别为嘉庆三年（1798）、光绪二十三年（1897）、民国三十五年（1946）。一次于陈独秀出生前八十一年，一次于其出生后九年，一次于其死后四年。这些版本中，皆原原本本过录怀宁陈氏史前种种史料尤其是家法三十三条。

而将以三十三条家法为代表的义门文化，形象而现实地推到陈独秀面前的，是他那严厉的祖父。祖父名章旭（1819—1889），字太占，亦字晓峰，谱中有传云：

> 太占先生精明强干，迥不犹人。上恢先绪，下启后昆。学问极其深醇，周济极其慷慨。居诚（城）郭而恶奢华，老成足羡；入公门而操笔墨，官长咸称。[106]

祖父有四儿一女。陈独秀的父亲陈衍中（1846—1881），排行第三。据说他"生有异姿，束发爱书"，可惜陈独秀仅两岁时父亲就逝世了。[107]他对父亲的印象极为模糊，在《实庵自传》中第一章就自称"我自幼便是一个没有父亲的孩子"。因而他的童年教育，就由祖父来承担。

这位祖父严厉得可怕。陈独秀在《实庵自传》中写道：

> 亲戚本家都绰号我的这位祖父为"白胡爹爹"，孩子们哭时，一说白胡爹爹来了，便停声不敢哭，这位白胡爹爹的严厉可怕便可想见了。这位白胡爹爹有两种怪脾气：一是好洁，一是好静。家中有一角地方有一件桌椅没扫抹干净，我的母亲，我的大姊，便要倒大霉。他不许家中人走起路来有脚步声，我的二姊年幼不知利害，为了走路有时有脚步声，也不知挨过多少次毒打，便是我们的外祖母到我们家里来，如果不是从他眼前经过，都不得不捏手捏脚的像做贼的一般走路，因为恐怕他三不知的骂起来，倒不好出头承认

是她的脚步声。我那时心中老是有一个不可解的疑问：这位好洁好静的祖父，他是抽鸦片烟的，在家里开灯不算数，还时常要到街上极龌龊而嘈杂的烟馆去抽烟，才算过瘾，那时他好洁好静的脾气那里去了呢？

在这里，我们见识了一个活生生的义门族长形象，他一方面严厉得令全族老小窒息，另一方面他又自行过着与义门家法极不相称的另类生活。所不同的是，全家老小都怕他，而陈独秀从小就在怀疑这形象化的义门文化。待到这位祖父以毒打的方式，向童年陈独秀传递义门文化时，他就不由分说地对义门文化由怀疑走向了反抗。陈独秀在《实庵自传》中生动地记载着他童年时代如何以"一声不哭"的无言顽强反抗着祖父发狂而可怕的毒打，气得祖父愤怒而伤感地哀叹："真是家门不幸！"[108]

这场面与《红楼梦》中"宝玉挨打"的情节相比，是有过之而无不及。"白胡爹爹"从孙子"无论挨了如何毒打，总一声不哭"中，看到的是"家门不幸"——此话不幸言中，陈独秀一生为陈氏家门带来的不幸确实够多。陈独秀则从祖父的毒打与发狂中，闻到了义门文化的血腥味，从而在灵魂深处升腾起强烈的逆反心理，也即仇父情结（当然这里的祖父是代父形象），以及宁死不屈的性格。这就是陈独秀作为终身反对派的逻辑起点。

继"白胡爹爹"之后，堪称义门陈氏族长的只有陈独秀的嗣父（亦即其叔父）陈衍庶（1851—1913），字昔凡。他光绪元年（1875）中举，然后由知县而知府而道员，步步高升并发了财，广置土地、店铺，仅北京崇古斋古玩铺就投资白银万两，并在安庆城里南水关兴建五进三个天井前后带花园的大洋房，显赫一时。这才使陈门由原本贫寒的书香之家变成了"大世家"。嗣父对陈独秀也并非不爱，只是陈独秀从小顽劣，嗣父曾将之带到东北任上也未曾调教过来。陈独秀与他的人生观以及审美观都格

·陈衍庶

格不入。而陈独秀之闹革命与娶妻妹，尤为嗣父所难容，视为大逆不道，以致大嚷着要"退继"。这就是胡适所说的，陈独秀"因恋爱问题及其他问题他同家庭脱离了关系，甚至他父亲要告他"。[109]这父亲即嗣父，嗣父也未真的去告他，只是嚷嚷"退继"，以振家威。陈独秀虽未真的与家庭脱离关系，而仇父情结却加深了。不知是何原因，陈独秀一门几乎成了过继专业户。他自己之外，父亲曾过继章寅（独秀叔祖父），大哥庆元过继衍藩（独秀大伯父），长子延年又过继为衍藩嗣孙。义门文化，通过"过继"事件，在陈独秀心灵上投下了较深的阴影，以致发生了胡适所叙述的故事：有一次他到北京，他家开的一所大铺子的掌柜听说小东人来了，请他到铺子去一趟，赏个面子，但他却说："铺子不是我的。"[110]他对嗣父挣来的偌大家产不屑一顾，晚年自传中对嗣父干脆只字不提，可见仇父情结伴随着陈独秀一辈子，从未消失。其"终身的反对派"的角色认定与永不停步的文化追寻、文化启蒙都能从这里找到其原动力。

八、人格魅力与文化评价

陈独秀的同乡好友邓以蛰说："我背着他遇有非难他的人，虽至友也必争到耳红面赤为止，尽管在那特殊的当儿……独秀的主张，说实话我压根儿就没有理会过；那我为他辩护，终不过为他的人格罢了。"[111]有似陈独秀当年在大庭广众之下为康有为辩护。只不过陈是从信仰出发，而邓仅着眼人格。王森然也是撇开政见来赞美陈独秀的人格，他说："在政治立场，似乎与先生不能并存，然对此老战士之悲壮末运，又不能尽无动于衷也。盖先生之思想行动为一事，其个人坚忍不拔，始终一贯之卓绝风格，则实另一问题也。"[112]邓、王所赞的是正囚禁在南京狱中的陈独秀，这使得他们不得不在表述上做些技术处理。其间苦衷，不难理解。

但离开了思想、主张，其人格魅力从何而来？据说，1956年9月陈源致信胡适，转达大陆朋友周鲠生劝归之意，说大陆之胡适批判运动"是对你的思想，并不是对你个人"。胡适在陈源这句下画了一道杠并加旁批云："除了思想之外，什么是'我'？"

胡适自问兼以问天，发人深思。与之相似的是，1933年4月老友章士钊自告奋勇，亲赴南京义务为狱中的陈独秀当辩护律师，当时就有人评说："顾章与陈之政见绝不相容，一旦急难，居然援手于不测之渊，斯亦奇矣！"[113] 章士钊辩护词中有云：清共而后，陈独秀"适与国民党最前（线）之敌人为敌"，"谓托洛斯基派与国民党取掎角之势以清共也，要无不可。即以此论功罪，其谓托洛斯基派有功于国民党也，且不暇给，罪胡为乎来哉？"[114] 对这有损信仰的辩护，陈独秀非但不领情，而且立即声明："本人之政治主张，不能以章律师之辩护为根据，应以本人之文件为依据。"[115] 而他的文件就是他自撰之《辩诉状》，其中有云："今之国民党所仇视者，非帝国主义，非军阀官僚，乃彻底反对帝国主义、反对军阀官僚，实在努力于最彻底的民族民主革命的共产党人。"[116] 说到托派之最终目的，陈在大堂上昂然宣称："世界革命，在中国需要解放民众，提高劳动者生活。关于夺取政权，乃当然的目的。"[117] 尽管他当时对中共的"干部派"已持不同政见，事后亦对托派不满而称自己"不隶属任何党派"，但此刻在法庭上的陈独秀心头激荡的或许即有似日后胡适的话语：离开了信仰，什么是"我"？因此他反怨"行严（即章士钊——引者注）真糟！"[118] 令友人百思不得其解。如当年他任安徽都督府秘书长时的顶头上司柏文蔚就好生埋怨，他对陈独秀之第三子陈松年说："你父亲老了还是那个脾气，想当英雄豪杰，好多朋友想在法庭上帮他的忙也帮不上，给他改了供词，他还要改正过来。"[119] 柏之所谓"供词"，大概就是那辩护词。其实这位当年的安徽都督，不懂得"当时与先生致力于新文化运动诸人，今日或居党国显要，或受社会崇拜；以先生之学力，若求高名厚利，与世人争一日长短，将何往而不自得耶？"[120] 然而，若那样则陈独秀就不成其为陈独秀了。陈独秀之人格魅力不等于其信仰，但又不能排除其信仰。

根据刘太希所述，陈独秀为"辩护词"责备章士钊，"谓其不识本末，且言现已无家，为团体人类奋斗了十馀年，从此有一个交代，可以撒手不管了，个人乐得借此作一安身立命的归宿"；说他"言毕微笑，态度安详，而精神怡适，似一切都已放下"。并引章氏话说："当时他好象对着一位禅宗大师，终于感觉其优美之灵魂脱颖而出，以形其完整之人格。一般朋友托代为慰问的话以及营救他出狱的，亦使章氏无法出口。因为当时他的境界，已经超越了生死关头，谈不上营救不营救，说出来反无意思了。"[121]这才真正是人格美的境界。

相形之下，还是蔡元培能高屋建瓴，他说："近代学者人格之美，莫如陈独秀。"[122]这当是阅尽人间春色而后发出的赞誉。蔡元培首先将陈独秀定位为一个学者，其次将他置之于中国近代学者群中去比较，然后才可断言：近代学者人格之美，莫如陈独秀。

陈独秀的人格魅力，鼓舞和影响过一代又一代的中国人，尤其是青年；他以其人格魅力改造了中国人的人文传统，并创造了一种新的人文精神。

五四是陈独秀生命最为辉煌的时期。身兼北京大学文科学长与《新青年》主编的陈独秀，带来了中国文化史上的奇观：一校一刊的珠联璧合——北大因此找到了关注现实并对社会直接发言的最佳角度，《新青年》的人文勇气则得到学问家的性情与学识的滋养——新文化运动于是得以顺利展开。[123]这个时期陈独秀生命的光辉，与北大精神和《新青年》锋芒融为一体。北大一侧，暂置而不论，仅《新青年》接受史上的独秀风采，就令人读得心旷神怡。

《新青年》出版到第二卷时，就有读者称："未几大志出版，仆已望眼欲穿，急购而读之，不禁喜跃如得至宝。若大志者，诚我青年界之明星也。"（毕云程）[124]"际此公理销沉邪说横行之时，贵报乃能独排众议，力挽狂澜，诚足称空谷之足音，阁室之灯光也。"（读者褚保衡）同期上也有人称："贵社之《新青年》杂志，觉其命意纯正，搜罗丰富，诚为青年学界之金针也。"（扬州孙斌）[125]"深信大志《新青年》出版之日，乃真正新中国之新纪元也。"（胡晋楼）[126]

读者对《新青年》的赞誉，很快集中到陈独秀身上。"贵志出版以来，吾青年界得一良友。提携指导不可谓不勤矣"（淮山逸民）[127]，"有的同学把《新青年》从第一期读到最后一期，这使我们文风一变，再也不写堆砌辞藻、空疏无物之古文了"[128]，"《新青年》于思想革新上文明进化上，有大大的影响"（姚寄人）[129]，"（陈独秀）对批判旧思想很有胆量，有勇气，笔陈纵横，独具风格，大家都喜读他的文章。他的文章一来，不管说什么，我们都希望早点看到"[130]，"《新青年》的文章，一开始就吸引着我们，可是在初期对批判儒家学说和传统的人伦道德那么厉害，在感情上多少还有些接受不了。但是不久以后，完全接受了"[131]。以至还有人说："读（独秀）公文而不幡然悟者，其必天下之丧心病狂者矣。"（刘竞夫）[132]

《新青年》读者群落中，颇有些日后的名人；或者说有些读者受了《新青年》之精神滋养，日后成了中国的大名人。他们的评说，更见风采。如作家杨振声说：《新青年》"像春雷初动一般，……惊醒了整个时代的青年。他们首先发现自己是青年，又粗略地认识了自己的时代，再来看旧道德，旧文学，心中就生出了叛逆的种子。一些青年逐渐地以至于突然地打碎了身上的枷锁，歌唱着冲出了封建的堡垒。"[133]

武昌中华大学中学部"新声社"恽代英等写给《新青年》说："我们素来的生活，是在混沌的里面，自从看了《新青年》渐渐的醒悟过来，真是像在黑暗的地方见了曙光一样。"[134]

湖北陆军第二预备学校叶挺致信陈独秀说："空谷足音，遥聆若渴。明灯黑室，觉岸延丰。足下之孤诣，略见于《甲寅》，渴慕綦岁。呜呼，国之不亡，端在吾人一念之觉耳。足下创行《青年》杂志，首以提倡道德为旨。欲障此狂波，拯斯溺世，感甚感甚。"又说："吾辈青年，坐沉沉黑狱中，一纸天良，不绝如缕，亟待足下明灯指迷者，当大有人在也。仆家计不堪，复哀国难，几不自支，然已稍能觉悟，廓而化之曰：向圣贤路上鞭策。悠悠前路，不知能免陨越否耶？亦唯良心是赖而已，积怀满腔，无暇尽白，足下不弃，辱而训之，甚盼甚盼。"[135]

其中最著名的当然是称五四时期的陈独秀为"思想界的明星"的毛泽东。他说："《新青年》是有名的新文化运动的杂志，由陈独秀主编。当我在师范学校做学生的时候，我就开始读这一本杂志。我特别爱好胡适、陈独秀的文章。他们代替了梁启超和康有为，一时成了我的模范。"[136]"有很长一段时间，每天除上课、阅报以外，看书，看《新青年》；谈话，谈《新青年》；思考，也思考《新青年》上所提出的问题。"[137]

毛泽东的话，在中共早期领袖中颇有代表性。中共早期领袖除李大钊外，多为陈独秀学生辈,"陈在共产党,大权独揽,威令森严,戴季陶氏曾以中国列宁拟之"。[138]这些早期领袖有的在陈独秀落魄后也批判过他,但对陈之人格还是多有肯定的。如瞿秋白1927年在其文集自序中就说:"秋白是马克思主义的小学生,从1923年回国之后直到1926年10月病倒为止,一直在陈独秀同志指导之下,努力做这种'狗耕田'的工作,自己知道是很不胜任的。"[139]即使是遵义会议之后的毛泽东也承认"陈独秀是五四运动时期的总司令",终其一生"好像俄国的普列汉诺夫"。[140]

不过,本书更注重对陈独秀文化评论的民间文献。原因是来自民间的评论,一无党派偏见,二无特殊需要之类的功利观念。这样,民间评论就更能显现出陈独秀巨大的人格魅力。

说起民间评论,不少学者都注意到北京大学二十五周年纪念日所举行的一次民意测验,其中有征答"你心目中的大人物"一栏。1924年3月5日《北京大学日刊》公布的结果是:孙中山第一,陈独秀第二,蔡元培第三,胡适第四,梁启超第五。由此可知,"在野"的陈独秀在青年学子心目中的崇高地位。对陈独秀文化评论的民间文献,相对集中的有两大板块。其一是陈独秀屡遭拘捕时的媒体舆论,北洋政府与国民政府时期的报刊尤能高度评价蒙难中的陈独秀并呼吁社会各界予以营救,发人深思;这方面文献有强重华等编的《陈独秀被捕资料汇编》[141],不再引述。其二是陈独秀逝世后,社会各界对陈独秀的文化评价。

1942年5月27日,陈独秀逝世于四川江津。葬礼与报道都冷冷清清。但陈独秀掩不住的人格魅力,仍洋溢在各界的文化评论之中。

同乡友人高语罕一人就有诗有联有文,追悼陈独秀。

其联云:

喋喋毁誉难凭!大道莫容,论定尚须十世后!

哀哀洛蜀谁悟!彗星既陨,再生已是百年迟![142]

其诗《哭独秀》云:

独秀!你死了!独秀,你死了!

有些人在暗中狞笑,

有些人在暗中泪落!

有些人虽然是你的朋友,

却不得不装着不知道!

但是,我想你临去的一刹那,

该都一一地料到,

没有话说,

只有报之以微笑。[143]

其文为《参与陈独秀葬仪感言》。高氏的诗、联中哀婉之情溢于言中,而且其中尚有诸多"新典故"留待后人破译。其文则较全面地描绘了独秀性格并给予了"绝对不愿夸张"的评价。陈独秀之"衣衾棺木与墓地安葬等身后大事,均承江津邓蟾秋老人和其侄公子燮康先生之全力赞助"。[144]高文在赞誉邓氏叔侄古道热肠之余,表述了与那种以为陈氏"死非其时,这(寂寞)情景对于一位怪杰的陨落真是最凄惨不过的"[145]相反的观点,他说:

我相信,并且大家也一定相信,独秀先生躺在这里,至少是不会污辱贤主人的这干净土,也不会辜负此地的山川景物。独秀先生是一个东西南北到处为家的人,自然也是抱着"到处青山能埋骨"的见解。他今天安息在这里,真可谓"得其所哉!"就他的怀抱、他的遭际以及他对于时局之展望说来,此时撒手而去,也是恰到好处。[146]

今天作一历史回视,不难发现高氏之言,颇有见地。一直追随护理晚年陈独秀的何之瑜的《陈独秀先生病逝始末记》,是记录陈氏病与逝的权威文献,他在此文的后记中也有与高文相似的见解,何云:

先生入葬后,艾芜剔秽,竖碑砌墓,莳花草,艺果树,敷布景物,差强人意,鼎山虎踞,几江龙盘,岚光映耀,帆影出没,先生之灵,可以安矣。[147]

高语罕此外尚有《入蜀前后》记载与陈氏之交往以及陈氏之葬仪,并有诗云:

足下奔雷地底传,江风山月此长眠。

　　邓家叔侄多情甚,又结前身未了缘![148]

房秩五是陈独秀办《安徽俗话报》时的朋友,他在陈逝世后有几首诗悼之。《挽陈仲甫》云:

　　(君以壬午五月二十七日逝于蜀之江津县。)

　　纵浪人间四十年,我知我罪两茫然。

　　是非已付千秋论,毁誉宁凭众口传。(世人多谓为君非孝,其实,君事母极孝。母目瞽,每食,君必亲奉菜至母碗中。母逝江津时,君着麻衣,葡匐痛哭,至为其徒某非议。)

　　野史亭中虚左席,(襄见有人著中国经济史内夹装白纸三页。审之,皆当叙君事,恐触时忌,不敢书耳。)故书堆里绝书编。(君晚年著《实庵字说》数种。)

　　古人菲薄今人笑,敢信斯文未丧天。

　　盛唐山下昔婆娑,斫地悲哀发浩歌。

　　舌战雄能逃竖子,(光绪壬寅夏,君偕余在安庆藏书楼开会演说,辞侵某巨绅,至鼠窜遁去。)笔诛严更慑群魔。(光绪甲辰春,君与余在安庆创办《安徽俗话报》。)

　　留人别馆三秋雨,送我晴江万里波。(光绪甲辰秋,我东渡,道出芜湖,阻雨,与君在科学图书馆小楼聚谈三日。行时,君亲送至江心登轮。)

　　往事苍茫谁与语,侧身西望泪滂沱。

《追悼三爱》有长序追叙当年共办《安徽俗话报》历史,诗云:

　　君是降龙伏虎手,拈花微笑散诸天。

　　苍茫五十年前事,贝叶重繙益惘然。

　　季子音容犹仿佛,(君子松年,言语笑貌酷似君)诸孙头角各嶒嵘。(松年有四子女,长女玮已入北京钢铁学院。)

　　藏书楼址依稀辨,(清末壬寅年,君在安庆演说之藏书楼今已改观矣。)忍过山阳听笛声。

这两诗皆不失史诗意义，细细品味不啻一部浓缩的陈独秀传记。《感事示陈松年》则将陈独秀的悲剧延及儿孙的情景写得凄婉动人。诗云："独秀山前日影斜，几回惆怅故人家。西华葛陂孤儿泪，犹傍青门学种瓜。（松年在城门外种地数亩。）"[149]

朱蕴山 1942 年 6 月亦有《挽陈独秀》两绝句，其一云：

掀起红楼百丈潮，当年意气怒冲霄。

暮年萧瑟殊难解，夜雨江津憾未消。

其二云：

一瓶一钵蜀西行，久病山中眼塞明。

僵死到头终不变，盖棺论定老书生。

并有序云："1940 年我到江津和邓仲纯大夫访问仲甫，力劝他回延安。据邓仲纯说，周恩来同志曾和仲甫谈一次话，但他的思想未能解决。"[150] 朱诗留有当时中共对陈评价的痕迹，亦不失其历史价值。

相对而言，视陈独秀为亦师亦友的陈中凡的评说，文化味更浓。陈中凡先有《哭陈仲甫先生哀词》云：

生不遭当世骂，不能开一代风气之先声；

死不为天下惜，不足见确尔不拔之坚贞！

生死矌然斯何人？怀宁仲甫陈先生。

先生之学关世运，先生之志济群生。

斯世斯民方梦梦，先生肆志其孤行。

孤行长往何所图？口可杜，身可诛，穷坚老壮情不渝！

接着又有《陈独秀先生印象记》发表，其云：

综观先生一生，早年从事革命，中年提倡新文化，及主持党务，晚年入狱及以整理国故自遣。其思想方面，确然能站在时代底前面，领导着青年们向前迈进；所以他的一言一动，青年皆蒙其极大的影响，在近代文化史上，不能不算是开山人物。虽生平意气正盛，坚执己见，不容他人有商讨的余地；

然而他的主张皆确有见地，不同浮光掠影者流，随人脚跟为转移。晚年理想太高，一时无法实现，这也有他思想底背景。……他底思想，现在虽随着时代成为陈迹，而这种磊落光明、宏毅峭直的人格，虽千百年后也足为青年取法。这就是先生不朽的所在。[151]

还有一位与陈独秀素昧平生的农业家董退思（时进），通过《新民报》主编张慧剑寄信高语罕，解读一个"独"字以痛悼陈独秀：

> 鄙人与陈先生素不相识，兼因政治与文学均为门外汉之故，亦少读过陈先生之文章。但鄙人对于陈先生，则极其钦佩。窃尝谓一般所谓革命家者，不成功即成仁。成功者则富贵功名，生荣死哀，不成功者，死后亦往往有政府褒扬，社会追悼。陈先生一无于此，一生清苦，寂事以死，然而惟其如此，乃属难能可贵。"独"之一字，陈先生足以当之！滔滔天下，能有几人？真大哲人，周如是乎？[152]

九、悲剧命运与文化悲剧

在近代中国的社会影响之大或有过于陈独秀者，而命运悲剧之深则难说有谁甚于陈独秀。王森然说："先生乃革命队中最明耀之火焰，并且为中国革命中不灭之炬火"，"呜呼！策天下之治乱者，靡不曰：愿得不世出之人才。陈仲甫氏以不世出之才，乃蒙天下之诟。曰乱臣，曰贼子，曰奸险，曰凶残，曰共匪，曰狂徒，万喙同声牢不可破者，在其被捕后各省市之通电中可见矣"，"顾政见自政见，而人格自人格也。独奈何以政见之不合，党同伐异，莫之能胜，乃密报私隐，以陷害之？此村妪相谇之穷技，而不意其出于革命阶级也"。对于当时正囚狱中的陈氏，王森然充满着同情，他还说："先生个人生活艰苦惨淡，两妻前后离异，二子均已伏法，剩此皤然老叟，贫病交加，卒被系狱，生死不测，若绳以常人情理，其忧患凄凉，诚有不堪言状者也"，"吾不仅为先生惜，吾将为吾民族哭矣"。[153]

陈独秀实承受着多重悲剧,社会的、时代的、政党的、家庭的……尤其是他生前屡经牢狱之灾,死后难逃不虞之毁。然而这些尚不算其最大的悲剧。就牢狱之灾而言,陈独秀生前虽五进大牢,但他视死如归,每次被捕他或说:"要枪决,就快点吧!"[154] 或说:"我脑筋惨痛已极,极盼政府早日提我下狱处死,不欲生存此恶浊之社会也。"[155] 或说:"我以为也许还是大辟爽快一点,如果是徒刑,只有终日闷坐读书,以待最后。"[156] 这叫民不畏死奈何以死惧之,独秀不畏死奈何以死为悲?何况陈氏有名言,云:"我们青年要立志出了研究室就入监狱,出了监狱就入研究室,这才是人生最高尚优美的生活。从这两处发生的文明,才是真文明,才是有生命有价值的文明。"[157] 每次入狱皆成为一次意志的锤炼,精神的升华,人格的展现,而且陈氏的确善于变监狱为研究室。1919年陈在北京因散发传单被捕入狱,他在狱中静读了八十多天《圣经》。据胡适说:"独秀在拘禁期中,没有书报可读,只有本基督教的《旧约》、《新约》全书的官话译本,是不禁止阅读的。他本是一位很富于感情的人,这回读了基督教的圣经,很受了感动。"又说:"大概独秀在那八十多天的拘禁期中,曾经过一度精神上的转变。他独自想过一些问题,使他想到他向来不曾想过的一条路上去,使他感到一种宗教的需要。他出狱之后,就宣传这个新见解,主张要有一个新宗教……抱着这种新宗教热忱的陈独秀,后来逐渐地走进那二十世纪的共产主义新宗教,当然是不难的转变。"[158]

更有甚者是1932年入南京监狱,陈独秀利用斗争与声誉获得优待条件,变牢房为书房,"与床相对的一面墙,满满的几架书,线装的洋装的都有,摆得整齐极了",[159] 还不断向胡适、汪原放等索书,并订了一个庞大的狱中写作计划。他曾致信汪原放说:"弟拟在二三年内着手写下列各书:《古代的中国》《现代的中国》《道学概论》《孔子与儒家》《耶稣与基督教》《我的回忆》。"[160] 还想写《宋末亡国史》《明末亡国史》,以为今人之鉴。不过实际用力最多的还是他的看家学问:文字学与音韵学。据何之瑜编的《独秀丛著总目》记载,陈在南京狱中的研究成果有:《古音阴阳入互用例表》(手稿)、《中国古代语音有复声母说》(发表于《东方杂志》第三十四卷第二十、二十一号)、《连语类编》(手稿)、《荀子韵表及考释》(发表于《东方杂志》第三十四卷第二号)、《屈

·1932年10月，陈独秀被捕后，在江宁地方法院与彭述之合影

宋韵表及考释》（未定稿）、《晋吕静韵集目》（手稿）、《广韵东冬钟江中之古韵考》（发表于《东方杂志》第三十六卷第四号）、《表》（手稿）、《实庵字说》（陆续发表于《东方杂志》第三十四卷第五、六、七、十、十三号）、《识字初阶》（未定稿）、《干支为字母说》（手稿）和《甲戌随笔》、《战时论》、《通信》等。[161] 这些文稿中《识字初阶》出狱后改写为《小学识字教本》。此外尚有《老子考略》（何之瑜漏记，此文刊于《东方杂志》第三十四卷第十一号）、《中国一日》（应茅盾征文）、《金粉泪五十六首》等。如果不是与狱外"托派"联系（讨论问题、组织活动），花去他不少精力，陈氏于狱中著述会更丰硕。困居监狱，有如此丰厚的意外收获，堪称奇迹。这甚至惹得狱外的友人有些眼馋。吴虞有《寄陈独秀狱中》云：

　　早年谈易记儒生，意气翻惊四海横。

　　党锢固应关国计，罪言犹足见神明。

　　尽知大胆如王雅，何必高文似马卿。

万古江河真不废，新书还望狱中成。[162]

陈独秀于狱中还以书法自娱。有次心血来潮，托汪原放为之"拟择朋友中能书者四人，各书一幅，合为一小屏，朝夕瞻对，以释消愁"。章士钊被列为索书对象之一。章欣然应命，以自作新诗书成条幅，并精致装裱赠陈。诗从略，跋有趣，云："独秀兄近自江宁函索拙书，因便为长句写寄。世乱日亟，衣冠涂炭，如独秀幽居著书，似犹得所。奉怀君子，不尽于言。"[163]

历史不可假设，假设却时而诱人。他庞大的写作计划若能如期完成，尤其是众所企盼的两大宏著《实庵自传》与《小学识字教本》能完成，将为后人留下多么珍贵的文化遗产。然这里借助想象，是想说明被囚固为悲剧，但它在陈氏所历的种种悲剧中尚不算最大的悲剧。

陈独秀所遭不虞之毁，远非王森然《近代二十家评传》所列种种，而主要来自第三国际以及他自己所创建的中共乃至托派，这些他曾安身立命的营垒。据说陈独秀曾从那里获得了九顶"桂冠"：机会主义的二次革命论、右倾机会主义、右倾投降主义路线、托陈取消派、反共产国际、反党、反革命、汉奸、叛徒。[164]乍一听吓煞人，其实也不太可怕。俚语有云：一时胜负在于力，千古胜负在于理。这"力"在乡场是暴力，在官场是权力。陈独秀的是非功过问题，已渐渐走出"力"的范畴，而取决于"理"了。历史是无情的又是有情的。当年的权力话语者终会被历史辩证法改造成为历史的评价对象，他们的权威话语同样要经受历史的检验；而污蔑陈独秀为叛徒、汉奸的王明、康生则早被钉在历史的耻辱柱上供后人指指点点了。我们深信所有人为地加在陈独秀身上的不实之词，历史老人都会替他洗刷干净，恢复他的本来面目（包括原有的斑斑点点）。当然这其间并不能抹杀诸多志士仁人的据理力争。因为历史本是英雄与人民共同创造的；没有那艰苦卓绝的共同创造，也就没有历史。相对而言，我认为陈独秀的最大悲剧，当是王森然先生所提出的：陈独秀虽"诚为一代之骄子，当世之怪杰也。惜仍以指挥行动之时多，精心研究学术之时少，虽有专一、有恒、自信之美德，致不能完成其哲学理论之中心。使先生终为政治家不能成为革命理论家，可胜惜哉"。[165]胡秋原于1942

年5月27日陈独秀逝世的当天就有文悼之,说:"他是近三十年来中国文化政治史上一个彗星,当年叱咤风云,此日销声匿迹,不能不说是一个悲剧。"胡文进而说:

> 一个悲剧的主人,必有其弱点。独秀先生之弱点在于何处呢?我以为,恕我直率,在其在理论之不足。谁也不能否认其眼光之锐利,文笔之劲健,他对于学问的造诣。但作为一个思想的领袖,似乎还有不足之处。独秀先生有眼光,有气魄,但不是一个深刻丰富的理论家。老实说,他对社会科学的素养,或还不及其对中国文字研究之深。于是,他在每一时期,每不能不借重二三流理论家。五四运动之贫,这是一个原因。而在他做马克思主义者首领的时候,他及他的追随者的决策,与其说是根于严密的理论分析,不如说由于世局和潮流的推动。他对于马克思主义没有批评能力,而后来,多少受托洛茨基的影响。……倔强是悲剧的要素,但也是成功要素。如独秀先生有和他锐利眼光相副的理论力,则其倔强的意志,只是增其生命之光辉。[166]

何谓理论家?详论无法胜任,但我以为所谓"理论家"至少必须具备三项条件:一、理论思想的原创性;二、理论阐述的完整体系;三、理论实践具有相当大的覆盖面。重要的是前两条,因为先进的理论家有时是孤独的少数,盖真理有时掌握在少数人手里且一时难为广大民众所接受。不过某些有覆盖面(社会影响力)的人,却似乎更看重第三条,强调理论的实践基础与群众基础。只是若过分强调第三条,则一方面大大降低理论家的含金量,一方面容易坠入成者为王败者为寇的怪圈,小胜者是小理论家,大胜者是大理论家,最后是抽去了理论家的内涵。即使以这个极其简化的标准来衡量,陈独秀是否够得上社会革命理论家?或近百年来中国有几个社会革命理论家?都是值得深思的问题。

作为中国现代启蒙大师的陈独秀的核心理论是科学与民主。而科学与民主的理论,是陈独秀较早(可能还不能说是最早)从西哲那里引进的。其覆盖面与社会影响是毋庸置疑的。因为科学与民主今天仍然是中国社会的永恒主题。科学、民主给中国带来的福祉与背离科学与民主让中国蒙受的灾难,都令中国人刻骨铭心。近百年来,中国人民对科学、民主的企盼与追求，也是可歌可泣的。如果求其原创性与体系化，则当看其是如何将西方科学、民主思想与中国社会实践相结合，使之体系化、中国化，建立具有中国特色的科学、民主理论。能如此，在这个层面上，就可称之为理论家。遗憾的是，即使在这个层面上，陈独秀也未必完成了他的理论建设的使命。

1999年在纪念五四运动八十周年的日子里，我读了复旦大学姜义华教授一篇极有见地的短文《彷徨中的启蒙——〈新青年〉德赛二先生析论》，久久难以忘怀。姜文分三个部分：一、"德先生"诠释的五次转换；二、"赛先生"中理性与非理性的结合；三、理性的困顿与启蒙的转向，就较好地解答我上述的疑惑。限于篇幅，仅转述其第一部分与结论。姜文说，"德先生"即"民主"这一概念，《新青年》仅陈独秀一人，从1915年9月到1920年10月，前后就至少作出了五种解释。指出这五重诠释相互之间有联系，但在不同时段又有明显的差异，其间既有理性的基础又有浓厚的非理性成分，鲜明地表现其在理性与非理性之间的彷徨。这种彷徨，首先表现为对西方民主共和从理想化到妖魔化的跳跃，从倡导"建设西洋式的新国家，组织西洋式之新社会"到将西洋资本家、贵族中等社会的国家、政府、国会、省议会都列为要推翻的对象，从倡导工团主义到反对工团主义，从倡导地方自治到反对地方自治；其次表现为"民主"目标与手段的脱节，思想上的解放却并未带来其所追求的政治、民权、社会、生计的民治主义的实际，倒是劳动专政，与工、农运动及武装斗争相结合，具有可操作性；再次表现为民主追求中内发与外烁地位的颠倒，《新青年》所追求的民主，先以西方社会为范本后以苏俄革命为范本，是极为强烈的民族危机意识和图谋中国尽快振兴的感情，使新文化运动的倡导者们急不可待地要从外部寻找前进的方向和动力，使外烁的功能因此压倒内发的作用。由此可见，尽管《新青年》时代陈独秀将"德先生"喊得震天响，支持"德先生"的理性，相对于非理性而言，仍相当脆弱。这种情况，同样表现在对于"赛先生"的提倡之中。[167]

这样，给陈独秀的历史定位就只能是一个伟大的盗火者——普罗米修斯，而不是一个伟大的理论家。[168]作为五四时代思想界的明星陈独秀，终究只达到这么个理论境界，这就远非他一人之不幸，而实乃中国之不幸。郑超麟早在20世纪40年代就说："'陈独秀不是理论家'，——托洛茨基这个判断是最正确的。他是个实际的政治家，有敏锐的触觉，事情看得深刻，看得远。在理论方面，他远逊于列宁和托洛茨基。但中国自命为'马克思主义理论家'的人没有一个及得他，不仅以前没有，现在也没有。"[169] 但愿郑超麟所说是其一己之偏见（或偏爱），因为如果那是真的，则诚如王森然先生所云："吾不仅为先生惜，吾将为吾民族哭。"

理论上的不彻底，为陈独秀的事业与日后的影响，带来的副作用是难以估计的。我每次踏进安庆独秀山前的陈独秀生平陈列馆，凝视着"安庆出了个陈独秀"的标题，再看看独秀山周边"独秀水泥厂"、"独秀食品厂"、"独秀武校"之类的招牌——从这里可见陈独秀家乡人民对陈独秀的理解和接受程度。我由此想起鲁迅《药》中夏瑜的命运，不觉悲从中来。

再联系20世纪90年代国内外新文化保守主义者对陈独秀的文化批判，我则被深深地激怒了。应该说，陈独秀虽未达到伟大的理论家的境界，并不等于他就没有可贵的理论与闪光的思想，并不等于他就没有为我们留下可供发掘借鉴的丰富思想文化资源。只需稍稍浏览一下90年代新文化保守主义者的种种文本，或阅读一下90年代末类似《近年来国内对文化激进主义的批判综述》的文献，就不难了解到那些将推崇科学民主的五四运动与摧残科学民主的"文化大革命"浩劫绑在一起批判，将陈独秀在文艺领域的种种真知灼见与日后的文化专制主义绑在一起来鞭挞，甚至断言五四造成了中国文化的断裂的"精英"们，是何等荒谬。陈独秀的文化观不是不能分析批判，没有分析批判就没有借鉴继承与创造发展，但这种分析批判，绝不是将真金与牛粪混为一谈，统统予以抛弃。如果是那样的话，就只能是在陈独秀命运悲剧上再加了一道文化悲剧。从这个意义上，我赞成王观泉先生富有诗意的描述：陈独秀作为被绑的普罗米修斯——偷"天火"点燃革命火种的"人类哲学日历上最高尚的圣者兼殉道者"（马克思语），终于没有走下高加索……

由此又想起郁达夫和鲁迅的名言。郁达夫在《忆鲁迅》中有云：

没有伟大的人物出现的民族，是世界上最可怜的生物之群；有了伟大人物而不知拥护，爱戴，崇仰的国家，是没有希望的奴隶之邦。[170]

鲁迅说：

我愿以愤火照出他的战绩，免使一群陷沙鬼将他先前的光荣和死尸一同拖入烂泥的深渊。[171]

十、参不透的删节号

胡适是中国现代传记文学的积极倡导者与实践者，他写《四十自述》时一面为梁启超等名士未及写下自传就匆匆离去而惋惜，一面劝陈独秀等朋友早日动手写自传，"给史家做资料，给文学开生路"，[172]让历史记忆变为文化资源。

胡适说这番话是1931年的6月，1932年10月陈独秀被捕入狱就想动手写自传。同年年底，陈氏致信高语罕妻王灵均说："《自传》尚未能动手，写时拟分三四册陆续出版……若写好不出版，置之以待将来，则我一个字也写不出。"[173]看来陈氏当初设计的自传规模相当大，所虑的是能否及时出版以及由谁来出版（群益还是亚东）？1933年10月13日，陈致信汪原放说："或不名自传，而名回忆录，你以为如何？或名自述。如能写，拟不分为少年期等段落，因为我于幼年少年的事，一点也不记得了，即记得，写出来，也无甚意义。我很懒于写东西，因为现在的生活，令我只能读书，不能写文章，特别不能写带文学性的文章，生活中太没有文学趣味了。我以前最喜欢看小说，现在看了小说头便痛。只有自然科学、外国文、中国文字学、音韵学等类干燥无味的东西，反而可以消遣，所以不大有兴趣写自传。你可以告诉适之，他在他的《自述》中希望我写自传，一时恐怕不能如他的希望。"[174]

经过反复思索，1934年陈独秀终于将自传列入了他狱中写作的庞大计划之中，却又在如何写法上与狱外的有些朋友发生了分歧。狱外的"托派"希望陈效仿托洛茨基的《我的生平》和《俄国革命史》来写他的自传，总结中国革命的经验，抒发"托派"

的政治见解。陈认真研究了他们通过各种渠道搜集来的资料，拒绝那种写法。或许是这种争论挫伤了创作灵感，尔后相当长时间里陈都未动手去写那自传。

直到1937年由老友汪孟邹为《宇宙风》杂志编辑陶亢德写信说项，陈独秀才真的动心要写自传了。7月8日陈复信陶亢德云：

> 许多朋友督促我写自传也久矣！只以未能全部出版，至今延未动手。前次尊函命写自传之一章，拟择其一节以应命，今尊函希望多写一点，到五四运动为止，则范围扩大矣！今拟正正经经写一本自传，从起首至五四前后，内容能够出版为止，先生以为然否？以材料是否缺乏或内容有无窒碍，究竟写至何时，能有若干字，此时尚难确定。[175]

"此骨非饥寒所困，一身为人类之桥。"[176]屡经磨难却用自己的智慧影响着多少中国人的陈独秀，真的挥动如椽巨笔来写自传时该有多少故事要叙说，该有多少感慨要抒发，为天地立心，让后世借鉴，他心潮澎湃，文思泉涌。1937年8月16日至20日，陈独秀仅用五天时间，写成《实庵自传》两章：《没有父亲的孩子》与《从选学妖孽到康梁派》，计七千多字。1940年陈氏将此手稿赠给台静农时，加有短跋云："此稿写于一九三七年七[八]月十六至二十，五日中，时居南京第一监狱，敌机日夜轰炸，写此遣闷，兹赠静农兄以为念。一九四零年五月五日独秀识于江津。"[177]8月中旬"就在炮火连天中寄到了上海"。陶亢德得之大喜过望，立即大登广告，称之为"传记文学之瑰宝"，并云："陈先生是文化导师，文坛名宿，搁笔久矣，现蒙为本刊撰文，实不特本刊之幸也。"并许诺自此"每期都有"。令读者拭目以待。

1937年8月23日，即八一三抗日烽火点燃后的第十天，陈独秀经胡适等人的营救，一边发表"鄙人辛苦狱中于今五载，兹读政府明令谓我爱国情殷，深自悔悟；爱国诚未敢自夸，悔悟则不知所指"的声明，[178]一边昂首走出了囚禁五年之久的南京监狱。9月中旬，他"到了汉口后，全副精神就放在抗战文章上了，自传已无心思续写"。陶亢德"也不能强人所难"，"不过每次去信，总还是带一句劝他有暇甚至拨冗续写的话"，因此他"总觉得《实庵自传》有趁早完成之必要"。[179]11月3日夜，陈独秀在武昌复信陶亢德云：

日来忙于演讲及各新出杂志之征文，各处演词又不能不自行写定，《自传》万不能即时续写，乞谅之。杂志登载长文，倒多隔期一次，非必须每期连载，自传偶有间断，不但现在势必如此，即将来亦不能免。弗兰克林自传，即分三个时期隔多年始完成者。况弟之自传即完成，最近的将来亦未必能全部发表，至多只能写至北伐以前也。弟对于自传，在取材结构及行文，都十分慎重为之，不愿草率从事。万望先生勿以速成期之，使弟得从容为之，能在史材上、文学上成为稍稍有价值之著作。世人粗制滥造，日得数千言，弟不能亦不愿也。普通卖文糊口者，无论兴之所至与否，必须按期得若干字，其文自然不足观，望先生万万勿以此办法责弟写自传，倘必如此，弟只有搁笔不写，只前寄二章了事而已。出版家往往不顾著作者之兴趣，此市上坏书之所以充斥，可为长叹者也。[180]

·1937年8月25日，陈独秀给《申报》编辑部的信

话已说到这个分上，你除了敬重他严肃慎重的写作精神，再也无法催稿。陶亢德只得于1937年11月11、21日，12月1日在《宇宙风》散文旬刊之第五十一、五十二、五十三期，先行发表陈独秀所寄自传两章，题名《实庵自传》，署名陈独秀。

到 1938 年 3 月初，亚东图书馆主人汪孟邹则干脆将这两章《实庵自传》印成单行本。文前有《〈实庵自传〉刊者词》云：

> 一个时代权威的自传，会道出他自己的生活变迁，他的活动背景，他的经验，以及他那个时代的许多的历史事实。尤其有意义的是，他会告诉后人，他并不是什么天纵的超人，而是从平时生活中奋斗出来，可以模仿而及的。因此，这种自传，实包含有无限的历史的与教育的重要性。陈独秀先生在中国文化史与政治史上的功业，不仅照耀着近代的中国，且早已照耀到世界，这久已成为历史评定，无须在此多说。[181]

此后陈氏一直未忘《自传》之写作，他在去世前几个月给郑学稼写信说："弟之自传，真不能不写，但写亦不能出版，为之奈何？"[182] 可是他避居江津时一直忙于写比自传更为重要的《小学识字教本》，无暇写自传，最终这已撰的两章自传就成了真正的绝唱——一个永远无法弥补的删节号，令人为之扼腕叹息："中国近代史上少了这一篇传奇式的文献，实在太可惜了！"[183]

不过，这未竟的自传，或许正是陈独秀生命的象征。此前他创作的小说《黑天国》、改译的《惨世界》皆只开了个头；此后他的《小学识字教本》写到"抛"字而撒手；他晚年自号"撒翁"，而最喜欢的楹联竟是宋人邵雍的

· 陈独秀给陶亢德的复信（部分）

诗句:"美酒饮到微醉处,好花看在半开时……"

这未竟的自传,宛如修贝尔特未完成的名曲、达·芬奇未完成的名画、曹雪芹没写完的《石头记》,恰因其未竟而诱发人们的种种想象与追索,从而产生了独特的艺术魅力。深知陈独秀的郑超麟晚年说:"现在我发现陈独秀的一个特点,就是(他)有意把自己活动的材料毁掉,不让它留下来了。这就使得他个人活动的史料难找。"[184]言下之意,似乎说陈生前不是没有条件写完那万人企盼的自传,而是故意不完成,留点谜给后人猜猜,使其生命成为一个永远参不透的删节号……

俄罗斯作家屠格涅夫生前也不愿写自传,他说:"我的全部传记都在我的作品中。"[185] 陈独秀也是如此。

早在1942年6月1日陈独秀的葬仪上,高语罕就有言:"他的学问、事业以及他的整个的人格,自有他的全部遗著和他留在中国近四十年来的政治史、文化史、思想史和社会运动史上不可磨灭的爪痕在,后之人自可据以给他一个公平的批评。"这里则请读者诸君,与我一起去解读陈氏独树一格的诗文、小说、戏曲、书画,去听听他对这些艺术门类独出心裁的见解,从而感悟这"永远的新青年"孤芳的灵魂与独特的智慧——启蒙的智慧,并去品味那启蒙历程中的苦与痛。

注释

[1] 房秩五:《追悼三爱》,见《浮渡山房诗存》;又见张君等编《陈独秀诗选·附诗》第134页,宜城文艺编辑部1986年10月印行。

[2] 汪原放:《回忆亚东图书馆》第12页,学林出版社1983年11月版。

[3] 张国焘:《我的回忆》第89页,东方出版社2004年9月版。

[4] 骆星幸:《彭述之回忆录·陈独秀在莫斯科》,中国现代文学会陈独秀研究会编《陈独秀研究动态》(1—22合订本)第271页。

[5] 郑超麟:《郑超麟回忆录(1919—1931)》第 125 页,现代史料编刊社 1989 年 7 月版(内部发行)。

[6] 郑超麟:《郑超麟回忆录(1919—1931)》第 47—48 页。

[7]《徐志摩自传》第 125 页,江苏文艺出版社 1997 年 1 月版。

[8] 汪原放:《陈独秀和上海亚东图书馆》,《社会科学》1980 年第 5 期。

[9] 强重华等编:《陈独秀被捕资料汇编》第 128 页,河南人民出版社 1982 年 6 月版。

[10] 强重华等编:《陈独秀被捕资料汇编》第 162 页。

[11] 邓以蛰:《癸酉行笥杂记》,原载 1933 年 11 月 15 日天津《大公报》。

[12] 苏雪林:《我认识陈独秀的前前后后》,见苏雪林《文坛话旧》,(台北)文星书店 1967 年版;又见沈寂主编《陈独秀研究》第 2 辑,安徽大学出版社 2003 年版。

[13] 尉素秋:《我对于陈独秀先生的印象》,原载《传记文学》第 30 卷第 5 期,(台北)传记文学出版社 1977 年 5 月 1 日出版。

[14] 台静农:《酒旗风暖少年狂——忆陈独秀先生》,原载台北《联合报》1990 年 11 月 10、11 日副刊。

[15] 舒芜:《佳人空谷烈士暮年心——读陈独秀致台静农书札》,《炎黄春秋》2001 年第 4 期。

[16] 高语罕:《参与陈独秀先生葬仪感言》,原载 1942 年 6 月 4 日重庆《大公报》。

[17] 郑超麟:《陈独秀的"身高"问题》,《陈独秀研究动态》(1—22 合订本)第 25 页。

[18] 陈独秀:《实庵自传》,陈木辛编《陈独秀印象》第 209 页,学林出版社 1997 年 12 月版。

[19] 陈独秀:《实庵自传》,陈木辛编《陈独秀印象》第 210 页。

[20] 濮清泉:《我所知道的陈独秀》,《文史资料选辑》第 71 辑,中华书局 1980 年 10 月版。(濮文之末,又将此写成了文言版,云:"此儿不成龙即成蛇。")

[21] 章士钊:《疏〈黄帝魂〉》,《辛亥革命回忆录(一)》第 229 页,文史资料出版社 1961 年 10 月版。

[22] 余杰:《永远的"新青年"》,《陈独秀研究动态》(1—

22 合订本)第 326 页。

[23] 转见沈寂:《汪孟邹与陈独秀》,沈寂主编《陈独秀研究》第 1 辑第 373 页,东方出版社 1999 年 3 月版。

[24] 孤桐(章士钊):《吴敬恒—梁启超—陈独秀》,《甲寅周刊》第 1 卷第 30 号,1926 年 1 月 30 日。

[25] 傅斯年:《陈独秀案》,原载《独立评论》第 24 号,民国 21 年 10 月 30 日。

[26] 陈平原:《老北大的故事》第 170—171 页,江苏文艺出版社 1998 年 3 月版。

[27] 濮清泉:《我所知道的陈独秀》。

[28] 王森然:《近代二十家评传》第 221 页,书目文献出版社 1987 年 1 月版。

[29] 任建树:《陈独秀大传》第 17 页,上海人民出版社 1999 年 5 月版。

[30] 《怀宁县志》卷 2《山川》,民国庚辰(1940 年)重印本。按,濮清泉《我所知道的陈独秀》中云,他的祖父"以当地独秀峰为他命名",则不确。

[31] "后营"乃清代兵营旧址,现海军一一六医院东墙外。当时安庆怀宁为首府首县,所以说陈独秀为安庆人或怀宁人皆可。但陈独秀在《实庵自传》中称自己是怀宁人。

[32] 孙其明:《陈独秀:身世·婚恋·后代》第 4 页,济南出版社 1995 年 11 月版。

[33] 李泽厚:《中国现代思想史论》第 7 页,(北京)东方出版社 1987 年 6 月版。

[34] 李泽厚:《中国现代思想史论》第 1 页。

[35] 刘半农:《致陈独秀》,《新青年》第 3 卷第 3 号 1917 年 5 月。

[36] 李泽厚:《中国现代思想史论》第 108—109 页。

[37] 陈独秀:《实庵自传》,陈木辛编《陈独秀印象》第 208 页。

[38] 陈独秀:《敬告侨胞——为逞逻〈华侨日报〉作》,任建树等编《陈独秀著作选》第 3 卷第 501 页,上海人民出版社 1993 年 4 月版。

[39] 王森然:《近代二十家评传》第 223—224 页。

[40] 朱光潜:《谈美》第 143 页,安徽教育出版社 1997 年 2 月版。

[41] 陈独秀:《驳康有为致总统书》,《新青年》第2卷第2号,1916年10月1日。

[42] 陈独秀:《孔子之道与现代生活》,《新青年》第2卷第4号,1916年12月1日。

[43] 陈独秀:《孔子之道与现代生活》。

[44] 陈独秀:《驳康有为致总统总理书》,《新青年》第2卷第2号,1916年10月1日。

[45] 陈独秀:《给陈其昌等的信》,《陈独秀著作选》第3卷,第432—433页,上海人民出版社1993年4月版。

[46] 李劼:《陈独秀革命的悲剧特征》,李劼《论晚近历史》第291页,青海人民出版社1998年6月版。

[47] 周策纵:《五四运动:现代中国的思想革命》卷首题词(周子平等译),江苏人民出版社1996年12月版。

[48] 周策纵:《五四运动:现代中国的思想革命》第59页。按,从1815年南洋马六甲所创办《察世俗每月统计传》起,至1915年9月15日陈独秀于上海创办《青年杂志》(至第2卷改名《新青年》),正好百年。

[49] 李劼:《论晚近历史》第275—276页。

[50] 《〈新青年〉第一、二、三、四、五卷合装本全五册再版》,《新青年》第7卷第1号,1919年12月1日。

[51] 胡适:《致高一涵等四位的信》,《努力周报》第75期(1923年10月21日)。

[52] 胡适、蔡元培为《新青年》重印本题词,见杨义主笔《中国新文学图志》第100页,人民文学出版社1997年12月版。

[53] 陈独秀:《今日之教育方针》,《青年杂志》第1卷第2号(1915年10月15日)。

[54] 陈独秀:《法兰西人与近世文明》,《青年杂志》第1卷第1号,1915年9月15日。

[55] 陈独秀:《吾人最后之觉悟》,《青年杂志》第1卷第6号,1916年2月15号。

[56] 陈独秀:《宪法与孔教》,《新青年》第2卷第3号,1916年11月1日。

[57] 陈独秀:《学术与国粹》,《新青年》第4卷第4号,1918年4月15日。

[58] 陈独秀:《今日中国之政治问题》,《新青年》第5

卷第1号,1918年7月15日。

[59] 康有为:《大同书》第297页,古籍出版社1956年8月版。

[60] 曹丕:《典论·论文》,见郭绍虞主编《中国历代文论选》上册第125页,中华书局(上海编辑所)1962年1月版。

[61] 林毓生:《中国传统的创造性转化》第150页,三联书店1988年12月版。

[62] 唐德刚:《胡适杂忆》,见欧阳哲生《新文化的源流与趋向》第86页,湖南出版社1994年4月版。

[63] 裘廷梁:《论白话为维新之本》,见《中国近代文学大系·文学理论集一》第84—85页,上海书店1995年版。

[64] 梁启超:《译印政治小说序》,《清议报》创刊号(1898年12月)。

[65] 严复、夏曾佑:《本馆附印说部缘起》,见《中国近代文学大系·文学理论集二》第248页。

[66] 梁启超:《译印政治小说序》,见《中国近代文学大系·文学理论集二》第302页。

[67] 梁启超:《论小说与群治之关系》,见《中国近代文学大系·文学理论集二》第303页。

[68] 吴沃尧:《月月小说序》,见《中国近代文学大系·文学理论集二》第260页。

[69] 贾植芳等:《化大众与大众化:逆向的孪生主题》,《文艺理论研究》1997年第5期。

[70] 陈独秀:《致胡适》,水如编《陈独秀书信集》第468页,新华出版社1987年11月版。

[71] 陈独秀:《致胡适》。

[72] 濮清泉:《我所知道的陈独秀》。

[73] 孤桐(章士钊):《吴敬恒—梁启超—陈独秀》,《甲寅周刊》第1卷第30号(1926年1月30日)。

[74] 吴稚晖:《章士钊—陈独秀—梁启超》,郑振铎编《中国新文学大系·文学论争集》第234页,上海良友图书印刷公司1935年10月版。

[75] 章士钊:《吴敬恒—梁启超—陈独秀》。

[76] 郑学稼:《办〈青年杂志〉前陈独秀生活的片断》,台湾《传记文学》第13卷第4期,1968年10月1日。

[77] 蔡元培:《〈独秀文存〉序》,《独秀文存》卷首,亚东图书馆 1933 年 4 月版。

[78] 高语罕:《参与陈独秀先生葬仪感言》。

[79] 陈中凡:《陈独秀先生印象记》,《大学》月刊 1942 年第 9 期。

[80] 陈独秀:《和玄兄赠诗原韵》及陈中凡原诗,见任建树等编《陈独秀诗集》第 188—190 页,时代文艺出版社 1995 年 4 月版。

[81] 濮清泉:《我所知道的陈独秀》。

[82] 鲁迅:《忆刘半农君》,见吴子敏等编《鲁迅论文学与艺术》第 715—716 页,人民文学出版社 1980 年 7 月版。

[83] 包惠僧:《我所知道的陈独秀》,《党史研究资料》1979 年第 3、5、8 期。

[84] 郑超麟:《郑超麟回忆录(1919—1931 年)》第 239—240 页,(北京)现代史料编刊社 1989 年 7 月版。按,此书回忆录部分撰于 1945 年 2 月,1980 年补写《陈独秀与托派》,1989 年"内部发行"时删去其中《恋爱与政治》一章。

[85] 包惠僧:《我所知道的陈独秀》。

[86] 傅斯年:《陈独秀案》,《独立评论》第 24 号(1932 年 10 月 30 日)。

[87] 陈独秀:《我们断然有救》,《政论旬刊》第 1 卷第 13 期(1938 年 6 月 5 日)。

[88] 陈独秀 1935 年于南京狱中书赠刘海粟之对联,见任建树等编《陈独秀诗集》第 218—219 页。

[89] 静尘:《我所知道的陈独秀》,《古今月刊》第 5 期(1942 年 7 月)。

[90] 意因(郑超麟):《悼独秀同志》,《国际共产主义者》第 3 期(1942 年 6 月 25 日)。

[91] 濮清泉:《我所知道的陈独秀》。

[92] 陈独秀:《给陈其昌等的信》,任建树等编《陈独秀著作选》第 3 卷,第 431 页。

[93] 陈独秀:《实庵自传》。

[94] 陈独秀:《实庵自传》。

[95] 陈万雄:《新文化运动前的陈独秀》第 100 页,香港中文大学出版社 1979 年版。

[96] 恩格斯:《〈自然辩证法〉导言》,《马克思恩格斯选集》第3卷第445—446页,人民出版社1966年6月版。

[97] 陈独秀:《实庵自传》。按,至今尚有新名士津津乐道陈氏祖坟如何如何之类的神话。其实即使以迷信观视之,这神话也难成立。郑超麟《陈独秀传》残稿中记载,人们说独秀山上有陈家祖坟,那里地形称为"啸天狮子",大不利于子孙。郑说从《儒林外史》可以看出"天长"、"六合"一带是如何迷信的,怀宁同属皖中,也有这种迷信。

[98] 陈独秀:《恶俗篇》,《安徽俗话报》第3期,1904年5月15日。

[99] 陈独秀:《开办〈安徽俗话报〉的缘故》,《安徽俗话报》第1期(1904年3月31日)。署名"三爱",当年协办《安徽俗话报》的房秩五曾有《追悼三爱》诗,序说:"三爱为故人陈仲甫主办《安徽俗话报》笔名也。"

[100] 陈独秀:《说国家》,《安徽俗话报》第5期(1904年6月14日)。

[101] 章士钊:《致代总理龚心湛》,转见毛泽东《陈独秀之被捕及营救》,《湘江评论》创刊号(1919年7月14日)。

[102] 陈独秀:《实庵自传》。

[103] 胡适:《五十年来中国之文学》第36页,海南出版社1994年8月版。

[104] 吴福辉编:《胡适自传》第244页,江苏文艺出版社1995年9月版。

[105] 怀宁:《义门陈氏宗谱》卷1,民国35年(1946)重修本。

[106]《陈章旭传》,怀宁《义门陈氏宗谱》卷15。

[107] 陈独秀在《实庵自传》中说"我出世几个月,我的父亲便死了"云云,是他记忆有误。

[108] 陈独秀:《实庵自传》。

[109] 胡适:《陈独秀与文学革命》,陈木辛编《陈独秀印象》第176—177页。按,称陈出身"大世家"亦源自此文。

[110] 胡适:《陈独秀与文学革命》,陈木辛编《陈独秀印象》第176—177页。

[111] 邓以蛰:《癸酉行笥杂记》。

[112] 王森然:《近代二十家评传》第232页。

[113]《现代中国名人外史·章士钊》,转见任建树《陈独

秀大传》第544页，上海人民出版社1999年5月版。

[114]《陈独秀案开审记》，陈木辛编《陈独秀印象》第46—47页。

[115]《陈独秀案开审记》，陈木辛编《陈独秀印象》第50页。

[116] 陈独秀：《辩诉状》，陈木辛编《陈独秀印象》第227页。

[117]《陈独秀案开审记》，陈木辛编《陈独秀印象》第26页。

[118] 汪原放：《六十多年来：回忆亚东图书馆》（手稿）。

[119] 陈松年：《回忆父亲陈独秀》，王树棣等编《陈独秀评论选编》（下册）第321页，河南人民出版社1982年8月版。

[120] 王森然：《近代二十家评传》第232页。

[121] 刘太希：《苏曼殊与陈独秀》，《太希诗文丛稿》第53页，转见陈万雄《新文化运动前的陈独秀》第124—125页，（香港）中文大学出版社1979年版。

[122] 刘太希：《苏曼殊与陈独秀》，《太希诗文丛稿》第55页，转见陈万雄《新文化运动前的陈独秀》第110页。

[123] 陈平原：《北大之精神》，《中华活页文选》1998年第17期（成人报）。

[124]《新青年》第2卷第1号，1916年9月1日。

[125]《新青年》第2卷第5号，1917年1月1日。

[126]《新青年》第3卷第3号，1917年5月1日。

[127]《新青年》第3卷第1号，1917年3月1日。

[128] 程俊英等：《五四哺育了我》，《文汇报》1959年5月4日。

[129]《新青年》第5卷第5号，1918年10月15日。

[130] 罗仲言：《回忆"五四"前后的北大》（1979年1月，未刊稿），见任建树《陈独秀大传》第114页。

[131] 杭州第一师范学生傅彬然信，见任建树《陈独秀大传》第114页。

[132]《新青年》第3卷第3号，1917年5月1日。

[133] 杨振声：《回忆五四》，《人民文学》1954年5月号。

[134]《新青年通信》第6卷第3号，1919年3月15日。

[135]《新青年》第2卷第6号，1917年2月1日。

[136] 埃德加·斯诺:《西行漫记》(董乐山译)第125页,三联书店1979年版。

[137] 周世钊:《五四前后毛主席在湖南》,《五四运动回忆录》(上)第418页,中国社会科学出版社1979年3月版。

[138] 王森然:《近代二十家评价》第222页。

[139] 瞿秋白:《瞿秋白论文集·自序》(1927年2月17日)。

[140] 毛泽东:《在中共"七大"预备会上的讲话》(1945年4月21日),《红旗》杂志1981年第14期。

[141] 强重华等编:《陈独秀被捕资料汇编》,河南人民出版社1982年6月版。

[142] 高语罕悼陈独秀联,见郑学稼《陈独秀传》(下)第1177页,时报文化出版企业有限公司1989年3月版。

[143] 高语罕:《哭陈独秀》,郑学稼《陈独秀传》第1182页。

[144] 何之瑜:《陈独秀先生病逝始末记》,见郑学稼《陈独秀传》第1167页。

[145] 静尘:《我所知道的陈独秀》,《古今月刊》第5期(1942年7月)。

[146] 高语罕:《参与陈独秀先生葬仪感言》,重庆《大公报》1942年6月4日。

[147] 何之瑜:《陈独秀先生病逝始末记·后记》,见郑学稼《陈独秀传》第1168—1169页。

[148] 高语罕:《入蜀前后》,见郑学稼《陈独秀传》第1173页。

[149] 房秩五悼陈独秀等三首诗,均见房秩五《浮渡山房诗存》,又见张君等编《陈独秀诗选·附诗》。

[150] 朱蕴山诗,见《朱蕴山纪事诗词选》第136—137页,安徽人民出版社1981年5月版。

[151] 陈中凡:《陈独秀先生印象记》,成都《大学月刊》第1卷第9期,1942年9月。

[152] 董退思:《致高语罕》,见郑学稼《陈独秀传》(下册)第1174—1175页。按,同书下册第1176页尚有陈铭枢致信高语罕转交挽联云:"言皆断制,行绝诡随,横览九州,公真健者;谤积邱山,志吞江海,下开百劫,世负斯人!"

[153] 王森然:《近代二十家评传》第244—245、232—233页。

[154] 高语罕:《参与陈独秀先生葬仪感言》。

[155]《陈独秀案之大疑团》,《民国日报》1919年6月23日。

[156] 陈独秀:《致胡适》,《陈独秀书信集》第467页。

[157] 陈独秀:《研究室与监狱》,《每周评论》第25号(1919年6月8日)。

[158] 沈寂:《陈独秀与基督教》,《世界宗教研究》1995年第4期。

[159] 邓以蛰:《癸酉行笥杂记》。

[160] 陈独秀:《致汪原放》,见汪原放《回忆亚东图书馆》第169—170页。

[161] 何之瑜:《陈独秀丛著总目》(1947年中秋前三天),王树棣等编《陈独秀评论选编》(下)第416—421页。

[162] 吴虞:《寄陈独秀狱中》。按,据吴虞1932年10月30日记,此诗作于"夜半四点半"。见唐振常《章太炎吴虞论集》第111页,四川人民出版社1981年11月版。

[163] 陈独秀:《致汪原放》,章士钊诗、跋均见汪原放《回忆亚东图书馆》第172页。

[164] 唐宝林:《十一届三中全会精神的赞歌——中国学术界为陈独秀正名的艰难历程(提纲)》,中国现代文化学会陈独秀研究会主办《〈陈独秀研究〉简报》2002年3、4期合刊。

[165] 王森然:《近代二十家评传》第224页。

[166] 胡秋原:《悼陈独秀先生》,重庆《扫荡报》1942年5月27日副刊。

[167] 姜义华:《彷徨中的启蒙——〈新青年〉德赛二先生析论》,《文史知识》1999年第5期。

[168] 当然,也有人说陈独秀是思想家。如郑湛波《近五十年中国思想史》(1935年初版)就说:"陈先生是中国五十年之大思想家,大政治家;思想之敏锐,魄力之坚强,非他人所可及。"可聊备一说。

[169] 郑超麟:《郑超麟回忆录》第125页。

[170] 郁达夫:《忆鲁迅》,《文学月刊》第7卷第5期,1936年11月1日。

[171] 鲁迅:《忆刘半农君》,《鲁迅全集》第6卷第73页,人民文学出版社1981年版。

[172] 胡适:《四十自述序》,吴福辉编《胡适自传》第3页,

江苏文艺出版社1995年9月版。

[173] 转见沈寂:《汪孟邹与陈独秀》,《陈独秀研究》第399页,东方出版社1999年3月版。

[174] 陈独秀:《致汪原放》,见汪原放《六十多年来:回忆亚东图书馆》手稿。

[175] 陈独秀:《致陶亢德》,见陶亢德《关于〈实庵自传〉》,《古今月刊》第8期(1942年10月1日)。

[176] 陈独秀赠周溪璇联,绩溪胡寿民提供。见沈寂主编《陈独秀研究》第1辑第3页。

[177] 见《台静农先生珍藏书札》(一)第368页,1996年6月台北版。按,沈寂考陈写《实庵自传》当是1937年8月的事,而非他跋中所说的7月,因为日寇轰炸南京是"八一三"事变之后(《陈独秀出狱时的"书面谈话"》)。可从。

[178] 陈独秀:《致〈申报〉馆编辑部》,《党史资料丛刊》1980年第2辑。按,此信当时被扣在《申报》编辑部,未予公开发表。

[179] 陶亢德:《关于〈实庵自传〉》。

[180] 陈独秀:《致陶亢德》,《陈独秀书信集》第471—472页。

[181] 沈寂:《汪孟邹与陈独秀》。

[182] 陈独秀:《致郑学稼》,郑学稼《陈独秀传》第1358页,时报文化出版企业有限公司,1989年3月。

[183] 静尘:《我所知道的陈独秀》。

[184] 郑超麟:《来信谈当年写作〈陈独秀传〉情况》,唐宝林主编《陈独秀研究动态》第13期(1998年2月)。

[185]《屠格涅夫》第31页,辽宁人民出版社1981年3月版。

· 第一章 ·

站在高耸的塔上眺望——陈独秀与中国小说

五岳归来不看山，
黄山归来不看岳；
安庆过去不看塔。

每念及陈独秀在五四新文化运动中的地位,我就情不自禁地想起家乡久传不衰的这则口碑。耸立在长江之滨迎江寺内的振风塔,素有"万里长江第一塔"之称。古今多少文人墨客礼赞过这已阅人间春色四百多年的古塔。

陈独秀晚年于南京狱中回忆往事时说,当他们弟兄成了青年秀才,乡人造出许多神话,说"城外迎江寺的宝塔是陈家祖坟前一管笔"。[1] 于是,眼下多种陈独秀传开篇处都津津乐道这则神话,仿佛真的是江山有灵造就了陈独秀。我今以此题开篇,是

· 安庆振风塔

以"万里长江第一塔"作为一种精神意象,以求与"笔底寒潮撼星斗"的陈独秀五四时代的精神境界相称。区区小说,似不足挂齿,然陈独秀及其朋友们独具只眼,从中发现了中国文学、文化发展的方向,而且果然改变了中国传统文学、文化的历史走向。

试想,没有站在历史的制高点上指点江山的气魄与能力,陈独秀和他的朋友们能创造如此灿烂的文化奇迹么?且看他们是如何评说中国小说的。

一、从朋友的小说说起

陈独秀从小喜爱中国小说,早年以章回小说的形式写过小说,改译过外国小说。鲁迅五四时代的小说,是在陈的催促、鼓励下诞生的。陈晚年在狱中虽说,"我以前最喜欢读小说,现在见了小说头便要痛",[2] 欲以枯燥文字作为毫无文学色彩的狱中生活的消遣,然其仍情不自禁地与难友时而谈起中国小说。陈氏其人与中国小说之渊源可谓深矣。其早年所编《安徽俗话报》,晚年所撰《实庵自传》,皆有小说风味,其启蒙思维中也多有从小说中汲取的智慧。

这里则先从他对朋友的小说创作评论说起。

陈独秀早在五四新文化运动之前,就对他当时的友人章士钊与苏曼殊的小说以作序的方式加以评论。

首先是 1914 年 9 月为章士钊的中篇小说《双枰记》作序。章氏《双枰记》中的主人公何靡施(梅士),即独秀、士钊共同之友人。1903 年他们三位于上海共办《国民日日报》,1904 年 2 月何氏不幸以脚气病逝于东京。陈氏两月后即有《哭何梅士》诗悼之,次月又有长诗《夜梦亡友何梅士觉而赋此》:

> 故人一别流水东,我悲朝露齐翁童。理为万劫不复值,胡意梦中忽一蓬(逢)。谈笑颜色一如昨,我亦知尔为鬼雄。自言回航为恋西方之彼美,相援忽堕沧海中,舟师大呼急相救,已果鱼腹难为功。感君悲念特一致,告以友谊自此终。我闻尔死死于东京脚气病,惊疑欲问词复穷。此时相见不忍别,

坐对唯有明双瞳。促膝犹在东大陆书局之楼上，撒手刹那千界空。迄今书局已迁徙，我亦长辞故地毋乃与尔同。神州事变日益急，方以病亡为尔惜。今知拯弱横葬沧海东，男儿壮举何悲泣。况复捐躯从知己，同种同心此爱一。我惊此梦百感来，灯火不温人语寂。吁嗟呼，众生九道相轮移。动植沙石流转何离奇，与尔有缘得再随。不知尔为何物，我为何物在何时。[3]

独秀梦中何氏非死于脚气病，而演为英雄救美的故事。章士钊正是循此思路，创作了小说《双枰记》，署名"烂柯山人"。小说中何靡施偶尔救出被洋人调戏侮辱之少女棋卿，棋卿先是感激，继而产生爱慕，后因父母所阻，靡施在棋卿生死不明之际蹈海殉情。章氏小说之佳处，并非在其哀艳之爱情故事，而在其将这则故事置于辛亥革命前各路志士仁人为革命奔走呼号之背景下，见出辛亥革命前中国社会之一端。

陈氏之序以其《存殁六绝句》之第二首"何郎弱冠称神勇，章子当年有令名；白骨可曾归闽海，文章今已动英京"作为发端，然后说：

> 此予辛亥春居临安时所作存殁六章之一也。存者为烂柯山人，殁者何靡施。今予不知何故，忽来江户，烂柯山人持所造《双枰记》来，令予叙。作书者及此书主人，皆在予诗中；作诗之人亦复陷入书中。予读既竟，国家社会过去未来之无限悲伤，一一涌现于脑里，今不具陈，人将谓予小题大做也。

展读小说，其中果然处处有独秀身影，这或许是独秀形象首见诸小说。小说写的是1903年他们在上海共办《国民日日报》时的故事。其中写道："余与独秀尚未寝，盖新闻脱版，速亦无前于十二句者。脱版后必更阅全稿，防有误字，此役余与独秀递为之。然一人为之，馀一人恒与相守，不独往寝，故余与独秀同逾十二句不睡以为常。此次余为值，独秀就旁案边译嚣俄小说。俱将葳事，则闻履声橐橐，而靡施归矣。未暇致词，彼即滔滔为余辈言汪笑侬演《党人碑》一剧，尽有未洽。靡施固解音律，而为秦声尤佳，有时曼声长歌，其慷慨处，雅不与平日体态相称。余与独秀皆不能歌，而颇嗜剧，故靡施每乐为余辈谈及此道。"为当日办报启民智慧留下难得之历史镜头。

小说亦时有言及独秀性格的珍贵文字。如云："独秀山民性忼爽，得靡施恨晚，吾三人同居一室，夜抵足眠，日促膝谈，意气至相得"，"独秀情直，至悲凉处，辄以手击案"。可谓知己之言。

独秀亦深知章士钊小说是以言情为题，缅怀过去，激励当今，面向未来之真旨。所谓缅怀过去即《国民日日报》时期排满革命的故事。序云：

> 十年前中国国民党之零丁孤苦，岂不更甚于今日！当年咸以脆薄自伤，由今思之，有道德、有诚意、有牺牲精神，由纯粹之爱国心而主张革命，如赵伯先、杨笃生、吴孟侠、陈星台、何靡施者，其人云亡，其魂不返。虽奔走国事者遍海内外，吾辈迂儒之隐忧，得未少减。赵、杨、吴、陈不惜自戕以励薄俗，恐国人已忘其教训。即予亦堕落不堪，愧对亡友矣。……夫自杀者非必为至高无上之行，惟求之吾贪劣庸懦之民，实属难能而可贵。即靡施之死，纯为殉情，亦足以励薄俗。盖民之用情者既寡，而殉情者绝无，此实民族衰弱之征。予读《双枰记》，固不独为亡友悲也。

独秀进而说作者之怀抱与境遇，"烂柯山人素恶专横政治与习惯，对国家主张人民之自由权利，对社会主张个人之自由权利，此亦予所极表同情者也。""作者称此书为不祥之书，予亦云然。今以予不祥之人，叙不祥之书，献不祥之社会。书中不祥人之痛，予可痛哭而道之。作者及社会不祥之痛苦，予不获尽情痛哭道之者也。呜呼！何其沉痛。

《双枰记》及陈序，皆见诸1914年11月10日出版之《甲寅杂志》第一卷第四号。陈序署"民国三年九月□日，独秀山民识于日本江户"。此时陈因反袁世凯称帝失败而流亡日本，协助章氏共办《甲寅杂志》。两人却格外怀念共办《国民日日报》时的友谊，陈序亦为那段友谊的记录。尔后陈、章政见相左，分道扬镳，私交却从未泯。1933年5月，章氏主动赴南京，为身陷囹圄的陈独秀充当辩护律师，陈却不怎么领情。个中情节，一时传为美谈。章氏时有诗文赞叹。

其一云：

> 我与陈仲子，日期大义倡。
>
> 《国民》既风偃，字字挟严霜。

格式多创作，不愧新闻纲。

当年文字交，光气莽陆梁。[4]

其二云：

三十年前楚两生，君时扪虱我谈兵。

伯先京口长轰酒，子谷香山苦嗜饧。

昌寿里过梅福里，力山声杂溥泉声。

红蕖聚散原如此，野马风棔目尽迎。[5]

·青年苏曼殊

当年《国民日日报》社尚有苏曼殊活动其间，《双枰记》中有云："时更有社友燕子山僧喜作画，亦靡施剧谈之友。"他亦有序云："烂柯山人此著来意，实纪亡友何靡施性情遭际。从头到尾，无一生砌之笔。所谓无限伤心，却不作态，而微词正义，又岂甘为何子一人造狎语邪！夫士君子惟恐修名不立，顾为婴婴婉婉者损其天年，奚独何子？殆亦言者一往情深，劝惩垂诫焉耳。"曼殊本为情僧，字里行间虽云劝诫，实更多惺惺相惜："燕子庵中，泪眼更谁愁似我；小雳山下，手持寒锡吊才人。"苏序亦佳，其与陈序之差异，不需言说，一望即知。

陈独秀给苏曼殊《绛纱记》《碎簪记》两篇小说作序，则为另一番光景。针对曼殊身为僧人，陈氏在《绛纱记序》中，将佛理与基督教义相融，来解人生之两大难题：死与爱。曼殊于小说中描写薛梦珠与谢秋云之间此冷彼热，生离死逢的曲折离奇的爱情故事，并将这故事置于"海内鼎沸，有维新党、东学党、保皇党、短发党，名目新奇且多，大江南北，鸡犬不宁"的背景之中；于愁世伤时之余，将超尘脱俗的清高理想演为一幅"世外桃源"。曼殊这篇小说自署"昙鸾"。独秀则一语破的,云:"昙鸾与其友梦珠行事绝相类。庄周梦蝴蝶,蝴蝶化庄周,予亦不暇别其名实。昙鸾存而五姑殁,梦珠殁而秋云存,一殁一存,而肉薄夫死与爱也各造其极。"陈序尤为可贵处,在将《绛纱记》与爱尔兰剧作家王尔德的自然主义作品相比较,指出"爱情者生活之本源也——斯义也,无悖于佛,无悖于耶"。则见独秀文学视野之宽阔与文学思维之超前。

章士钊也有《绛纱记序》云:"人生有真,世人苦不知。彼自谓知之,仍不知耳;苟其知之,未有一日能生其生者也。何也?知者行也。一知人生真处,必且起而即之,方今世道虽有进,而其虚伪罪恶,尚不容真人生者存;即之而不得,处豚笠而梦游天国,非有情者所堪也,是宜矣。"这里将"爱"兑换成"真",实则所言的仍为爱与死的问题。章序继而叙说了王尔德剧中人因演莎翁《罗密禾》(按,今译为《罗密欧》),进入角色而终殉情的故事。章氏解说:"余读之,窃叹女优之为人生解人,彼已知人生之真,使不得即,不死何待,是固不论不得即者之为何境也。吾友何靡施之死,死于是;昙鸾之友薛梦珠之坐化,化于是;罗霏玉之自裁,裁于是。昙鸾曰:'为情之正。'诚哉正也。吾既撰《双枰记》,宣扬此义;复喜昙鸾作《绛纱记》,于余意恰合。昙鸾谓余当序之,又焉可辞?"[6]可谓惺惺相惜之词。

《碎簪记》叙主人公庄湜因不愿在为袁世凯劝进的文字上签名而被拘,获杜灵远鼎力相救,遂与其妹灵芳缔结香盟。但为其叔父软硬兼施,迫其移情于"工刺绣、通经史"的莲佩。庄不为所动,其叔怒而击碎灵芳与他定情的玉簪,并劝说灵芳与他割断情丝。最后,莲佩因得不到爱情而自杀,庄湜因受感情折磨而死,灵芳也自缢殉情。

小说情调虽过于伤感,主人公性格也过于软弱,但它把这一爱情悲剧放在一定的家庭、政治背景下表现,其可贵处在于没有浅薄地将制造悲剧的责任归于某个人的品质,庄湜的叔父倒是被描写成"和蔼可亲",甚至还有"慈爱之心",其所作所为都是根据"古人明训",这就把批判的矛头直指封建名教。对此作陈氏有《碎簪记后序》云:

　　余恒觉人世间,凡一事发生,无论善恶,必有其发生之理由;况为数见不鲜之事,其理由必更充足,无论善恶,均不当谓其不应该发生也。食色性也,况夫终身配偶,笃爱之情耶?人类未出黑暗野蛮时代,个人意志之自由迫压于社会恶习者又何仅此?而此则其最痛切者。古今中外之说部,多为此而说也。前者吾友曼殊造《绛纱记》,秋桐造《双枰记》,都是说明此义,余皆叙之。今曼殊造《碎簪记》,复命余叙,余复作如是观,不审吾友笑余穿凿有失作者之意否耶?[7]

虽不能说陈序真的有穿凿之嫌,但他确有借题发挥,呼唤个性自由与恋爱自由之意。并以此为线,将《双枰记》《绛纱记》以及此篇《碎簪记》串连起来,进而强化这种意向。

应该说,在鸳鸯蝴蝶派小说充斥文坛的清末民初,无论是章士钊的小说,还是苏曼殊的小说,将中国传统文学与西方浪漫主义文学巧妙结合,不失为中国文坛带来一股清泉;其一定程度的反对封建礼教、追求理想人生的倾向,使他们较之其他作家作品更接近五四新文学,以至钱玄同在鲁迅小说尚未问世之日曾设想:"曼殊上人思想高洁,所以小说,描写人生真处,足为新文学之始基乎。"[8]尽管章士钊日后对新文学的态度多有反复,惹得独秀反唇相讥;尽管胡适对"情僧"曼殊小说的批评颇有偏激之词,[9]这些都不妨碍陈独秀在诸序中对其小说从新的角度予以高度评价。宏观地看,陈序所云种种,尤其是个性自由与恋爱自由观,实为五四新文学运动之先声。

二、与《新青年》同人讨论中国小说

陈独秀于五四时期对中国小说的评论有两种形式,一种为在《新青年》同人讨论中所发表的意见,一种为上海亚东图书馆标点本明清小说所写的序。

《新青年》同人讨论中国小说,始于1917年。首先由钱玄同1月底读胡适的《文学改良刍议》后给陈独秀的信所引起。钱说:"小说是近世文学之杰构,亦自宋始(以前小说如《虞初》《世说》为野史而非文学作品)。唐代小说描写淫亵,称道鬼怪,乃轻薄文人浮艳之作，与纪昀、蒲松龄所作相同，于文学上实无大道理，断不能与《水浒传》《红楼》《儒林外史》诸书相提并论也。"

钱的信，由陈独秀编发在《新青年》第二卷第六号。钱信所言胡适《文学改良刍议》倡言"文学改良"须从八事入手。其第八事曰："不避俗字俗语。自佛书输入，以浅近之文译之，已近白话，唐宋人有白话之诗词，宋人讲学以白话为语录，辽金元三百年中有通俗行远之文学，又有《水浒传》《西游》《三国》之类，戏曲则尤不可胜计……以今世历史进化的眼光观之，则白话文学之为中国文学之正宗，又为将来文学必用之利器可断言也。"[10]

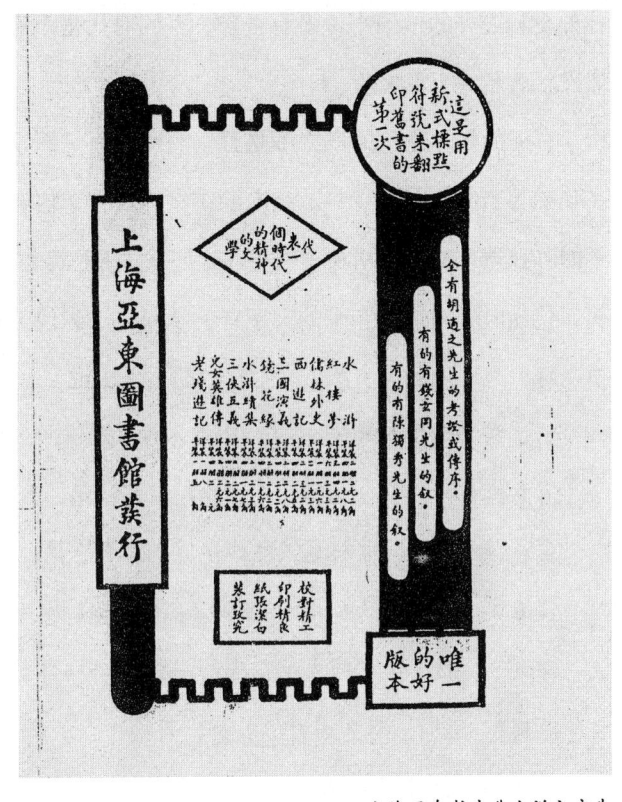

·上海亚东版古典小说之广告

钱书之后的 5 月 10 日，胡适又致书陈独秀重申己见，或从内容、或从结构、或从创作方法、或从艺术风格，肯定了中国古典小说。就小说研究而言，胡适的观点未必有何不对（这为他后来的《中国章回小说考证》作了铺垫）；然就文学革命而言，他未免太学究气了点儿，因为当时新文化运动将兴，与学术研究相比较更需要的是对于根深蒂固的旧文化施行袭击的勇猛精神。诚如鲁迅所言："没有冲破一切传统思想和手法的闯将，中国是不会有真的新文艺的。"[11] 与"和平"的胡适相比较，钱玄同显然激进得多。钱曾不止一次批评胡适"对于千年积腐的旧社会，未免太同他周旋了"[12]。他们在诸多问题上有分歧，小说仅其一。与胡适不同，钱玄同对《水浒传》《红楼梦》《儒林外史》之外的中国小说多有否定。五四时代是个百家争鸣的时代,于是钱、胡之间爆发了著名的小说之争。

有趣的是,论争的双方不是直接交锋,而是都投书陈独秀。原因大概有二,其一在陈独秀当时是《新青年》杂志的主编,投书于他有利于双方意见之面世;其二在当年的陈独秀是他们的精神领袖与理论仲裁,于是毋庸置疑地将是非求决于他。尽管钱、胡二位当时一为留日归来的文字音韵学家,一为留美将归的博学之士,对于他们的论争,陈独秀还是公然表态了。他在致胡适信中说:

> 钱玄同谓《聊斋志异》全篇不通,虽未免太过,然作者实无文章天才,有意使典为文……吾国札记小说,以愚所见,最喜《今古奇观》,文笔视《聊斋》自然得多,取材见识亦略高。所述杜十娘、宋金郎二事,旧剧家盛演之,观者咸大欢迎,而原书之声价反在《聊斋》之下,毋乃世人惑于堆砌之套语浮词乎?足下及玄同先生盛称《水浒》《红楼》等为古今说部第一,而均不及《金瓶梅》。何耶?此书描写旧社会,真如禹鼎铸奸,无微不至。《红楼梦》全脱胎于《金瓶梅》,而文章清健自然,远不及也。乃以其描写淫态而弃之耶?则《水浒》《红楼梦》又焉能免? [13]

就气质而言,陈独秀与钱玄同稍近,而与胡适稍远。一望而知,在钱、胡之争中,陈倾向钱。但他没囿于交情,而是站在更高的文化角度去讨论中国小说。即从推行"清健自然"的白话文学这一使命出发,去比较《今古奇观》与《聊斋志异》、《金瓶梅》与《红楼梦》的高低(当然也不忽视作品描写社会之取材见识)。他的取舍,在今日看来似有失偏颇,但当时的陈独秀只看谁更接近生活,谁更接近大众,谁更接近口语,以利白话文运动之兴起,遑论其他。因而他视《聊斋志异》为"套语浮词",又主张不因"其描写淫态"而弃《金瓶梅》。[14] 这种历史的选择,在白话文运动艰难起步之际,是完全可以理解的。

钱、胡当时都是血气方刚的文坛明星,争论一二回合,就不免各自走向极端。《新青年》第三卷第六号载钱玄同给陈独秀的信,调子就大有提高。这个曾第一个提出要扫荡"选学妖孽与桐城谬种"的钱玄同,如今正色说他以前是为匡正旧文学家抬高传统文学贬低通俗文学的谬误,才表彰《水浒传》《红楼梦》那些书,"这原是短中取长的意思","其实拿十九、二十世纪的西洋新文学眼光去评判,就是施耐庵、曹雪芹、吴敬梓,也还不能算做第一等。因为他们三位的著作,虽然配得上称'写实体小说',但是笔墨嫌不干净"。同时他致信胡适,以更强烈的语调贬斥《三国演义》与《聊斋志异》,却认为《金瓶梅》之地位倒应"在第一流"。进而说:"中国今日以前的小说,都该是退居到历史的地位;从今日以后,要讲有价值的小说,第一步是译,第二步是新做。"钱玄同文化参照与文化建设的目光是远大的,对中国小说的评价与陈独秀相比有过之而无不及。这理所当然会引起胡适激烈的争鸣。《新青年》第四卷第一号有胡适致钱玄同的信,对钱贬低《三国演义》与看重《金瓶梅》提出了针锋相对的异议。《三国演义》略而不论,仅录有关《金瓶梅》的,胡适说:"我认为今日中国人所谓男女情爱,尚全是兽性的肉欲。今日一面正宜力排《金瓶梅》一类之书,一面积极译著高尚的言情之作,五十年后或稍有转移风气之希望,此种即以文学之眼光观之,亦殊无价值。何则?文学之一要素,在于'美感',请问先生读《金瓶梅》作何美感?"胡适的观点不是没有合理因素,只是似乎越来越学术化了,而迅猛发展的新文化运动又似乎无暇顾及过分学术性的问题。这大概是钱、胡之争的症结所在。

钱、胡之争,步步升级,影响所及远非几个同人,而猛烈地激荡着当时中国整个文化阵地。好在他们"既不以私交而损害真理,也不以真理而妨碍私交",因而这种论争实则大大促进了文学革命的理论建设。随着论争的深化,陈独秀有过总结性的发言。他说:

> 中国小说,有两大毛病:第一是描写淫态过于显露,第二是过贪冗长。(《金瓶梅》《红楼梦》细细说那饮食、衣服、装饰、摆设,实在讨厌!)这也是"名山著述的思想"的馀毒。吾人赏识近代文学,只因为他文章和材料,都和现在社会接近些,不过短中取长罢了。若是把元、明以来的词曲小说当作吾人理想的新文学,那就大错了。不但吾人现在的语言思想,和元、明、清的人

不同，而且一代有一代的文学，抄袭老文学，算得什么文学呢？但是外国文学经过如许岁月，中间许多作者，供给我们许多文学的技术和文章的形式，所以喜欢文学的人，对于历代的文学，都应该去切实研究一番才是。(就是极淫猥的小说弹词，也有研究的价值。)至于普通青年读物，自以时人译著为宜。若多读旧小说、弹词，不能用文学的眼光去研究，却是徒耗光阴，有损无益。[15]

这里，陈独秀高屋建瓴地看到明清小说，与传统文学相比的优胜处，与西方文学相比的缺陷处，以及与新文学的联系与区别；又较科学地区分了专门研究与普通青年阅读的差异。尤其可贵地指出一代有一代之文学，元明以来的词曲小说虽和现代社会接近些，可作新文化的借鉴，但这毕竟是与传统文学相比，短中取长的意思罢了，因为即使是第一流的古典小说（如《金瓶梅》《红楼梦》）也有着令人讨厌的毛病，不能与新文学同日而语。他富有远见地告诫人们："若把元、明以来的词曲小说当作吾人理想的新文学，那就大错了。"小说之争旨在建设理想的新文学，舍此则别无目的。这段精彩的论述，堪称陈独秀对中国小说评论之总纲。陈独秀就这样三言两语，将双方诉讼纷纭的争论快刀斩乱麻般理清判明，升华出一个更高层次的理论表述。钱、胡之目标既然一致，却有如此深刻的分歧，除文学、道德观念上的差异外，还有一个原因是他们都缺乏像陈独秀那样明彻的思想方法与科学的分析方法，因而在论述时容易各执一端，只有片面的深刻，而乏全面的见地。

胡适、钱玄同都是那个时代的文化精英，是中国现代文化史上的先知先觉者。陈独秀却在他们的论争中，独领风骚，充分显示了一个时代精神领袖的独特风采。[16]

如果陈氏在与《新青年》同人讨论中阐发的意见，多为对中国小说的宏观考察，那么他为亚东图书馆新版明清小说所作的序言，则为对所序作品的具体评价。

从写作时间可以看出，这些"新叙"都产生在他忙着建党的前夕或初期。很难想象，当时的陈独秀怎么可能腾出一只手来写了这么多的小说新叙。只能说，历史的误会与喜剧性的命运虽将他推上了政治舞台，他却未改文人本色；但作为一个书生气颇重的教授，即使充当了党的领袖，仍无法忘怀文化革命之初衷，于是有这么些"新叙"

的产生。

由于文学理论的深厚功底与对中国小说的透彻了解，对中国小说的评论，陈独秀即使在百忙之中偶一为之，也出手不凡。

陈氏为亚东版明清小说所作新叙，以《〈西游记〉新叙》为最短。他指出，《西游记》中"三教合一的昏乱思想""无所取"，其描写人情的技术也不能与《水浒传》《金瓶梅》《红楼梦》相提并论，"即述妖状怪，亦欠深刻"；但作为一个时代的代表作，"在研究这时代底语法上，我们不能不承认《西游记》和《水浒传》《金瓶梅》有同样的价值。"[17] 此序虽然简短，却可见他以强烈的当代意识去观照古典小说。

陈氏晚年于狱中还高度称赞《西游记》的浪漫主义艺术。他说："没有浪漫主义就没有文学，文学要有幻想，要用浪漫主义的构思和手笔，巧妙地反映出社会生活来。《西游记》是用浪漫的手笔写出来的，若用现实主义去衡量它，那是荒唐的。但它在文学上有特殊的价值。其写孙悟空、猪八戒等以及各种妖精栩栩如生，十分美妙，这种浪漫主义，是值得赞赏的。"[18] 这些观点较之当年的《〈西游记〉新叙》已有所进展。

三、"《水浒传》的长处乃是描写个性十分深刻"

1920 年 8 月，上海亚东图书馆出版了汪原放用新式标点、分段排印的《水浒传》。这是中国出版史上了不起的创举。诚如胡适所言："这是用新式标点来翻印旧书的第一次。"亚东版《水浒传》同亚东版的其他古典白话小说，在五四新文化运动的背景下构成了一个特殊的文化景观，因而有胡适之长序（《水浒传考证》）与陈独秀之短序（《水浒新叙》）为之论证与呐喊。

胡适之长序早为学界所评说，唯陈独秀之短序似鲜为人知。陈氏劈头就说：

"赤日炎炎似火烧，田中禾黍半枯焦。农夫心里如汤煮，公子王孙把扇摇。"

这四句诗就是施耐庵做《水浒传》的本旨。

"赤日炎炎"云云，是《水浒传》第十五回"吴用智取生辰纲"情节中，挑酒汉子白日鼠白胜在黄泥冈所唱的民谣。最早言及此谣妙处的是金圣叹,他说:"上二句盛写大热之苦,下二句盛写人之不相体悉(恤),犹言农夫当午在田,背焦汗滴,彼公子王孙深居水殿,犹令侍人展扇摇风,盖深喻众军身负重担,反受杨志空身走者打骂也。"但金氏之论毕竟只限一个情节,而陈独秀却从中发现了封建社会"农夫"与"公子王孙"两个阶级的对立,并由一个情节升格到全书"本旨"的把握。今天看来不免有些简单化倾向;若置之整个《水浒传》研究史,则不难发现其是一个巨大的历史性突破。在陈氏之前,人们对《水浒传》本旨众说纷纭,有"忠义"说,"强盗"说,"英雄"说,即使与陈序同登卷首的胡适长序,主要在通过《水浒传》演化历史的考证而传递一个"历史进化的文学观念",说到《水浒传》之本旨则语焉不详,只是含糊地说,梁山义军是在"反抗政府"。这与封建士大夫所谓"澄清吏治"说无本质差异。

陈独秀早就有贫富对立的观念,然自觉尝试用阶级斗争观念分析问题是1920年前后的事,亦即其为《水浒传》作序时期。在作《水浒新叙》的前几个月,陈氏著有《劳动者底觉悟》《上海厚生纱厂湖南女工问题》《答知耻》《答章积和》等文论及工人的地位与待遇。他说:"社会上各项人,只有做工的是台柱子,因为有他们的力量才把社会撑住;若是没做工的人,我们便没有衣、食、住和交通,我们便不能生存;如此,人类社会岂不是要倒塌吗?"在《水浒新叙》之后,陈氏于1920年下半年更有多篇文章论及中国工人的处境与出路,正式提出"劳工神圣"的口号。尤其是9月5日所写《穷人和富人热天生活的比较》,简直与《水浒传》中白胜所唱民谣有异曲同工之妙:

富人生活

开着电风扇打麻雀。

坐汽车四处兜风。

住着高楼大屋还嚷天气热。

吃荷兰水冰淇淋还嫌不凉,吃西瓜还嫌不甜。

睡在纱帐里，床前放着一盘水，点着根蚊烟香。

肥肉大鱼嫌腻口，海参鱼翅又嫌腥。

穷人生活

昼夜在烈日里面火炉旁边做工。

拉车运货，走一步出一阵汗。

十几个人挤在一间又小又矮的屋里，出气不得。

路上遇见自来水或施茶，不管脏不脏便骨嘟嘟地喝下。

睡在矮檐底下，或小客栈里，终夜供蚊虫蚤虱大开宴会。

当了一件破棉袄，买来二升米，一家老小才吃得个半饱。

如今谁都明白，阶级分析的方法并不是分析文学作品唯一最佳的方法。但要讨论《水浒传》这部小说的主题，却不妨用阶级分析的方法。由上叙述可知，《水浒新叙》是陈独秀运用阶级分析方法研究《水浒传》的一种尝试。这是陈独秀不同于前人乃至同代人之关键所在。

与某些认同于《水浒传》情结的共产党人不一样，20世纪20年代的陈独秀理论焦点在工人运动，而非农民运动，因而他虽认清了《水浒传》所揭示的中国封建社会农民阶级与地主阶级的矛盾冲突，却并不怎么看重《水浒传》的理想。他在引了白胜唱的民谣之后指出："《水浒传》的理想不过尔尔，并没有别的深远意义。"既然如此，"为什么有许多人爱读他"？

陈独秀这样回答了他自己提出的问题。他说：

是了！是了！文学的特性重在技术，并不甚重在理想。理想本是哲学家的事，文学家的使命并不是创造理想，是用妙美的文学技术描写时代的理想，供给人类高等的享受。

此说虽不无偏颇，却又不无道理。由此出发，陈氏高屋建瓴地把握了《水浒》的艺术成就：

在文学的技术上论起来,《水浒传》的长处,乃是描写个性十分深刻,这正是文学上重要的。中国戏剧的缺点,第一就是没有这种技术。[19]

香港学者陈万雄前些年从 1997 年 7 月 20 日《中华新报》"谐著"栏中发现有署名"仲子"的《水浒吟》诗六首。《白衣秀士》:"三年造反竟难成,死重生轻辨不清;大好梁山竟拚火,秀才到此误平生。"《卢俊义》:"居奇罔利富家身,口口声声大宋民;我笑黔驴无技甚,绰名枉唤玉麒麟。"《吴军师》:"军师才识竟如何?上应天星号智多;挑拨好凭三寸舌,看他同室又操戈。"《李铁牛》:"天杀星原不可当,亦思反哺费奔忙;须知作贼终愚孝,莫向荒山笑老娘。"《林教头》:"五虎声名丈八矛,今为上将昔为囚;假名公义销私憾,功首尤推豹子头。"《清道士》:"叛教离宗大不该,恨成千古费人猜;三清殿上齐都冷,那管青生染指来。"

陈万雄考证,这六首诗的作者是陈独秀,并指出其旨不在评价水浒人物,而"在借古讽今,矛头所指的是为袁世凯推行'洪宪帝制'而张目的杨度、孙毓筠、严复、刘师培、李燮和胡瑛等所谓'洪宪六君子'"。[20]

四、《〈儒林外史〉新叙》与江南乡试

我们知道文学固然以真实为生命,却亦不可忽视作家及描写对象的主观世界。然而陈独秀鉴于中国文学乃至中国人偏于虚妄而不尚务实,因而于文艺之诸种领域都竭诚呼唤着有利于促进中国人趋实的写实主义。正是由此出发,陈氏在《〈儒林外史〉新叙》中批评"中国文学有一层短处,就是:尚主观的'无病而呻'的多,知客观的'刻画人情'的少",从而充分肯定:"《儒林外史》之所以难能可贵,就在他不是主观的,理想的,——是客观的,写实的。这是中国文学书里很难得的一部章回小说";"看了这部书的,试回头想一想:当时的社会情形是怎么样?当时的翰林、秀才、斗方名士是怎么样?当时的平民又是怎么样?——那一件事不是历历如在目前?那一个人不是惟妙惟肖?"

不过,陈氏更看重的还是吴敬梓在作品中表现的思想内容。他说从"第二十六回

和二十七回里写鲍廷玺的婚姻","很看得出吴敬梓极不满意于父母代定婚姻制";从"四十八回里写王玉辉的女儿殉夫一事","很看得出吴敬梓对于贞操问题,觉得是极不自然";从二十五回里倪老爹所说做了三十七年秀才"就坏在读了这几句书,拿不得轻,负不得重",及五十五回于老者种地过活何等自由适意,"很可以看得出吴敬梓把'工'比'读'看得重"。他进而说:"这三个问题,吴敬梓在二百年前便把他们认作问题,可见他的思想已经和当时的人不同了。"其实这三个问题,正是五四时代极为敏感的社会问题。陈氏正是以其敏捷的当代意识去观照古典小说,以小见大,指出作家或一闪光的思想,道人所未道,发人之未发。

亚东版《儒林外史》,陈序前后尚有胡适与钱玄同所作序言。胡序说,一部《儒林外史》所以能不朽,全在他的见识高超,技术高明。就见识而言,其用意只是要想养成一种新的社会心理:"叫人知道举业的丑态,官的丑态;叫人觉得'人'比'官'格外可贵,学问比八股文格外可贵,人格比富贵格外可贵。社会上养成了这种心理,就不怕皇帝'不给你官做'的毒手段了。"胡适还盛赞:"我们安徽的第一个大文豪,不是方苞,不是刘大,也不是姚鼐,是全椒的吴敬梓。"钱序则从"描写真切,没有肤浅语,没有过火语","没有一句淫秽语","是国语的文学"这三层好处着眼,认为其"适宜于青年学生阅读",并说第一层为与《水浒传》《红楼梦》所共有,而后两层则为《儒林外史》所独有。当然钱序也论及吴敬梓能讪笑举业,怀疑礼教,由此证明他在当时是一个很有新思想的人。胡序、钱序皆佳,然深刻性却似稍逊于陈序。[21]

陈序之所以深刻,则源自于他对科举有痛苦经验与独特反思。陈独秀少年时代在祖父的棍棒与母亲的眼泪的夹攻下,以大哥为师曾在科举道路上挣扎过一番。十七岁参加院试,考题是什么"鱼鳖不可胜食也材木"的截搭题。陈晚年在自传中说:"我对于这样不通的题目,也就用不通的文章来对付,把《文选》上所有鸟兽草木的难字和《康熙字典》上荒谬的古文,不管三七二十一,牛头不对马嘴,上文不接下文地填满了一篇皇皇大文","谁也想不到我那篇不通的文章,竟蒙住了不通的大宗师,把我取了第一名,这件事使我更加一层鄙薄科举"。

而光绪二十三年（1897）七月的江南乡试，则让陈独秀鄙弃了科举。他在自传中详细而生动地描写了南京贡院的惨景以及考生的丑陋。他笔下的考场较之《儒林外史》所描写的有过之而无不及：

> 一进考棚，三魂吓掉了二魂半，每条十多丈长的号筒，都有几十或上百个号舍，号舍的大小仿佛现时警察的岗棚，然而要低得多，长个子站在里面是要低头弯腰的，这就是那时科举出身的大老以尝过"矮屋"滋味自豪的"矮屋"。矮屋的三面七齐八不齐的砖墙，当然里外都不曾用石灰泥过，里面蜘蛛网和灰尘是满满的，好容易打扫干净，坐进去拿一块板安放在面前，就算是写字台，睡起觉来，不用说就得坐在那里睡。一条号筒内，总有一两间空号，便是这一号筒的公共厕所，考场的特别名词叫做"屎号"。考过头场，如果没有冤鬼缠身，不曾在考卷上写出自己缺德的事，或用墨盒泼污了试卷，被贴出来，二场进去，如果不幸座位编在"屎号"，三天饱尝异味，还要被人家议论是干了亏心事的果报。那一年南京的天气，到了八月中旬还是奇热，大家都把带来的油布挂起遮住太阳光，号门都紧对着高墙，中间是只能容一个半人来往的一条长巷，上面露着一线天，大家挂上油布之后，连这一线天也一线不露了，空气简直不通，每人都在对面墙上挂起烧饭的锅炉，大家烧起饭来，再加上赤日当空，那条长巷便成了火巷。煮饭做菜，我一窍不通，三场九天，总是吃那半生不熟或者烂熟或煨成的挂面。

而陈氏笔下丑陋的考生，则简直是《儒林外史》中难以找得到的形象。他说：

> 考头场时，看见一位徐州的大胖子，一条大辫子盘在头顶上，全身一丝不挂，脚踏一双破鞋，手里捧着试卷，在如火的长巷中走来走去，走着走着，上下大小脑袋左右摇晃着，拖长着怪声念他那得意的文章，念到最得意处，用力把大腿一拍，翘起大拇指叫道："好！今科必中！"

如此考场，如此考生，给陈独秀造成的精神震撼，简直超过了前不久经历的甲午战败。他进而说：

这位"今科必中"的先生,使我看呆了一两个钟头。在这一两个钟头当中,我并非尽看他,乃是由他联想到所有考生的怪现状;由那些怪现状联想到这班动物得了志,国家和人民要如何遭殃;因此又联想到所谓抡才大典,简直是隔几年把这班猴子、狗熊搬出来开一次动物展览会;因此又联想到国家一切制度,恐怕都有如此这般的毛病;因此最后感觉到梁启超那班人们在《时务报》上说的话是有些道理呀!这便是我由选学妖孽转变到康、梁派之最大动机。一两个钟头的冥想,决定了我个人往后十几年的行动。我此次乡试,本来很勉强,不料其结果却对于我意外有益。[22]

此段文字风格与《儒林外史》何其相似乃尔,而其认识又远出吴敬梓之上。这虽是陈氏晚年于南京监狱回忆当年南京考场故事,但讲的是当年的思想历程。有如此这般的经历与见识,方有这篇佳序的产生。

关于这篇《〈儒林外史〉新叙》,据汪原放说,是由他起草,陈独秀只改了两处。汪氏视为陈"奖掖后进"的表现。[23]但我则同意沈寂先生的意见:"这篇《〈儒林外史〉新叙》的思路和格调,与陈独秀的其他几篇新叙相同","通篇文字不像汪原放的风格,汪也无此思想境界。可能是先由陈独秀授意,而后由汪原放起草,再经改正而成的"。[24]

五、《红楼梦》:"我以为用《石头记》好些"

陈独秀在1920年到1921年间,为上海亚东图书馆标点排印本中国通俗小说,写了四篇新叙,其中《〈红楼梦〉新叙》篇幅最长,影响最大,引起的非议也最大。[25]

陈独秀文章的全称是《〈红楼梦〉(我以为用〈石头记〉好些)新叙》[26]。关于《红楼梦》书名"以为用《石头记》好些"的意见,表明他在胡适《红楼梦考证》之前就有前八十回与后四十回的观念;而且既谈曹雪芹之作品,他倾向着眼前八十回;既谈前八十回就当用抄本名称:石头记。亚东版《红楼梦》虽是一百二十回本,但陈独秀对之可能尚未来得及看,他文中所论的还是他心目中的前八十回,因而其于行文时皆称《石头记》,未称《红楼梦》。而我则为行文方便仍统称《红楼梦》。

陈独秀对《红楼梦》的评价是有分寸的。他说:

> 看《石头记》便可以看出作者善述故事和善写人情两种本领都有。但是他那种善述故事的本领,不但不能得读者人人之欢迎,并且还有人觉得琐屑可厌;因为我们到底是把他当作小说读的人多,把他当作史材研究的人少。

从这种文学观出发,陈独秀甚至别出心裁地指出:

> 我尝以为如有名手将《石头记》琐屑的故事尽量删削,单留下善写人情的部分,可以算中国近代语的文学作品中代表著作。

《红楼梦》节奏的舒缓,描写的细腻,个别情节的旁逸,对一般读者来说,或许没有什么不合适;但对一个狂飙时代的急先锋陈独秀来说,可能形成的反差就太大了,因而生出请名手删削《红楼梦》琐屑故事的狂放念头,至于哪些是琐屑故事,怎么删削,删削到什么程度,这些具体的操作程序,正在忙于建党的陈独秀可能都未来得及细想。操作程序虽未拿出,却并不能证明陈氏大气磅礴的指点就没有一定的合理性。对于《红楼梦》那些缺陷存在的原因,陈氏作了进一步的分析,说:

> 《石头记》虽然有许多琐屑可厌的地方,这不是因为作者没有本领,乃是因为历史与小说未曾分工底缘故;这种琐屑可厌,不但《石头记》如此,他脱胎的《水浒》《金瓶梅》,也都犯了同样的毛病。

古往今来,多少文人已习惯了那种"文史不分"的文化形态。在小说批评史上,甚至从来就是"史家意识"占主导地位,因而小说被习惯称之"野史"、"稗史"、"史之馀"。陈独秀却明智地指出:"以小说而兼历史底作用,一方面减少小说底趣味,一方面又减少历史底正确性,这种不分工的结果,至于两败俱伤",因而"我们一方面希望有许多留心社会状况的纯粹历史家出来,专任历史底工作;一方面希望有许多留心社会心理的纯粹小说家出来,专任小说底工作,分工进行,才是学术界的好现象"。陈氏正是从文史分工处发现了中国小说与西方小说之差异所在。他说:

> 中土小说出于稗官,意在善述故事;西洋小说起于神话,亦意在善述故

事；这时候小说、历史本没有什么区别。但西洋近代小说受了实证科学的方法之影响，变为专重善写人情一方面，善述故事一方面遂完全划归历史范围，这也是学术界底分工作用。我们中国近代的小说，比起古代来自然是善写人情的方面日渐发展，而善述故事的方面也同时发展；因此中国小说底内容和西洋小说大不相同，这就是小说家和历史家没有分工底缘故。

正是出于这种开放的宏观的考察，陈氏对中国小说的读者与作者都提出了新的期待，他说："今后我们应当觉悟，我们领略《石头记》应该领略他的善写人情，不应该领略他的善述故事；今后我们更应该觉悟，我们做小说的人，只应该做善写人情的小说，不应该作善述故事的小说。"这自然是期望文学朝着人的文学方向发展，是值得称道的进步的文学观。

综上所述，可见陈氏写《〈红楼梦〉新叙》的主旨在还历史给历史，还小说给小说，强调以文学眼光去创作、阅读文学作品。这在20世纪之初，无疑是难能可贵的。[27]

在《〈红楼梦〉新叙》之外，陈氏还有两次集中谈论《红楼梦》。一次是在1917年与《新青年》同人讨论中国小说时所发表的意见，一次是20世纪30年代在南京监狱中与人谈及。第一次前文已叙，这里只说第二次。

晚年在南京监狱里，陈氏与人漫谈文艺时，仍高度评价了《红楼梦》。他说：

> 中国古典文学方面有名人，曹雪芹、施耐庵、吴承恩、吴敬梓、孔尚任、王实甫等，也是世界难寻的伟大作家。尤其是曹雪芹，他在《红楼梦》中所描写的末期封建社会，可以说淋漓尽致，入骨传神，使人们不必读史，就一眼看到清初中国社会一幅全图。人物之多，入画入神；结构之紧，合情合理，真是旷世珍品，千古奇文。可惜难以翻译，外人不能欣赏，日本汉学家称《红楼梦》为天下第一奇书，诚不诬也。曹雪芹十年寒窗，才写了这部著作的前八十回，态度是何等严肃（托尔斯泰的《战争与和平》也写了七年）。诗文词句的推敲，也沥尽心血，故能达到美的结晶，决非今之作家粗制滥造所能比拟。

陈氏由《红楼梦》进而论及文学创作的普遍规律，他说：

不应草率从事，想写就写，写出来的东西轻飘飘的，没有味道，一读即完，不象《红楼梦》那样百读不厌。至于说反映社会生活，这说起来容易，做起来殊难。如有的人写工农，除了苦呀悲呀没吃没穿啦，一下子就走向革命，接着就是拥护和打倒，最后或坐监或杀头，至死不屈。实际生活决不会这样简单，前进有过程，后退也有过程，作家的任务要通过体验社会生活，再加上艺术构思，巧妙地描画出活的工农来，而不要借工农之口，说出知识分子的话来，叫人看了四不象。中国谚语说"画虎难画骨，画人难画情，画虎不成反类犬，画人不成反类精"。听说赵子昂画百马图，未着笔前在书房里打滚，拟马的各种姿态，再出而观马，然后下笔。百马图中的马各有不同姿态，正如曹雪芹写众多丫鬟、小姐，各有各的性格一样，这种精神和技巧都是应该效法的。[28]

明眼人不难看出，陈独秀所言决非无的放矢的空谈，而是颇有针对性的至理名言。

陈独秀或许还算不上红学家，他的红学言论也相当有限，但他的红学观留给我们的历史启迪却是宝贵的。

第一，陈独秀以参与当代文化批评与建设，作为"红学"之前提。作为五四新文化运动的领袖，陈独秀及其《新青年》同人始终将《红楼梦》及明清小说研究，作为五四新文化运动的有机组成部分来进行，与此前此后之纯学术研究有明显区别。

"红学"当然应有它的学术性、科学性，但如陈独秀等先驱将《红楼梦》研究引入当代文化批评与建设，以推动当代文学创作的健康发展，则或为"红学"生命力所在。

第二，陈独秀能以宏观的比较眼光看待《红楼梦》。陈独秀在中国近代史上首先呼唤"德""赛"两先生，也是他首先从法兰西文明中引进现实主义的文艺思潮（他1915年11月写的《现代欧洲文艺史谭》是中国近代文论上第一篇介绍西方文论的专论），因而他能高屋建瓴地将《红楼梦》置之于东西方文学的大坐标上去比较去评判。同时，又能将《红楼梦》与其他小说相比较。这样，陈独秀就能较准确地给《红楼梦》定位。如陈独秀在中国近代史上最早指出，《红楼梦》居"古今说部第一"；同时也最早提出，

"《红楼梦》全脱胎于《金瓶梅》,而文章清健自然远不及也"。这些观点,今天看来不无偏颇处,却仍有可取之处。

今天的"红学"引入外来理论与比较研究,都有新进展。只是可惜有少数文章用新理论,似乎消化不良,不如陈独秀们融会贯通,运转自如,无生硬之迹象。

第三,陈独秀能一分为二评价《红楼梦》。《红楼梦》固为古今说部第一,但曹雪芹毕竟是人不是神,其创作过程是十年辛苦不寻常,字字看来皆是血,这血铸的大书是他十年增删五次而成。增固为添新,删则当为去疵。"书未成,芹为泪尽而逝",脂君所哀者当有二:一以其非全璧(未竟全书),一以其非完璧(非完美无缺)。因而《红楼梦》即使是前八十回也非天书,而是人间喜剧;同理,"红学"首先是人学(研究书里书外的人的学问)而非神学。然而,不知从何时起,也不知缘何而起,"红学"中似乎有一种片面的观念,即不实事求是地拔高《红楼梦》的思想与艺术,使某些"红学"文字演成了"美言竞赛",致使被识者讥为"洪水泛滥"。当然这只是"红学"之支流,然不克服会影响"红学"之健康发展。[29]

相形之下,陈独秀那打算对《红楼梦》进行切割手术的"狂放"之言,虽难以落实,却似仍能留给后人一点启示,即使对"古今说部第一"的《红楼梦》也不妨在言足其佳处之余,分析其陋处。陈独秀更告诫人们认清《红楼梦》与新文学之差异,说,若将之当作"吾人理想的新文学",那就大错特错了。

六、"神圣施、曹,土芥归、方"的文化意义

陈独秀毕竟不是一个小说研究者,他五四前后对中国小说的评论是为文学革命服务的,因而他也是以文学革命的理论来分析、评论中国小说的。

"文学者国民最高精神之表现也",然"国人此种精神委顿久矣"[30],"今欲革新政治,势不得不革新盘踞于运用此政治界精神界之文学"[31]。这就是陈独秀倡言文学革命之起点。从此出发,他追逐世界潮流,在中国掀起了一场精神启蒙运动,这就

是五四新文化运动。拂去历史的尘雾，还其历史的本来面目，人们不难发现这次运动的实际领袖与旗手是陈独秀，而非他人。这"他人"，有的说是鲁迅，有的说是胡适。其实鲁迅早就说过他的作品是"遵命文学"——遵先驱之命；胡适则说他的"历史癖太深，故不配作革命事业"[32]。他们分别视陈独秀为革命先驱与急先锋。关于斯事，本书另有专章，这里就不细说。这里要强调的是，陈独秀以《文学革命论》为宣言，将文学形式的革新与文学内容的革新，与改造国民性、改造中国社会紧紧连在一起。由此出发，陈氏站在历史的制高点上，考察、反思中国的诗歌、散文、戏剧、小说乃至整个传统文学，提出许多划时代的新见解。由"白话为文学正宗"说，进而"小说为近代文学之正宗"说，乃至"神圣施（耐庵）、曹（雪芹），土芥归（有光）、方（苞）"[33]。这就是以陈独秀为代表人物的《新青年》所追求的文学、文化发展方向。

质而言之，对中国古典小说的评论，是文学革命的一个组成部分；而策划由亚东图书馆标点出版中国古典小说，则为文学革命的实施之一。

正因为有了陈独秀们的奔走呼唤、亚东版古典小说的熏陶、西方文学的影响，鲁迅等作家的成功尝试，20世纪的中国文学几乎成了小说的时代，正如鲁迅所说，一时间"弄得像不看小说就不是人似的"[34]，从而改变了中国传统文学的走向，开辟了中国文学、文化的新纪元：白话文终于迅速地成为中国文学、文化的正宗。其历史与现实意义，实在是无论怎么估计都不会过高。

为叙述方便，这里则换一个角度来讨论陈独秀们"神圣施、曹，土芥归、方"的文化意义。即从亚东图书馆标点出版古典白话小说（即"亚东版"古典小说）的角度言之。我们知道，上海亚东图书馆前后经营了四十年，如果把它的前身芜湖科学图书社的历史也算进去，则恰恰是半个世纪（1903—1953年）。这家兼营出版与发行的书店虽又小又穷，却在中国现代新兴出版史上有着特殊地位与影响。诚如王子野在《回忆亚东图书馆·序》中所说："它是在戊戌维新运动到辛亥革命这个时期中产生的，所以它的主人汪孟邹老人称它是'维新和革命的产物'。大体上可以这么说：从辛亥革命到五四运动是它的草创时期，从五四到大革命是它的黄金时代，大革命失败后它开始走下坡路。"它在黄金时代出过不少的好书,"其中特别是《独秀文存》《胡适文存》《吴虞文存》等几种文集,一批标点整理的古典白话小说,五四以后涌现的一批新诗集以及蒋光慈等人的一批早期的革命文学作品曾经风行一时,有过很大的影响。因此应该肯定它对传播新文化、新思想作出了贡献。在《新青年》《向导》周报以及其他一些进步刊物的出版、推销工作上,也是很有成绩的"。[35] 标点、校勘和出版古典白话小说,是亚东图书馆最有特色的工作。[36]

亚东版古典白话小说虽历来为人们所称道,它的文化意义却鲜有人系统论及。鉴于此,本章愿就其文化意义略抒管见。

七、为白话小说争正宗地位

中国古典白话小说的发展虽然源远流长,但在中国文学史上却长期生活在传统文化的傲慢与偏见之中,或被视为"君子弗为"之小道,或被列于"诸子十家"之末,开明者云:"治身理家,有可观之辞",专制者则对之大加禁毁。其间虽有李贽、金圣叹等有识之士为之鼓吹,为之争鸣,非但未有改观,连李贽、金圣叹也被作为思想异端为当局者所杀害。至鸦片战争之后,梁启超等欲借小说开通民智,救亡图存。梁氏视小说为"国民之魂",以《论小说与群治之关系》为宣言书,鼓吹小说界革命:"欲新一国之民,不可不先新一国之小说。故欲新道德,必新小说;欲新宗教,必新小说;欲新政治,必新小说;欲新风格,必新小说;欲新学艺,必新小说;乃至欲新人心,欲新人格,必新小说","何以故?小说有不可思议之力支配人道故。……故今日欲改良群治,必自小说革命始"。[37] 至此,按理讲中国小说之地位已提到无以复加的高度了。其实不然,因为梁氏鼓吹小说界革命,是以西方文化为参照,系以资产阶级政治改良为指导革中国小说的命。也就是说他对中国小说的评价非但不高,简直是全盘否定。他说:"中土小说,虽列九流,自《虞初》以来,佳制盖鲜。述英雄则规划《水浒传》,道男女则步武《红楼》,综其大较,不出诲盗诲淫两端。陈陈相因,涂涂递附,故大方之家,每不屑道焉。"[38] 他甚至视中国小说为"中国群治腐败之总根源。"[39] 梁氏开放性眼光是可贵的,然其对中国小说的评价是偏颇的。这就决定,即使在近代,中国小说之地位仍无根本性改观。

只有到五四时代,陈独秀、胡适等将对中国白话小说之评价纳入新文化运动,甚至以此作为新文化运动的光辉起点,才使小说获得了文学正宗之地位。胡适1917年在其名文《文学改良刍议》中就以进化论为理论依据,理直气壮地指出:"以今世历史进化的眼光观之,则白话文学之为中国文学之正宗。又为将来文学必用之利器,可断言也。"[40] 在《中国新文学大系·建设理论集序言》中,胡适进一步说:"我们在那时候所提出的新的文学史观,正是要给全国文学史的人们戴上一副新的眼镜,使他们忽然看见那平时看不见的琼楼玉宇、奇葩瑶草,使他们忽然惊叹天地之大,历史之全! 大家戴了新眼镜去看中国文学史,拿《水浒传》《金瓶梅》来比当时的正统文学,当然不但何(景明)、李(梦阳)的假古董不值得一笑,就是公安、竟陵也都成了扭扭捏捏的小家数了! 拿《儒林外史》《红楼梦》来比方(苞)、姚(鼐)、曾(国藩)、吴(汝纶),也当然再不会发那'举天下之美无以易乎桐城姚氏者也'的伧陋见解了! 所以那历史进化的文学观,初看去好像貌不惊人,其实是一种'哥白尼的天文革命':哥白尼用太阳中心说代替了地球中心说,此说一出就使天地易位,宇宙变色;历史进化的文学观用白话正统代替了古文正统,就使那'宇宙古今之至美'从那七层宝座上倒撞下来,变成了'选学妖孽,桐城谬种'! 从'正宗'变成了'谬种',从'宇宙古今之至美'变成了'妖魔'、'妖孽',这是我们的'哥白尼革命'。"胡适他们的"哥白尼革命"归根到底是确立以白话小说为中国文学之正宗,替代古文正统。因而对鄙薄白话小说的传统文学观,进行了有力的批判。胡适说:"今天独有鄙夷白话小说为文学小道者,不知施耐庵、曹雪芹、吴趼人皆文学正宗,而骈文律诗乃真小道耳。"陈独秀也指出:"余恒谓中国近代文学史,施(耐庵)、曹(雪芹)价值远在归(有光)、姚(鼐)之上","白话文学将为中国文学之正宗,余亦笃信而渴望之"。[41] "国人恶习鄙夷戏曲小说为不足齿数,是以贤者不为,其道日卑,此种风气倘不转移,文学界决无进步之可言"。[42]

　　作为一次文化运动，光有宣言显然是不够的；而新文化运动的旗手与主将们还来不及拿出像样的"国语的文学"来推动"文学的国语"，何况胡适、陈独秀于创作只是"提倡有心，创造无力"，因而在积极鼓吹创作尝试、翻译佳作的同时，只得借重偏师——策划出版中国古代白话小说。作为有远见的出版家汪原放，在五四精神的感召下，创造性地将中国古典小说分段标点，并由陈独秀一手扶持起来的新文化传播阵地——亚东图书馆排印出版。亚东版古典白话小说，多有陈独秀、胡适所写新序冠之卷首。鼓吹文学革命的新序，因白话小说而有了形象的载体；为民众喜闻乐见的白话小说，因新序而焕发了新的艺术生命，被誉为"代表一个时代的精神的文学"。书以序传，序以书传，一时洛阳纸贵。

　　据汪原放回忆，亚东图书馆从1920年到1948年共出版古典白话小说十六部：《水浒传》《儒林外史》《红楼梦》《西游记》《三国演义》《镜花缘》《水浒续集》《三侠五义》《儿女英雄传》《老残游记》《海上花》《官场现形记》《宋人话本七种》《醒世姻缘传》《今古奇观》《十二楼》。其中影响最大的当然是五四期间出版的几部名著。据1922年统计，1920年出版的《水浒传》《儒林外史》都印了四版，分别为一万四与一万三部；1921年出版的《红楼梦》与《西游记》都印了两版，分别为七千与五千部；1922年出版的《三国演义》，当年就印了两版，共五千部。这一可观数字，无论在中国小说史上，还是在中国出版史上都堪称奇迹，是任何其他出版社所无法比拟的。因而出版界有亚东版古典白话小说之效尤者，也有盗版者。这恰恰证明亚东图书实践了陈独秀、胡适们的"哥白尼革命"宣言，实际上将中国古典白话小说真正推上中国文学正宗的高度，有力地推进了新文化运动。

八、为新文化运动做白话教本

　　"把白话建立为一切文学的惟一工具"，是五四新文化运动发展成熟的表现。胡适说:"所以我回国以后,决心把一切枝叶的主张全抛弃,只认定这一个中心的文学工具革命论是我们作战的'四十二生的大炮'。"但"国语的标准是伟大的文学家定出来的,绝不是教育部的公文定得出来"。于是陈独秀、胡适们以中国古代白话小说为"白话教本",说"那些小说是我们的白话老师,是我们的国语模范文,是我们的国语'无师自通'速成学校"[43]。胡适还热情洋溢地说:

  在科举制度下,居然能有那无数的白话作品出现,功名富贵的引诱居然买不动施耐庵、曹雪芹、吴敬梓,政府的权威居然压不住《水浒》《西游》《红楼》的产生与流传,这已经是中国史上侥幸又光荣的事了。[44]

他从宏观与现身说法于两个侧面肯定了白话小说在推行白话文史上的功绩。他说,从汉魏乐府、唐白话诗禅宗白话散文、五代至宋的白话词、金元白话杂剧,到明清小说,"这五个时期的白话文学之中,最重要的是这五百年的白话小说。这五百年之中,流行最广,势力最大,影响最深的书,并不是'四书'、'五经',也不是性理的语录,乃是那几部'言之无文行之最远'的《水浒传》《三国》《西游》《红楼》。这些小说的流行便是白话的传播;多卖得一部小说,便添得一个白话教员"。[45]而他自己十六七岁时在《竞业旬报》上写了不少的白话文,他说:"我写的白话差不多全是从看小说得来的。我的经验告诉我:《水浒传》《红楼》《西游》《儒林外史》一类的小说早已给了我们许多白话教本。"[46]

但五四之前的白话文学史上只有自然的演进,没有有意的革命,因而迟缓,甚至时进时退。在陈独秀、胡适之前早就有人在提倡白话。例如裘廷梁在1897年的《苏报》上发展了《论白话为维新之本》,极力主张废文言兴白话,却只是说文言太难,学它太耗时间与精力,损害了其他有用学问的学习,妨碍了社会进步,根本就不敢说作为文学进化的结果,后出的白话实代表了中国文学的最高水平,更谈不上以之为"白话教本",因而未得成功。而五四文学革命的"贡献就在那缓步徐行的文学演进的历程上,猛力加上了一鞭,这一鞭就把人们的眼珠子打出火了"。"因为是有意的人力促进,故白话文学的运动能在这十年之中收获一千多年收不到的成绩"。[47]

作为五四新文化运动产物的亚东版古典白话小说,在当时则无疑是最好的"白话教本"。因为亚东版古典白话小说，不仅有了分段，而且有了标点符号，这在中国出版史上是首创。

标点符号之于文章并非可有可无的"缚白菜的草"，陈望道早在1918年写的《标点之革新》中就说："文字之标识不完备，则文向之经纬时或因之而晦，而歧义随以迭出，而语学浅者，尤非恃此为导莫能索解"，并指出"标点可以神文字之用"。郭沫若在《正标点》中也曾说："标点之于言文有同等重要，甚至有时还在其上。言文而无标点，在现今等于人而无眉目。"[48] 中国古代虽早有"句读"之学，但毕竟过于简陋；而且即使极其简陋的"句读"也为少数士大夫所垄断，古籍刻本一般不加标点，塾师课徒随教随点，读者边读边点，这就不免人点人殊，有着很大的随意性。直到五四时期，才把推行"新式标点"作为新文化运动的具体内容之一提出来。先是《新青年》讨论并于1918年1月开始试用了"采用西制，稍加厘订"的新式标点，继而是1919年4月胡适、钱玄同、周作人等向教育部提交了《请颁行新式标点符号议案》，到1920年2月教育部发布"训令"批准了"议案"，正式颁行新式标点。从1920年8月起，上海亚东图书馆陆续出版的汪原放使用新式标点、分段编排的《水浒传》等白话小说，则是中国出版史上划时代的壮举。胡适在《水浒传考证》中说："汪原放用新式的标点符号把《水浒传》重新点读一遍，由上海亚东图书馆排印出版。这是用新式标点来翻印旧书的第一次。我可预料汪君这部书将来一定要成为新式标点符号的实用教本，他在教育上的效能一定比教育部颁行的新式标点符号原案还要大得多。"鲁迅也说："单是提倡新式标点，就有一大群人'若丧考妣'，恨不得'食肉寝皮'"[49]，因而汪原放"对于书的选择及标点的仔细，自有相当的功劳"，"虽然不免小谬误，但大体是有功于作者和读者的"。[50]

由于新式标点及分段的施行，使原来"语词、字句、语句等彼此连续不断地写着，一点也没有把他们分离出来"的小说读本，终于条理化、规范化了，令人耳目一新。吴组缃曾回忆他1922年在芜湖读中学时买亚东本《红楼梦》的情景，他"高小毕业时，借看过石印本《金玉缘》，堆墙挤壁的行款，密密麻麻的字迹，看得头昏眼胀，似懂非懂。但是极感兴趣。……《红楼梦》就在我心里占据了一个特殊地位。现在我买到手的，属于我所有的这部书,是跟我平日以往看到的那些小说书从里到外都是完全不同的崭新样式:白话纸本,本头大小适宜,每回分出段落,加了标点符号,行款疏朗,字体清楚,拿在手里看看,确实悦目娱心。我得到一个鲜明印象:这就是'新文化'!""我们不只为小说的内容所吸引,而且从它学做白话文:学它的词句语气,学它如何分段、空行、低格,如何打标点用符号。"[51]

反对派也把白话小说作为"新文化"来攻击,如林纾就写过两篇小说(《荆生》《妖梦》),将陈独秀、胡适、钱玄同丑化为禽兽,"以俟鬼诛"。《妖梦》中还写到这些文人新人之"白话学堂"门外大书一联云:"白话通神,红楼梦、水浒真不可思议;古文讨厌,欧阳修、韩愈是什么东西。"[52]

白话小说当然还不是"新文化"。这在当年陈独秀就明确论断说:"若是把元明以来的词曲小说,当做吾人理想的新文学,那就大错了。"但陈独秀、胡适以亚东版这种新思想(新序)与新形式(标点)武装起来的中国古典小说,作为白话最形象最通俗的示范,无疑是明智的选择。中国古典小说虽源远流长,只有到陈独秀、胡适时代才以前所未有的英姿被投入到当代的文化批评与文化建设之中去。因而亚东版白话小说,不仅使古典小说焕发了艺术青春,也猛烈地冲击了传统文化,更吸引了一大批知识青年走上新文化道路。诚如胡适所言:"中国国语的写定与传播两方面的大功臣,我们不能不公推这几部伟大的白话小说了。"[53]

九、为文化新人当思想载体

亚东版古典白话小说,不仅是新文化运动中的"白话教本",更充当了陈独秀、胡适等文化新人鼓吹新文化新思想乃至新思维方法的形象载体。

亚东版古典白话小说所载陈独秀、胡适、钱玄同撰诸小说之"新序",首先传播了一种新的文学观念。如陈独秀在《〈儒林外史〉新叙》中将《儒林外史》与传统文学相比而指出:

中国文学有一层短处，就是：尚主观的"无病而呻"的多，知客观的"刻画人情"的少。

《儒林外史》之所以难能可贵，就在他不是主观的，理想的，——是客观的，写实的。这是中国文学书里很难得的一部章回小说。看了这部书的，试回头想一想：当时的社会情形是怎么样？当时的翰林、秀才、斗方名士是怎么样？当时的平民又是怎么样？——那一件事不是历历如在目前？那一个人不是惟妙惟肖？

《水浒新叙》说：

文学的特性重在技术，并不甚重在理想。理想本是哲学家的事，文学家的使命，并不是创造理想，是用妙美的文学技术描写时代理想，供给人类高等的享乐。

在文学的技术上论起来，《水浒传》的长处，乃是描写个性十分深刻，这正是文学上重要的。中国戏剧的缺点，第一就是没有这种技术。

《〈红楼梦〉新叙》说：

我们中国近代的小说，比起古代来自然是善写人情的方面日渐发展，而善述故事的方面也同时发展；因此中国小说底内容和西洋小说大不相同，这就是小说家和历史家没有分工底缘故。以小说而兼历史底作用，一方面减少小说底趣味，一方面又减少历史底正确性，这种不分工的结果，至于两败俱伤。

这些观点在今天看来或不足为奇，而且可能尚有偏颇之处，但在当时却是震撼文林的妙论，对更新中国传统的文学观、小说观（将文学与哲学、文学与史学分开，从而强化文学自身之审美特性），呼唤现实主义的创作方法，都起着不可低估的作用。

胡适为亚东版白话小说所作的序更多[54]，他在科学考证的同时，以新的文学观念，对所序小说作了重新定义与评价。如《西游记》有"滑稽意味和玩世精神"，"至多不过是一部很有趣味的滑稽小说、神话小说：他并没有什么微妙的意思，他至多不过有一点爱骂人的玩世主义"。《镜花缘》"是一部讨论妇女问题的小说"，"他对于女子贞操、女子教育、女子选举等等问题的见解，将来一定要在中国女权史上占一个很光荣的位置"；"他的女儿国一大段，将来一定要成为世界女权史上的一篇永久不朽的大文"。

《吴敬梓传》说:"我们安徽的第一个大文豪,不是方苞,不是刘大,也不是姚鼐,是全椒县的吴敬梓","《儒林外史》这部书所以能不朽,全在他的见识高超,技术高明,这书的'楔子'一回,借王冕的口气,批评明朝科举用八股文的制度道:'将来读书人既有此一条荣身之路,把那文行出处都看轻了',这是全书的宗旨"。尤其是《红楼梦考证》更为有名,他说:

> 《红楼梦》只是老老实实的描写一个"坐吃山空"、"树倒猢狲散"的自然趋势。因为如此,所以《红楼梦》是一部自然主义的杰作。那班猜谜的红学大家不晓得《红楼梦》的真价值在这平淡无奇的自然主义的上面,所以他们偏要绞尽心血去猜那想入非非的笨谜,所以他们偏要尽心去替《红楼梦》加上一层极不自然的解释。

正是新文学观念的摧毁力量与建设功能,使胡适以一篇考证颠覆了一个"旧红学",建立了一个"新红学",创造了中国现代学术史上的奇迹。

陈独秀、胡适等的小说新序,不只是教育读者如何读小说,更重要的是"充分的利用这些最流行、最易解的材料",来传播一种新的思维方法与治学方法。胡适说:"我的几十万字的小说考证,都只是用一些'深切而著名'的实例来教人如何思想。"[55]他曾以《醒世姻缘传》作者的考定为例说:"这个难题的解答,经过了几许的波折,其中有大胆的假设,有耐心的搜求证据,终于得着我们认为满意的证实。这段故事,我认为可以做思想方法的一个实例,所以我依这几年逐渐解答这个问题的次序,详细写出来,给将来教授思想方法的人添一个有趣味的例子。"胡适的思维方法与治学方法,归根到底是他的十字真言:大胆的假设,小心的求证。这种治学方法就是"以实事求是的科学方法取代迷信偏执、空疏无当的中世纪型思维方式","确立一种不迷信、不盲从的精神,从而为中国文化的革故鼎新建立方法上的根基","以便从根本上使中国文化得到新生"。[56]以呼唤科学民主著称的陈独秀,在思想方法与治学方法上与胡适虽有差异,但他们振兴新文化运动,促进中国文化与世界文化接轨的目标是一致的。

亚东版白话小说,则成了20世纪初中国最早觉醒的几个文化新人思想的最佳载体。

其文化意义实在是极其深刻的。

十、跨世纪的启迪

亚东版白话小说在中国现代文化史上为何能如此这般地独领风骚？简而言之，原因有三。

其一，亚东图书馆从创建之初至五四运动之后相当长的一段历史，始终以陈独秀、胡适等文化新人为其灵魂。早在1904年春，年轻的陈独秀背着一个包裹，拿了一把雨伞，风尘仆仆来到芜湖，在科学图书社楼上办起了被当局视为"洪水猛兽"的《安徽俗话报》。从那时起，陈独秀就与图书社经理汪孟邹——一位"抛剑从商"的青年结下了深厚的友谊，他们"日夜梦想革新大业，何物臭虫，虽布满吾衣被，亦不自觉"。科学图书社里悬挂着陈独秀手书对联："推倒一时豪杰，扩拓万古心胸。"[57] 正是在这种豪情的驱使下，《安徽俗话报》出了二十三期，陈独秀又抛下报纸跑去革命了。辛亥革命成功后，当了安徽都督府秘书长的陈独秀又富有远见地阻止汪孟邹从政，为他策划在上海开个书店，这才有了亚东图书馆的诞生。《亚东图书馆开幕宣言》就出自陈独秀之手。尔后，陈独秀又为之张罗书源，指导选题，乃至招股扩店，陈独秀都为汪氏出谋划策。胡适本与汪孟邹为乡谊，1917年留美归来即加盟以新思维指导亚东图书馆，陈独秀在邀胡适任教北京大学的同时，希望胡适成为亚东图书馆"编译之事"的"柱石"。在陈、胡的指导下，亚东图书馆俨然成了传播新文化的重要阵地。

其二，亚东图书馆的主人汪孟邹能体察时代主流，紧跟进步思潮前进。王子野先生在《回忆亚东图书馆·序言》中指出："亚东的主人汪孟邹老人由受维新思想影响而对新书业发生兴趣，同盟会革命来了，他又同情革命；从五四运动到大革命，他逐渐倾向同情共产主义。"不只是为陈独秀、胡适出版传播新文化的书籍，在陈独秀几次落难时，汪孟邹总是伸出友谊之手，对陈独秀及其家眷的生活多有救济。汪孟邹与陈独秀的患难之交，一直继续到他们生命的终结，成为中国现代史上的佳话。

其三，作为亚东版白话小说整理、标点的具体操作者汪原放，不仅有远见卓识，而且办事兢兢业业，一丝不苟。胡适在他的序言中多次言及汪原放的工作精神。《水浒传考证》中说："汪君对于这书校读的细心，费的工夫之多，这都是我深知道并且深佩服的。"汪原放校读标点的小说有长篇的《校读后记》与《句读符号说明》。他们是以一流的工作出一流的书，一部上千页的《水浒传》从标点、校读到付排，印制成书，先后只有八个月，而标点、校读工作只一两个人担任。《儒林外史》和《红楼梦》的出版也是同样的高速度。速度这么高，又能保证质量，真不容易。鲁迅曾高度评价亚东版白话小说"大体是有功于作者与读者的"。还有评论家撰文赞扬"亚东版的书籍，校对特别仔细，错字几乎没有（按，此言也绝对了点，还是鲁迅说得准确，云"不免小谬误"），版本形式也特别优美"。所以亚东版白话小说敢于号称为"惟一的好版本"。汪孟邹、汪原放叔侄为印成一个好版本的白话小说有时是不惜工本的。胡适在《吴敬梓年谱》前言中说："我的朋友汪原放近来用我的嘉庆丙子本《儒林外史》标点出来，作为《儒林外史》的第四版，这一番工夫，在时间上和金钱上，都是一大牺牲。他这一点牺牲精神，竟使我不能不履行为吴敬梓作新传的旧约了"，"古来的中国小说大家，如《水浒传》《金瓶梅》《红楼梦》的作者，都不能有传记，这是中国文学史上一件最不幸的事。现在吴敬梓的文集居然被我找着，居然使我能给他做一篇一万七八千字的详传，我觉得这是我生平很高兴的一件事了"。在《重印乾隆壬子本〈红楼梦〉序》中说："从前汪原放先生标点《红楼梦》时，他用的是道光壬辰（1832）刻本。他不知道我藏有乾隆壬子（1792）的程伟元第二次排本，现在他决计用我的藏本做底本，重新标点排印。这件事在营业上是一件大牺牲，原放这种研究精神是我很敬爱的，故我愿意给他做这篇新序。"在《〈醒世姻缘〉考证》中说："亚东图书馆标点重印的《醒世姻缘》，已排好六七年了；他们把清样本留在我家中，年年催我做序，我因为不曾考出这书的作者'西周生'是谁，所以六七年不能动手做这篇序。我很高兴，这几年之中，材料渐渐增添，到今天我居然可以放胆解答'《醒世姻缘》的作者是谁'的一个难题了。"这真是出版家借重研究家又促进了研究家之研究的生动例证。

有文化新人陈独秀、胡适的指导与策划，有出版家汪孟邹、汪原放的响应与实施，才有亚东版古典白话小说这一文化奇迹的产生。

亚东版古典白话小说的文化意义与出版经验，告诉我们在文化建设工程中应如何正确处理弘扬中华民族传统文化与继承发扬五四运动启蒙精神的关系，精神文明与科学民主的关系，古籍整理与当代文化建设的关系，作家与出版家乃至出版界经济效益与社会效益的关系等等。所有这些对于 21 世纪的人们，都是不可多得的宝贵启迪。[58]

隔世纪的回顾为时尚不算太晚，跨世纪的启迪则尤足珍视。

注释

[1] 陈独秀：《实庵自传》，陈木辛编《陈独秀印象》第 216 页。

[2] 陈独秀：《致汪原放》，转见汪原放《回忆亚东图书馆》第 163 页，学林出版社 1983 年 11 月版。

[3] 陈独秀：《夜梦亡友何梅士觉而赋此》，任建树等编《陈独秀诗集》第 45—46 页，时代文艺出版社 1995 年 4 月版。

[4] 章士钊：《初出湘》，《文史杂志》第 1 卷第 5 期（1941 年 5 月）。

[5] 章士钊：《赠仲甫》，转见沈寂《陈独秀与章士钊》，《江淮文史》1996 年第 2 期。

[6] 苏曼殊（署"昙鸾"）：《绛纱记》，及陈序（署"独秀"）、章序（署"烂柯山人"），皆见《甲寅杂志》第 1 卷第 7 号，1915 年 7 月出版。

[7] 苏曼殊：《碎簪记》1916 年 11、12 月刊于《新青年》第 2 卷第 3、4 号；陈序作于 1916 年 11 月 22 日，1916 年 12 月刊于《新青年》第 2 卷第 4 号，署名"独秀"。

[8] 钱玄同语，转引自杨义《中国现代小说史》第 1 卷第 61 页，人民文学出版社 1986 年 9 月版。

[9] 胡适《答钱玄同书》中云："《绛纱记》所记全是兽性的肉欲。其中又硬拉入几段绝无关系的材料，以凑篇幅，盖受今日几块钱一千字之恶俗之影响也。"见《胡适学术论文集·新文学运动》第 353 页，中华书局 1993 年 9 月版。

[10] 胡适：《文学改良刍议》，《新青年》第 2 卷第 5 号，

1917年1月1日。

[11] 鲁迅:《论睁了眼看》,吴子敏等编《鲁迅论文学与艺术》第180页,人民文学出版社1980年7月版。

[12] 钱玄同:《致胡适》,《胡适来往书信选》(上)第25页,中华书局1979年5月内部发行。

[13] 陈独秀:《致胡适之》,《新青年》第3卷第4号,1917年6月。

[14] 参见拙作《陈独秀论〈金瓶梅〉》,《徐州师院学报》1996年第3期。

[15] 陈独秀:《三答钱玄同》,《独秀文存》第727—728页,安徽人民出版社1987年12月版。

[16] 参见拙作《陈独秀论中国小说》,《中国现代文学研究丛刊》1995年第3期。

[17] 陈独秀:《〈西游记〉新叙》(写于1921年12月21日),亚东图书馆1921年版《西游记》卷首。

[18] 陈独秀晚年谈《西游记》之观点,见濮清泉《我所知道的陈独秀》,《文史资料选辑》第71辑,中华书局1980年10月版。

[19] 陈独秀:《水浒新叙》,写于民国九年7月7日,见亚东图书馆1920年版《水浒传》卷首。

[20] 陈万雄:《陈独秀佚诗两首》,原载香港《岭南文艺》复刊号(1985年4月1日);又见陈万雄《历史与文化的穿梭》第339—341页,中国社会科学出版社2000年9月版。按,沈寂于《陈独秀早期历史研究中的若干问题》则认为此诗作者"应该就是北大音乐研究会的陈仲子",而非陈独秀(《陈独秀研究》第2辑,安徽大学出版社2003年8月版)。姑存疑。

[21] 陈、胡、钱三位为亚东图书馆1920年版《儒林外史》所作新序的时间分别为这一年的10月25日、4月8日、10月31日。

[22] 陈独秀:《实庵自传》,陈木辛编《陈独秀印象》第220—221页。

[23] 汪原放:《回忆亚东图书馆》第63页。

[24] 沈寂:《汪孟邹与陈独秀》,沈寂主编《陈独秀研究》第1辑第387页,东方出版社1999年3月版。

[25] 对陈说的非议,参见郭豫适《红楼研究小史续稿》,

上海文艺出版社 1981 年 8 月版，韩进廉《红学史稿》，河北人民出版社 1981 年 11 月版。

[26] 见亚东图书馆 1921 年 5 月版《红楼梦》卷首。

[27] 参见拙作《陈独秀〈红楼梦新叙〉及其他》，《文艺报》1997 年 4 月 29 日。

[28] 濮清泉：《我所知道的陈独秀》，《文史资料选辑》第 71 辑。

[29] 参见拙作《陈独秀论〈红楼梦〉》，《文艺理论与批评》2000 年第 5 期。

[30] 陈独秀：《谢无量〈寄会稽山人〉按语》，《青年》杂志第 1 卷第 3 号，1915 年 11 月 15 日。

[31] 陈独秀：《文学革命论》，《新青年》第 2 卷第 6 号，1917 年 2 月 1 日。

[32] 胡适：《五十年来中国之文学》，《胡适学术文集·新文学运动》第 151 页，中华书局 1993 年 9 月版。

[33] 王敬轩：《文学革命之反响》，《新青年》第 4 卷第 3 号，1918 年 3 月。按，此文由钱玄同化名集新文学运动反对者言论而为之。

[34] 鲁迅：《帮忙文学与帮闲文学》，《鲁迅全集》第 7 卷第 382 页，人民文学出版社 1981 年版。

[35] 汪原放：《回忆亚东图书馆》。

[36] 参见拙作《陈独秀、胡适与出版家的一次联手》，《文艺报》2000 年 11 月 21 日。

[37] 黄霖等编：《中国历代小说论著选》下册第 41 页，江西人民出版社 1985 年 5 月版。

[38] 任公（梁启超）：《译印政治小说序》，见黄霖等编《中国历代小说论著选》下册第 28 页。

[39] 黄霖等编：《中国历代小说论著选》下册第 41 页。

[40] 《新青年》第 2 卷第 5 号，1917 年 1 月 1 日。

[41] 陈独秀为胡适《文学改良刍议》所加"附识"，见《新青年》第 2 卷第 5 号，1917 年 1 月。

[42] 陈独秀为钱玄同《致陈独秀》所加"附识"，《新青年》第 2 卷第 6 号，1917 年 2 月 1 日。

[43] 胡适：《中国新文学大系·第一集导言》，见《胡适学术文集·新文学运动》第 249、251 页。中华书局 1993 年 9 月版。

[44] 胡适:《五十年来中国之文学》,见《胡适学术文集·新文学运动》148页。

[45] 胡适:《五十年来中国之文学》,见《胡适学术文集·新文学运动》148页。

[46] 胡适:《中国新文学大系·第一集导言》,见《胡适学术文集·新文学运动》第250页。

[47] 胡适:《白话文学史·引子》第7页,岳麓书社1986年1月版。

[48] 陈望道、郭沫若言论转引自凌远征等著《最新发布标点符号用法例释》第7页,辽宁教育出版社1990年7月版。

[49] 鲁迅:《忆刘半农君》,见《鲁迅论文学与艺术》,人民文学出版社1980年7月版,第715页。

[50] 鲁迅:《望勿"纠正"》,《鲁迅全集》第1卷第409—410页。

[51] 吴组缃:《漫谈〈红楼梦〉亚东本、传抄本、续书》,见《说稗集》第236页,北京大学出版社1987年版。

[52] 林纾:《妖梦》,见《中国新文学大系·文学论争集》第431页,上海良友图书印刷公司1935年版。

[53] 胡适:《五十年来中国之文学》,见《胡适学术文集·新文学运动》148页。

[54] 胡适为亚东图书馆古典白话小说所作新序,除见相关小说卷首之外,全部收入胡适《中国章回小说考证》一书(上海书店1980年2月版),为省篇幅,不一一加注。

[55]《胡适作品集》第2册16页,远流出版公司。

[56] 王毅:《继承"新文化运动"的学术经验》,《文学评论》1996年第6期。

[57] 汪原放:《回忆亚东图书馆》第10页。

[58] 参见拙作《"亚东版"古典白话小说的文化意义》,台湾《古今艺文》1997年第4期。

· 第二章 ·

从《惨世界》到《黑天国》——陈独秀的小说创作

> 美酒饮到微醉处,
> 好花看在半开时。
> ——宋·邵雍《赏花》诗句

陈独秀的小说创作，听起来题目蛮大，然而落到实处，只有两部作品可谈，而且两者都是"半部书"：一为仅成十四回的《惨世界》，一为仅成四回的《黑天国》。

《黑天国》是1904年二十五岁的陈独秀所创作，并连载在他自己创办的《安徽俗话报》第十二到第十五期上。自是道地的小说创作。而《惨世界》实为改译之作，以其作为陈独秀小说创作来论述，则有段文坛佳话可供追述。

一、半部小说的来历

《惨世界》是法国著名作家维多克·雨果（1802—1883）《悲惨世界》最早的中译本。它初名《惨社会》，自1903年10月8日起，间日连载于《国民日日报》，到第十一回半因该报被封而中止。署名为"法国大文豪嚣俄著，中国苏子谷译"。这苏子谷即是陈独秀新结识的朋友苏曼殊。

苏曼殊当时初到上海《国民日日报》任编译，与陈独秀、章士钊等共事，并赁屋同居。但此时的苏曼殊"汉文的程度实在不甚高明"，[1] 于是尊长他五岁的陈独秀为师学诗学文，才开始走上文学创作道路。陈独秀也因此成为苏曼殊交谊最久最厚的朋友。柳亚子说曼殊生平第一个得力朋友是仲甫，大抵汉文和英文、法文都曾受他指教的，所以常常称之为"畏友仲子"。[2] 柳无忌则说"曼殊的汉文的才力可讲为仲甫所启发"，

·青年时代的陈独秀在南京

"曼殊就因仲甫的影响,启示了自己的天才,成为一个超绝的文人了"。[3]

如果苏曼殊1903年10月真的以其"不工为文章,造词多乖律令"[4]的汉文去翻译雨果的《悲惨世界》,自然只有依赖陈独秀了。柳无忌说:"当曼殊第一次到上海,住在《国民日日报》社译法文《惨世界》时,仲甫已同他相识,字句间为他指点修改不少。这时曼殊于汉文的根基尚极浅,文字亦不甚通顺,仲甫隐然是他的老师。"[5]陈独秀也曾说:"《惨世界》是曼殊译的,取材于嚣俄的哀史,而加以穿插。我曾经润饰过一下。曼殊此书的译笔,乱添乱造,对原著者很不忠实,而我的润饰更是马虎到一塌糊涂。此书初在《国民日日报》登载,没有登完,报馆就被封闭了。当时有甘肃同志陈竞全在办镜今书局,就对我讲:'你们的小说没有登完,是很可惜的,倘若你们愿意出单行本,我可以担任印行。'我答应了他,于是《惨世界》就在镜今书局出版。并且因为我在原书上曾润饰过一下,所以陈又添上了我的名字,作为两人合译了。"[6]镜今书局1904年版之《惨社会》署名是苏子谷、陈由已同译。"由已"就是陈独秀的别号。1918年苏曼殊逝世,胡寄尘将镜今本交上海泰东图书局翻印,"删去嚣俄和陈由已的名字,变成苏曼殊大师遗著",[7]而内容则一字未改,仅在书名上增一"悲"字,称《悲惨世界》。1925年春泰东图书局再版时,又恢复了原名《惨世界》。尔后《苏曼殊全集》仍以镜今本收录了这部小说。

从这一历史,不难看出陈独秀在《惨世界》的译作中实起着决定性的作用。若作进一步考察,还会发现所谓"苏子谷译"可能只是个名义,而实际上是陈独秀在越俎代庖。《国民日日报》主编是章士钊,陈独秀、张继佐之。章士钊在《双枰记》中有段文字记叙他们的编辑生活,说:"余与独秀尚未寝,盖新闻脱版速亦无前于十二句者。脱版后必更阅全稿,防有误字,此役余与独秀递为之。然一人为之,馀一人恒与相守,不独往寝,故余与独秀同逾十二句不睡以为常。此次余为值,独秀就旁案边译嚣俄小说。"[8]可见,陈独秀远不只是在字句间为苏指点修改,而是亲自动手"译",编发了《惨社会》。陈独秀说苏译于原作"加以穿插""乱添乱造",实亦为夫子自道。据章士钊《疏〈黄帝魂〉》记载:"时有朱菱溪,湖南时务学堂头班生,镇人,为人卤莽灭裂,要挟同学,使派己作代表回上海组织民权人士,经营出版事业。迷于狎邪,所事不终。陈独秀在《惨社会》小说中露骨攻之。菱溪大怒,必狙击独秀然后快。时独秀与吾同住,经调停始无事。"[9]可见借译作小说抒其政想,且攻击恶人丑事,正是陈独秀当时所热衷的文字伎俩。章士钊说,陈独秀"时与香山苏子谷共译嚣俄小说,极写人类困顿流离诸状,颜曰《惨社会》,所怀政想,尽与此同"。[10]反过来说,为抒"政想",兼以攻邪,小说翻译在陈独秀那里自然只能是"对原著者很不忠实",放笔穿插,甚至抛开原作"乱添乱造",才足以尽兴。

《惨世界》节译自雨果《悲惨世界》第二卷《沉沦》的第一到第十三节。其第一至第六回,虽有改变却大体忠实于原著,但自第七回至第十三回,则完全是创作。作者凭空写了明男德、范财主、孔美丽等几个人物,敷演出不少新情节。到第十三回后半段,又勉强回到雨果原书,金华贱(冉·阿让)为孟主教(卞福汝)感化而终。就翻译而言,其与"信、达、雅"无缘,是失败之作;就创作而言,其由翻译走向创作,虽有不能一律处,仍不失为有意义的尝试。如同临帖,初尚规范,继而出帖,终忍不住龙飞凤舞起来。"乱添乱造"云云，实在是一种情不自禁的创造境界。

《惨世界》译作中或许曾有过苏曼殊的劳动，但其从文字到根本见解，都取决于陈独秀。而且1904年经陈独秀全面"润饰"而成的镜今本《惨世界》，与连续本《惨社会》相比，"书中内容和报上所载，颇有不同之处，回目亦经修改"。[11] 当初连载时只署苏曼殊之名，自是陈独秀提携他的意思；镜今本苏、陈同署，是作为友谊的纪念；苏曼殊逝世后，去陈名只作苏之遗作处理则是友人怀念曼殊所致。今天则当实事求是地将著作权还给陈独秀，将之放在陈独秀小说创作这个命题下来论述。

《黑天国》的创作时间，当与镜今本《惨世界》出版时间相去不远。可能是陈独秀在"润饰"改定《惨世界》的同时，就逐其余绪构思了另一部小说《黑天国》。因而两书不仅标题对称，而且人物形象与思想风格，也一脉相承。这部小说在《安徽俗话报》上连载时，署名"三爱"，在意象上或许也与小字"三郎"的苏曼殊有某种感情联系。从《惨世界》到《黑天国》恰是陈独秀从且译且作走向独立创作的小说创作道路。若从此走下去，或许会走出个小说作家的陈独秀来。可惜陈独秀刚迈开这一步，就再也没有机会走第二步了。第一部独立创作的小说只开个头，他就永远无暇再弄小说创作了。陈独秀如胡适、梁启超，也是个写"半部书"的角色。[12] 他曾借宋人邵雍《赏花》诗句自嘲云："美酒饮到微醉处，好花看在半开时。"

透过《惨世界》与《黑天国》这两个"半部书"，我们或许能看出陈独秀令人陌生的一个精神层面，看出中国近代小说史上一道新鲜的光环。

二、"新小说之意境"

陈独秀的小说创作，与梁启超的"小说界革命"是同步的。"新小说之意境，与旧小说之体裁，往往不能相容"，[13] 这一难题曾困扰着梁启超，同样也困扰着陈独秀。

所谓"新小说之意境"，在梁启超那里是突出小说革命在启蒙运动中的作用："欲新一国之民，不可不先新一国之小说"；[14] 在创作中则"专在借小说家言，以发起国民政治思想,激励其爱国精神"。[15] 从梁启超《新中国未来记》、蔡元培《新年梦》、陈天华《狮子吼》等政治小说的出现,到李伯元《官场现形记》、刘鹗《老残游记》、吴趼人《二十年目睹之怪现状》等谴责小说的兴起,都展示了"新小说之意境"。

陈独秀创作《惨世界》与《黑天国》,同样是"借小说家言,以发起国民政治思想,激励其爱国精神",曾显示出他独特的思想风貌。

以往的研究注重《惨世界》的反清排满思想是不错的。那仗势欺人、诈人钱财的村官名为满周苟,谐音即满洲狗,无疑是影射仕清的汉族官僚。无赖村的范桶(饭桶)和他们的朋友吴齿(无耻)小人,都被斥为"把我们全国人的体面都玷辱了"的"当洋奴的贼种",用意也相同的。"你看世界上那些抢夺了别人国家的独夫民贼,还要对着那些主人翁,说什么'食毛践土'、'深仁厚泽'的话哩"云云,是借男德之口斥责满人入主中原的强盗逻辑。"索性大起义兵,将这班满朝文武,拣那黑心肝的杀个干净",更是借男德之口,高倡种族复仇主义。

但陈独秀的深刻处在他远未停留在种族复仇主义的立场上,而着重分析、批评了民众的愚昧落后与爱国志士的口是心非。对于前者,陈独秀写了恩将仇报、为夺财欲拿救命恩人的头颅去换官赏的村妇。他更通过男德之口,从多方面批评了中国人的奴性。男德说:"我们法兰西人比不得那东方支那贱种的人,把杀害他祖宗的仇人,当作圣主仁君看待。"尤为深刻的是,他将宗教与孔学都当作奴化哲学来批判。书中人孔美丽说:"那支那的风俗,极其野蛮,人人花费许多银钱,焚化许多香纸,去崇拜那些泥塑木雕的菩萨。"男德甚至说:"那支那国孔子的奴隶教训,只有那班支那贱种奉作金科玉律,难道我们法兰西贵重的国民,也要听他那些狗屁吗?"他借讲法国国情进而分析了中国民众愚昧的原因在于"被历代的昏君欺压已久,不许平民习此治国救民的实学,所以百姓的智慧就难以长进。目下虽是革了命,正当思想进步的时光,但是受病已久,才智不广,不能自出心裁,只知道羡慕英国人的制度、学问,这却也难怪",因而提出拯救人心为当务之急。男德说:"这好惨的世界,好惨的世界!我男德若不快快拯救同胞,再过几年,我们法国的人心,不知腐败到何地步!"将人心提高到什么境界？陈独秀和他的书中人男德当时都只能诉诸天理良心，男德说："照我看来，为人在世，总要时常问着良心就是了。不要去理会什么上帝，什么天地，什么神佛，什么礼义，什么道德，什么名誉，什么圣人，什么古训"；"凡人做事都要按着天理做去，却不问他是老子不是老子"。循此思路，陈独秀也塑造了两个先进的群众形象：一是富有侠胆义心，为掩护义士男德而英勇献身的老者；一是冒险救人，以身殉情的少女孔美丽。可见陈独秀对民众并非彻底失望。

对于那些口是心非的志士，陈独秀通过男德之口批评得更为严厉："尚海（上海）那个地方，曾有许多出名的爱国志士。但是那班志士，我也都见过，不过嘴里说得好，实在没有用处。一天二十四点钟，没有一分钟把亡国灭种的惨事放在心里，只知道穿些很好看的礼服，坐马车，吃花酒。还有一班，这些游荡的事倒不去做，外面却装着很老成，开个什么书局，什么报馆，口里说的是藉此运动到了经济，方好办利群救国的事；其实也是孳孳为利，不过饱得自己的荷包，真是到了利群救国的事，他还是一毛不拔。哎，这种口是心非的爱国志士，实在比顽固人的罪恶还要大几万倍。这等贱种，我也不屑去见他"，"那晓得那男德是一个天生的刚强男子，不像尚海那班自称什么志士的，平日说的是不怕艰难，不愁贫困；一遇了小小的挫折，就突自灰心短气起来，再到了荷包空的时候，更免不得冤张怪李，无事生端，做出些无理的事情，也顾不得大家耻笑，这就到了小人穷斯滥矣的地步"。据濮清泉回忆："陈独秀对于当时同盟会人士，除孙中山、廖仲恺、朱执信外（他很佩服他们），他认为都是些平庸人才，不足与谋，也不足与言。"[16]可见他在《惨世界》中借男德所云种种，实有所指，并非玄空之论。

与上海那些假志士形成鲜明对比的，是作为侠客式的社会主义者的形象：男德。男德，姓明名白字男德，谐音"难得明白"，别号项仁杰（像人杰），是个"立志要铲除人间一切不平的有志青年"，他声称："我想救这个人间苦难的责任，都在我一人身上"，"我活在世界上一天，遇着一件不平的事，一个没有良心的人，我就不能听他过去"。他疾恶如仇，见义勇为，他为救金华贱去劫监狱，为村妇报仇去刺杀贪官满周苟，锄强扶弱,伸张正义,他更有许多闪光的思想与惊人的名言。金华贱是根据《悲惨世界》里的主人公冉·阿让的原型改写的,他为了全家人的活命,在饥不可耐的情况下拿了店家一块面包,而被打得鲜血淋漓,并被关进监狱十九年。男德得知后为这金华贱鸣不平,说:"世界上物件,应为世界人公用,那铸定应该是那一人的私产吗?那金华贱不过拿世界上一块面包吃了,怎么算是贼呢?""世界上的人除了能做工的,仗着自己本领生活;其馀不能做工,靠着欺诈别人手段发财的,那一个不是抢夺他人财产的蠹贼呢?这班蠹贼的妻室儿女,别说穿吃二字不缺,还要尽性儿的奢侈淫逸。可怜那穷人,稍取世界上些些东西活命,倒说他是贼,这还算平允吗?"这种是非颠倒现象,都是因为"世界上有了为富不仁的财主,才有贫无立锥的穷汉"。这种财帛公有的认识,连同上述种种高论,虽未必科学,但在当时起了振聋发聩的作用。

　　正是从这种财帛公有的观念出发,男德提出要"用狠辣的手段,破坏了这腐败的旧世界,另造一种公道的新世界"。在第二十回作者以"雅各宾党定了几条规矩",展示了那公道新世界的蓝图:第一条,取来富户的财产,当分给尽力自由之人,以及穷苦的同胞;第二条,凡是能做工的人,都有到那背叛自由人的家里居住和占夺他财产的权利;第三条,全国的人,从前已经卖出去的房屋田地以及各种物件,都可以任意取回;第四条,凡是为自由而死的遗族,须要尽心保护;第五条,法国的土地,应当为法国的人民的公产,无论何人都可以随意占有,不准一人多占土地。这里既继承了中国古代农民战争中"均贫富"的思想,又表现出鲜明的近代革命色彩。这新世界的蓝图虽是粗线条的,其间不乏幼稚乃至空想的成分,但仍可以看作是近代中国革命党人设计的最早的"社会革命"方案。同盟会成立前,风行海内外的革命檄文首推邹容的《革命军》和陈天华的《警世钟》,作为当时的先进思潮的代表,它们是民族主义、民主主义兼而有之,却均无一语涉及社会贫富问题。《惨世界》不仅具有中国近代一般革命党人所拥有的民族主义与民权主义思想,还更多地思考着社会底层人们的命运问题。这使之当年就成为鼓吹革命的流行书刊之一,今天仍被论者认为"如果康有为的《大同书》由于从未公开发表可以撇开不计的话,《惨世界》中雅各宾派的'规矩'

显然可以视之为20世纪中国的第一个社会主义纲领"。[17]

如何实现那公道的新世界呢？这同样是"难得明白"的大问题。陈独秀既反对上海种种假志士口是心非的行径，也不赞成雨果将仁爱替代刑法，作为医治社会、拯救人类的良方（这当是陈氏舍译为作的根本原因），他则主张以革命的手段（包括暗杀、组织会党、大起义兵）去改变一切——破坏旧世界，另造新世界。男德向克德道："杀父冤仇，原可不报。但自我看起来，你既然能舍一命为父报仇，不如索性大起义兵，将这班满朝文武，捡那黑心肝的杀个干净；那不但报了私仇，而且替这全国的人消了许多不平的冤恨，你道这不是一举两得么？"不过，书中描写给人印象深的还是男德的暗杀义举。革命前他凭一身侠胆一把利刀（他曾对刀说"我一生仁义道德都仗着你方能够去做"），去劫监狱、杀贪官；革命后，他又在秘密会党中充当秘密杀手。当男德从党会里闻得大总统拿破仑想做专制君主的形迹一天流露似一天，压制民权的手一天暴烈似一天，不觉怒发冲冠，寻思："我法兰西志士送了多少头颅，流了多少热血，才能够去了那野蛮的朝廷，杀了那暴虐的皇帝，改了民主共和制度，众人们方才有些儿生机。不料拿破仑这厮，又想作威作福。我法兰西国民乃是义侠不服压制的好汉子，不像那做惯了奴隶的支那人，怎么就好听这鸟大总统，来做个生杀予夺独断独行的大皇帝呢？"于是他身怀炸弹去暗杀拿破仑，不幸未中，他即开枪自杀，现出英雄本色。男德以"狠辣的手段"去完成惊天动地的事业，以"狠辣的手段"去实现自我完善，这表明中国的社会主义思潮从它的开始阶段，就拒绝雨果式空想社会主义的温和与改良，而倾向激烈与彻底。从呼唤革命的世纪之初，到悄然告别革命的世纪之末，东西方文化差异所带来的社会差异该给人何等深刻的启迪。

应该说，塑造了男德的形象，是《惨世界》为中国近代文学史所提供的一份难得的贡献。男德的形象实际上是刚刚登上政治舞台的中国资产阶级革命派人物的精神写照。书中的尚海即是上海，书中人是"中国人蒙上法国的面皮"。[18] 1903年初，反对沙俄侵略中国东北，在留日的中国学生和上海等大城市的新型知识分子中爆发了拒俄运动，运动遭到清政府禁止后他们就迅速转向革命。于是，东京和上海等地出现了不少宣传革命的报刊和小册子。一时间，放言高论，蔚为风气。对此，清政府采取了更严厉的镇压措施，《苏报》被封，章太炎、邹容被捕。这样上海等地的革命党人不得不采取较为隐蔽的宣传方式。《惨世界》正是这一特殊形势下以特殊形式（寓创作于翻译之中）出现的革命文学之花。

三、陈独秀与雨果观念之同

陈独秀且译且作，无非是借题发挥，宣传革命。上述种种思想，都是他借题发挥出来的，并非原题中应有之义。然而，陈独秀何以于浩瀚的西方小说，独选中雨果的《悲惨世界》？

首先由于陈独秀熟悉西方文学，酷爱雨果作品。邓以蛰曾回忆1907年他和陈独秀留学日本的故事：

> 陈仲（甫）沉酣于他的拜轮（Byron）与雪莱（Shelley）的全集，和尚（按，和尚即苏曼殊）终日无衣衫出门，吃着睡着，哼他的以龚定庵为蓝本的七言绝句（他当时所出的《文学因缘》《潮音》中翻译诸作，凡是五七言古体，不是章太炎修改的，便是仲甫所作，和尚只会绝句）。我弟兄两人凑兴的事也不少。若独秀仿效（希望仲甫见到勿生气）或尝试拜轮式的浪漫生活，到得他本性太强，仿效不易，格格不入的时候，他老是愤慨多怒。首当其冲的人固是别人别姓，但形诸文字的是封封给我们两兄弟的信。这些信倘能流传人间（倘若我家山房一切无恙，这些信必定还在人间，但不敢保），潘彼得了，保加侨了（Boccacio），猛悉动了（Montaigne），都没有那些文字的痛快淋漓。[19]

邓以蛰在北大曾是与朱光潜、宗白华齐名的美学教授，中国两弹元勋邓稼先之父，与陈独秀同乡且小陈十二岁。1906年在安徽公学学习期间结识陈独秀与苏曼殊，年仅十五六岁；陈、苏皆珍爱这位小弟。苏送一幅《葬花图》给邓，陈为此画题诗："罗袜玉阶前，东风杨柳烟。携锄何所事，双燕语便便。"[20] 这幅珍贵的画图，邓终生悬之于书斋。1907年邓氏兄弟赴日留学，陈独秀是第四次赴东京并留下学习，苏曼殊也在东京，以至有邓氏兄弟与陈、苏同赁一屋的佳话。1933年夏，执教清华大学的邓以蛰赴欧洲考察前，先到南京探望阔别二十年而身陷牢狱的老友陈独秀，不免百感交集，回忆起往事，对老友的深刻印象，是其当年对西方文学的热衷。

其实陈独秀对西方文学，更倾慕的是法兰西文明。他自己论文中多次论及法兰西文明。1932年以来多年与陈独秀同处一狱且同为托派领袖的表弟濮清泉[21]，晚年所作《我所知道的陈独秀》，虽偶有失误，仍不失为当代"陈学"中的权威文献。其中有两段言及陈独秀与西方文化的关系，值得注意。其一说陈独秀很赞赏易卜生和尼采。陈从思想启蒙角度赞同易卜生所说少数人永远是对的，多数人永远是错的的观点；认为尼采的超人哲学的提出，是因为世界上没有超人，所以他要把人类提高到超人的地步。这些让我们从宏观上了解陈氏与西方文化的关系。其二所言大概与邓以蛰回忆的是同一时期，他说：

> 他（陈独秀）去到日本留学，是在辛亥革命以前。……在日本留学期间，他交往最熟的是章士钊、苏曼殊二人，他们三人住在一个贷家里（即几人合租一屋居住）。他说一人一个性格，他自己专攻西方民主学说，酷爱西方文学，尤其是浪漫派的作品，他对雨果的《悲惨世界》佩服得五体投地。他说他对欧洲文学名著都涉猎了一下，没有一篇能与《悲惨世界》匹比的。[22]

这些故事虽都发生在陈氏留日期间，仍可视之为其当初改译《惨世界》的文化背景。

雨果是位政治倾向鲜明的作家。据说，日本自由党总理板垣退助访问欧洲时询问雨果：怎样才能有效地把自由平等思想传播到民众中去？雨果答：应当让他们读我的小说。

雨果又是一个伟大的人道主义者，他长期关怀社会下层劳动人民的命运。在一首诗中写道：

> 我同情贫寒的人和劳动者。
> 对他们讲友爱，从思想深处。

怎样带动动荡不安的受折磨的群众，

给权利以更巩固的基础和更大的规模？

怎样减少人世间的痛苦？

饥饿，艰难的劳动，贫困和罪恶，

这种问题紧紧抓住了我。[23]

这首诗很好地表达了雨果创作《悲惨世界》的主旨。

《悲惨世界》原名《苦难的人们》。小说的主人公冉·阿让本是一个善良淳厚的工人，每天辛劳所得，不能养活他的姐姐和七个外甥。为了孩子，他偷了一个面包，被捕判罪，坐牢长达十九年之久，他在出狱后无家可归，到处漂泊。"孤零零，没有栖身之所，没有避风雨的地方"，"连狗也不如"。雨果就此质问道：人类社会是否有权利使穷人"永远陷入一种不是缺乏（工作的缺乏）就是过量（刑罚的过量）的苦海中呢？""分得财富最少的人也正是最需要照顾的人，而社会对于他们，恰又苛求最甚，这样是否合情理呢？"[24]

可以看出，打动陈独秀的正是雨果对下层人民及其悲惨命运的深切同情。近代中国，外有列强侵略，内有清政府压迫，人们的注意力自然易于集中到救亡和反清这两个问题上。但是，当时中国工人、农民都在生死线上挣扎，小生产者也面临破产的威胁。这些状况，长期受到先进知识分子的关注。陈氏对他们的生活和命运显然抱着与雨果一样的同情。书中，对金钱的咒骂显然反映出译者在上海洋场上的现实感受。这些，正是陈氏乐于翻译《悲惨世界》的原因。

四、陈独秀与雨果观念之异

《悲惨世界》是篇幅宏大的长篇巨制，为什么陈独秀只选译了其中的一小段呢？其主要的原因就在于：在改造社会的途径上，陈独秀与雨果有明显的不同。

雨果认为，应该用仁爱来替代压迫。因此，他集中全力，塑造了卞福汝主教和冉·阿让这两个理想化的人物。在雨果笔下，卞福汝是一个虔诚的基督徒，十全十美的救苦济贫的慈善家。雨果不惜以整整两卷篇幅来刻画他，赋予他崇高的人道主义思想，视之为改造社会的力量。正是他，教育并感化了冉·阿让。冉·阿让虽然原来善良纯朴，但社会的残害和法律的惩罚使他日益孤僻、凶狠，"逐渐成为一头猛兽"，"具有凶狠残暴的危害欲"。他出狱后走投无路，卞福汝主教热情招待了他，他却偷走了主教家里的银制餐具。在他被押解回来时，卞福汝像接待老朋友一样接待了他，不仅说明餐具是送给他的，而且还另送了他一对珍贵的银烛台。卞福汝的崇高行为使冉·阿让的灵魂震颤，受到感化，自此转恶向善，成为一个像卞福汝一样高尚的、充满人道主义精神的人。

雨果笔下的冉·阿让的后半生、他所兴办的工厂和慈善事业、他当市长的城市及其市民命运的改变，都是作家善良愿望的体现。雨果本人受过19世纪30至40年代法国空想社会主义的影响，《悲惨世界》以浪漫主义手法所透露出来的"光明"也是一种空想社会主义的乌托邦。

中国是个斗争传统很盛的国家，农民的暴动与起义史不绝书。在近代，国家、民族的灾难愈重，人民受到的压迫愈深，反抗、斗争的热情也就愈加高昂。当时，中国革命党人相信，只有革命才可以改变一切，也才可以得到一切。从《惨世界》看，陈氏追求的是，通过革命和战斗，建立财富公有的社会主义社会。自然，他们不会相信仁慈、博爱和慈善事业可以解决中国及其广大人民的问题，自然也就不会相信雨果对冉·阿让后半生的描写，删节不译是一种必然的选择。[25]

若作进一步考察，晚清乃中国历史上少有的大变动的时代，面对此国运飘摇风雨如晦的艰难局面，崛起了一大批救亡图存的仁人志士。诚如章太炎1906年12月在《民报》一周年纪念会上演说所云："以前的革命，俗称强盗结义；现在的革命，俗称秀才造反。"这批秀才受古代游侠精神的滋润、东邻武士道风之吹拂、法国大革命的启迪、俄国虚无党人之刺激，欲重铸国魂，不仅舞文弄墨，而且舞枪弄棒，以为所谓革命无非两途：一是暴动，一是暗杀。以致"尚侠轻生"，对"流血"的崇拜，对"牺牲"

的渴望,使得晚清志士们在解读游侠形象时容易将其刺客化——不只因其暗杀的手段,更因其必死的信念:在最后一击中体现(鉴赏)生命的辉煌,这一意象令时人深深陶醉。最著名的莫过于谭嗣同戊戌变法失败后的拒绝出走:"各国变法,无不从流血而成。今日中国未闻有因变法流血者,此国之所以不昌也。有之,请自嗣同始!"[26]这种烈士心态,在晚清志士中相当普遍。所谓"文明者购之以血","列国文明皆自流血购来"[27]这一说法,在近代为不少革命党人所接受。前清翰林出身的蔡元培,当为中国近代斯文的象征,然其1904年组织光复会,"本为暗杀计,然亦招罗暴动者",便是有组织有宗旨有计划的暗杀团。一时间,章士钊、杨笃生、张继等秀才都组织了暗杀团,欲刺杀顽固派的首领慈禧太后。[28]

陈独秀深受此风潮影响。他在《安徽俗话报》上先撰《东海兵魂灵》,再撰《中国兵魂录》,呼唤尚武精神。其早期诗章中亦充溢着这种尚武精神:"英雄第一伤心事,不赴沙场为国亡"(《哭汪希颜》)"男子立身唯一剑,不知事败与功成"(《题西乡南洲游猎图》)"宝剑莫弹知己泪,诸天终古美人愁"(《赠王徽伯东游》)。1904年10月间,陈又赴上海参加有章士钊、蔡元培在内的暗杀团,"天天从杨笃生、钟宪鬯试验炸药",蔡元培"也常常在试验室练习,聚谈"。[29]

陈独秀在《惨世界》中,以"狠辣的手段"去完成惊天动地事业的男德形象,所表现的拒绝雨果式空想社会主义的温和与改良,而追求激烈与彻底的社会革命的倾向,即源自于中国晚清这种特殊的文化背景。

此外,在对于卞福汝主教的态度上,陈独秀和雨果也有明显的不同。译稿最初在《国民日日报》上发表的时候,卞福汝主教被描写为虚伪做作的"贪和尚",后来陈独秀在定稿时部分恢复了雨果著作的原貌,但由于仓促马虎,还是保留了初稿的某些痕迹。

欧洲革命思想是生长于西方国家土壤中的文明之花,有自己独特的社会、时代环境和文化传统。中国近代知识分子在介绍欧洲革命思想时,面对的是中国的土壤、社会、时代环境和文化传统,加上社会功利主义和社会实用主义盛行,因而,有选择、有改变是必然的。只不过有的是无意的误译，有的是有意的曲译罢了。

陈氏晚年曾就翻译发表过高见："直译决非一字一扣，一句一摹，而是保住原著风格；意译亦非随心所欲，胡乱行文。外文与中文差别很大，风俗习惯亦不相同，能直译的当以直译为准则；不能直译的，就应辅以意译。我意直译意译相辅而成，决不应偏向一方，而违'信、达、雅'。"由此他认为："翻译这种工作，不是闹着玩的，首先要精通外文，本国文字也要通达。现在有些懂点 ABCD 的人，就大胆地搞起翻译来，真叫做荒谬绝伦，我认为严复对译书的要求'信、达、雅'三字，还应该遵守。信，就是忠实于原著；达，就是译文要通顺；雅，就是文字要力求优美。现在有人说这三个字不足为训，我说，非也。严译丛书，用古文体写的，青年人读不懂。但他是先读通原著，然后才从事重新创作，使之成为中文书，态度是严肃的，工夫是下得深的。当时在知识分子中，起了启蒙作用。"[30] 这些意见，今天看来仍相当中肯。可见陈氏是深通翻译准则的。他从这个准则出发，既反对林纾式的"意译"，也反对（或曰尤其反对）胡秋原式的"直译"——这往往是死译瞎译，叫读者如看天书，不知所云。然而陈氏青年时代翻译雨果《悲惨世界》时，一方面急于借助域外经典艺术地表达自己的革命主张，一方面又发现即使是域外经典也不足以直接表达自己的革命主张，因而是始而译，继而改，终而作，虽还打着译的旗号，实来不及去讲究什么信、达、雅，真是如之奈何。这恰真实地记载了晚清动荡时代革命志士的动荡心态。

五、碎身直蹈虎狼秦

男德形象也是世纪之初的陈独秀的理想化身。陈独秀是拒俄运动的急先锋，安徽爱国会的组织者，对法兰西文明情有独钟，在日留学时又接受了社会主义思潮的影响，男德形象也是陈独秀的自我写照。男德甚至是个有预言性质的形象，写完《惨社会》未久，陈独秀即在上海参加了暗杀团，1905 年 7 月还参与策划了吴樾狙击出洋五大臣事件。

吴樾（1878—1905），字梦霞，后改字孟侠，安徽桐城人，是个尚武轻生热衷暗杀的角色。他曾著《暗杀时代》，称"排满之道有二：一曰暗杀，二曰革命。暗杀是因，革命是果。……今日之时代，非革命之时代，实暗杀之时代也。"[31] 又有《敬告我同志》："夫至今日而言建设，言平和，殆亦畏死之美名词耳。"[32]

1905年7月恰逢清政府为缓和舆论，清除革命势力，令载泽、戴鸿慈、徐世昌、端方、绍英五大臣出洋考察，以为立宪准备。吴樾为揭穿伪立宪的骗局，曾"与赵声（伯先）、陈乾生（独秀）密计于芜湖科学图书社小楼上"，[33] 赵"与吴互争北上任务。吴问：'舍一生拼与艰难缔造，孰为易？'伯先曰：'自然是前者易，后者难。'吴曰：'然则，我为易，留其难以待君。'议遂定，临歧置酒，相与慷慨悲歌"，以壮其行。[34] 吴樾草拟了万言《意见书》，"誊清后交张啸岑一份，郑重嘱咐"张，他若有意外，"万一无法发表，便交湖南杨笃生先生，或者安庆陈仲甫先生"。[35]

9月25日，吴樾"手提小皮包，身穿蓝布长衫，头戴红缨帽子（工友服装）"，[36] 怀自制炸弹潜入正阳门火车站，迨专车即将启动时，一脚蹬上车厢，面对警卫盘问，仓促引爆，轰然一声，宛若春雷震惊全国，吴樾也壮烈牺牲。

陈独秀闻讯后，急忙以密语写信给张啸岑，问："北京店事，想是吴兄主持开张，关于吴兄一切，务速详告。"张氏则遵烈士遗嘱，将其"意见书原稿，回寄与陈"。[37] 1911年春，陈作《存殁六绝句》，内有诗句深切怀念吴樾烈士："孟侠龙眠有老亲……碎身直蹈虎狼秦。"[38] 辛亥革命后，陈又发起收集包括吴樾在内的九位皖籍烈士遗骸，合葬于安庆西门外平山头，有孙中山手书"皖江九烈士墓碑"。吴樾的革命精神与《惨世界》中男德一脉相通。

但到20世纪20年代,陈独秀才改变了对暴力尤其是暗杀的看法。他批评参加暗杀活动的人,"只看见个人,不看见社会与阶级……暗杀只是一种个人浪漫的奇迹,不是科学的革命运动,科学的革命运动必须是民众的阶级的社会的"。[39] 然而20世纪之初,陈独秀也免不了"个人浪漫"的色彩,并将这"个人浪漫"色彩融进男德形象之中。

六、黑天国中的惨故事

《黑天国》也是拒俄运动的产物。它借俄国的故事,表现作者反对专制统治的政治倾向。《黑天国》开卷即写道:

> 原来俄国也是一个专制政体,君主贵族,独揽国权,严刑苛税,虐待平民,国中志士如有心怀不服,反对朝廷的,便要身首异处,或者人犯众多,或者是罪证不确,无罪杀人,又恐怕外国人看了说闲话,便也一概发配到西伯利亚,充当极苦的矿工,受种种的严刑虐法,便是暗暗的置之死地,无论什么好汉,一到配所,便叫他呼天不应,插翅难飞。历年以来,那一班英雄好汉、文人学士、名姝闺秀,只因干冒宸严,一经发配到西伯利亚,便同活埋一般,能望生还的,千百人中难得一个。其余葬身绝域,饮恨千秋的至今也不知多少。因此各国人都称西伯利亚叫做"黑天国"。

小说塑造了反专制统治的义士荣豪。他在机布府太学读书时,因和反对政府的秘密党员有谋而被捕。被捕时当堂查验,并没有实在犯罪的证据,只因他与发配到欧克婆的诗人唐美图父女相识,就被定为"同党",而发配到了那黑天国。荣豪虽是一介书生,也有如男德一般的侠胆义心。他刚到黑天国被巡丁将刺面的硫酸滴进嘴中,他狂叫不止,大骂巡丁是"畜生"。在矿井中,为反抗虐待,他挥拳痛打巡警。在矿井里他被折磨得"力倦神昏,翻筋斗倒在地上,足足的死了半句钟",一醒来就对着众囚犯慷慨陈词,说:"诸君,你看我们俄国,容留这种大逆不道的君主,设了种种酷刑,定了种种苛税,把全国的好同胞都害的衣食不周,身家不保,他只管躲在皇宫里快乐。这还不足,还要在西伯利亚设些这样的害人坑,将全国中反对他的人一网打尽,天生我俄罗斯人,怎么活该要遭在这昏君手里呢?"将斗争的矛头直指专制制度的罪魁祸首——大逆不道的君主,与男德如出一辙。如同男德有个情人孔美丽,荣豪也有个"生得天仙一般的情人"——诗人唐美图的女儿能智姑娘。在发配地,能智"只是每日没早没晚,口中不断地说什么荣豪,荣豪"。在未能得知能智姑娘消息之前,荣豪自觉难脱苦界,于是几次寻机自杀。一旦打听到能智姑娘的消息,并有机会与她在"黑天国"里相逢时,荣豪"自觉哭也不是,笑也不是,狂欲起舞也不是"。能智姑娘无疑是荣豪的灵魂与生命所系。

陈独秀本欲在黑天国"种种可恨可叹可哭可惨事"中,单拣荣豪与能智的恋情这"一件极痛快极有情致的趣事"来写一部小说,可是他刚写荣豪与能智相见、唐美图逝世就戛然而止,留下个永远的删节号。

七、小说形式:在传统与变革之间

陈独秀在小说中,尤其是在《惨社会》中所表达的思想见解,不仅对于当时被封建专制统治禁锢的中国知识分子,即使对当时风行的政治小说与谴责小说来说,也是别开生面的。有趣的是,载运这"新意境"的,却是那"旧小说之体裁"。

何谓"旧小说之体裁"?这就是中国古代白话长篇小说的特定格式——章回体。中国章回小说源自宋元"说话"艺术,说话艺术是直接面向听众的艺术。为吸引听众,说话艺人往往在故事情节发展到节骨眼儿上时打住,作一段落。这也是明清时代章回小说分章分回的原则。由于每章每回都是在悬念中结束,因而每章每回都有"欲知后事如何,且听下回分解"之类结语。看似千篇一律,实则有力地逗引读者往下看。当说话艺术的产物——话本小说每一段落不规则的标题,演化为章回小说的回目;当章回小说的回目由单句演化为双句，再演化为整齐的对偶句，就宣告中国章回小说的艺术形式已定型化了。[40]

梁启超鼓吹小说界革命，是针对其思想内容而言，而对中国小说的艺术形式虽略有变革，却是基本继承的。如他的《新中国未来记》采用的就是章回体。旧瓶装新酒，斯之谓也。陈独秀的《惨世界》《黑天国》正是接受了章回体这一"旧体裁"。它也采用了分回标目的办法，回目也是用标准的对偶句。如《惨世界》第七回：无赖村逼出无赖汉，面包铺失了面包案；第九回：忍奇辱红颜薄命，刺民贼侠剑无情。《黑天国》第一回：犯朝纲身陷黑天国，受奇辱拳击巡警官；第二回：惊奇遇众犯问根由，愤穷途荣豪寻短见。每一回的分割原则，也与古代章回小说无差异，总要在故事情节发展的高潮中打住，制造悬念，结语虽不尽是"欲知后事如何，且听下回分解"，也只是稍有变通，如《惨世界》第八回为："欲知道男德性命如何，下回就知道了"，与传统章回小说之模式无根本变异。

陈独秀熟悉中国古代章回小说的艺术技法，并在小说创作中有着熟练的运用。如以谐音为人物或地方命名，在《金瓶梅》《红楼梦》等名著中就比比皆是。《金瓶梅》中应伯爵就是"应白嚼"，谢希代就是"谢携带"。《红楼梦》中元、迎、探、惜四小姐连起来就是"原应叹息"；贾雨村就是"假语村言"，甄士隐就是"真事隐去"。"原应叹息"传递的是一种挽歌情绪，"假语村言"云云言的是一种创作原则。陈独秀在《惨世界》中将其主人公命名为姓明名白字男德，谐"难得明白"——因男德所触及的都是事关民族命运这些"难得明白"的大问题；而贪官被命名满周苟，谐"满洲狗"，财主命名为范桶谐"饭桶"，财主之友为吴齿小人即"无耻小人"。与《红楼梦》相比，则少一份韵味多一份外露，表现出陈独秀急于通过人物命名来传达自己的思想情绪，而无暇顾及它的艺术性。在这点上，他与同时代的谴责小说作者的创作心态几乎相似。

在叙事方法上，陈独秀的小说也同古代章回小说一样，是作者全知全能的视点与小说人物的内视点交错并行。全知全能的视点是以第三人称评述的模式为主要叙述形式，即作者以凌驾一切的角度与眼光去交代并评论人物事件，"他总是把每个人物的一切和盘托出,一泻无余",[41]即使如此还唯恐读者不了解作者的倾向,于是常常以"看官听说"的话头来提醒读者注意听取他的评说。陈独秀的两部小说都用的是第三人称叙事,如《惨世界》第九回写道:"忽然又见一个大汉,双手举起一根大铁棍,叫声李九道:'你看我送他归天。'说着,就用力正对着男德当头劈下。男德大吃一惊醒来,才知道是南柯一梦。"这对梦境的描写,显然是全知全能的叙事角度。《黑天国》第二回写荣豪想到矿洞内寻自尽时忽闻背后有人喊他,"荣豪回头看时,吃了一惊。看官你道来者是谁,此番荣豪凶吉如何?且待下回分解"。其间"看官你道"云云,显然是"看官听说"话头的变格。内视点则是把叙事的任务交给小说中的人物,透过小说人物的眼睛去看世界。《惨世界》第九回写男德与孔美丽见面的场面,即是运用内视点叙事,男德"忽然又听得楼梯上面,好像有皮鞋子走着的声音,男德心里正在那里胡思不定。不多一会,就瞥面看见一个妙龄女子,手里拿着一枝白蜡烛,一直向着男德面前走来"。

陈独秀之所以选中"旧小说之体裁"作为其"新意境"的载体,也如梁启超是看到了章回体有其独到的妙处:为群众所喜闻乐见,"有不可思议之力支配人道"。[42]其实每次变革骤至之际,人们总是借助旧形式来传递新思想,从20世纪之初的革命小说到20世纪之末的天安门诗抄,概莫例外。

陈独秀的小说创作虽基本采用了中国传统说部的艺术形态与方法,却并不能说明"新小说之意境"与"旧小说之体裁"可以完全相安无事。中国古典小说多以动传神,即以人物的行为去表现其心理与性格。陈独秀在《惨世界》急于借人物之口表达自己的政治观点,所以让男德动辄与人作长篇的对话。男德的对话虽不完全符合故事情节的需要,终表现了陈独秀对中国古典小说以动传神传统的超逸。

在《黑天国》中,陈独秀引进了西方小说的静态描写与倒叙手法。如第一回以较大篇幅静态地描写了黑天国的由来,与中国章回小说以人物带出环境而不对环境作静态描写的方法迥然有别。中国章回小说在时间上多是单向性的,即讲个有头有尾的故事。《黑天国》则先写荣豪在黑天国反虐待的场面,再倒叙他的遭遇;先让荣豪无意中露出能智女郎的照片，然后再补叙她与荣豪的情缘。这些都表现了陈独秀追求新小说之意境，而对旧小说之体裁所作的种种革新。

陈独秀的两部小说，《黑天国》的艺术创造有长足发展的兆头。《惨世界》的情节较松散，而《黑天国》从已写的故事表明，它将以荣豪与能智这一对情人在黑天国中的"极痛快极有情致的趣事"为线索，去构造这部作品，相对而言其故事会更集中更曲折更动人。《惨世界》的文字较粗糙，而《黑天国》则细腻生动些，如第四回写荣豪与能智相见：

> 这时，星光满天，冷露湿地，荣豪举目一看，只见荒村中破屋数间，四邻萧条，不闻人声，纸窗中隐隐透出豆大的灯光。荣豪立在门外，伤感了一会，用手敲门，忽闻内有一女郎应声而出，破门双开，只见能智姑娘穿身宽大的破衫，腰束兽皮的腰带，俨然是西伯利亚农户人家的装饰。荣豪低声问道："姑娘不认识我了么？"能智姑娘开门时，初见荣豪，当是生人，不觉惊（讶）而后退数步，既而听得荣豪的说话，音声倒很熟，仔细观（察）荣豪的面貌，不觉面发笑容，目含香泪道："荣郎……"方唤荣郎，喉中已咽住不能说出一字，只将双双玉腕，紧紧抱住荣豪，相对而泣。

俨然展现一幅"夜阑更秉烛，相对如梦寐"[43]似的图画。绘声绘色，相当感人。这类精彩片断，在《惨世界》那粗线条勾勒的篇章中是很难找到的。

在中国近代小说史上，革命小说兴起于1902年，谴责小说兴起于1903年。陈独秀的小说创作紧步两者之芳踪，而有所发展。他的小说虽也是思想大于形象，但其思想胜于谴责小说（谴责小说多有谴责而少有理想），而形象胜于革命小说（梁启超《新中国未来记》只有思想而几乎没有形象）。陈独秀在《安徽俗话报的章程》第八门小说中说："无非说些人情世故、佳人才子、英雄好汉，大家请看包管比水浒、红楼、西厢、封神、七侠五义、再生缘、天雨花还要有趣哩。"[44]其志可嘉。可惜陈独秀小说创作的好花尚未到半开时，甚至只苞蕾初结就打住了。即使如此，那初结的苞蕾，仍在中国近代小说史上透露出一缕明媚的春光。

尤其重要的是，陈独秀的两部小说都以如同《安徽俗话报》没有"满纸的之乎也者矣焉哉字眼"，而是"用最浅近最好懂的俗话"写成，[45] 远较创造"新文体"的梁启超来得彻底，正是这良好的白话训练与如"不羁之马，奋力驰去，不峻之坂弗上，回头之草不啮"[46] 的前进雄姿，决定了陈独秀走向以白话为正宗，以白话小说为教本的新文化运动，并成为其实际的精神领袖。

· 注释 ·

[1] 柳亚子：《记陈仲甫先生关于苏曼殊的谈话》，见《苏曼殊年谱及其它》；又《柳亚子文集·苏曼殊研究》，上海人民出版社1987年版。

[2] 柳无忌：《苏曼殊及其友人》，见柳亚子编《苏曼殊全集》第5册，北新书局1928年12月版。

[3] 柳无忌：《苏曼殊及其友人》，见柳亚子编《苏曼殊全集》第5册。

[4] 柳无忌：《苏曼殊及其友人》，见柳亚子编《苏曼殊全集》第5册。

[5] 钱基博：《现代中国文学史》(1930年)。

[6] 柳亚子：《记陈仲甫先生关于苏曼殊的谈话》，见《苏曼殊年谱及其它》第284页。

[7] 柳亚子：《惨社会与惨世界》，见柳亚子编《苏曼殊全集》第4册第422—423页。

[8] 烂柯山人(章士钊)：《双枰记》，《甲寅杂志》第1卷第4号。

[9] 章士钊：《孤黄帝魂》，《辛亥革命回忆录》(一)第22页，中华书局1961年10月版。

[10] 孤桐(章士钊)：《吴敬恒—梁启超—陈独秀》，《甲寅周刊》第1卷第30号，1926年1月30日。

[11] 《惨世界·编后记》，见柳亚子编《苏曼殊全集》第二册。

[12] 梁启超之《新中国未来记》，胡适之《真如岛》《白话文学史》《中国哲学史大纲》等著作皆为"半部书"。

[13] 《新小说·第一号》，《新民丛报》第20号，1902年。

[14] 梁启超：《论小说与群治之关系》，《新小说》1902

年创刊号。

[15] 新小说报社:《中国唯一之文学报〈新小说〉》,《新民丛报》第 14 号, 1902 年 7 月 15 日。

[16] 濮清泉:《我所知道的陈独秀》,《文史资料选辑》第 71 辑。

[17] 杨天石:《苏、陈译本〈惨世界〉与近代中国早期的社会主义思潮》,《中国社会科学院研究生院学报》1995 年第 6 期。

[18] 杨鸿烈:《苏曼殊传》,《晨报副刊》1923 年 11 月 28 日。

[19] 邓以蛰:《癸酉行笥杂记》。

[20] 陈独秀:《曼上人作葬花图赠以蛰君为题一绝》,任建树等编《陈独秀诗集》第 51 页,时代文艺出版社 1995 年 4 月版。

[21] 濮清泉在《我所知道的陈独秀》中说:陈独秀母亲"娘家姓查,和我母亲是堂姊妹,他母亲比我母亲大二十余岁,故名是一辈,从年龄上说是两辈人。陈独秀和我名义上是老表,而他大我二十六岁,外婆家教我以长辈看待他,事实上我的确把他尊为长辈,五四运动时期,我几乎把他看作'神圣',视作'哲人',当时全国青年也是如此。"

[22] 濮清泉:《我所知道的陈独秀》。

[23] 安德烈·莫洛阿:《雨果传》第 564 页,湖南人民出版社 1983 年版。

[24] 参见李丹译雨果《悲惨世界》第 1 部第 2 卷第 87、111 页,人民文学出版社 1978 年版。

[25] 杨天石:《苏、陈译本〈惨世界〉与近代中国早期的社会主义思潮》,《中国社会科学院研究生院学报》1995 年第 6 期。

[26] 蔡尚思等编:《谭嗣同全集》第 546 页,(北京)中华书局 1981 年版。

[27] 梁启超:《新中国未来》;杨笃生:《湖南之湖南人》等。

[28] 陈平原:《中国现代学术之建立》第七章《晚清志士的游侠心态》。

[29] 任建树:《陈独秀大传》第 69 页,上海人民出版社 1999 年 5 月版。

[30] 濮清泉:《我所知道的陈独秀》。

[31]《吴樾遗事》,《民报》"临时增刊"《天讨》, 1907 年

4月。

[32]《吴樾遗事》。

[33] 孙传瑗:《安徽革命纪略补遗》文末《编者白》,《学风月刊》第4卷第6期,1934年7月1日。

[34] 赵启录:《赵声革命事迹》,《辛亥革命回忆录》(四)第298页,中华书局1961年10月版。

[35] 张啸岑:《吴樾烈士事迹》,《安徽史学通讯》1957年第2期。

[36] 张啸岑:《吴樾烈士事迹》。

[37] 张啸岑:《吴樾烈士事迹》。

[38] 陈独秀:《存殁六绝句》,任建树等编《陈独秀诗集》第122页,时代文艺出版社1995年4月版。

[39] 陈独秀:《论暗杀、暴动及不合作》,《向导》周报第18期,1923年1月31日;又见任建树等编《陈独秀著作选》第2卷,上海人民出版社1993年3月版。

[40] 参见拙著《性格的命运——中国古典小说审美论》第18章"被开拓的小说世界"。

[41] 乔纳森·雷班:《现代小说写作技巧》,见《外国文学》1982年2月。

[42] 梁启超:《论小说与群治之关系》,《新小说》1902年创刊号。

[43] 杜甫:《羌村三首》其一。

[44] 三爱(陈独秀):《安徽俗话报的章程》,《安徽俗话报》第1期,1904年3月31日。

[45] 三爱(陈独秀):《开办安徽俗话报的缘故》,《安徽俗话报》第1期,1904年3月31日。

[46] 孤桐(章士钊):《吴敬恒—梁启超—陈独秀》,《甲寅周刊》第1卷第30号,1926年1月30日。

第三章

笔底寒潮撼星斗——陈独秀与中国新诗

「尝试成功自古无」！
放翁这话未必是。
我今为下一转语：
自古成功在尝试。

此本为中国文学史上第一部白话诗集——胡适《尝试集》之序篇中句，何以移来作为"陈独秀与中国新诗"的引言？个中缘由，且听我慢慢分解。

一、《新青年》：中国新诗的圣地

一部文学史，实则是一部艺术形式的发展史，也是一部艺术形式的新陈代谢史。中国学界则早有"一代有一代之文学"的命题。元明以降，文学代变之迹尤为彰然，它就几乎成了人人能言的常谈。然将常谈变成学理阐述的是近代王国维。王氏在《宋元戏曲考·序》中明确张扬此说："凡一代有一代之文学：楚之骚，汉之赋，六代之骈语，唐之诗，宋之词，元之曲，皆所谓一代之文学，而后世莫能继焉者也。"[1] 在《人间词话》中，他则更详明地阐释了文学艺术形式兴替的内在规律，他说：

> 四言敝而有楚辞，楚辞敝而有五言，五言敝而有七言，古诗敝而有律绝，律绝敝而有词。盖文体通行既久，染指遂多，自成陈套。豪杰之士，亦难于中自出新意，故往往遁而作他体，以发表其思想感情。一切文体所以始盛终衰者皆由于此。故谓文学今不如古，余不敢信。但就一体论，则此说无以易也。[2]

此前唯黄遵宪所倡诗界革命"吾手写吾口，古岂能拘牵"云云，将"一代有一代之文学"之观念逼到了"崇白话而废文言"的改革边缘。此后，以明确的进化论观念，将"一代有一代之文学"之口号,演成活生生的"文学革命"运动,则是陈独秀、胡适等五四新文学运动的先驱人物。王国维在理念上与黄、陈有相通处,而黄、陈之实践能力皆为王国维所不及的。

作为新的"一代之文学"的构成,不在黄遵宪时代,而在陈独秀时代。朱自清在《中国新文学大系·诗集》导言中说:"清末夏曾佑、谭嗣同诸人已有'诗界革命'的志愿,他们所作新诗却不过捡些新名词以自表异。只有黄遵宪走得远些,他一面主张用俗话作诗——所谓'我手写我口'——一面试用新思想和新材料——所谓'古人未有之物,未辟之境'——人诗。这回'革命'虽然失败了,但对于民七的新诗运动,在观念上,不在方法上,却给予很大的影响。"[3] 而"白话文学,将为中国文学之正宗",就在陈独秀、胡适等人手中变为开天辟地的现实。五四时期的白话文学运动,首当其冲的又是白话诗的尝试成功。

今人多知五四时期白话诗的最早的尝试者为胡适,却未必知道陈独秀亦为白话诗的有力倡导者、写作者,更重要的是他所主编的《新青年》杂志,实为中国白话诗最早的试验园地。没有这块理想的园地,就很难有中国新诗的迅速的尝试成功。

陈独秀1917年2月于《新青年》第二卷第六号上发表了作为新文学运动宣言的《文学革命论》。同期还发表了胡适的《白话诗八首》(《朋友》《赠朱经农》《他》《江上》《孔丘》《月》三首),展示了文学革命的最初实绩。同年6月,为使人们"以观白话之是否可为韵文之利器",以期都来尝试白话新诗,《新青年》第三卷第四号又发表了胡适的《白话词》四首(《采桑子·江上雪》《生查子》《沁园春·生日自寿》《沁园春·新俄万岁》)。刘半农、钱玄同也倡和制造新韵、增多诗体,以白话写出真诗。

1918年1月,《新青年》在其全面改用白话的第四卷第一号上,刊出白话新诗九首,其中有胡适的《鸽子》《一念》《景不徙》《人力车夫》等四首,沈尹默的《鸽子》《人力车夫》和《月夜》等三首,刘半农的《相隔一层纸》《题女儿小惠周岁日造像》等两首,从而宣告中国现代诗歌的正式诞生。

1919年5月4日,北京爆发了五四爱国运动,白话新诗也焕然一新。当时有上百种白话报刊,争相刊登白话新诗,涌现出不少新诗佳作。但作为新诗的主要阵地,并领导着新诗潮流的仍然是《新青年》。据朱光灿《中国现代诗歌史》统计,[4]《新青年》自第六卷第五期到第八卷第四期所刊白话新诗、译诗和诗歌论文有:

第六卷第五期(1919年5月),诗:《一颗星儿》(胡适),《送任叔永回四川》(胡适),《鸟》(陈衡哲),《散伍归来的"吉普色"》(陈衡哲)。诗论:《我为什么要做白话诗》(胡适)。

第六卷第六期(1919年11月),诗:《D——!》(刘半农),《威权》(胡适),《吃人与礼教》(吴虞),《他们的天平》(刘半农),《欢迎独秀出狱》(李大钊),《乐观》(胡适),《小妹》(沈尹默),《有趣和怕》(沈兼士),《春花》(沈兼士),《画家》(周作人),《东京炮兵工厂同盟罢工》(周作人),《寄生》(沈兼士),《烟》(刘半农)。

第七卷第一期(1919年12月),译诗:《路旁》(任鸿隽译)。

第七卷第二期(1920年1月),诗:《答半农的〈D——!〉诗》(独秀),《冬天晚上》(陈子诚),《爱与憎》(周作人),《白杨树》(沈尹默),《小湖》(刘半农),《桂》(刘半农),《秋》(沈尹默),《草里的石头和赝》(俞平伯),《一个睡着过渡的人》(兼士),《一九一八旧历中秋夜热海泛舟看月》(庵),《瓦匠底孩子》(庵)。

第七卷第三期(1920年2月),译诗:《诱惑》(周作人),《黄昏》(周作人)。

第七卷第五期(1920年4月),诗:《敲冰》(刘半农),《树与石》(陈建雷),《快起来》(陈绵)。

第八卷第一期(1920年9月),诗:《一个农夫》(双明),《泥菩萨》(双明),《紫踯躅花之侧》(康白情),《唐山纪游》(康白情),《斗虎五解》(康白情)。

第八卷第二期(1920年10月),诗:《追悼许怡荪》(胡适),《牧羊儿的悲欢》(刘复),《地中海》(刘复),《登香港太平山》(刘复)。

第八卷第三期(1920年11月),诗:《题在绍兴柯岩照的照片》(俞平伯),《绍兴西部门的半夜》(俞平伯),《送缉斋》(俞平伯),《〈尝试集〉集外诗五首》(胡适)。译诗:周作人杂译诗23首。

第八卷第四期(1920年12月),诗:《秋夜》(玄庐),《失眠》(玄庐),《儿歌》(周作人）,《秋风》（周作人）。诗论：《做诗的一点经验》（俞平伯）。

同时期，在《新青年》影响下，《新潮》《少年中国》《星期评论》《学灯》等刊物也发表了一些新诗。尔后新诗的重镇——文学研究会、创造社以及他们创办的刊物《小说月报》《文学旬刊》《创造》季刊、《创造周报》《创造日》等，走上历史舞台进行精彩表演，则是1921年以后的事。到此时，《新青年》阵营中的尝试派诗人——胡适的《尝试集》已结集出版，从而宣告白话新诗的正式成立，尽管反对之声未绝。

简略勾勒一下中国新诗最初的历史，就不难看出陈独秀及其《新青年》在中国新诗诞生期的重要历史作用。中国新诗的产生，既是中国诗歌发展的历史必然，也是西风东渐的时代产儿，更是五四文化新人大胆尝试的辉煌成果。其间陈独秀作为五四新文化的总设计师，所创造的文化革命之氛围与新文学尝试园地，实在有着不可磨灭的功勋。从这个意义上讲，《新青年》实为中国新诗的圣地。

二、陈独秀：中国新诗的早期尝试者

陈独秀在五四时代不仅为中国新诗创造了理想的尝试园地，他自己也较早地尝试着新诗的创作。

中国新诗早期尝试阶段大抵经历了"从旧式诗词、曲里脱胎出来"到"欧化"的历史。[5]因而早期之新诗多为"词化了的新诗"，"曲化了的新诗"。直到被胡适评为"新诗中的第一首杰作"——周作人的《小河》出现，才以"欧化"道路彻底抛弃旧诗词格律的镣铐，而追求自然美的节奏。[6]胡适自己的《尝试集》虽在美国意象派诗歌的影响下力求把"诗的散文化"与"诗的白话化"统一起来，以获得"诗体的大解放"，被称为"胡适之体"，但其中"真白话的新诗"为数并不多。因此人们称《尝试集》为"沟通新旧两个艺术时代的桥梁"。陈子展早就说："其实《尝试集》的真价值，不在建立新诗的轨范，不在与人以陶醉于其欣赏的快感，而在与人以放胆创造的勇气。"[7]

了解新诗的尝试历程与大致水平，再来看陈独秀早期的新诗尝试，就不难看出其特殊意义了。早在 1904 年 3 月 31 日，陈独秀就在《安徽俗话报的章程》第九门诗词中明确提倡"找些有趣的诗歌词曲，大家看得高兴起来，拿着琵琶弦子唱唱，倒比《十杯酒》《麻城歌》《鲜花调》《梳妆台》好听多了"，即能看能唱的通俗诗词歌曲，并以"三爱"之名在他创办的《安徽俗话报》（第一期）上，发表了一首《醉江东·愤时俗也》：

　　眼见得几千年故国将亡，

　　四万万同胞坐困。

　　乐的是，自了汉；

　　苦的是，有心人。

　　好长江各国要瓜分，

　　怎耐你保国休谈，

　　惜钱如命。

　　拍马屁，手段高，

　　办公事，天良尽。

　　怕不怕他们洋人逞洋势，

　　恨只恨我们家鬼害家神。

　　安排着洋兵到，

　　干爹奉承，

　　奴才本性。

　　这显然不是一首规范的散曲，倒是一首曲化了的白话诗。以明白如话的诗句，揭示在外国侵略势力面前中国国民的奴性只会给国家带来不可抗拒的灾难；这对启迪民智，促人奋进，有着不可忽视的作用。

　　陈独秀的新诗创作从词化、曲化、歌谣化走向欧化，当以 1918 年除夕所创作的《丁巳除夕歌》（一名《他与我》）为标志：

　　古往今来忽有我，

　　岁岁年年都遇见他；

明年我已四十岁，

他的年纪不知是几何？

我是谁？

人人是我都非我；

他是谁？

人人见他不识他。

他何为？

令人痛苦令人乐；

我何为？

拿笔方作除夕歌。

除夕歌，歌除夕，

几人嬉笑几人泣：

……

人生是梦，

日月如梭。

我有千言万语说不出，

十年不作除夕歌。

世界之大大如斗，

装满悲欢装不了他。

万人如海北京城，

谁知道有人愁似我？

  这是陈独秀倡导文学革命后的第一首白话诗，是其文学革命理论的第一次诗歌创作实践：建设平易的抒情的国民文学，建设新鲜的立诚的写实文学，建设明了的通俗的社会文学。这首不能说是陈独秀三大建设方针的全面实践，至少可以说是其第一项建设方针的可贵尝试。诗以类似存在主义的哲理性的问答（当然其本质还是东方的玄

丁巳除夕歌

"一名《他与我》"

古往今来忽有我。

岁岁年年都遇他。

明年我已四十岁。

他的年纪不知是几何？

我是谁？

人人都是我都非我。

陈独秀诗作《丁巳除夕歌》手迹

学），别开生面地引入对"令人痛苦令人乐"的除夕的思索，继而以鲜明的对比形象地展示除夕之夜是"几人嬉笑几人泣"的残酷现实，表现了对"满地干戈血肉飞，孤儿寡妇无人恤"的社会问题的深切关注。

这首诗是与沈尹默、胡适、刘半农的同题诗，一起发表在1918年3月15日出版的《新青年》第四卷第三号上。颇为新鲜，一时传为佳话。《新青年》以同题诗的方式发表新诗，既是展示新诗的实力，也是给新诗人一个共同促进诗艺的机会。此前有1918年1月15日出版的第四卷第一期发表的胡适、沈尹默同题诗《人力车夫》；此后1919年6月11日到9月6日，为陈独秀被捕与出狱，胡适、李大钊、刘半农等所写诗作，以及陈独秀的答诗，虽不同题，但为同一题材，亦可视为此类，而且其震撼力更大。

三、陈独秀被捕所激起的新诗潮

五四时期，陈独秀之被捕与营救过程，是五四运动的重要组成部分；五四新文化人围绕这一事件所作一组新诗，则是五四新文学运动中的辉煌成果。其中陈独秀1919年11月5日所作的《答半农的〈D——！〉诗》意义尤为独特。

五四运动爆发后不久，陈独秀在沪上的好友料他"在京必多危险，函电促其南下"，他却愤然回答："我脑筋惨痛已极，极盼政府早日捉我下监处死，不欲生存于此恶浊之社会也。"[8] 目睹"五四"、"六三"多批学生被捕，6月8日他在《每周评论》（第二十五号）上发表了名文《研究室与监狱》：

> 世界文明发源地有二：一是科学研究室，一是监狱。我们青年要立志出了研究室就入监狱，出了监狱就入研究室，这才是人生最高尚优美的生活。
>
> 从这两处发生的文明，才是真文明，才是有生命有价值的文明。

这篇不满百字的短文，不仅是陈独秀人生最壮美的诗篇，也是整个五四时代壮怀激越的诗的号角。就在这篇随感录发表后的第三天——1919年6月11日，陈独秀在北京新世界屋顶花园以最为惊心动魄的行为实践了他的壮美诗篇。那天晚上，四十一岁的陈独秀独立高楼风满袖,向下层露台上看电影的群众散发鼓吹以"直接行动,以图根本之改造"的"平民征服政府"的纲领——《北京市民宣言》[9]。这是中国文化史上空前绝后的举动,以后爱惜羽毛的教授们是不敢也不能效尤的。试想一位最高学府的文科学长,头戴白帽,身穿西装,本当道貌岸然,文质彬彬。陈独秀的行为,太出格了;这却为他留下一个永恒的富有诗意的历史造型:高屋建瓴,站在时代的制高点上振臂一呼。

入狱之后,陈独秀的痛苦很快牵动了国人的心。中国第一次出现这样壮观的场面:历代文字狱、迫害、杀头,都由知识者自身与受株连者承担,而与大众无关;这一次,知识者与大众息息相关,迅速酿成了震荡全国的启蒙运动。李辛白在 7 月 13 日的《每周评论》上发表短诗《怀陈独秀》:"依他们的主张,我们小百姓痛苦。/ 依你的主张,他们痛苦。/ 他们不愿意痛苦,所以你痛苦。/ 你痛苦,是替我们痛苦。"这首小诗传递了一个历史的信息:现代中国知识分子如何定位?诗中人称的转换已微妙地说明了知识者的位置:他——他们——我们,痛苦是"你"必须承担的。

围绕陈氏被捕事件的新诗创作,不仅是新诗诗艺的一次大检阅,更是新诗第一次自觉为启蒙运动呼风唤雨。以新诗声援蒙难的陈独秀,反应最敏捷的是胡适,他在 6 月 11 日当夜就写下了《威权》一诗,诗下有注云:"是夜陈独秀在北京被捕;半夜后,某报馆电话来,说日本东京有大罢工举动。"诗有三节:

"威权"坐在山顶上,

指挥一班铁索锁着的奴隶替他开矿。

他说:"你们谁敢倔强?

我要把你们怎么样就怎么样!"

奴隶们做了一万年的工,

头颈上的铁索渐渐的磨断了。

他们说:"等到铁索断时,

我们要造反了!"

奴隶们同心合力,

一锄一锄的掘到山脚底。

山脚底挖空了,

"威权"倒撞下来,活活的跌死!

此时的胡适受五四风潮与陈独秀的感染,放怀高歌:觉醒了的奴隶们,一锄一锄地挖空山脚,让高高在上的专横的"威权"——奴隶主"活活的跌死"。在胡适心目中,陈独秀是那"做了一万年的工"的奴隶中第一个觉醒的奴隶,有他振臂一呼,才有奴隶们同心合力的造反大潮在中国兴起。此时的胡适还写过称颂《每周评论》的新诗《乐观》,以及盛赞陈独秀人格的随感录《研究室与监狱》《爱情与痛苦》等。

1919年9月16日下午四时,被关押九十八天的陈独秀终于获释。为欢迎陈独秀出狱,《新青年》第六卷第六号(1919年11月11日出版)发表了刘半农、胡适、李大钊和沈尹默所写的白话诗。

李大钊《欢迎陈独秀出狱》三首,仅录其(二)云:

你今出狱了,

我们很欢喜!

相别才有几十日,

这里有了许多更易:

从前我们的"只眼"忽然丧失,

我们的报便缺了光明,减了价值;

如今"只眼"的光明复启,

却不见了你和我们手创的报纸![10]

可是你不必感慨,不必叹息,

我们现在有了很多的化身,同时奋起:

好象花草的种子,

·李大钊

被风吹散在遍地。

这里既有对陈独秀大无畏革命精神的礼赞,也有对春风化雨般局势的展望,更有对陈氏"研究室、监狱／出、入"说的新解:他们都入了监狱,监狱便成了研究室。字里行间洋溢着一股青春朝气,堪称新诗史上之佳作。

刘半农的诗也大气磅礴,洋洋洒洒;诗与题都格外欧化,其题为《D——!》,[11]本诗很长,仅录一段。诗云:

朋友!

"上帝说,'要有光',就有了光,"

这种荒唐话,谁要他遗留在世上?

你们听我说:

要有光,应该自己做工,自己造光——

要造太阳的光,不要造萤火的光。

要知道怎样的造光,且看我的朋友。

D——!

他造光的方法是怎样?

D——!

我不向你多说话了;

若要说下去,便是千言万语也说不清。

你现在牺牲着,我就请你定着心牺牲;

并且唱一章"牺牲的赞歌"给你听:——

牺牲的神!牺牲的神!

你是救济人类的福星!

奋斗与你结合着,

才能造成我们的人生,

超度我们的灵魂!

我们天天奋斗——

奋斗胜了,一壁得幸福,一壁是牺牲了体力精神;

不幸败了,牺牲了幸福,还保存了我们人格上的光明。

无论怎样,总得牺牲。

牺牲的神!牺牲的神!我不拜耶稣经上的"神",不拜古印度人的"晨",

只在黑夜中远远的仰望着你,

笑弥弥,亮晶晶!

亚门!

刘半农的诗不仅形象地阐释了陈独秀精神——"不惜自我牺牲,为人类造光","要造太阳的光,不要造萤火的光",更表达了五四新文化人对陈独秀的崇高敬意。"我不拜耶稣经上的'神',不拜古印度人的'晨',只在黑夜中远远的仰望着你,笑弥弥,亮晶晶!亚门!"可见陈独秀作为五四时代的精神领袖,其地位是何等崇高,其魅力是何等感人。[12]

四、《答半农的〈D——!〉诗》与纷纭的解说

陈独秀的《答半农的〈D——!〉诗》,所答的不仅仅是刘半农,也不仅仅是《新青年》同人,而是关心、支持他的社会各界,所以一出口就不同凡响。请看:

不知什么是我?不知什么是你?

到底谁是半农?忘记了谁是D?

什么顷间,什么八十多天,什么八十多年,都不是时间上重大问题。

什么生死,什么别离,什么出禁与自由空气,什么地狱与优待室,

什么好身手,什么残废的躯体,都不是空间上重大问题。

重大问题是什么?

仿佛过去的人，现在的人，未来的人，近边的人，远方的人，都同时说道：在永续不断的时间中，永续常住的空间中，一点一点画上创造的痕迹；在这些痕迹中，可以指出那是我，那是你，什么是半农，什么是D。

弟兄们！姊妹们！
那里有什么威权？不过几个顽皮的小弟兄弄把戏。
他们一旦成了人，自然会明白，自然向他们戏弄过的人赔礼。
那时我们答道：好兄弟，这算什么，何必客气！
他们虽然糊涂，我们又何尝彻底！
当真彻底地人，只看见可怜的弟兄，不看见可恨的仇敌。
提枪杀害弟兄的弟兄，自然大家恨他；
懒惰依靠弟兄的弟兄，自然大家怨他；
抱着祖宗牌向黑暗方面走的弟兄，自然大家气他；
损人利己还要说假话的弟兄，自然大家骂他；
奉劝心地明白的姊妹弟兄们，不要恨他、怨他、气他、骂他；
只要倾出满腔同情的热泪，做他们成人的洗礼。
受过洗礼的弟兄，自然会放下枪，放下祖宗牌，自然会和做工的不说假话的弟兄，一同走向光明里。

弟兄们！姊妹们！
我们对于世上同类的姊妹弟兄，都不可彼界此疆，怨张怪李。
我们的说话大不相同，穿的衣服很不一致，有些弟兄的容貌更是稀奇，各信各的神，各有各的脾气；但这自然会哭会笑的同情心，会我们连成一气。
连成一气，何等平安、亲密！
为什么彼界此疆，怨张怪李？

大家见了面，握着手，没有不客气，平安、亲密，
两下不见面，便要听恶魔地教唆，彼此打破头颅，流血满地！
流血满地，不止一次，他们造成了平安、亲密，在那里？

我们全家底姊妹弟兄，本来一团和气；
忽然出来几位老头儿，把我们分做亲疏贵贱，内外高低；
不幸又出来几条大汉，把一些姊妹弟兄团在一起，举起铁棍，划出疆界，拦阻别的同胞来到这里；
更不幸又出来一班好事的先生，写出牛毛似的条规，教我们团在一处的弟兄，天天为铜钱淘气；
我们为什么要这样分离，失了和气？
不管他说什么言语，着什么衣裳，不管他们容貌怎样奇怪，脾气怎样乖张；表面不管他身上套着什么镣锁，不管他肩上背着什么刀枪。那枪头上闪出怎样的冷光，肮脏的皮肉里深藏着自然会哭会笑的同情心，都是一样。

只要懂得老头儿说话荒唐，
只要不附和那量小的大汉，
只要不去理会好事的先生底文章，
这些障碍去了，我们会哭会笑的心情，自然会渐渐地发展，
自然会回复本来一团和气，百世同堂。
怎地去障碍，怎地叫他快快发展，
全凭你和我创造的痕迹底力量。

我不会做屋，我的弟兄们造给我住；
我不会缝衣，我的衣是姊妹们做的；

我不会种田，弟兄们种米给我吃；

我走路太慢，弟兄们造了车船把我送到远方；

我不会书画，许多弟兄姊妹们写了画了挂在我的壁上；

有时倦了，姊妹们便弹琴唱歌叫我舒畅，

有时病了，弟兄们便替我开下药方；

倘若没有他们，我要受何等苦况！

为了感谢他们的恩情，我的会哭会笑的心情，更觉得暗地里增长。

什么是神？他有这般力量？

有人说：神底恩情、力量更大，他能赐你光明！

当真！当真！

天上没有星星！

风号，雨淋，

黑暗包着世界，何等凄清！

为了光明，去求真神；

见了光明，心更不宁。

辞别真神，回到故处，

爱我的，我爱的姊妹弟兄们，还在背着太阳那黑暗的方面受苦。

他们不能和我同来，我便到那里和他们同住。

  这是陈独秀新诗中欧化最彻底的一首，也可能是中国新诗史前期作品中欧化最彻底的一首，其自由度远远超过了李大钊、刘半农的诗作，充分显示了新诗表述的可能性。这首诗发表于1920年1月1日的《新青年》第七卷第二期上，是周作人《小河》（写于1919年1月21日，发表于1919年1月《新青年》第六卷第二号）之后，新诗的又一首杰作。

  这又是一首思想内容极为复杂的新诗，是同期新诗包括李大钊、刘半农、胡适等之欢迎陈独秀出狱诗所无可比拟的。唯其如此,学界对陈诗研究虽很不景气,对这首诗却众说纷纭。罗章龙在《亢斋汗漫游诗话》中披露,李大钊曾说:"此稿全篇意旨在热爱人生,修己安人,修己以安百姓,全非自信涅槃者可比。"张湘炳说:"从这首诗,可看出陈独秀对劳动人民的深厚情怀。他此时已意识到劳动创造了社会,创造了历史,看到了劳动阶级的伟大作用","他们不是虚幻的'真神',而是实在的'真神'。因此,陈独秀要与梦幻的真神告别,要走到劳动人民中,与劳动人民相结合"。[13]任建树等则说它"歌颂了创造与劳动,谴责仇杀、懒惰、落后、利己、虚假,主张以善良的人性给予改造,主张消弭疆界,克服怨府,用'自然会哭会笑的同情心'将大家连成一片。同时,也表现了他追求光明的愿望和为与劳动人民同住宁可'辞别真神'的决心。本诗充分展示了新文化运动领袖人物的内心世界和翩翩风采"。[14]这些观点虽充分肯定了这首诗,但似未切其真谛。

朱光灿也肯定其"讴歌人类的创造精神,颇有哲理味。然而,他更为真诚地歌唱那为人类造福的广大劳动人民"。在艺术上,朱氏则认为其对现代诗歌"具有一定的催生作用与开创意义",但在新诗坛上还算不得上品,因为其"很少新意,且浅露,平直"。[15]至于其到底有何哲理,则言之不详。

倒是刘惠恕对这首诗的哲理着实作了一番解说。他说全诗表达了诗人的七点主张:

第一,歌颂永恒的创造精神。诗人写道:"重大的问题是什么?"是"在永续不断的时间中,永续常往的空间中一点一点画上创造的痕迹"。

第二,反对权威,提倡一种无任何仇敌的泛爱精神。诗人把"杀人"者、"懒惰"者、"向黑暗"者、"损人利己还要说假话"者都称之为"弟兄"。号召"心地明白的姊妹弟兄们,不要恨他、怨他、气他、骂他";要"做他们成人的洗礼",使他们"放下枪,放下祖宗牌,自然会和做工的不说假话的弟兄,一同走向光明里"。

第三,号召人们应不分民族,不分"彼界此疆","见了面,握着手,没有不客气,平安、亲密"。"我们全家底姊妹弟兄,本来一团和气"。

第四,反对人类有"亲疏贵贱"、"内外高低",反对划分疆界,反对金钱至上,主张万民一致,自然地"回复本来一团和气,百世同堂"。

第五,鼓励人们要发挥"创造的痕迹底力量",做好屋,缝好衣,种好田,搞好交通,作好书画,创造好音乐,搞好医疗。诗人认为:这样便能最终恢复人的自然本性——"会哭会笑的心情"。

第六,号召人们要崇尚光明,追求真神,反对黑暗。诗人写道:"黑暗包着世界,何等凄清?为了光明,去求真神。"

第七,我们可以看到,这首诗具有浓厚的无政府主义倾向,它反对权威,反对阶级斗争,主张人各习其业。[16]

总之,刘氏认为这首诗体现了陈独秀五四运动期间(正式接受马克思主义之前)的真实思想,因此是研究陈独秀思想的重要资料。

五四是主义纷呈的时代,各种主义都在自由竞争。当时的陈独秀还未接受马克思主义,他思想中固然有无政府主义、泛爱主义,但我认为这首诗中的主体思想恐怕还是当时盛行的杜威的实验主义以及狱中攻读新、旧约书获得的基督精神。"实验主义只承认那一点一滴做到的进步——步步有智慧的指导,步步有自动的实验——才是真进化"。[17]此前陈独秀已将杜威的实验主义天才地创作成实验室与监狱的互相转换共创人类文明的随想录,诗中陈独秀又创造性地将整个社会变成人性整合的实验室,使人人变成会哭会笑自然本色的人,然后去共创光明前景。这种观念似乎与他1919年

·《新青年》杂志编辑部北京旧址

6月11日散发的《北京市民宣言》鼓吹"唯有直接行动,以图根本之改造"有矛盾。其实是两者角度不一样,诗中是从根本上改造全体国民之"国民性",《宣言》则是要从根本上改造恶政府。诗中的"姊妹弟兄"也不是通常所说的劳动人民,而是大众之称;如同《除夕》诗一样,诗中的我与他是云小我、大我、大众之关系。虽然此后不久,陈独秀就发现了劳动人民的力量,但在此诗中还是给启蒙者与大众关系定位:"他们不能和我同来,我便到那里和他们同住",主动与大众融为一片。陈独秀将从社会各界对他的厚爱中悟得的诗情,以不分亲疏的仁爱去回报社会各界。所以我说其所报答的不仅仅是刘半农及《新青年》同人,如诗中所云:"不知什么是我?不知什么是你?到底谁是半农?忘记了谁是D?"

五、历史的失忆与陈氏译诗

《答半农〈D——!〉诗》之后很久,不见陈独秀有诗发表。直到1927年底才有一首《国民党四字经》[18]。这是一首歌谣式的白话诗,全诗讽刺国民党的三民主义、五权宪法、建国大纲,控诉蒋介石"清党反共,革命送终":

> 党外无党,帝王思想;党内无派,千奇百怪。
> 以党治国,放屁胡说;党化教育,专制馀毒。
> 三民主义,胡说道地;五权宪法,夹七夹八。
> 建国大纲,官样文章;清党反共,革命送终。
> 军政时期,军阀得意;训政时期,官僚运气;
> 宪政时期,遥遥无期。忠诚党员,只要洋钱;
> 恭读遗嘱,阿弥陀佛。

对陈独秀此间几乎十年不写诗的原因,李大钊曾有解释云:"盖欲专心致志于革命实践,遂不免蚁视雕虫小技耳。"[19]

即使如此,陈独秀在中国新诗发展的若干历史阶段,都作出了自己的特殊贡献。

但以往学界对陈独秀的这份贡献肯定得很不够。早期新诗选本,连朱自清选编的《中国新文学大系·诗集》都未选陈诗;唯1923年刘半农所编《初期白话诗稿》中收有陈《除夕》诗稿。中国现代文学史的种种版本中也鲜有提及陈氏白话诗的;唯20世纪末出版的朱光灿《中国现代诗歌史》中有一小节言及陈氏新诗。这实在与陈独秀作为新文学运动的精神领袖与中国新诗创作先驱的地位不相称。

此外,陈独秀在外国诗的翻译上也有过有益尝试。先是1908年译了拜伦的《留别雅典女郎四章》,再是1915年译了达噶尔(即印度诗人泰戈尔)的《赞歌》四首和美国国歌《亚美利加》,其译文经历了由五言到曲化的变迁,这与他前期诗歌写作的探索历程似乎是同步的。同时也可以看出,陈独秀的白话诗创作,也与整个新诗发展一样,受到外国诗歌不可忽视的影响。甚至可以说,外国诗歌恰恰是中国诗歌现代化转型的中介。在陈独秀之前有梁启超用曲牌白话译英诗,他之后有周作人用白话译日本小诗,胡适以白话译美诗,与他同时有苏曼殊在他的影响下用半白话译拜伦的诗。凡此种种,皆可视为对中国新诗的艺术催化。

六、陈独秀的"铁窗诗话"

中国新诗到底怎样发展?是任其自由化,还是走格律化道路。这是长期困扰中国现代诗人的大问题。

1921年,当"胡适之体"新诗基本站稳脚,就面临着新的内部危机与新的内在要求。这年6月,周作人在题为《新诗》的文章中就提出:"诗的改造,到现在实在只能说到了一半,语体诗的真正长处,还不曾有人将他完全的表示出来",因此"革新的人非有十分坚持的力,不能到底取胜"。[20] 而此时郭沫若则以"诗的本质专在抒情"的诗歌观,[21] 向早期白话诗"不重想象"的平实化倾向发起挑战。但郭沫若《女神》式的"绝端的自由,绝端的自主"的狂歌,又无确定形式供人效法。因而又有以闻一多、徐志摩为代表的新月派诗人,在"理性节制情感"的美学原则下进行着新诗"格律化"——"带着铁镣跳舞"的尝试。自由化与格律化的对立统一问题,一直伴随着中国新诗的发展,迄今犹无定论,新诗亦无定格。

20世纪30年代,身陷囹圄,使东奔西突的陈独秀还原为诗人本色:"幸有艰难能炼骨,依然白发老书生。"从而有暇发表他的别具一格的"铁窗诗话",对中国新诗的来路与去向作了高屋建瓴的评说。

陈独秀最看重的是,诗之所以为诗的艺术本质。他说:"我认为诗歌是一种美的语言和文字,恐不能用普通语言来表述。诗有诗的意境,诗的情怀,诗的幻想,诗的腔调等等需要去琢磨。绝不是把要说的话,一字不留地写出来就是诗。"他批评"现在有些人,把一篇散文,用短句列成一行一行的就说这是诗,这把诗看得太简单了,可笑之至"。

当同狱的濮清泉听了这些高论,质疑地问他,"照你这样说,我们又只有等李、杜出来了?"陈说:"李、杜不会复生,今日绝不会有李、杜,时代不同了,意境也不一样了。今人吟诗应有今日风格,不过诗歌毕竟不同于散文,它要有情趣,要读之铿锵做声,要使读者有同情之心,生悠然之感。我反对诗不像诗,文不像文,不费推敲,小儿学语式地乱写。须知唐宋各家诗词,是费尽心血,才能达到美的境地。"

当濮问,"青年人学作古诗如何?"陈说:"我不提倡也不赞成。因为古诗讲究音韵格律,青年搞这一套太浪费时日,音韵格律是写诗一大障碍,有人穷毕生之力,也不能运用自如。要么严守格律,写出东西来毫无生气;要么破律放韵,仅求一句之得,据此而求千古绝唱,难矣。"

濮进而问,"你既不赞成当今的新诗,又反对青年人学写古诗,那么诗歌一道岂不绝子绝孙了吗?"陈说:"这确是一个难答的问题,我想可以美的语言美的文字结合起来写诗,但主要的还是美的意境,青年人想写诗,最好先读读《诗经》、楚辞、唐诗、宋词,了解一些诗味,然后动笔,想来会有进益的。"

陈独秀狱中诗学观绝非泛泛之谈,而是有着强烈的现实针对性的。创造社诗人王独清曾写了一本诗,歌颂1927年广州起义,那书上诗句,印得很新奇,有大字小字,正字歪字，加上些惊叹符号，很像炮弹打出后的破片飞散一样。他拿给陈独秀看，希望陈给以好评。哪知陈看了哈哈大笑，连说我不懂诗，不敢提出评论，但是我佩服你的大胆，独出心裁，自创一格，弄得王独清十分狼狈，讪讪而退。陈独秀在狱中提起此事，然后说，文艺这种东西，绝不能用模型来套制，八股文为何一文不值，就是因为它是僵尸文章，臭不可闻。王独清那本诗，形式上看来颇为新颖，但他中了形式主义的毒，以为把一些口号写入诗句，这就是无产阶级革命文学了。其实这是笑话。结果把诗弄成屎，自己还不知道，甚至还洋洋自得，这是很可悲的。

那么，无产阶级的政治思想是否可以写入诗文中呢？陈肯定地回答，当然可以，不过这要高明的手法。现在许多作家，不肯在这方面下苦功，写出一套公式文学，人不像人，狗不像狗，味如嚼蜡，毫无生气。他们以为把政治思想塞进文艺，就是革命文艺，谬矣。如果这样，要文艺家干什么？有党的宣传部和新闻记者就够了嘛。[22]

相信读者不难看出，陈独秀所说种种，与鲁迅的诗学和日后毛泽东的诗论相比，都有超前色彩。这在中国的20世纪30年代对于克服文坛"左"倾幼稚病倾向是何等难能可贵的警示，对尔后的中国文坛仍不失为一帖清凉剂。只是他的声音传不到该传到的地方。

众所周知，自五四运动以来，陈独秀一直主张用白话文代替文言文。但对诗歌应采用白话还是文言，他颇犯踌躇。他在狱中说，"以前之所以不谈，是要看看白话诗是不是可以写出好诗来。现在看起来，白话诗还不能证明它已建立起来，可以取古体诗而代之。我看了许多新诗，还没有看到优秀的作品，能使人诵吟不厌的"。

如此总体来看中国新诗，当为正误参半。要求中国新诗追求更高更美的诗境，无疑是正确的。但由此而说中国新诗到20世纪30年代尚未建立，则是求之过高，结果是将包括自己在内的伟大尝试也否定掉了。这也显然有违中国新诗发展的历史事实。

谈到新诗与古体诗的关系，站在今天的高度反观历史，我觉得五四时期强调甲替代乙，作为战略方针是无可非议的，因为不如此中国新诗难有立足之地。但当新诗已站稳脚跟之后，则不一定要硬性排斥古体诗。虽然古体诗不宜在青年中提倡，它也难

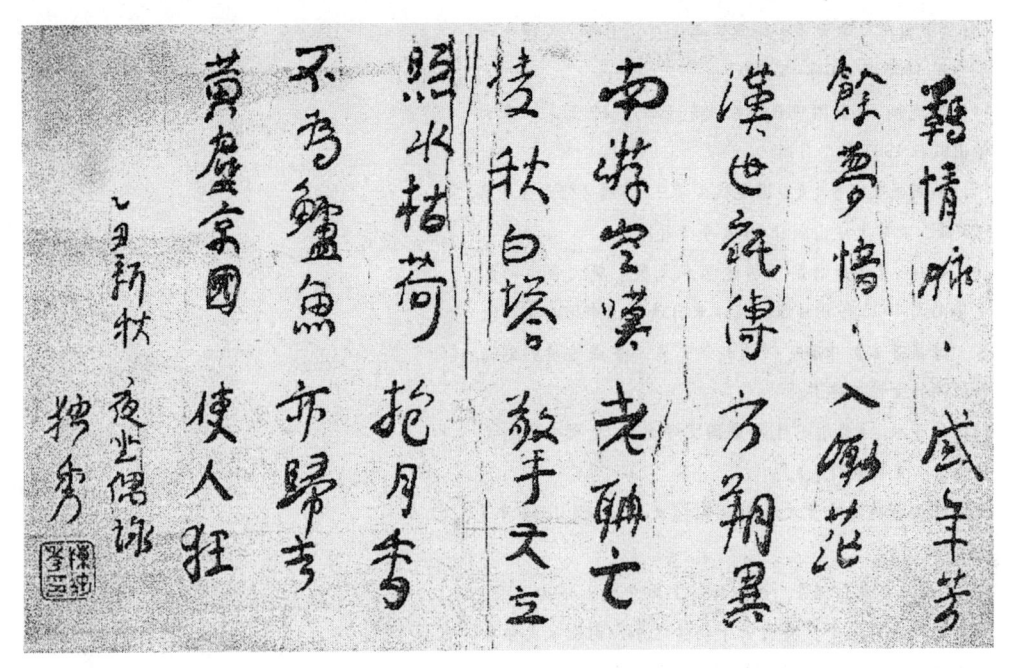

· 1925年，陈独秀诗作手迹

以再创辉煌，却不妨任其作为古色古香的品种与新诗并存竞赛。古体诗的存在对新诗的发展将是个永恒的参照与促进。

实践证明，古体诗的魅力在中国远未消失。许多新诗名家如臧克家、贺敬之等，晚年都操起了古体诗写作。中国民间古体诗写作势头甚健，有的学者放弃了古诗死亡论观点而清醒地看到在新诗之外中国当代另有一个诗坛在。即使是中国新诗的第一代尝试者们，如胡适、陈独秀、鲁迅、周作人、沈尹默等，他们的古体诗写作也都不让其新诗。尤其是陈独秀的古体诗创作更是别具情趣。

注释

[1] 王国维：《戏曲论文集》第3页，中国戏剧出版社1984年7月版。

[2] 王国维：《人间词话》（滕咸惠校注）第104页，齐鲁书社1981年11月版。

[3]《中国新文学大系·诗集》第1页，上海良友图书印刷公司1935年10月15日版。

[4] 朱光灿：《中国现代诗歌史》第11—12页，山东大学出版社1997年1月版。

[5] 参阅钱理群等：《中国现代文学三十年》（修订本）第123页，北京大学出版社1998年7月版。

[6] 胡适：《谈新诗》，《胡适学术文集·新文学运动》，中华书局1993年9月版。按，朱自清于《中国新文学大系·诗集导言》中说："《谈新诗》差不多成为诗的创造和批评的金科玉律了。"

[7] 陈子展：《最近三十年中国文学史》，见《中国新文学大系·史料索引集》。

[8] 转见《陈独秀案之大疑团》，《民国日报》1919年6月23日。

[9]《北京市民宣言》，共1页，上为中文，下为英文。中文由陈独秀起草，英文出于胡适之手，由北京大学印讲义的小印刷所印刷，与陈同时散发的还有高一涵、邓初。《北京市民宣言》全文如下："中国民族乃酷爱和平之民族，今虽备受内外不可忍受之压迫，仍本斯旨，对于政府提出最后最低要求，如下：1.对日外交，不抛弃山东省经济上之权利，并取消民国四年七年两次密约。2.免徐树铮、曹汝霖、陆宗舆、章宗祥、段芝贵、王庆怀六人官职，并驱逐出京。3.取消步军统领及警备司令两机关。4.北京保安队改由市民组织。5.市民须有绝对集会言论自由权。我市民仍希望以和平方法达此目的，倘政府不顾和平，不完全听从市民之希望，我等学生、商人、劳工、军人等，惟有直接行动，以图根本之改造。特此宣告，敬求内外士女谅解斯旨。（各处接到此宣言，希即复印传布）"按，徐、段、王皆皖系军阀之实权派人物。

[10]"只眼"为陈独秀在《每周评论》上发表杂文时所用之笔名。《每周评论》1919年8月31日被查封。

[11] 这"D"即独秀中"独"字拉丁化写法的第一个字母。

[12]《新青年》第6卷第6号，为迎接陈独秀出狱，还载有刘半农1919年9月15日所作《他们的天平》："他憔悴了一点，／他应当有一礼拜的休息。／他们费了三个月的力，／就换着了这么一点。"沈尹默的《小妹》，仅

录一节:"自从9月6日起,我们的旧家庭里,少了一个你。/小妹!我和你相别许久了。我记得别你时,看得很清楚,/——白丝巾蒙着你的脸,身上换了一套崭新的绸衣服。"

[13] 张湘炳:《陈独秀怎样把马克思主义与中国工人运动相结合》,见张著《史海浪集》第627页,天津社会科学院出版社1993年1月版。

[14] 任建树等编注:《陈独秀诗集》第143页,时代文艺出版社1995年4月版。

[15] 朱光灿:《中国现代诗歌史》第93—94页。

[16] 刘惠恕:《评陈独秀诗中的政治理想和个人情感》,《华东师范大学学报》(哲学社会科学版)1997年第2期。

[17] 胡适:《杜威先生与中国》,《胡适文存》第1集卷2。

[18] 据任建树等编注《陈独秀诗集》第149页云:"郑超麟先生曾多次提起陈独秀写过一首诗,登在《布尔塞维克》的夹缝中,……经查阅《布尔塞维克》原件,其夹缝都是空白的。近来翻阅上海总工会(即赤色工会)编辑的《上海工人》,在其夹缝中发现了这首诗,交郑超麟先生鉴别,他判定这正是当年陈独秀写的,因年事已高,把登载的刊物记错了。"按,任建树在《陈独秀大传》(上海人民出版社1999年5月版)第444页准确地说,这首诗发表在1927年12月26日《上海工人》第43期的夹缝里,未署名。

[19] 转见罗章龙:《亢斋汗漫游诗话》,《新湘评论》1979年第11—12期。按,唐宝树在《陈独秀传:从总书记到反对派》中说,1927年大革命失败时,陈编有《革命文学史》一书,在书之首尾各题了一首白话诗:一曰《献诗》,一曰《致读者》。郑超麟晚年撰文说,《革命文学史》是别人盗用陈的名义编的,编辑时间不在大革命失败后的1927年,那两首白话诗也不是陈独秀所作(见1998年2月《陈独秀研究动态》第13期)。

[20] 周作人:《新诗》,《谈虎集》第39—40页,上海书店1987年重印本。

[21] 郭沫若:《论诗三札》,《文艺论集》第215页,人民文学出版社1979年版。

[22] 陈独秀之铁窗诗话,皆见濮清泉《我所知道的陈独秀》,《文史资料选辑》第71辑。

第四章

幸有艰难能炼骨——陈独秀与中国旧体诗

论诗气韵推天宝,
无那心情属晚唐。
百艺穷通偕世变,
非因才力薄苏黄。

——陈独秀《寄沈尹默绝句四首》之一

陈独秀虽不以诗名，却实为一杰出的诗人。王森然20世纪30年代中叶就在《近代二十家评传》中盛赞陈诗"雅洁豪放，均正宗也"，称陈"二十年前，亦中国最有名之诗人也"[1]。往前推二十年，当为1915年，即《新青年》创刊之初。

然以陈独秀十七岁就考中秀才第一名，十九岁就能写出老辣奔放的《扬子江形势论略》，推断其写诗会很早；因为写诗作联是旧时代社学之日课，惜其少作无存。即使从现存最早的见于1903年8月上海《国民日日报》的《哭汪希颜》《题西乡南洲游猎图》算起，到1942年春的绝笔之作《漫游》为止，陈独秀的诗歌创作也有四十年历史。

陈独秀的诗作向无结集，散失较多，现能辑录到的只四十余题，共一百四十多首。大致可分为四个阶段：一、早期诗作：1903—1915年间（二十五至三十七岁），现存旧体诗六十五首；二、新诗创作：1918—1920年（四十至四十二岁），现存新诗篇两首（兼及前后之白话诗，有专文论之，此处从略）；三、南京铁窗诗作：1932年10月至1937年8月（五十四至五十九岁），作《金粉泪》组诗，共有七绝五十六首；暮年诗作：1937年9月至1942年5月（六十至六十四岁），现存旧体诗十六首。

陈独秀的诗作既是他所处时代的风云录，更是其个性鲜明的精神自传。

一、"本有冲天志"与"万境妍于未到时"

诗言志。这"志"当为思想、志向、抱负之谓。陈独秀一登上文化舞台,就是以壮志凌云的文化英雄的形象出现在世人面前的。他喜以旧体诗言其新志向、新思想。即使是咏物诗,他也托物言志,如《咏鹤》:

　　本有冲天志,飘摇湖海间。

　　偶然憩城郭,犹自绝追攀。

　　寒影背人瘦,孤云共往还。

　　道逢王子晋,早晚向三山。[2]

此诗虽写游杭州孤山放鹤亭的感受,却一反北宋诗人林逋以梅为妻、以鹤为子的隐逸之趣,以鹤自喻,写其不甘寂寞,欲飘摇追攀的冲天壮志。

陈独秀现存最早的诗,是写于1903年的《哭汪希颜》,共三章就"言"了三个志:"英雄第一伤心事,不赴沙场为国亡";"而今世界须男子,又杀支那二少年";"说起联邦新制度,又将遗恨到君身"——这里既有对西方联邦制度的向往,又强调乱世之中男儿救国的使命,更有为国献身的决心。同年所作的《题西乡南洲游猎图》:"勤王革命皆形迹,有逆吾心罔不鸣",表明凡事别有主见的陈氏,既不满意保皇党人"勤王"之举,对孙文等人的"革命"行径也心存疑虑,唯不计成败仗剑救国之志不变,"男子立身唯一剑,不知事败与功成"。这些思想在辛亥革命前夕的中国,不只是先进的,实为超前的。

1915年6月间,陈独秀因随柏文蔚讨袁失败而被抄家,流寓上海时所作《远游》,名

·丁聪绘陈独秀像

曰远游，实为游思录，其上下求索：忽然生八翼，轻身浮天衢。环视天下，竟无净土，于是他既有"百年苦劳役，汲汲胡为乎"的天问，也有"仙释同日死，儒墨徒区区"的论断。这种彻底的反叛精神，正是他数月后创办《新青年》的主题。

与《远游》遥相呼应的，是其晚年之作《告少年》，则是讨伐专制、独裁的檄文。请看他笔下独裁者的形象：

> 伯强今昼出，拍手市上行。
>
> 旁行越郡国，[3]势若吞舟鲸。
>
> 食人及其类，勋旧一朝烹。
>
> 黄金握在手，利剑腰间鸣。
>
> 二者唯君择，逆死顺则生。
>
> 高踞万民上，万民齐屏营。
>
> 有口不得言，伏地传其声。
>
> 是非旦暮变，黑白任其情。
>
> 云雨翻覆手，信义鸿毛轻。
>
> 为恶恐不足，惑众美其名。
>
> 举世附和者，人头而畜鸣。
>
> 忍此以终古，人世昼且冥。[4]

那些独裁主义者是无信无义、颠倒黑白的魔鬼，他们高高在上，一手是金钱，一手是利剑，无论是功臣还是民众，都被置于顺我者生逆我者亡的逻辑轨道。这犹不够，他们还要将种种恶行置于种种美丽的"主义"下，令其畅行无阻。陈氏认为，对于那些独裁者，如果世人只有附和、忍耐而无反抗的话，人将不成其为人，世界将永远沦为黑暗王国。这是多么可怕的景象啊！

世界本来是一个不平和之所在："古人言性恶，今人言竞争。强弱判荣辱，自古相吞并。天道顺自然，人治求均衡。旷观伊古来，善恶常相倾。"然而此时陈氏笔下的独裁者并非寻常的独裁者，而是如日中天的作为人类历史上第一个社会主义国家的最高领袖斯大林。何之瑜曾致信胡适称："这首诗，是陈仲甫先生在四川江津鹤山坪听见史大林和希特拉成立了'德苏协定'的消息，那正是一个无月的黑夜，他'有感而作'的。"[5]《苏德互不侵犯条约》签订于1939年8月23日，则此诗当作于这年的8至9月之交。陈氏于手稿中自注："伯强，古传说中的大疫厉鬼也，以此喻斯大林。近日悲愤作此歌，知己者，可予一观。"[6]

陈独秀与第三共产国际领袖斯大林之间有着理不清的恩恩怨怨。中国大革命失败后，曾为中国革命越俎代庖充当总设计师的斯大林的文过饰非与专横武断，使陈独秀毅然站到了斯大林主义反对派立场上，直视斯大林为"伯强"。然而疾恶如仇的陈独秀并不计较与斯大林之间的私怨，而是高瞻远瞩地看到了斯大林的独裁远非个人品德问题，曾被描绘得最美好的苏维埃政权本身背离了科学、民主的根本原则。因而，陈氏在写《告少年》之后，于1940年9月《给西流的信》中说：

> 我们若不从制度上寻出缺点，得到教训，只是闭起眼睛反对史大林，将永远没有觉悟，一个史大林倒了，会有无数史大林在俄国及别国产生出来。在十月后的苏俄，明明是独裁制产生了史大林，而不是有了史大林才产生独裁制，如果认为资产阶级民主制已至其社会动力已经耗竭之时，不必为民主斗争，即等于说无产阶级政权不需要民主，这一观点将误尽天下后世！

举世滔滔，亦步亦趋地效尤且唯恐不恭，当时能有几人有此明澈的认识。舍此其谁？因而陈氏唯寄希望于对青年一代的重新启蒙：

> 人中有鸾凤，众愚顽不灵。
> 哲人间世出，吐辞律以诚。
> 忤众非所忌，坷坎终其生。[7]
> 千金市骏骨，遗言觉斯民。
> 善非恶之敌，事倍功半成。
> 毋轻涓涓水，积之江河盈。
> 亦有星星火，燎原势竟成。

告少年

大空闇無際晝見非其形眾星點綴之相違難爲明光非無所而虛白不
自出半日見光彩我居近日星西海生智者厚生多發明攝波陰
陽之建也不夜城局此小宇內人力繁難輕吾身誠渺小傲然長
百靈食以保軀命色以延種姓逐此以自呈何以異群生相役復相
啖事憒無驚伯強令晝出拍手市上非勇非越郡國勢若
砥舟鯨食人及其類勳舊一朝烹黃金握柱掌利劍腰肩有
鳴二者惟君擇逆順則生高踞茅民上萬民齊屏營有口
不謂言伏地傳其聲是非旦莫眾美其名舉世附和者人頭
手信義鴻毛輕爲惡恐不足感古人言性惡今人言競爭
而畜鶏鶩忍此以終古人世晝且宴古人言性惡今人言競爭
強弱判榮辱自古相吞倂天道順自然人治求均衡瞋觀伊古來
善惡非常相傾人中有鸞鳳眾惡頑不靈拒人間世出吐辭諄以誠
怵衆事倍功半成毋難泊：小積之江河盈六合星：大燎原
之敵事竟成作歌告少年努力與天爭
覺玄同學兄 錄近作寄

民之二十有九年獨秀書於江津

作歌告少年，努力与天争。

"重新启蒙"，这在中国实在是个大课题，或许需要几代人为之奋斗。只是陈独秀在暮年揭示这一命题时，仍如五四当年充满着自信。他以人中鸾凤、时代先哲自居，犹如他始终以"新青年"自居，始终寄希望于"新青年"，难怪被人誉为永远的"新青年"。

诗不仅可以言志，也可以言理。虽然中国诗论中有"不涉理路，不落言筌"之说，却并不排斥诗含哲理，而实际上中国古代哲理诗也相当发达。陈独秀的诗中有少数哲理诗，如《国民党四字经》中所谓"党外无党，帝王思想；党内无派，千奇百怪"，就是穿透力极强的哲理。金陵狱中《题刘海粟作古松图》云："黄山孤松，不孤而孤，孤而不孤。孤与不孤，各存其境，各有其用。"并自我解释说："此非调和折衷于孤与不孤之间也。"其借画家所画黄山松抒发人生感慨，一落笔就突破了原画之境，引人从哲学角度去理解孤与不孤的辩证关系，表现了诗人"身处艰难气若虹"的非凡胸襟。更多的是虽整首诗未必是哲理诗，但其字里行间充溢耐人寻味的哲理。如《感怀》二十首中，就有不少富有哲理的诗句："得失在跬步，杨朱泣路歧。旷世无伯乐，骐骥为驽骀。筑墙非过计，邻人乃见疑。取士必取骨，相马莫相毛。"这些都是哲人智慧的结晶，能发人深思。唱和苏曼殊《本事诗》（十首）中"相逢不及相思好，万境妍于未到时"云云，更是令人拍案叫绝富有哲理性的名句，其可与陈氏喜爱的宋人邵雍《赏花》名言"美酒饮到微醉处，好花看在半开时"媲美，相比之下陈氏之思路更开阔，其由"相思"推向"万境"，更富有普遍意义。

二、从"酒旗风暖少年狂"到"垂老文章气益卑"

然而，诚如朱光潜《诗论》所云：

> 诗人与哲学家究竟不同，他固然不能没有思想，但是他的思想未必是有方法系统的逻辑的推理，而是从生活中领悟出来，与感情打成一片，蕴藏在他的心灵的深处，到时机到来，忽然迸发，如灵光一现，所以诗人的思想不

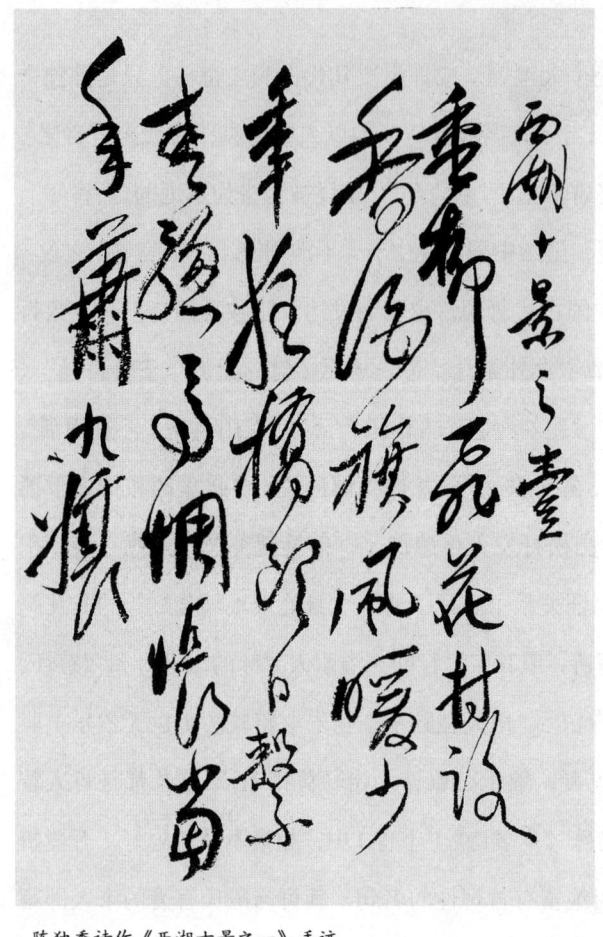

·陈独秀诗作《西湖十景之一》手迹

能离开他的情感生活去研究。

同篇中，朱光潜进而说："诗人的思想和感情不能分开，诗主要的是情感而不是思想的表现。因此，研究一个诗人的情感生活远比分析他的思想还更重要。"[8] 这不失为诗歌研究的通则，对陈独秀诗歌的研究也不能例外。

即使是上节所说陈诗中表现的种种志向与哲理，虽也能启人智慧，但作为读者我们从中所领悟的毕竟不是一种学说，而是一种情趣，一种胸襟，一种具体的人格，一种生命意识。这些诗，也是陈氏的天资与涵养在"幸有艰难能炼骨"的心境中生成，然后触物即发，纯是一片天机。独秀本色是诗人。要了解诗人陈独秀，首先要了解他的这种理智渗透情感所生发的智慧，这种物我契合的天机。这智慧、这天机，让那些染着学究气的学者们拿去单纯当作"思想资料"分析，总不免是隔靴搔痒，不得要领。

实则陈诗在志向、哲理之外，更有着广阔的情感空间，供人领悟与发掘。一谈到情感空间，有人立即想到陈氏之狂放。如陈木辛在《陈独秀印象·编选小序》[9] 中就说，陈独秀之狂，在中国现代文化、政治史上罕有可比肩者。青年时在杭州一段，过的是湖山之间、诗酒豪情的生活，从后来发表于1914年《甲寅》杂志一卷三号上的《灵隐寺前》，可以想见："垂柳飞花村路香，酒旗风暖少年狂。桥头日系青骢马，惆怅当年萧九娘。"单独看这首诗，也许因为太明丽了，不觉得这样的少年轻狂算得了什么，但再读发表于1915年《甲寅》杂志一卷七号上的《夜雨狂歌答沈二》，无论是谁都不敢说这是轻狂了。时势和在这种时势下个人的强烈感受融为一体，那种雷霆万钧的气魄，凡夫俗子难望其项背。"笔底寒潮撼星斗，感君意气进君酒。"《新青年》的前身《青年》杂志就是在此诗发表后两个月创刊的。

陈木辛继而说，一个人的狂，如果没有实际的人生内容做底子，恐怕就不大有什么好说的。但从性格、气质、作为，陈独秀完全称得上现代中国的大英雄。英雄与狂，自古就结缘了。大英雄大狂，本是应有之义。即使屡经磨难之后，暮年的陈独秀僻居江津，老、病、穷、冤交加，他仍能一狂到底。一首《寒夜醉成》，很难让人相信是那种处境中一个老人写出来的：

孤桑好勇独撑风，乱叶癫狂舞太空。

寒幸万家蚕缩茧，暖偷一室雀趋丛。

纵横谈以忘形健，衰飒心因得句雄。

自得酒兵鏖百战，醉乡老子是元戎。

1937年8月22日陈独秀从南京出狱后，一度住在当年北京大学文科学生陈中凡家。陈中凡目睹先生之高风亮节，曾有诗相赠，歌颂的是先生"高翔不可驯"的豪情。陈独秀率笔相和："沧溟何辽阔，龙性岂易驯？"在忧国忧民之余仍是一腔狂不可驯的"龙性"。诚如余杰所云："天地大气的分合汹涌，只有真正的'龙'才能体验到。整个20世纪，中国人过的都是'虫'的生活，有几个称得上'龙'的人呢？"[10]陈独秀无疑是其中一个。

狂放不失为陈独秀精神结构中的一个重要侧面，但绝非其全貌。如同豪放派诗人苏轼等不乏婉约之韵，婉约派诗人亦偶有豪放之声，诗人的情感世界往往是极其丰富多彩的。鲁迅曾说，陶渊明的诗，"除论客所佩服的'悠然见南山'之外，也还有'精卫衔微木，将以填沧海，刑天舞干戚，猛志固常在'之类的'金刚怒目'式，在证明着他并非整天整夜的飘飘然","这'猛志固常在'和'悠然见南山'的是一个人，倘有取舍，即非一人，更加抑扬，更离真实"。[11] 这是"论及全人"的范例。以此法看陈诗，其远不只"狂放"一面。作为一个先知先觉的启蒙大师，陈独秀也有其孤独、悲愁乃至无奈之时。无论其前期与后期，莫不如此。这在其诗中皆有淋漓的表现。

陈独秀前期隐居杭州期间（1909年9月至1911年12月），在写"酒旗风暖少年狂"诗章的同时，也写了大量反映孤寂心态的诗篇。如《游韬光》云："山意不遮湖水白，钟声疏与暮云平。月明远别碧天去，尘向丹台寂寞生。"颇有忘情山水、出世绝尘之慨。《游虎跑》云："神虎避人去，清泉满地流。僧贫慵款客，山邃欲迎秋。竹沼滋新绿，山堂锁暮愁。烹茶自汲水，何事不清幽？"僧人的恬适，反衬出诗人的孤寂。"影着孤山树，心随江汉流。转蓬俱异域，诗酒各拘囚"（《寄士远长安》），状与友相别，孤寂如囚；"登高失川原，乾坤莽一色。骋心穷俯仰，万象眼中寂"（《雪中偕友人登吴山》），言与友同游，仍当众孤立；"病起客愁新，心枯日景沦。有天留巨眚，无地着孤身"（《杭州酷暑寄怀刘三沈二》），病中则更觉天地间无其容身之所。这是何等苦涩的形象，与狂放的诗人几乎判若两人。但这却为一人，确为陈氏一身之两个侧面。

晚年避居江津的陈独秀，既有"沧溟何辽阔，龙性岂易驯？"（《和玄兄赠诗原韵》）之豪唱，也有"蕲爱力穷翻入梦，炼诗心豁猛通禅"（《病中口占》）之豁达，"岁暮家家足豚鸭，老馋独羡武荣碑"（《致欧阳竟无诗柬》）之幽默，"闲倚柴门贪晚眺，不知辛苦乱离中"（《书赠同乡胡子穆诗》）之静穆，"曾记盈盈春水阔，好花开满荔枝湾"（《春日忆广州》）之怀旧……

但作为一个"终身的反对派"，陈独秀的一生处于"常使英雄泪满襟"的苦境，晚年困居天地一隅的江津，更兼贫病交加，还真的能"一狂到底"么？他多次自称"老病之异乡人，举目无亲"[12]，又以"一瓶一钵垂垂老"的贯休和尚自拟，说是"卧病山中生事微"。其慷慨悲凉之良多，自然流露于诗作之中。

除去文章无嗜好，世无朋友更凄凉。

诗人枉向汨罗去，不及刘伶老醉乡。

诉说的是，与其如屈原那么忧愤而死，还不如像刘伶那么醉生梦死。这是1940年端午节后听说何之瑜、台静农等友人于屈原祭日聚饮大醉，有感而作的。凄凉之际向友人诉说凄凉，也许成了陈独秀的一种无奈的生存方式。《自鹤山坪寄怀江津诸友》有云：

  竟夜惊秋雨，山居忆故人。
  干戈今满地，何处着孤身。
  久病心初静，论交老更肫。
  与君共日月，起坐待朝暾。[13]

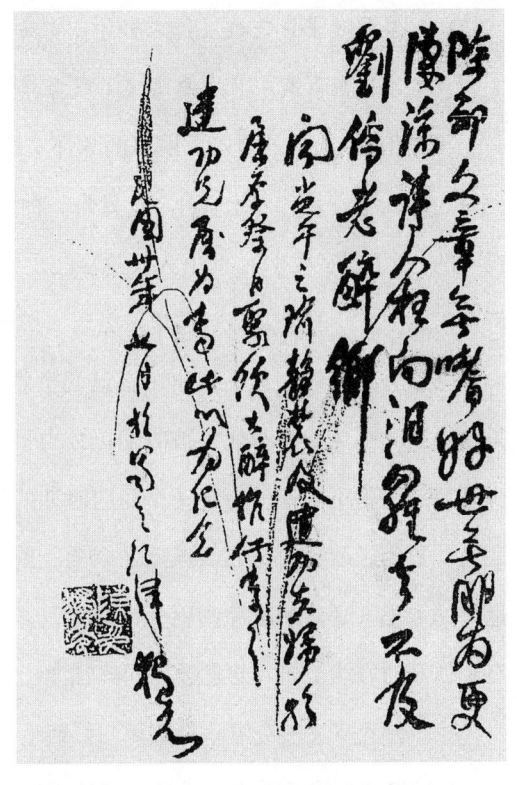

·陈独秀诗作《闻光武、之瑜、静农及建功夫妇于屈原祭日聚饮大醉作此寄之建功兄》手迹

盼友忆友已成了他晚年的主要功课了。然他越住越偏僻，由重庆而江津而鹤山坪，在那干戈满地的乱世，能有几个朋友到那穷乡僻壤去听他诉说典故呢？这与当年隐居杭州时"清凉诗思苦，相忆两三人"，完全不是一回事了。沈尹默（即前文所说沈二）是陈在杭州时结识的诗友，后又同执教鞭于北大。听说他近亦入蜀，这叫陈氏好不激动，连忙写了四首绝句请台静农转给沈，沈也有唱和。陈诗三首叙事，一首论诗。先录三首于兹：

  湖上诗人旧酒徒，十年匹马走燕吴；
  于今老病干戈日，恨不逢君尽一壶。

  村居为爱溪山尽，卧枕残书闻杜鹃；
  绝学未随明社屋，不辞选懦事丹铅。

哀乐渐平诗兴减,西来病骨日支离;

小诗聊写胸中意,垂老文章气益卑。

与当年"以长吉的诞幻,嗣宗的咏怀,合为一手"写成的《夜雨狂歌答沈二》相比,此时之陈氏毕竟是"烈士暮年",另是一种境界。"不辞迭懦事丹铅"者,是说他正在撰写的《小学识字教本》。此书为其晚年之重要建树,至其逝世仅完成十分之九。诗至"小诗聊写胸中意,垂老文章气益卑"云云,感慨尤深。

陈独秀之诗歌创作主要集中在这两个隐居时期。五四及其后相当长一段时间里,是他真正叱咤风云的时代。彼时他更致力于行为艺术,而无暇顾及诗歌艺术,因而很少写诗或干脆不写诗。合观两个隐居时期的陈诗,其前期之狂放以"本有冲天志"为底气,暮年之疏狂则是五四风流之余韵。前期的孤寂中伴有对所经道路的反思与未来道路的寻思,晚年的凄凉则更多命运之慨。好在即使是凄凉的暮年,陈氏精神低调也有个孤傲的底线,如《与孝远兄同寓江津出纸索书辄赋一绝》所云:

何处乡关感乱离,蜀江如几好栖迟。

相逢须发垂垂老,且喜疏狂性未移。[14]

这样的陈独秀,才始终有着强烈的人格魅力。

三、友情:此去凭君珍重看

陈中凡曾在《陈独秀先生印象记》中说:"看他表面冷淡,与人落落寡合,实则胸怀俊迈,富于热情。"[15]陈乃性情中人,陈诗中就有大量篇幅表现对友情、爱情、亲情的无比执着。

陈诗中悼亡诗不少,其主要是悼亡友的。诗集开篇就是悼学友汪希颜的:"凶耗传来忍泪看,恸君薄命责君难。英雄第一伤心事,不赴沙场为国亡。"可见他对学友的珍视。何梅士是1903年在上海与陈独秀、章士钊共同创办《国民日日报》的文友,1904年2月不幸以脚气病逝于东京。陈氏闻信,悲痛万分,疾书《哭何梅士》悼之:"海上一为别，沧桑已万重。落花浮世劫，流水故人踪。星界微尘里，吾生弹指中。棋卿今尚在，能否此心同。"此诗1904年4月15日刊于《警钟日报》时，附有章士钊的和诗与跋。跋云："余与梅士居上海，形影相属者，半年有馀，无一日不促谈至漏尽。安徽陈由己（即陈独秀），亦与余及梅士同享友朋之乐者也。何梅士之立志与行事，由己知之亦详。梅士之死也，由己方卧病淮南，余驰书告之。余得由己报书谓：梅士之变，使我病已加剧，人生朝露，为欢几何？对此弗能自悲，哭诗一首，惨不成句矣。"[16] 如此意犹未尽，次月，陈又写长诗一首《夜梦亡友何梅士觉而赋此》。梦

· 台静农所藏陈独秀诗作《曼上人述〈梵文典〉成，且将次西游，命题数语，爰奉一什，丁未夏五月》手迹

中何氏非死于脚气病，而"自言回航为恋西方之彼美，相援忽堕沧海中，舟师大呼急相救，已果鱼腹难为功"。尔后章士钊循此思路，创作小说《双枰记》，说何为殉情蹈海而死。陈诗《哭何梅士》中的"棋卿"即为何之恋人，其爱情为家庭所阻，小说中她成了女主人公。陈独秀又有《存殁六绝句》称"何郎弱冠称神勇"。足见他们非一般的文友。当年之《国民日日报》，实则为以文字鼓吹革命之报刊。章士钊在陈诗跋中称何氏之死，"盖吾党中，又失一健卒矣，余闻而痛极"。由此推见他们友谊的内涵。

陈独秀是一个颇多幻想之人，晚年有《悼老友李光炯先生》，其自序云："六年前，老友李光炯先视余于金陵狱中，别时余有奇感，以为永诀。其告余，生死未卜，先生亦体弱多病也。抗日军兴，余出狱，避寇入蜀，卜居江津。嗣闻光炯先生亦至成都，

·陈独秀诗作《悼老友李光炯先生》手迹

久病颇动归思。闻耗后数日，梦中见先生推户而入。余惊曰：闻君病已笃，何遽至此？彼但紧握余手，笑而不言。觉而作此诗，录寄余光君，以纪哀思。光笃行好学，足继先生之志。先生无子，而有婿矣，民卅夏日。自古谁无死，于君独怆神；撄心惟教育，抑气历风尘；苦忆狱中别，惊疑梦里情；艰难已万岭，凄绝未归魂。"[17] 其梦中徘徊的多为不忍忘却的友人形象。

其1911年春所作之《存殁六绝句》[18]则一半为悼亡友，一半为怀生友。其中最著名的便是第一首："伯先京口夸醇酒，孟侠龙眠有老亲；仗剑远游五岭外，碎身直蹈虎狼秦。"其自注云："存为丹徒赵伯先，殁为桐城吴孟侠。"伯先乃赵声（1881—1911）之字，江苏丹徒人，同盟会会员，陈氏早年挚友；1911年4月曾与黄兴共同领导过著名的黄花岗起义，事败后忧愤而死。孟侠乃吴樾（1878—1905）之字，安徽桐城人，亦为陈氏早年挚友；1905年夏，陈氏与赵声、吴樾共同策划刺杀清廷官吏，9月24日，吴樾于北京火车站谋炸清廷出洋考察宪政的五大臣，事败殉国。为寄托对死难战友的哀思，选择其典型情节组成诗篇，以表明自己继续奋进的决心。这组《存殁六绝句》在当时曾产生过强烈影响，据章士钊回忆：直到20世纪50年代，周恩来尚能一字不讹地背诵之。[19]

《存殁六绝句》所写的都是"有道德，有诚意，有牺牲精神，由纯粹之爱国心而主张革命"的仁人志士。[20] 其存者苏曼殊是个特殊人物。陈诗中称他"曼殊善画工虚写","南国投荒期皓首"。这六绝句写成后也首先寄他。

苏曼殊是个"性情奇、行止奇、思想奇","文章艺术尤奇"的情僧、诗僧、画僧；被柳亚子视为中国近代文学史上"不可无一，不可有二"的作家。[21] 陈独秀与苏曼殊一个倔强执拗，一个天真率直，性情相差甚远，然而他俩却相交"最久最厚"。[22] 苏能成为一个卓越的诗人，也实得力于与陈之交往。柳无忌说："曼殊就因仲甫的影响，启示了自己的天才，成为一个超绝的文人了。"[23]

1903年，苏曼殊初到《国民日日报》时，"汉文的程度实在不甚高明"，于诗的"平仄和押韵都不懂"。[24] 但因与陈同居一室，亦师亦友，朝夕切磋，兼苏悟性极强，很快就能以诗与师友酬唱。1908年冬他们又同往日本东京，"曼殊向仲甫学字学诗，所以曼殊的字很像仲甫，曼殊的诗不仅像，好多是仲甫做的或改的；而仲甫向曼殊学英文、梵文，每天都呀也呀的"。[25] 当苏真的编成一册《梵文曲》并打算去"西天取经"时，陈立即有诗相贺："本愿不随春梦去，雪山深处见先生。"不过，对于佛学，苏是一种人生寄托，陈则作为一种文化来研究，并可视为对朋友人格的尊重。

由于人格上的相互尊重，曼殊不仅于诗中称陈为"仲兄"，而且在《文学因缘·自序》中称陈为"畏友仲子"，亲密之情溢于言表。1913年底曼殊赴日看病，临行写下《东行别仲兄》：

　　江城如画一倾杯，乍合远离倍可哀；
　　此去孤舟明月夜，排云谁与望楼台？[26]

送行的独秀不禁被其依恋之情所感动，当即亦赋有《曼殊赴江户，余适皖城，写此志别》云：

　　春申浦上离歌急，扬子江头春色长；
　　此去凭君珍重看，海中又见几株桑。

除了劝曼殊远行珍重之外，还对友人之"乍合还离"不免添几分沧桑感，更何况他也急于离沪归皖参加讨袁战斗。

·陈独秀诗作《曼殊赴江户,余适皖城,写此志别》手迹苏、陈既为挚友，他们常以诗互诉衷肠，从诗到禅到革命，无所不谈。但谈得更多的，似乎还是爱情话题。1906年，苏、陈同在皖江中学任教，暑期同赴日本，归国时陈有《偕曼殊自日本归国舟中》云：

> 身随番舶朝朝远，
> 魂附东舟夕夕还；
> 收拾闲情沉逝水，
> 恼人新月故湾湾。

据台静农说，1938年陈在江津时应邀为台书写过几首旧作，其中就有这首七绝。对之，陈还谈起其"故实"：某年他同曼殊、邓以蛰（邓仲纯三弟）自日本回国，船上无事，曼殊喜欢说有日本结交的女友如何

·陈独秀诗作《偕曼殊自日本归国舟中》手迹

如何，而仲甫先生与邓以蛰，故说不相信，不免有意挑动曼殊，开他玩笑。曼殊急了，走进舱内，双手捧出些女人的发饰种种给他两个看，忽地一下抛向海里，转身痛哭。仲甫说已经几十年前的事了，神色还有些黯然。[27] 陈诗中有抚有谑，其情殷殷，好不感人。

1909年春，曼殊于东京结识一弹筝女郎百助，相亲相爱。但当百助欲以身相许时，苏却以"出家人"为由婉拒之，同时陷入"无端狂笑无端哭，纵有欢肠已似水"[28]的痛苦与矛盾之中，唯有写诗向独秀倾吐苦衷。最能表现苏、陈情爱观的，就是1909年他们围绕百助情事所唱和的《本事诗》各十首。[29]

兹录几首对读。第一首，苏作：

> 无量春愁无量恨，一时都向指间鸣。
> 我亦艰难多病日，那堪重听八云筝。

陈和：

　　双舒玉笋轻挑拨，鸟啄风铃珠碎鸣。

　　一柱一弦亲手抚，化身愿作乐中筝。

艰难多病的曼殊，尚不堪聆听那弹奏出无量春愁无量恨的八云筝；多情之独秀却愿化作乐筝，让玉笋般的巧手一柱一弦地亲抚着。

第六首，苏作：

　　乌舍凌波肌似雪，亲持红叶索题诗。

　　还卿一钵无情泪，恨不相逢未剃时。

陈和：

　　目断积成一钵泪，魂销赢得十篇诗。

　　相逢不及相思好，万境妍于未到时。

·陈独秀诗作《存殁六首》手迹

曼殊变前人佳句"恨不相逢未嫁时"为"未剃时",准确地勾画出其禅心与爱心之矛盾;独秀则变无情泪为有情诗,将"万境妍于未到时"之哲理转移成"相逢不及相思好"的情爱观,较曼殊更为豁达。

第八首,苏作:

> 碧玉莫愁身世贱,同乡仙子独销魂。
>
> 袈裟点点疑樱泪,半是脂痕半泪痕。

陈和:

> 湘娥鼓瑟灵均法,才子佳人共一魂。
>
> 誓忍悲酸争万劫,青衫不见有啼痕。[30]

多愁善感的情僧曼殊对美若天仙却身世卑微的百助充满着同情,百助的脂痕、曼殊的泪痕重重叠叠,使其袈裟斑斑驳驳,宛若一片带泪的樱花——何等凄美的形象。独秀则是那种男儿有泪不轻弹的烈性汉子,他劝勉挚友誓忍悲酸,绝不流泪,去与命运抗争,如同鼓瑟、求索的湘娥与屈原。这自然更显出这对朋友性格上之差异。

苏唱陈和,堪称中国近代诗坛之佳话。对之说者不少,却多附会之言,亦可谓"都云作者痴,谁解其中味"。当年同和苏诗者柳亚子等,虽也为诗坛高手,而惟独秀之和诗与曼殊心心相印。原因何在?盖缘独秀亦为情种,于情独钟,惺惺惜惺惺,知曼殊独深。[31]况且当时独秀与高君曼正由热恋转为同居杭州,其所遭受之阻力与所获得爱情之喜悦均非常人所能想象。正基于此,他更能充分理解曼殊在禅心与爱心之间的痛苦挣扎。尽管苏、陈诗风,一偏于阴柔之美,一倾向阳刚之美;但两者一唱一和,刚柔互补,实为中国近代诗坛不可无一、不可有二的珠联璧合之佳构。

四、爱情:新得佳人字莫愁

陈独秀诗中受人曲解最甚的,大概要数《感怀二十首》。它是陈1909年秋到1910年底隐居杭州时的作品。诗成后曾寄上海《民立报》编辑王无生[32]。王选其中的第

十七、十九两首刊于 1911 年 1 月 5 日《民立报》之"小奢摩室诗话"中,并以"大哀"为笔名写了按语,云:"吾友怀宁陈仲甫,弱冠工属文,往曾访予扬州,相得甚欢。此后,君即留学东瀛,去岁归国后,隐居杭州,日以读书为事,所作诗日益精进。今春曾以《游山》诸作见示。予性善忘,都不省记,昨又得近作感遇诗《五古》二十余首,皆忧时感世之作。说者有陈伯玉、阮嗣宗之遗。"

王旡生说陈诗《感怀》二十首,有唐代陈子昂(伯玉)《感遇》诗、魏晋阮籍(嗣宗)《咏怀》诗之遗韵。至于其忧其感之内涵,先有王训昭的《陈独秀〈感怀〉二十首笺释》[33]说"他的'感情'是和辛亥革命前夕的时政密切关联的"。"'弱冠以来反抗帝制'的陈独秀,此时从他所从事的革命活动中,看到起义一次次失败,优秀的革命党人一个个牺牲","不能不使陈独秀感愤万端,在充满'泥滓'的革命道路上,对国家民族的危亡,对推翻清政府的前途,开始忧伤、彷徨起来,并开始思考其失败的教训,进行自我反省,重新探索前途的道路"。然后任建树等编注的《陈独秀诗集》、任建树所著《陈独秀大传》等则一股脑儿地重复王说,云《感怀》二十首以"佳人"、"处子"自喻,是"诗人近十年(1901—1911)革命生涯、阅世经验和思想历程的艺术总结"。

我则认为《感怀》二十首中虽不乏对革命生涯之感慨,但更多的则是言情之作。这组诗写作正值陈独秀与妻妹高君曼同居杭州之时。[34]对于这位高君曼,潘赞化 1959 年有文介绍说:"高君曼女士曾在北京女子师范读书,文学专长,思想新颖,与独秀颇相得,以至亲密关系,近(进)而发生爱情,同居沪上渔阳里,(与我同里)故对其家情形知之最详。"[35]这里说的是 1915 年前后的上海时代。此前 1910 年他们新居杭州时独秀三十一岁,君曼二十五岁,两情相悦,甚为欢洽。同时尚有文友沈尹默、刘季平(刘三)、马一浮等诗酒相酬。所以沈尹默说:"我和陈独秀从那时订交,在杭州的那段时期,我和刘三、陈独秀夫妇时相过从,倘佯在湖山之间,相得甚欢。"[36]这里自然包含着对在这"往来无白丁"的雅境中应酬自如的高君曼的称赞。可见这位高君曼在朋友中颇有美誉。汪孟邹曾夸她为"女中之杰"[37]。此时之陈独秀怎能不诗兴勃发。1910 年冬他有信寄苏曼殊云:"与公别后,即遭兄丧,往东三省扶棺回里,路过上海,晤邓秋枚,始知公已由日本乘船过沪赴南洋。去年岁暮,再来杭州,晤刘三、沈尹默,均以久不得消息为恨。兹由朱少屏所得公住址,殊大欢喜。继今以往,望时惠书,以慰远念。仲别公后胸中感愤极多,作诗亦不少,今仅将哭兄丧诗及与公有关系绝句奉上。公远处南天,有奇遇否?有丽句否?仲现任陆军小学堂历史地理教员之务,虽用度不丰,然'侵晨不报当关客,新得佳人字莫愁'。公其有诗贺我乎?"[38]欣喜之情,溢于言表。他新得佳人,即邀曼殊写诗相贺,自己则更当有丽句记之。这"丽句"就是《感怀》二十首。

其第一首绝非诗人以佳人自喻,而实为其对新得佳人之赞美:

委巷有佳人,颜色艳桃李。
珠翠不增妍,所佩兰与芷。
相遇非深恩,羞为发皓齿。
闭户弄朱弦,江湖万馀里。

这里不仅称赞新得佳人天生丽质,艳若桃李,无须粉饰,更称道这位佳人与自己道同志合,虽暂隐委巷,闭门弄弦,却志存高远。

但是这位佳人身份非常,她是独秀结发妻子高晓岚(乳名大众)同父异母的妹妹高君曼(乳名小众),仅此就使他们的结合忧喜参半:在朋辈中是津津乐道,在世俗中却被愤愤责难。如《感怀》之二云:

春日二三月,百草恣妍美。
瘦马仰天鸣,壮心殊不已。
日望苍梧云,夜梦湘江水。
晓镜览朱颜,忧伤自此始。

这里的第三联,借用的是古代传说中帝尧的两个女儿娥皇、女英同嫁帝舜的故事。现实生活中的独秀没有帝舜那么幸运,在那里舜之二妃千里寻夫,当知舜南巡死于苍梧之野,哭悼不已,遂溺湘江。陈氏虽也有不惜为国赴难的决心,但家事却不得安宁。

陈独秀这种惊世骇俗的人生选择,或许是错误的,但人之感情实是难以言说的,如《感怀》之三云：

　　得失在跬步，杨朱泣路歧。

　　变易在俄顷，墨翟悲染丝。

　　人心有取舍，爱憎随相欺。

　　八骏虽神逸，绝尘犹可追。

当感情蒙蔽理智时，他爱憎未必很准确；但其一旦作出取舍时，真可谓八骏难追。

1897年冬，十八岁的陈独秀与比他长三岁的高晓岚成亲。[39]陈为新科秀才，高为将门之女，两者结合，也算门当户对。那么，这位高夫人到底是个什么角色呢？最权威的说法是陈同时代的友人的话。濮清泉说："陈的原配夫人高氏是个旧式家庭妇女，在乡中有贤惠之名。"[40]潘赞化说，高氏"为皖北霍邱高某，从军功在清廷赏穿黄马褂，且有世爵，将门之女也。完全旧式，与独秀思想相隔距离不止一世纪，平时家庭不和，多口舌之争。独秀留洋，欲借其夫人十两重金镯为游资，坚决不肯，常

·陈独秀原配夫人高晓岚

时吵口。独秀奔走革命，在家极少。"[41]那么陈氏是如何评价这位高夫人的呢？很少有文字言及。我则认为《感怀》之十五，可能是陈对其原配夫人的评说：

　　力父佩璇玉，被服妖不妍。

　　背人傅脂粉，巧笑尾群仙。

　　玉台谒王母，心醉天子篇。

　　高邱一回首，众女空婵娟。

诗中辛辣地嘲笑东施效颦、不知其丑的行为，"高邱一回首"——不是艳惊群芳，

却是"众女空婵娟",实为奇丑无比。如果陈氏真的是这样看待其原配夫人,实有失雅量,他明知"君子绝交不出恶声"[42],何况夫妻一场。但有一点可肯定,即陈独秀与高晓岚之间思想感情相差甚远,他们之夫妻关系早已名存实亡。

有这切肤之痛,陈独秀1904年在《安徽俗话报》发表《恶俗篇》,以上、中、下三篇之篇幅痛快淋漓地批判中国封建包办婚姻制度,提倡以感情为基础的自由婚姻。他认为"夫妇(关系)乃人伦之首","有夫妇然后有子女,有子女然后有朋友,有朋友然后有君臣","若无夫妇,便没世界","人类婚嫁的缘由,乃因男女相悦,不忍相离,所以男女结婚。不由二人心服情愿,要由旁人替他作主,强逼成婚,这不是大大的不合情理吗?你看中国人结婚的规矩,那一个不是父兄作主,有一个是男女相悦,心服情愿的吗?唉!开店的人请个伙计,还要两下里情投意合,才能相安。漫说是夫妇相处几十年的大事,就好不问青红皂白,硬将两不相识、毫无爱情的人,配为夫妇吗?若是配得两下里都还合式哩,就算是天大的幸福,但要相貌、才能、性情、德性,有一样不如式,便终身难以和睦,生出多少参差"。这些话语之中,该有陈氏多少人生感慨啊!

思维开放的陈独秀非常向往西方的自由婚姻:"现在世界万国的结婚的规矩,要算西洋各国顶文明,他们都是男女自己择配,相貌、才能、性情、德性,两边都是旗鼓相当的,所以西洋人夫妻的爱情,中国人做梦也想不到。"因而他热切呼吁:"但愿天下父母心,爱惜人间儿女苦!""虽难仿西洋的章程,也要学日本的规矩",即"虽有由父母作主的,也要和儿女相商,二意情愿才能算事"。他祈望在中国而今而后,再莫办那种不合情理的婚事。

凡此种种,就是陈独秀1910年策动婚变的思想基础。在这里仿佛预闻到了五四时代个性解放之先声。但陈的行为为世俗礼教所难容。胡适说:"因恋爱问题及其他问题他同家庭脱离了关系,甚至他父亲(按,当为嗣父陈衍庶)要告他。"[43]濮清泉说,陈与妻妹结合"这事曾引起了乡里的非议,说是太不像话。但陈处之泰然,一笑了之",[44]甚至他大儿子延年"小时即受母氏(按,指高晓岚)先入之言,对父颇少感情,而独秀公而忘私，父子间极不相得"。[45] 直到1930年高晓岚去世时，君曼带着孩子回安庆奔丧，这时陈家的人和亲友对她和独秀的婚事仍然有所非议。这些世俗偏见当是陈独秀当年携高君曼背井离乡、移居杭州的重要原因。这些人生际遇，自然也会化为《感怀》诗中的篇章。其第四首，写赵武灵王与女娃姎及身后的婚恋，"宗族害其贤"；第六首以《韩非子·说难》中的寓言写他们的行为"奈何撄逆鳞"，"邻人乃见疑"；第七首从鲧为治水偷了天帝的息壤而被处死，叹"人心无是非，是非徒自网"，皆传递着个中信息。第十二首所云："鸱枭岂终古，惊散双鸳鸯；美人怀远思，中夜起彷徨"；第十三首所云："西巢三珠树，振翮一哀鸣；王母不可见，但忆董双城"，则说得更明白。有趣的是传说中西王母的侍女董双城，也曾炼丹于杭州西湖妙庭观，这更易引起陈氏的共鸣。其第十七首云：

女娃为精卫，衔石堙东海。

东海水未堙，女娃心已改。

夸父走虞渊，白日终相待。

奈何金石心，坐视生吝悔？

愿如精卫填海、夸父追日般无怨无悔地追求自由幸福的生活。如果说第二十首是对他们长期奋斗的总结（饮羽及石梁，九载甘肃瑟）与光明未来的期待（十日丽芜臬，光明冀来日），那么第十首则为对苦尽甘来的现实的品味：

东邻有处子，文采何翩翩。

高情薄尘俗，入海求神仙。

归来夸邻里，朱楼列绮筵

今日横波目，昔时流泪泉。

陈独秀《感怀》二十首，堪称献给"新得佳人"高君曼之情歌；不必过分穿凿，去求什么革命的微言大义。令人遗憾的是，这对经过艰苦奋斗好不容易自由结合的夫妇，也未白头偕老，将其爱情延伸到生命的终结。[46]

五、亲情：诗化之恋母情结

在亲情世界里，陈独秀有强烈的仇父情结与恋母情结。其根源，他在《实庵自传》中有明确的表述。这种倾向，见诸诗歌则为两首悼亡诗：一为早年的《述哀》，一为晚年的《挽大姊》。他是把"阿弥陀佛"的大哥与"勤谨"的大姊，作为母爱的延伸来歌颂的。

陈独秀父亲早逝，他的童年时代是在严厉的祖父的拷打中度过的，童年的温馨只来源于温和的母亲和大哥大姐。更何况早中秀才的大哥与他是亦师亦友的关系，不仅教他读书，还陪他应举，感情弥深。[47]

1909年10月22日，陈独秀之大哥孟吉因肺病逝世于东北。行踪不定的陈独秀得悉后，"仓卒北渡，载骨南还"，"悲怀郁结，发为咏歌"[48]。于是在沈阳寓斋就写下了这首长达六百八十字的五言诗《述哀》，痛悼亡兄。全诗除序，分四章，第一章写他闻凶信后梦见兄长的情景："掩户就衾枕，犹忆梦见之，辗转不能寐，泪落如垂丝。"次则写在国难当头之际与兄最后一次分手的情景："坎坷复踽踽，慷慨怀汨罗。孤篷岂足惜，狂澜满江河。"末章则写"仓卒北渡，载骨南还"的见闻与悲痛心情："吉凶非目睹，疑信持两端。……孤棺万古闭，悲梦无疑团。侧身览天地，抚胸一永叹。"都写得凄婉动人。全诗重在第三章，那是哥俩三十年手足之情的生动倾诉：

> 与君为兄弟，匆匆三十年。
>
> 十年余少小，罔知忧苦煎。
>
> 十年各南北，一面无良缘。
>
> 其间十年内，孤苦各相怜。
>
> 青灯课我读，文彩励先鞭。
>
> 慈母虑孤弱，一夕魂九迁。
>
> 弱冠弄文史，寸草心拳拳。
>
> 关东遭丧乱，飞鸿惊寒弦。
>
> 南奔历艰险，意图骨肉全。

辛苦归闾里，母已长弃捐。

无言执兄手，泪湿雍门弦。

相携出门去，顾影各涓涓。

弟就辽东道，兄航燕海边。

海上各为别，一别已终天。

回思十载上，泣语如眼前。

见兄不见母，今兄亦亡焉。

兄亡归母侧，孑身苦迍邅。

地下语老母，儿命青丝悬。

老母喜兄至，泪落如流泉。

同根复相爱，怎不双来还？

独秀与孟吉作为兄弟，虽有三十个春秋，但除去少小十年不省事与最近"十年各南北"，真正难忘的相处只"其间十年内，孤苦各相怜"，即从长兄教他读书到母亲查氏去世，亦即独秀十到二十岁这段历史。这是他成长史上的重要阶段，受母亲与长兄影响最大。

"青灯课我读，文彩励先鞭"。陈独秀在《实庵自传》中说："我从六岁到八九岁，都是这位祖父教我读书。我从小有点小聪明，可是这点小聪明却害苦了我。我大哥读书，他从来不大注意，独独看中了我……我背书背不出，使他生气动手打，还是小事；使他最生气，气得怒目切齿几乎发狂令人可怕的，是我无论挨了如何毒打，总一声不哭，他不止一次愤怒而伤感的骂道：'这个小东西，将来长大成人，必定是一个杀人不眨眼的凶恶强盗，真是家门不幸。'"这也催发了独秀一发不可收拾的叛逆心理，迈出了"终身的反对派"的第一步。但"自从祖父死后，经过好几个塾师，我都大不满意，到了十二三岁时，由大哥教我读书，大哥知道我不喜欢八股文章，除温习经书外，新教我读《昭明文选》。初读时，我也有点头痛，后来渐渐读出味道来了，从此更加看不起八股文。"可见，虽也督促他在科举道路上奋进，但大哥的教育方法与祖父迥然不同，两相对比，真叫独秀终身难忘。

这种教育方式的转换，关键在母亲。祖父在时，母亲无发言权，眼见着儿子被毒打，"母亲为此不知流了多少眼泪，可是母亲对我并不像祖父那样悲观，总是用好言劝勉我，说道：'小儿，你务必好好用心读书，将来书读好了，中个举人替你父亲争口气。'"祖父死后，几经周折，母亲就命性情温和的大哥教独秀读书。"慈母虑孤弱，一夕魂九迁"，母亲梦魂萦绕的是儿子如何以孤弱之体魄去博取辉煌的前途所构成的尖锐矛盾。"弱冠弄文史，寸草心拳拳"，则是儿子对母爱的心灵感应以及由此激起的奋斗精神。"母亲的眼泪，比祖父的板子，着实有威权，一直到现在，我还是不怕打，不怕杀，只怕人对我哭，尤其妇人哭。母亲的眼泪，是叫我用功读书之强有力的命令"——独秀到1937年写《实庵自传》时，还如是说。可见他十七岁考中第一名秀才的真正动力是母亲的眼泪。尽管捷报传来，母亲乐得几乎掉下眼泪，他却更加一层鄙薄科举，因为整个考试过程与内容太荒唐了；但母亲快乐，他自然也高兴。叛逆陈独秀，对母亲（包括嗣母谢氏）却非常孝敬。

然树欲静而风不止。陈独秀1897年乡试失利后，即与大哥一起随嗣父赴东北任上。次年闻母病，即与兄"南奔历艰险，意图骨肉全"。谁知匆匆忙忙赶到家，"母已长弃捐"。"无言执兄手，泪湿雍门弦"，世间能有比这更悲痛的事吗？

安葬了母亲，兄弟俩一个去辽东，一个去日本，谁知这竟是诀别。"兄亡归母侧，孑身苦迍邅。地下语老母，儿命青丝悬。老母喜兄至，泪落如流泉。同根复相爱，怎不双来还？"已痛不欲生，恨不得逐亡兄一起奔赴母亲怀抱。

失亲之痛被表现得何等真诚与深切。这是以母爱为出发点与归宿的。因而，我认为《述哀》与其说是亡兄的挽歌，还不如说是母爱的颂歌。

晚年所作的《挽大姊》，首先交代了姐弟四人之存亡："兄弟凡四人，唯余为少焉。长兄殁辽东，二年共和前。二姊老故乡，死已逾廿年。大姊今又亡，微身且苟延。"次写大姐的勤谨、贤惠，训子有方，再写自己志在四方，与亲人分多聚少，晚年卜居江津，与老姊喜相逢，不亦乐乎："卅年未见姊，见姊在危颠。相将就蜀道，欢聚忘百惧。"

末段写姊弟最后一别的镜头:"送我西郭外,木立无言辞。依依不忍去,怅怅若有思。"宛若图画,令人读之,历历在目。重要的仍是中间段落,白描出晚年所见的大姊形象:

> 姊性习勤俭,老益戒怠侈。
>
> 纨素不被体,兼味素所訾。
>
> 家人奉甘旨,尽食孙与儿。
>
> 强之拒不纳,作色相争持。
>
> 针黹恒在手,巨细无张弛。
>
> 如何操奇赢,日夕心与驰。
>
> 生存为后人,信念不可移。

名曰写大姊,实则勾勒了一个为了后代"身心复交疲"的慈母形象。

而其严厉的祖父与能干的嗣父,都未进入独秀诗章。他为读书与功名问题,与祖父闹得势如仇敌;又为革命与恋爱问题,与嗣父闹得形同路人。是为其仇父情结之表征。甚至其仇父情结也传染给了儿辈。他虽从远处着想,以为"少年人生,听他自创前途可也",而"妇人之仁,徒贼子弟,虽是善意,反生恶果"[49],但因种种原因尤其他与高君曼同居之事,使得儿子少年时代与他"极不相得",尽管他们后来成了同党同志。

六、山水诗:好诗不过近人情

在陈独秀的诗歌吟咏中,描写与怀念山川风物之作并不多。然诚可借用张问陶所云"天籁自鸣天趣足,好诗不过近人情",他的这类诗作也洋溢着天趣与人情。

陈独秀无疑是个爱国志士,但他更是地球村的公民,他笔下的山川风物绝不限于华夏大地。他青年时代几番东渡日本,对日本的山水,亦多有礼赞。其现存最早的山水诗,即《华严瀑布》,为陈氏于1908年下半年游览日本华严瀑布时所写。原有十余首,1911年2月19日上海《民立报》刊发其中八首,诗前有《小奢摩室诗话》称:"仲甫近诗,前已录于诗话(指《感怀》二十首)。近又以其庚戌以后诗稿见寄,内有游日本华严泷五绝十馀首。思想绝高,胎息亦厚,兹录数作如下云。"今所见者仅此八首。

其一

湖水深且碧,波静敛微白。
东注落为泷,高悬一千尺。

其二

矫若天龙垂,倒挂玲珑石。
飞沫惊四筵,无语万山碧。

其三

仰瞻接奔雷,俯视迷霾雾。
回首觅归途,夕阳红满树。

其四

少女曳朱裙,掩面色凄恻。
自惜倾城姿,不及君颜色。

其五

列峰颦修眉,湖水漾横波。
时垂百丈泪,敢问意如何?

其六

死者浴中流,吊者来九州。
可怜千万辈,零落卧荒丘。

其七

日拥千人观,不解与君语。

空谷秘幽泉,知音复几许。

其八

我欲图君归,虚室生颜色。

画形难为声,置笔泪沾臆。

华严瀑布为日本三大瀑布之一。昔日常有厌世者来此寻求解脱,故有"死之瀑"之称,陈诗中"死者浴中流"即言此。但陈决不悲观厌世,"时垂百丈泪,敢问意如何?"他以淡雅之笔描摹、礼赞了华严瀑布之高洁美观:"少女曳朱裙,掩面色凄恻。自惜倾城姿,不及君颜色";同时又以高度人格化了的华严瀑布抒写了他自己特有的寂寞孤独之感:"日拥千人观,不解与君语。空谷秘幽泉,知音复几许。"有人将陈氏与高君曼的结合提前到1907年,说高随同留学日本,华严瀑布前有他们流连忘返的身影。《华严瀑布》就是"佳人在侧"而写成的。[50]这大概是为突出其"浪漫的情怀"而撰写的情节。确切的实事倒是"友人在侧"而写成的。这友人即苏曼殊。这首诗是陈写给苏作为互诉衷肠兼切磋诗艺的作品,也曾得到苏"词况丽瞻"[51]的盛赞。同时他还在《本事诗》第六首中以李白《赠汪伦》的句式,将华严瀑布化为爱情诗句:"华严瀑布高千尺,不及卿卿爱我情。"

陈独秀辛亥革命前夕隐居杭州时,对杭州的山水名胜,偶有吟咏,是其诗酒豪情的产物与写照,除常见文集者之外,我还从台静农所藏陈氏佚诗中见到一首《杭州酒家》,很能见出其居杭州时之风采。诗云:

武林市上酒家垆,自别江城又一秋。

若问狂郎生活意,醉归每见月沉楼。

陈独秀晚年隐居江津时,巴蜀风光亦偶有摄入诗章的。如《郊行》:"蹑屣郊行信步迟,冻桐天气雨如丝。淡香何似江南路,拂面春风杨柳枝。"如《漫游》:"峰峦出没成奇趣,胜境多门曲折开。蹊径不劳轻指点,好山识自漫游回。"活现出一个行吟诗人的形象。尤其是后一首《漫游》,据台静农附记:"先生逝世于五月廿七日,距是诗之作才四个月二十日耳。"[52] 可见其为陈氏诗歌创作之绝笔,却仍贯溢着一股从容之气,尽管此时他已是贫病交加,濒临绝境,令人读后击节高歌:伟哉斯人。

陈独秀晚年还有些山水诗,是对昔日所历胜迹的怀念。如《鹏升夫人和平女士索书率赋一绝》:

  前年初识杨夫子,过访偕君昨日情。
  寂寞脂脂坪上月,不堪回忆武昌城。

《春日忆广州》云:

  江南目尽飞鸿远,隐约罗浮海外山。
  曾记盈盈春水阔,好花开满荔枝湾。

《对月忆金陵旧游》云:

  匆匆二十年前事,燕子矶边忆旧游。
  何处渔歌惊梦醒,一江凉月载孤舟。

这些诗章于从容人生主调之外,总飘忽着一股抹不掉的忧伤与无奈之感。这无疑为我们认识其烈士暮年之精神风貌,提供了一份形象的资料。

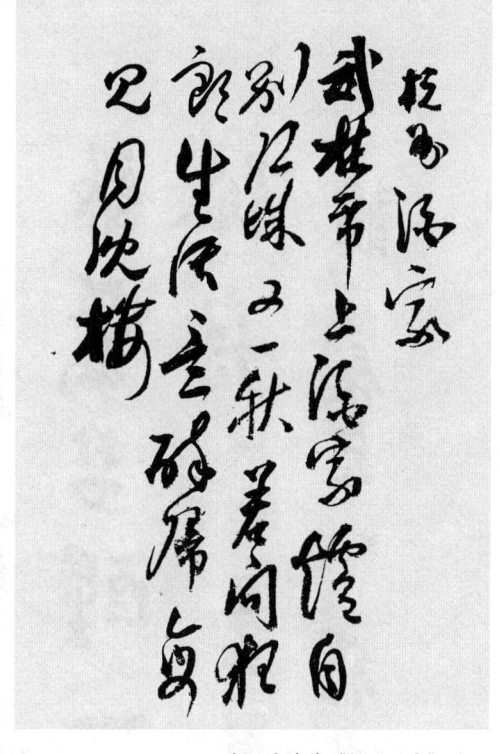

·陈独秀诗作《杭州酒家》手迹

對月憶金陵舊遊

辛巳秋作

匆匆三十季前事甚早

樂石邊憶舊遊何似漁

歌驚夢醒一江涼月載

孤舟

靜枚辰兄 壬午莫春寫寄

獨秀自鶴山坪

· 陈独秀诗作《对月忆金陵旧游》手迹

七、从学宋诗到以杂文入诗

对于陈独秀之诗艺,其同时代曾不断有人评说。首先是李大钊对陈诗就评价颇高,据罗章龙转述说:

> 仲甫、守常居国外(按,指在日本)时,雅好吟咏,往往有佳什流布文坛。自一九二一年以还,仲甫忽摒弃旧诗不作,众方以为异。有人以此询诸守常,守常解说云:"仲甫平生为诗意境本高,今乃如'大匠傍观,缩手袖间'。窥其用意,盖欲专志于革命实践,遂不免蚁视雕虫小技耳。"后仲甫闻此语亦不置辩。[53]

李大钊以知己的身份说,陈诗意境本高,但他毕竟视诗为雕虫小技,作为人生之余事有感有暇则偶为之,无感无暇则袖手不作。这完全符合陈氏之创作心态。

对于陈氏之诗学渊源与诗艺风格,权威的观点,似乎是胡适的"宋诗说"。胡适1932年10月29日在北京大学讲演《陈独秀与文学革命》,说:陈独秀"他有充分的文学训练,对于旧文学很有根底……说到诗,他是学宋诗的","他的诗有很大胆的变化,其中有一首哭亡兄,可说是完全白话的,是一种新的创造"。[54] 尔后的论者亦多信从胡适的观点,却很少有人明白胡适是从宋诗与白话诗的关系上谈论独秀诗的。感谢葛兆光之名文《从宋诗到白话诗》点拨了我,使我一下捕捉到了胡适之言的真谛。诚如葛文所言:"从白话诗运动的主将们浸润于中国文化,谙熟中国古典诗歌这个事实中,从当时盛行宋诗的这一背景中,我们应当看到白话诗恰恰与他们所反对的中国古典诗歌有某些似反实正的渊源,在这里,我们尤其要拈出的是白话诗运动的精神与宋诗'以文为诗'趋向的微妙关系。"[55] 正是从"以文为诗"这一历史逻辑的起点出发,胡适在《逼上梁山》等文中论及宋诗与白话诗之间的"微妙关系":

> 我认定了中国诗史上的趋势,由唐诗变到宋诗,无甚玄妙,只是作诗更近于作文,更近于说话……宋朝大诗人的绝对贡献,只是在于打破六朝以来的声律束缚,努力造成种近于说话的诗体。[56]

他还坦率地承认:"我那时(指1915年)的主张颇受了读宋诗的影响,所以说'要须作诗如作文',又反对'琢镂粉饰'的诗。"这里指的是他当时宣誓要进行诗体变革的一首诗:"诗国革命何自始,要须作诗如作文。琢镂粉饰丧元气,貌似未必诗之纯。小人行文颇大胆,诸公一一皆人英。愿共戮力莫相笑,我辈不作腐儒生。"[57]这绝不是胡适漫无边际不经心的信口开河,只是这个由白话诗开创者亲口道出的事实被人们有意无意地忽略了而已。其实,当时人纷纷摹拟宋诗,甚至连杜甫都被斥为"颓唐"。正如胡适所说:"最近几十年来,大家都爱谈宋诗,爱学宋诗","这个时代中,大多数的诗人都属于宋诗运动"。[58]所以葛兆光进而说,只要对宋诗在诗歌的语言变革中的意义有正确的估价,对白话诗的语言结构和功能有冷静的分析,人们就能明白"要须作诗如作文"的白话诗与"以文为诗"的宋诗之间确有许多共同之处和直接的渊源。

胡适有浓重的白话诗情结,他是从推行白话诗的立场来论述白话诗与宋诗的关系,并敏感而准确地看到陈独秀在这一历史逻辑上的地位与作用。即使是旧体诗之写作,陈独秀也以宋诗为参照物,进行了大胆的创造,如他的《述哀》《挽大姊》等。

陈独秀之独创处,不仅仅在以文为诗,更在其能以杂文为诗,创造了杂文体诗,或诗体杂文。最典型的是由五十六首绝句组成的大型组诗《金粉泪》。这组杂文诗是陈氏1934年于南京监狱中所作,1936年或1937年由亚东图书馆汪孟邹从狱中带出,辗转秘藏,1959年由汪原放捐给上海中共一大纪念馆收藏。首尾两首,一曰:"放弃燕云战马豪,胡儿醉梦倚天骄。此身犹未成衰骨,梦里寒霜夜渡辽。"一曰:"自来亡国多妖孽,一世兴衰过眼明。幸有艰难能炼骨,依然白发老书生。"正是其当时心境的写照。他虽身陷囹圄无力回天,却忧心国事,感慨万千。他将一世兴衰尽收眼底,对亡国妖孽之种种倒行逆施,极尽讥笑嘲讽之能事。诚如濮清泉所云,这些随兴之作,一首嘲讽一个党国要人,如邵元冲挨过蒋介石的一记耳光,陈立夫挨过蒋介石的一顿脚踢,蒋作宾闻蒋介石放屁而曰不臭,宋蔼龄巧遇大学生等等,虽然是一些无聊小事,但诗却写得相当辛辣,可以看出那时当局的一些丑态。[59]

这些故事原是写杂文的好题目,但被陈氏信手拈来,稍加点染,或寓庄于谐,或化丑为美，即成妙趣横生的讽刺诗章。如濮氏所说的第一个故事，陈注云：蒋曾因事批邵元冲之颊。

　　批颊何颜见妇人，妇人忍辱重黄金。

　　高官我做他何恤，廉耻声声教国民。

立法院当为国家之面子工程，立法院院长自是风光的面子工程之总长。今立法院副长邵某被蒋某赏了耳光，第一难关大概在无颜见夫人，谁知平日仰视夫君的夫人如今只要底子（有高官做）不要面子。面子工程中的行政长官们尚且如此，何必还拿什么廉耻之类条文去愚弄国民呢？再如褚民谊等在南京组织风筝大会，以粉饰蒋介石的"新生活运动"。蒋介石则是以"新生活运动"粉饰太平，这与抗战救亡的局势形成鲜明对比。陈氏敏感地抓住这一奇怪现象，不是以杂文，而是以诗写道：

　　要人玩耍新生活，贪吏难招死国魂。

　　家国兴亡都不管，满城争看放风筝。

再如吴稚晖（敬恒）早年落水侥幸未死，后以投机成名，晚年官运亨通，实指望世代荣华下去，谁承望其子染上花柳病，致使他绕室长叹曰：吴氏之祀斩矣。陈氏早年与吴有交往，后厌其人格卑污而断交，今则以杂文诗为之画了一幅漫画像：

　　艮兑成名老运亨，不虞落水伏天星。

　　只怜虎子风流甚，斩祀汪汪长叹声。

潘赞化在《我所知道的安庆两小英雄故事略述》中也提到"吴与独秀亦早年相识，同事广州"，"独秀颇不直其为人，以老狗呼之，并有打油诗云'吴家哲嗣今应斩，绕室汪汪犬吠声'。吴子中年荒唐，患梅毒，睾丸被割去，吴老急绕室狂呼曰：'吴氏之嗣斩矣，吴氏之嗣斩矣！'故陈戏以诗嘲之。"潘氏所引者是这首诗的另一个版本，还是另一首打油诗，今已难考，但其主旨是相通的。

这组诗，宛如一组随感录，组成一幅讽刺长卷，活画出蒋介石集团中的群丑图。

由以文为诗到以杂文为诗，既是对宋诗艺术的发展，也是对中国现代诗坛之贡献。以杂文入诗起之于何人，我未确考。但据我所知，与陈同时代的至少有鲁迅的《教授杂咏四首》,此后则有聂绀弩的《三草》诗集等。他们之间有何联系,值得识者认真研究。人谓聂绀弩以杂文入诗,开前人未有之境。[60]我认为,若以近五十年言之,则庶几能够成立;若以近现代诗坛言之,则或许不确,因近现代以杂文入诗,开前人未有之境的诗人,当是陈独秀。虽非一枝独秀,然亦未见出其右者也。陈独秀正是从这个切入点上,打通了宋诗与白话诗的关节。胡适只知道陈独秀学宋诗,而未必知道其进而以杂文为诗,创造了一片诗坛异彩。

八、论诗气韵推天宝与丹顿裴伦是我师

然而作为一个狂放派的诗人,陈独秀之诗似乎远非"宋诗"能总括其多彩之风貌。

陈独秀同时代的除胡适之外,还有不少人言及陈诗。其中最富情感的是台静农晚年所作的回忆文章《酒旗风暖少年狂》,他在记叙陈氏少年时代诗酒豪情及烈士暮年避地入蜀与沈尹默之酬唱中,见出其"思想文章虽有激变,而艺术趣味却未曾磨灭"。其间尤为推许陈氏当年在杭州时赠沈尹默的一首七言古诗《夜雨狂歌答沈二》,诗云:

> 黑云压地地裂口,飞龙倒海势蚴蟉。
> 喝日退避雷师吼,两脚踏破九州九。
> 九州嚣隘聚群丑,灵琐高扃立玉狗。
> 烛龙老死夜深黝,伯强拍手满地走。
> 竹斑未泯帝骨朽,来此浮山去已久。
> 雪峰东奔朝峋嵝,江上狂夫碎白首。
> 笔底寒潮撼星斗,感君意气进君酒。
> 滴血写诗报良友,天雨金粟泣鬼母。
> 黑风吹海绝地纽,羿与康回笑握手。

读毕此诗,台静农准确地说:"此诗作于一九一五年,明年办《新青年》[61],于是以雷霆万钧之力,反封建,反传统,倡文学革命,实践了'笔底寒潮撼星斗'。"就

诗艺而言，台氏有云："这首'夜雨狂歌'，极瑰丽奇诡，以长吉的诞幻，嗣宗的咏怀，合为一手。"类似的意见，王生则认为陈氏所作《感怀》二十首"皆忧时感世之作。说者有陈伯玉、阮嗣宗之遗"。

邑人程演生也曾盛赞陈诗，他说：

> （陈独秀）风宇倜傥，掌而谈，品评唐人诗句，妙趣横生，固知君为天下士也。当时君为诗甚众，古体雅近二陆、三张（按，指晋代的陆机与弟云，张载与弟协、亢），近体苍凉感激，往往有似牧斋（钱谦益）、梅村（吴伟业）。其存殁诗六首尤传诵于时，予记其一云："何郎弱冠称神勇，章子当年有令名；白骨可曾归闽海，文章今已动英京。"何指何靡施，章指章行严也。又过马关有句云："百世恩仇深到骨，中年哀愁苦如环。"可想见其气概也。既君以泰西新说倡导天下，廿馀年来，学术、思想、政治、社会皆为之振荡披靡，顾君之所为，岂不巨哉。[62]

拙作《台静农所藏陈独秀佚诗》中著录了沈尹默、董作宾、沈刚伯等人对陈独秀诗卷的题跋。尹默、作宾所言皆为忆旧，唯刚伯以诗评诗兼及其人。诗云：

> 陈公龙风姿，奇气凌云汉。
> 薄孔非汤武，无异嵇中散。
> 调高不谐俗，才隽为身患。
> 我今读遗篇，喟然发三叹。[63]

他们所言异中有同，即众口一词地说陈诗中有魏晋风度。这当是陈诗中另一异彩。

那么，陈独秀又是怎么看待自己的诗作的呢？他除在南京狱中与濮清泉畅谈过他的诗学观，还有两则论诗绝句值得重视。其一为早年和苏曼殊《本事诗》之一云：

> 丹顿裴伦是我师，才如江海命如丝。
> 朱弦休为佳人绝，孤愤酸情欲语谁？[64]

以欧洲著名诗人但丁（丹顿，1265—1321）、拜伦（裴伦，1788—1828）为师，是陈诗更富人文精神与更多现代气息之关键所在。

其二为晚年于江津《寄沈尹默绝句四首》之一云：

论诗气韵推天宝，无那心情属晚唐。

　　百艺穷通偕世变，非因才力薄苏黄。

　　陈独秀从"百艺穷通偕世变"——亦即从"一代有一代之文学"的观念出发，他虽不轻视以苏（轼）、黄（庭坚）为代表的宋诗，但其骨子还是崇尚盛唐诗风的。不过，这首"论诗"绝句，论的是他对诗的气韵与时代变迁的关系。诗自"天宝"而"晚唐"，李、杜而苏、黄，一言以蔽之，曰："百艺穷通偕世变"。"天宝"之诗固为第一流，气韵生动，垂范千古，而至晚唐则不免露出"无那"即无奈之境，诗章不失华丽而气质不免衰颓。责任不在诗人之才情，而乃时势使然，如之奈何？唐诗尚且如此，遑论苏、黄。——陈氏于此是为自己晚年"哀乐渐平诗兴减，西来病骨日支离；小诗聊写胸中意，垂老文章气益卑"的心态作历史注脚与审美解说，"诗兴减"与"气益卑"非主观所愿，乃时势所迫，非以人的主观愿望为转移也；同时也为中国诗艺贡献了一条可贵的美学原则。

　　此外，陈独秀还有些诗句言及诗学。如《病中口占》："蕲爱力穷翻入梦，炼诗心豁猛通禅。邻家藏有中山酿，乞取深卮疗不眠"——酒与梦，既是陈诗之催化剂，又是陈诗之造境物；由诗心通向禅心，则是其晚年作诗之佳境。又如《寒夜醉成》："纵横谈以忘形健，衰飒心因得句雄。自得酒兵麇百战，醉乡老子是元戎"——现已无法确知陈氏到底有多大海量（按，安庆人称酒量大为海量），但"醉里乾坤大，壶中日月长"，有"酒兵"在心头激荡，本就豪气冲天的陈氏所作诗章则多呈豪放之美；衰飒心因得句雄，亦如苏轼之诗"波澜富而句律疏"。[65]

　　综上所述，我认为陈诗之艺术渊源与风格，当为以盛唐诗风为底色，上染魏晋风度，下着宋诗色泽，兼有欧诗调剂，使之成为中国诗坛一枝独秀之奇葩。

九、余论：台静农所藏陈独秀佚诗及其他

　　人们对作为杰出诗人陈独秀的认识，大概主要得之于两书：一为张君等编《陈独秀诗选》（内部印行），一为任建树等编注《陈独秀诗集》（时代文艺出版社1995年4

月版）。笔者近读台湾中国文哲研究所筹备处编辑影印出版之《台静农先生珍藏书札（一）》(1996年出版)，有幸发现几首上两书所未收之陈独秀诗作。此书流布不广，因不妨略加介绍如次。

陈独秀晚年旅居四川江津时，与台静农先生之交往，有台氏之名文《酒旗风暖少年狂》以及他所珍藏陈氏一百零二封亲笔信作证，无须多言。

《台静农先生珍藏书札（一）》中远非仅有书札，还有"诗文卷"，收陈氏手录诗作二十五首。陈氏有跋云："静农强余为写旧日所作诗。昔在杭州颇喜吟咏，惟多未录存，已录存者亦已散失。旧作多五言古，全不记忆，今就所记近体数首及静农兄所搜获者一并书之。书竟尚有余纸，蜀中近作亦录以补馀焉。"陈氏这次所录杭州旧作有《游韬光》《游虎跑》《偕曼殊自日本归国舟中》《曼上人述梵文典成且将次西游命题数语爰奉一什丁未夏五》《杭州酒家》《存殁六绝句》《曼殊赴江户余适皖城写此志别》《曼殊作葬花图赠以蛰为题一绝》《西湖十景之一》等；蜀中近作为《与孝远兄同寓江津出纸索书辄赋一绝》《寄杨朋升成都》《朋升夫人和平女士寄纸嘱书手册即奉一绝》《自鹤山坪寄怀江津诸友》《告少年》等。

此后，陈氏又陆续有诗录赠台氏。《台静农先生珍藏书札（一）》中有《郊行》《对月忆金陵旧游》《春日忆广州》《闻光午之瑜静农及建功夫妇于屈原祭日聚饮大醉作此寄之建功兄》《悼老友李光炯先生》《漫游》。

陈氏所录赠台氏诗作，多见于张编诗选，任编诗集。现将不见诸两书者，辑录如下，以公同好。

杭州酒家

武林市上酒家垆，自别江城又一秋。

若问狂郎生活意，醉归每见月沉楼。

按，台静农在《酒旗风暖少年狂》中说，陈独秀曾为他书一对联，联文为：坐起忽惊诗在眼，醉归每见月沉楼。首句是明人诗，次句是他的诗，这是他早年集的，还没有忘记。

与孝远兄同寓江津出纸索书辄赋一绝

何处乡关感乱离,蜀江如几好栖迟。
相逢须发垂垂老,且喜疏狂性未移。

寄杨朋升成都

连朝江上风吹雨,几水城东一夜秋。
烽火故人千里外,敢将诗句写闲愁。

自鹤山坪寄怀江津诸友

竟夜惊秋雨,山居忆故人。
干戈今满地,何处着孤身。
久病心初静,论交老更肫。
与君共日月,起坐待朝暾。

郊　行

蹑屣郊行信步迟,冻桐天气雨如丝。
淡香何似江南路,拂面春风杨柳枝。

对月忆金陵旧游

匆匆二十年前事,燕子矶边忆旧游。
何处渔歌惊梦醒,一江凉月载孤舟。

按,此诗稿上陈氏自署云:"辛巳秋作。壬午暮春写寄静农兄,独秀自鹤山坪。"辛巳即1914年,壬午为1942年。此诗稿写于陈氏逝世前不久。

悼老友李光炯先生

自古谁无死，于君独怆神。

撄心惟教育，抑气历风尘。

苦忆狱中别，惊疑梦里情。

艰难已万岭，凄绝未归魂。

按，陈氏自序云："六年前，老友李光炯先视余于金陵狱中，别时余有奇感，以为永诀。其告余，生死未卜，先生亦体弱多病也。抗日军兴，余出狱，避寇入蜀，卜居江津。嗣闻光炯先生亦至成都，久病颇动归思。闻耗后数日，梦中见先生推户而入。余惊曰：闻君病已笃，何遽至此？彼但紧握余手，笑而不言。觉而作此诗，录寄余光君，以纪哀思。光笃行好学，足继先生之志。先生无子，而有婿矣。民卅夏日。"

漫 游

峰峦出没成奇趣，胜境多门曲折开。

蹊径不劳轻指点，好山识自漫游回。

按，陈氏自署云："录近作一绝以寄静农兄，民国卅一年一月七日，独秀于蜀之江津鹤山坪。"手稿旁有台静农之附记："先生逝世于五月廿七日，距是诗之作才四个月二十日耳。农记。"

这八首诗除第一首为杭州时代之旧作外，其余七首皆陈氏晚年居江津时所作。这些诗不仅展示了陈氏诗艺之老辣，更为我们认识陈氏晚年的生活与精神状况提供了难得的形象资料。

《台静农先生珍藏书札》诗文卷中，还收录了同时代学者对陈氏诗卷的题词，是研究陈诗的珍贵资料，也录于斯。沈尹默的题词为：

静农索题仲甫稿，旅罗无惊难为词。携其东来一开视，忍读当日杭州诗。

鹤坪树老鹤不归，存殁之感徒尔为。还君诗卷意未已，君将何计塞吾悲。此卷置筐中数年，今始题得，如何如何？三十七年十月四日灯下尹默。

沈词之后有胡适题记："三十八年三月廿八日胡适读后敬记。"董作宾有题词：

  卅八年一月随史言所迁台，任教台大，于静农兄处得读此诗卷，及文字学、古史表各遗稿。余读书北大时，先生已去，每以未亲教益为憾。廿五年春因陈君之介，得访先生于首都图圄中。先生方治古文声韵学，旁及卜辞，畅谈半日。抗战中先生居江津。余客李庄，不及再晤。今睹此卷，犹想见先生风采奕奕，仿佛昨日，为之慨然。同年五月十八日，董作宾敬记。

这"同年"当为三十八年。沈刚伯的题词为：

  陈公龙凤姿，奇气凌云汉。薄孔非汤武，无异嵇中散。调高不谐俗，才隽为身患。我今读遗篇，喟然发三叹。三十八年六月十四日，沈刚伯敬题。

台静农珍藏陈独秀诗卷中，与张编、任编诗选、诗集重出者，却有异文，具校勘意义。如《游韬光》第二联任编本作："碍云密竹多旁立，裂地清泉一路鸣"，台藏诗卷为"迎人密竹多旁立，裂地清泉一路鸣"，以"迎人"易"碍云"则人与竹似更亲切，而竹亦有人性。《游虎跑》首联任编本作："昔闻祖塔院，幽绝浙江东"，台藏诗卷为："昔闻祖塔院，幽绝浙西东"；第二联任编本作："山绕寺钟外，人行松涧中"，台藏诗卷为："山绕钟声外，人行松涧中"；第三联任编本作："清泉漱石齿，树色暖碧空"，台藏诗卷为："泉声漱石齿，树色蔽晴空"，炼字较原作似更精。此诗第二首第三联任编本作："竹沼滋新碧，山堂锁暮愁"，台藏诗卷为："竹沼滋新绿，山堂锁暮愁"。《存殁六绝句》第三首第二联任编本作："入世莫尊小乘佛，论才恸惜老成心"，台藏诗卷为："入世须尊大乘法，论才恸惜老成心"，叙论方法有别。第四首第二联任编本作："蜀丁未辟蚕丛路，淮上哀吟草木声"，台藏诗卷为："蜀丁未辟蚕丛路，淮水哀吟草木声"。第六首第一联任编本作："曼殊善画工虚写，循叔耽玄有异闻"，台藏诗卷为："曼殊嗜画工虚写，循叔耽玄有异闻"。《灵隐寺前》，台藏诗卷题为《西湖十景之一》，诗后附陈氏跋文，云："此诗十首，曾由杭州寄邓仲纯东京，仲纯已失之。促余重写，只记此一首，馀悉忘之矣。"这"促余重写"者，可能是当年的邓仲纯，也可能是后来的台静农。

陈氏诗作亡佚不在少数，明显者如寓居杭州时期曾作《西湖十景》，现仅存《灵隐寺前》一首；《华严瀑布》原有十余首，1911年2月19日上海《民立报》刊发了八首；冯友兰《三松堂自叙》"忆往昔，述旧闻"一节云，据北大教授邓以蛰说陈氏曾作过几首"游仙诗"，现仅存一联："九天珠玉盈怀袖，万里仙音响佩环。"《陈独秀研究动态》第五期（1995年7月）载宜昌杨实舜所提供据云为陈氏晚年在江津所作《闹新房》一首："老少不分都一般，大家嬉笑赋《关关》。花如解语应嗤我，人到白头转厚颜。"香港学者陈万雄又于1917年7月20日与22日《中华新报》文艺栏中发现署名"仲子"《水浒吟》六首绝句，署名"陈钟子"《杂感》五言古体长诗，认为是陈独秀之佚诗。[66]

注释

[1] 王森然：《近代二十家评传》第227—228页。

[2] 本章所引陈诗，皆见任建树等编注《陈独秀诗集》，时代文艺出版社1995年4月版，下文无特殊需要则不另注。

[3] 此句任建树等编注本作"旁行越邻国"，现据《台静农先生珍藏书札》（台湾中国文哲研究所筹备处，1996年编辑影印）中所藏陈独秀佚诗手迹校正。

[4] 此句任建树等编注本作"人生昼且冥"，现据《台静农先生珍藏书札》中陈氏手迹校正。

[5] 《胡适来往书信集》下册第304页，中华书局1979年5月版。

[6] 任建树等编注：《陈独秀诗集》第201页。按，此前陈在1915年所作的《夜雨狂歌答沈二》中有云："烛龙老死夜深勤，伯强拍头满地走"，那里"伯强"指的是封建势力。

[7] 此句陈氏手迹中作"坎坷终其生"。

[8] 朱光潜：《诗论》第265—266页，（北京）三联书店1984年7月版。

[9] 陈木辛编：《陈独秀印象》。

[10] 余杰：《永远的"新青年"》，《陈独秀研究动态》第17期（1999年9月）。

[11] 鲁迅：《且介亭杂文二集·"题未定"草》（六）。

[12] 陈独秀：《致杨鹏升》(1940年8月3日)。

[13] 见拙作《台静农所藏陈独秀佚诗》，《文献》2001年第1期。

[14] 见拙作《台静农所藏陈独秀佚诗》。

[15] 陈中凡：《陈独秀先生印象记》，《大学》第1卷第9期，1942年9月。

[16] 转见任建树等编注《陈独秀诗集》第44页。

[17] 此诗见拙作《台静农所藏陈独秀佚诗》。

[18] 章士钊认为此组诗作于庚戌年即1910年，而陈氏在《〈双枰记〉叙》中则说其作于"辛亥春"即1911年。今从陈说。

[19] 章士钊：《疏黄帝魂》第296页，《辛亥革命回忆录》第1卷。

[20] 陈独秀：《〈双枰记〉叙》。

[21] 转见马以君笺注《燕子龛诗·前言》，四川人民出版社1983年1月版。

[22] 苏、陈自1902年初识于日本，其友好交往持续到1918年5月2日苏之逝世。而陈则直至晚年仍不能忘怀曼殊。柳亚子1935年有诗云："名场画虎惜行严，孤愤伴狂有太炎；更忆囹圄陈仲子，曼殊朋旧定谁贤？"言下之意，苏的三个好友（章士钊、章太炎、陈独秀），最好的当数独秀。

[23] 柳无忌：《苏曼殊及其友人》，《苏曼殊全集》第5卷第77页，北新书局1928年版。

[24] 柳亚子：《记陈仲甫先生关于苏曼殊的谈话》，柳亚子等著《苏曼殊年代及其他》第284页，北新书局1928年版。

[25] 何之瑜：《致胡适》，《胡适来往书信选》（下）第261页，中华书局1979年5月版。

[26] 此诗及《游不忍示仲兄》《过若松町有感示仲兄》，皆见马以君笺注《燕子龛诗》，四川人民出版社1983年1月版。

[27] 台静农：《酒旗风暖少年狂——忆陈独秀先生》，原载台北《联合报》副刊，1990年11月10、11日。

[28] 苏曼殊：《过若松町有感示仲兄》中诗句。

[29] 《本事诗》之创作时间，靳树鹏等《陈独秀诗集·前

言》中认为1906年之作，非是。柳亚子《对于曼殊研究草稿的意见》说："曼殊《本事诗》脱稿后即分寄给朋友，我和高天梅、蔡哲夫都有和作，现在留存在我的旧诗中，这的确是一九〇九年上半年的事情。"另，关于苏诗之"本事"历来说法有四：一、写百助的（柳无忌《苏曼殊及其友人》）；二、写静子的（熊润桐《苏曼殊及其〈燕子龛诗〉》）；三、静子是百助的影子（罗建业《曼殊研究草稿》）；四、写一种理想的美人（周作人《曼殊与百助》）。今姑从第一说。

[30] 第六、第八两组引诗之次第依马以君笺注《燕子龛诗》。

[31] 据濮清泉《我所知道的陈独秀》说，陈曾于金陵狱中说及曼殊："是个风流和尚，人极聪颖，诗、文、书、画都造上乘，是个大有情人，是大无情人，有情说他也谈恋爱，无情说他当和尚。他说苏曼殊作画，教人看了如咫尺千里，令人神往，不像庸俗画匠之浪费笔墨，其吟咏则专擅绝句，发人幽思，字里行间别有洞天。他说苏曼殊爱谈精神恋爱，如《断鸿零雁记》即其自况，但又爱吃猪油年糕，实属假和尚。苏曼殊译拜伦、雪莱的诗，都是用中国古体诗写出的，既不失原意又属重新创作，颇为奇妙。苏的诗文，都经过章士钊和陈独秀的润色。"

[32] 王无生(1880—1914)，名钟麟，别名天生、大哀，安徽歙县人，世居杭州，1909年入于右任创办的《民立报》工作；"小奢摩室诗话"是以王之书斋为题的诗话专栏。

[33] 王训诏：《陈独秀〈感怀〉二十首笺释》，《华东师范大学学报》1986年第3期。

[34] 关于陈与君曼结合的时间有三说：一说陈1909年秋自日本回国赴东北迎回亡兄灵柩路过北京时，与正在北京读书的君曼产生感情，之后高辍学返籍在安庆与陈结合（见朱文华《陈独秀评传》第48页）。二说陈从日本回国探亲，把高夫人的妹子高君曼带去日本留学，日子一久，他俩就结成伴侣（濮清泉《我所知道的陈独秀》）。到底是何年从日本回国，张宝明著《陈独秀的最后十年》第138页云："1907年，由于家事更是国事所迫，陈独秀再次东渡日本，高君曼也跟随同留学。"三说1910年，陈独秀在杭州陆军小学堂任教时，与君曼结为伉俪（任建

树《陈独秀大传》第33页)。我从第三说,因此前两度赴日皆与曼殊同行,若有君曼相伴,则无须于1910年函告曼殊其"新得佳人"。

[35] 潘赞化:《我所知道的安庆两小英雄故事略述》,《陈独秀研究参考资料》第1辑第203页。君曼在北京所上学校,朱文华认为当为1908年创办的北京女子师范学堂,该校至1919年才改名为北京女子高等师范学校,而非后者(见朱著《陈独秀评传》第49页注)。

[36] 沈尹默:《我和北大》,《五四运动回忆录》(续)第165页,中国社会科学出版社1979年11月。

[37] 汪孟邹:《梦舟日记》1915年5月15日,转见沈寂《汪孟邹与陈独秀》,《陈独秀研究》第1辑第365页。

[38] 陈独秀:《致苏曼殊》,见柳亚子编《苏曼殊全集》卷4第122页。按,李商隐《富平少陵》原句为:"当关不报侵晨客,新得佳人字莫愁。"其信所云:"与公有关系绝句",即《存殁六绝句》。

[39] 陈与高晓岚成亲之日,无确凿记载,只能按其长子延年的生年(1898年)向前推一年。高氏为安庆统领高登科之女,因自幼受继母虐待,虽出身名门却目不识丁。据沈寂2002年9月9日致笔者信中称"高大众",大名应为"君梅",所谓高晓岚者,陈松年说另有其人。(陈松年又说:"我的母亲姓高,无名字。")我曾以此询之于长璞,答曰不知。在未确证之前姑存旧说。

[40] 濮清泉:《我所知道的陈独秀》。

[41] 潘赞化:《我所知道的安庆两小英雄故事略述》。

[42] 陈独秀:《致汪原放》,转见汪原放《回忆亚东图书馆》第171页。

[43] 胡适:《陈独秀与文学革命》,陈东晓编《陈独秀评论》,1933年3月版。

[44] 濮清泉:《我所知道的陈独秀》。

[45] 潘赞化:《我所知道的安庆两小英雄故事略述》。

[46] 关于陈独秀与高君曼感情破裂的原因,濮清泉在《我所知道的陈独秀》中说:"陈与高君曼正式双宿双飞,初期感情融洽,相处甚好。怎奈陈有寡人之疾(好色),在北京常跑八大胡同(妓院),高君曼愤然与之争吵,继之以打闹,最后以分居宣告破裂。高君曼斥陈为无耻之徒,

陈则骂高为资本主义。清官难断家务事，亲朋不敢置一辞。"郑超麟《陈独秀在上海住过的地方》(《怀旧集》东方出版社1995年3月版)说：1924年秋"王若飞来任秘书长以前，中央发生一件大事，即陈独秀失踪事。原来，陈独秀被逐出法租界以后，不知何时，同高君曼分居了，两人协议离婚，后经汪孟邹调解，不离婚，但高君曼迁居南京，(她生的)两个小孩跟着去，每月由亚东图书馆汇去三十元作生活费，此钱从陈独秀的版税扣除"。陈公博《寒风集》说，高君曼在南京生活"凄惨"，1931年"因久病失医终于逝世"，"我又嘱仲甫的朋友潘先生(赞化)为之营葬，草草尽一点朋友之责"。

[47] 大哥陈庆元(1872—1909)官名健生，字孟吉，为府学廪贡生。大姐陈氏生平不详，1939年逝世于江津。

[48] 陈独秀：《述哀·序言》。

[49] 潘赞化：《我所知道的安庆两小英雄故事略述》。

[50] 此说见张宝明、刘云飞著：《陈独秀的最后十年》第138页，河南人民出版社2000年7月版。

[51] 马以君编注：《苏曼殊文集》(上)第366页，花城出版社1991年8月版。

[52] 见拙作《台静农所藏陈独秀佚诗》。

[53] 罗章龙：《亢斋汗漫游诗话》，《湘江文艺》1979年第11期。

[54] 胡适：《陈独秀与文学革命》，陈东晓编《陈独秀评论》，北平东亚书局1933年3月版。

[55] 葛兆光：《从宋诗到白话诗》，《文学评论》1990年第4期。

[56] 胡适：《逼上梁山》，《胡适学术文集·新文学运动》第198页。

[57] 胡适：《逼上梁山》，《胡适学术文集·新文学运动》第198页。

[58] 胡适：《国语文学史》第2编第2章《北宋诗》。

[59] 濮清泉：《我所知道的陈独秀》称这组诗为"《金陵怀古》二十四首七言绝句"。陈诗原题是否如此，不得而知，但云"怀古"显然与内容不符，诗中所咏皆今典而非古典，"二十四首"云云，知濮氏所见非全璧。另，濮氏所言四事，现存诗中只第一件事，可见陈在写作过程中改动较大。

[60] 舒芜:《纪聂绀弩谈诗遗札》,《聂绀弩诗全编》附录,学林出版社1999年12月版。

[61]《夜雨狂歌答沈二》1915年7月1日刊于《甲寅杂志》,越二月,未到明年,陈氏即于上海创办《青年杂志》,1916年改名《新青年》。

[62] 程演生:《长枫诗话》。按,演生(1888—1955)为独秀少年挚友,20世纪20年代北京大学教授,30年代安徽大学校长,传见《安庆历代名人》。

[63] 见《文献》2001年第1期。

[64] 据马以君《燕子龛诗笺注》与柳亚子编《苏曼殊全集》,此诗当为苏曼殊之作,任建树等编注《陈独秀诗集》则判为陈独秀之诗,今姑从任说。

[65] 宋人刘克庄《后村唐·诗话》:"元后,诗人迭起,一种则波澜富而句律疏,一种则锻炼精则情性远。要之,不出苏黄二体而已。"据此,则陈氏于宋诗之风格则更倾向于苏诗,而非黄诗。

[66] 陈万雄:《历史与文化的穿梭》,中国社会科学出版社2000年9月版。

第五章

男子立身唯一剑——『陈仲甫体』与中国现代杂文

驰驱甘入棘荆地，
顾盼莫非羊豕群。
男子立身唯一剑，
不知事败与功成。

这是陈独秀1903年所写《题西乡南洲游猎图》的后两联,当为其剑侠之梦的寄托。然陈独秀身上侠气或有之,与剑却无缘。其青年时代,"以雷霆万钧之力,反封建,反传统,倡文学革命"。[1]即使已属烈士暮年,也是"除却文章无嗜好",[2]所谓"男子立身唯一剑",实则"男子立身唯一笔"。只是其笔,实比剑还锋利。如果笔亦可视为剑,则"男子立身唯一剑",在陈氏那里又庶几能成立。

陈独秀以其如椽巨笔动摇了中国传统文化的根基,开辟了新文化运动的航道。陈独秀的文章,若以鲁迅杂文为参照系视之,则其多数属杂文。就最显著的杂文而言,陈独秀于五四前后致力于"随感录"的写作,自1923年起又致力于"寸铁"的写作。这里则以"随感录"为主体,来讨论陈氏之杂文写作与影响。

一、"随感录"与"陈仲甫体"

"随感录"作为报刊专栏,创始于陈独秀主编的《新青年》第四卷第四号(1918年4月15日)。

这期《新青年》上发表了七则"随感录",其中前三篇均为陈独秀所撰,署名独秀。第一篇谈"学术与国粹",云:"吾人之于学术,只当论其是不是,不当论其古不古,只当论其粹不粹,不当论其国不国;以其无中外古今之别也",反对国粹论者守缺抱残之成见。第二篇抨击国会议员之两大罪状：一曰捣乱，一曰无用。第三篇为北京大学教学改革设立"元曲"科目张目，回击保守派所谓元曲为亡国之音这有悖常识的谬论，说"国人最大缺点，在无常识；新闻记者，乃国民之导师，亦竟无常识至此，悲夫"！

由此可见，陈独秀设立"随感录"的原因有三：

其一，开一个言政的窗口。众所周知，《新青年》1915年创刊之初，陈独秀曾宣布："盖改造青年之思想，辅导青年之修养，为本志之天职，批评时政，非其旨也。"到了1917年，

·新文化运动中的陈独秀

受残酷的社会现实的刺激，陈氏不得不改变"不谈政治"的立场，公然表示："本志主旨固不在批评时政……然有关国命存亡之大政，安忍默不一言？"此前陈氏虽也有文涉及现实政治，但受体制束缚，毕竟还不那么尖锐泼辣。"随感录"专栏一经开辟，首次发表三篇"随感录"之二"国会"，即将矛头直指北洋政府当局。

其二，对时事作出敏捷的评说。五四前后是中国社会转型、文化转型的特殊时代，新旧社会势力与思想冲突激烈，时而激荡出意想不到的事件，需要文化新人迅速及时地作出准确鲜明的评说，扬清激浊，以昭示新文化运动的方向。如"随感录"之三"元曲"对北大开设"元曲"科目的支持，实开中国高校以元曲为文科教材之先例。

其三，给同类命题设立别裁。通常的论文大致是以宏观的角度谈若干重大问题，以全面深入之阐述见长，而"随感录"所言有时虽与某论文为同一命题，却别具格调：其往往从微观之细节切入，攻其一点，不及其余，以精辟明快见称，时有思想火花闪现。

就单篇而言，它无法与通常论文比全面，深刻有时却有过之；而多篇"随感录"连环，如连珠炮弹，其所涉及的内容往往较通常论文更广泛。如关于反对孔教问题，陈氏既有严密雄辩的论文《孔子之道与现代生活》《复辟与尊孔》等，又有机智灵巧的"随感录"《学术与国粹》《阴阳家》等，嬉笑怒骂，发人深思。

《新青年》从第四卷第四号到第五卷第六号，发表"随感录"三十八篇，作者除陈独秀以外，尚有（陶）孟和、（刘）半农、（钱）玄同、（周）作人、唐俟（鲁迅）等《新青年》同人。文章风格虽有别，却是依次编号，构成一个战斗的方阵。从第六卷第五号（1919年5月）起，《新青年》上之"随感录"除延续依次编号外，同时加上标题，直到第九卷第六号（1922年7月1日）。

1918年12月22日，由陈独秀、李大钊、胡适等主编的《每周评论》创刊，更侧重于政治时事评论，其诸多专栏中也辟有"随感录"，创刊号所发四篇，均出自陈独秀之手，署名"只眼"。从此"只眼"的文章，多为每期杂志的最重要言论。难怪李大钊稍后作诗，说陈独秀被捕时"从前我们的'只眼'忽然丧失，我们的报便缺了光明，减了价值"。[3] 不过，《每周评论》上的"随感录"已不再以顺序编号，而是分别拟了醒目的标题，直至该刊于1919年8月30日被查禁。

据朱文华列表统计[4]：

杂志名称	卷号	"随感录"数量	陈撰数	备注
新青年	4：4—5	9	3	①陈独秀均署名"独秀"。
新青年	5：1—6	29	10	②其他作者有孟和、半农、玄同、作人（仲密）、唐俟、赤、孟真、陈望道、汉俊、张崧年、佛海等。
新青年	6：1—6	29	0	
新青年	7：1—2	16	16	
新青年	8：1—6	26	20	③第六卷未撰稿原因有二：部分稿件先送《每周评论》用；一度被捕入狱。
新青年	9：1—6	24	9	
小计		133	58	
每周评论	第1号	4	4	①陈独秀均署"只眼"。
每周评论	2	10	4	②其他主要作者是一针、赤、明明、涵庐、赵鄙生金、庚言、常（守常）、吃、天风（适）、可人等。
每周评论	3	5	5	
每周评论	4	5	5	
每周评论	5	6	2	③陈自第28号后未撰稿，系被捕入狱之故。
每周评论	6	12	0	
每周评论	7	6	4	

（续前表）

每周评论	8	5	4
每周评论	9	2	0
每周评论	10	7	5
每周评论	11	5	4
每周评论	12	7	7
每周评论	13	6	4
每周评论	14	7	7
每周评论	15	6	3
每周评论	16	11	8

我们可以看出，"随感录"随着《新青年》《每周评论》的创建与陈独秀们的写作实践，很快由报刊栏目概念转化为一种文体概念。而陈独秀则不仅是这专栏和文体的首创者，而且是最勤奋的写作者（共撰一百八十五篇），为"随感录"的发展与定型作出了不可磨灭的贡献。

然而，我们该如何为陈氏所撰"随感录"冠以一个文体概念的命名呢？我于苦思冥想之馀，读到了舒芜1946年所写的《论文的风格》，其称包括"随感录"在内的陈独秀杂文为"陈仲甫体"，真是兴奋不已。立即请他当年的老同学张仁寿先生询问此说是否有所本？答曰：无所本，乃自家杜撰的。其实舒芜在上文中早对之作了解说：

> 同在戊戌时代，梁启超和严复的风格不同；同在五四时代，陈仲甫和胡适的风格不同。梁和陈都可以说是"冲锋陷阵，辟易千人"，严和胡都可以说是"言无不明，意无不尽"。于是，有些感受力较强的人就可以从梁、陈那里获得更多的益处；另一些思考力较强的人则可以从严、胡那里获得更多的益处。
>
> 其实，今天所谓"杂文"，原来也可以说就只是"鲁迅体的论文"，和"胡适体"、"陈仲甫体"、"钱玄同体"一样；不过后来历史的发展，特别需要这种风格，和与这风格同类的论文，才使它变成一个独立的文学品种。[5]

真可谓早得吾心之妙论，由此我们可以心安理得地称包括"随感录"在内的陈氏杂文为"陈仲甫体"。而本章则着重讨论作为陈仲甫体的"随感录"。

二、呼唤"德、赛两先生"与"偶像破坏论"

陈独秀之"随感录"的基本主题是呼唤"德、赛两先生"(即民主与科学)。他提出:"科学与人权并重",而"要拥护那德先生,便不得不反对孔教、礼法、贞节、旧伦理、旧政治;要拥护那赛先生,便不得不反对旧艺术、旧宗教;要拥护德先生又要拥护赛先生,便不得不反对国粹和旧文学"。[6] 这就引出一场场的文化思想斗争。陈氏也因此迸发一朵朵灿烂的思想火花,装点着五四新文化阵地。

陈独秀重视科学,更重视科学精神。他说:

> 国人而欲脱蒙昧时代,羞为浅化之民也,则急起直追,当以科学与人权并重。士不知科学,故袭阴阳家符瑞五行之说,惑世诬民;地气风水之谈,乞灵朽骨。农不知科学,故无择种去虫之术。工不知科学,故货弃于地,战斗生事之所需一一仰给于异国。商不知科学,故惟识囤取近利,未来之胜算,无容于心焉。医不知科学,既不解人体之构造,复不事药性之分析,菌毒传染,更无闻焉;惟知附会五行生克寒热阴阳之说,袭古方以投药饵,其术殆与矢人同科;其想象之最神奇者,莫如"气"之一说,其说且过于力士羽流之术;试遍索宇宙间,诚不知此"气"之果为何物也!

陈独秀旗帜鲜明地说:"凡此无常识之思惟,无理由之信仰,欲根治之,厥维科学。夫以科学说明真理,事事求诸证实,较之想象武断之所为,其步度诚缓;然其步步皆踏实地,不若幻想突飞者之终无寸进也。宇宙间之事理无穷,科学领土内之膏腴待辟者,正自广阔。"[7] 当陈独秀带领青年奋力开辟科学领土时,首先碰上的自然是根深蒂固而又活灵活现的迷信势力。

国之将亡,必兴妖孽。辛亥革命失败之后,中国大地上的封建迷信势力,随着种种复辟思潮一起泛滥成灾。民国初年的上海,更是妖气袭人,文化界的有鬼论者竟将乩书汇编成册,名曰《灵书丛志》,进而成立"灵学会",大肆散布鬼话,妖言惑众。陈独秀主持的《新青年》,立即展开了对有鬼论者的猛烈进攻。陈大齐、易白沙、钱玄同、鲁迅等皆有文发表。陈独秀自己写了《有鬼论质疑》，向有鬼论者连续提出八点质问："吾人感觉所及之物，今日科学，略可解释。倘云鬼之为物，玄妙非为物质所包，非感觉所及，非科学所能解，何以鬼之形使人见，鬼之声使人闻？鬼果形质俱备，惟非普通人眼所能见；则今人之于鬼，犹古人之于微生物，虽非人之所能见，而其物质的存在与活动，可以科学解释之，当然无疑。审是则物灵二元说，尚有立足之馀地乎？鬼若有质，何以不占空间之位置，而自生障碍，且为他质之障碍？或云鬼之为物有形而无质耶？夫宇宙间有形而无质者，只有二物：一为幻象，一为影像。幻为非有，影则其自身亦为非有。鬼既无质，何以知其非实有耶？鬼既非质，何以言鬼者，每称其有衣食男女之事，一如物质的人间耶？鬼果有灵，与物为二，何以各仍保其物质生存时之声音笑貌乎？若谓鬼属灵界，与物界殊途，何以今之言鬼者，见其国籍语言习俗衣冠之各别，悉若人间耶？人若有鬼，一切生物皆应有鬼，而何以今之言鬼者，只见人鬼，不见犬马之鬼耶？"[8]陈独秀的质问，宛如连珠炮一般射向有鬼论者。陈文也震撼了有鬼论者，当时有位易乙玄，自称"平日主有鬼论甚力"，他有《答陈独秀先生〈有鬼论质疑〉》，大发鬼论，说什么人居显界，鬼居幽界，"鬼死为人，人死为鬼"。对于这种谬论，陈独秀有《再质有鬼论》反驳之。

以对有鬼论的批判为起点，陈独秀进而分析宗教本质，而终提出"偶像破坏论"。他指出："宇宙间物质的生存与活动以外，世人多信有神灵为之主宰，此宗教之所以成立至今不坏也"，[9]"天地间鬼神的存在，倘不能确实证明，一切宗教都是一种骗人的偶像"。他说："凡是无用而受人尊重的，都是废物，都算是偶像，都应该破坏！""破坏！破坏偶像！破坏虚伪的偶像！吾人信仰，当以真实的合理的为标准；宗教上、政治上、道德上，自古相传的虚荣，欺人不合理的信仰，都算是偶像，都应该破坏！此等虚伪的偶像倘不破坏，宇宙间实在的真理和吾人心坎儿里彻底的信仰永远不能合一！"陈氏在《偶像破坏论》中以拟民谣的方式，对偶像之丑态作了惟妙惟肖的描绘：

一声不做，二目无光，三餐不吃，四肢无力，五官不全，六亲无靠，七窍不通，八面威风，九（音同久）坐不动，十（音同实）是无用。[10]

毛泽东后来将之略加改造，移作对官僚主义的讽刺。[11]可见其影响之深远。

三、"野蛮的军人、腐败的官僚，都是国民的仇敌"

科学与民主相辅而行，专制与愚昧相依为命。科学是愚昧的克星，民主是专制的对头。如同宣传科学必须扫除迷信、启迪愚昧，弘扬民主则不得不与专制势力交手。

陈独秀说："野蛮的军人、腐败的官僚，都是国民的仇敌。但是两样比较起来，军人更觉可怕，可厌。"[12] 由这两种统治者，而生发出武治与文治：

> 中国的武治主义，就是利用不识字的丘八，来压迫政见不同的敌党；或者是设一个军政执法处，来乱杀平民。中国的文治主义，就是引用腐败的新旧官僚，来吸收人民的膏血；或者是做几道命令，来兴办教育工商业，讨外国人的好；做几道命令，来提倡道德，提倡节孝，提倡孔教，讨社会上腐败细胞的好。武治主义，文治主义，当真是这样吗？[13]

辛亥革命前后以至民国初年，特别的国情决定中国野蛮的军阀的武治主义尤为猖獗。武治主义的重要表现自然是"军人干政"。陈氏有云：

> 南方军人通电反对军人干政，北方的参、陆两部也通电大表同情。他们是真心还是假意，已经令人怀疑了。至于那用兵保段内阁上台的张作霖，用兵赶黎总统下台的倪嗣冲，也来通电说军人干政的不是，未免太滑稽了。[14]

陈氏以标题一针见血地揭穿这假象，叫"干政的军人反对军人干政"。军人干政，又由于军阀间帮派林立，往往导致政见不一；但他们以权谋私的本质又相当一致。陈氏有云：

> 人人都说南北意见不能一致，其实不然。请看陈树藩在陕西提倡种烟，唐克明也在鄂西照办。北方某军驻京的机关和某旅长某司令部，都为包贩鸦片发了横财，云、贵军队也全靠这宗生意才有兵饷。这岂不是南北一致吗？[15]

有道是听话听反话，一点也不差。如此南北一致，恰恰是军阀本质的暴露。贩毒从来就是国际公害，腐败的军阀恰恰是贩毒的帮凶或元凶。陈氏揭露道：

政府令军警督察处检查军人私贩烟土,总算胆子不小。这位不会作官的马处长,却当真的去严行搜查;查出贩烟土的人不是师长的兄弟,便是阔人的马弁,弄得没有办法,听说要想辞职。禁烟本是一件好事,马处长总算一个好人,好人竟办不下这好事,请问是谁的罪恶?[16]

武治主义如此,那么文治主义呢?陈氏说:"在段内阁武治时代,大学倒安然无事;现在却因为新旧冲突,居然要驱逐人员了。哈哈!文治主义原来如此。"[17]又云:

古时专制国,皇帝就是家长,百姓就是弟子。此时共和国,总统算是公仆,国民算是主人。家长式的皇帝下一道上谕,拿那道德不道德的话来教训百姓,原不算稀奇。现在公仆式的总统也要下一道命令来教训国民,这是怎么一回事。[18]

陈氏将之取名为:公仆变了家长。又云:

前月十八日政府下了一道命令,开口便说道:"道以得众为先,政以养民为本。"按,共和国没有皇帝,不是家天下,不知什么人想得众做什么?共和国人民是靠自己养自己,不靠人养的,更不是官养的;不但不要官养,并且出租税养了官。我们中国的人民不但养了官,还养着许多官来残害人民。……如今没有什么圣祖高皇帝,什么圣祖仁皇帝,用不着"抚育元元","加惠黎庶"的恩诏![19]

如此这般的文治与武治,除了不能自拔的腐败之外,其对内实行的是专制主义,对外实行的是卖国主义。对于专制主义,陈氏有云:

法律是为保守现在的文明,言论自由是为创造将来的文明;现在的文明现在的法律,也都是从前的言论自由对于他同时的法律文明批评反抗创造出来的;言论自由是父母,法律文明是儿子,历代相传,好象祖孙父子一样。[20]

这与通常所谓以民主为手段的说法,迥然有别。更重要的问题是:

世界上有一种政府,自己不守法律,还要压迫人民并不违背法律的言论。……法律只应拘束人民的行为,不应拘束人民的言论;因为言论要有逾越现行法律以外的绝对自由,才能够发见现在文明的弊端,现在法律的缺点。言论自由若要受法律的限制,那便没有自由了;言论若不自由,言论若是没有"违背法律的自由",那便只能保守现在的文明,现在的法律,决不能够创造比现在更好的文明,比现在更好的法律。[21]

对于卖国主义以及侵略者的嘴脸,陈氏更有文揭露与抨击。此处从略,但他之"我从前总觉得尊孔与复辟有必然的因果关系,现在又觉得保守主义与侵略主义也有必然的因果关系"[22]云云,似是特殊发现。更重要的是,陈氏认为中国近代社会的武治主义与文治主义,终会诱发中国的革命运动。他说:

> 军人的武治主义,是发大热的伤寒病,现出早晚就要性命的样子,但是热退病就好了。官僚的文治主义,是毒梅传遍血液的杨梅病,眼前表面上虽不大觉得什么痛苦,一旦毒中脑部或是脊髓等处,却是无法可治。中国政界伤寒病还没好,杨梅病又正在那里极力发展,非赶快把"安体匹林"和"六百零六"并用不可![23]

这里的"安体匹林"、"六百零六",则不是一般的西药名称,而当为社会革命的代名词。他又说:

> 中国资产社会和劳动社会都不很发达,社会革命一时或者不至发生。但是倪嗣冲在安徽拼命搜刮金钱,包办煤矿、铁矿,不许旁人插手。张作霖在奉天因为要扩张自家的银号,霸占全省的财权,弄得别家银行钱庄纷纷破产。我看这两位财神,倒是制造社会革命的急先锋。[24]

这倪嗣冲、张作霖,一个官僚,一个军阀,正好作为实行所谓文治主义与武治主义的代表人物;他们以权谋私,横征暴敛,终究恰成了"制造社会革命的急先锋"。

四、改造"国民性"

民主的进程,科学的发展,都离不开作为社会主体的人。没有国人精神素质的普遍提高,民族难以振兴,国家难以兴盛,遑论科学、民主。因而陈独秀十分关注"国民性"的改造。

"国民性"是指全国民众共同的习性，是国民共同的文化心态。其积极方面构成民族精神，其消极方面则为国民劣根性。陈独秀之改造"国民性"，实指改造中国国民之劣根性。陈独秀之改造中国国民的劣根性的主张，是建立在东西民族精神比较研究的基础上。他有名文《东西民族根本思想之差异》指出：西洋民族以战争为本位，东洋民族以安息为本位（按，这里之"战争"乃竞争之谓，陈氏谓西洋民族性恶侮辱宁斗死，东洋民族性恶斗死宁忍辱）；西洋民族以个人为本位，东洋民族以家族为本位；[25] 西洋民族以法制为本位、以实利为本位，东洋民族以感情为本位、以虚文为本位。他在《我之爱国主义》一文中称："外人之讥评吾族，而实为吾人不能不俯首承认者，曰'好利无耻'，曰'老大病夫'，曰'不洁如豕'，曰'游民乞丐国'，曰'贿赂为华人通病'，曰'官吏国'，曰'豚尾客'，曰'黄金崇拜'，曰'工于诈伪'，曰'服权力不服公理'，曰'放纵卑劣'。凡此种种，无一而非亡国灭种之资格，又无一而为献身烈士一手一足之所可救治。"[26] 借外人对华人讥评之言来表达其对国民性的看法，虽不无偏颇处，但已足见中国国民性中问题之严重。

陈独秀在"随感录"中，对中国国民性之分析更用力。他在《卑之无甚高论》中说：

中国人民简直是一盘散沙，一堆蠢物，人人怀着狭隘的个人主义，完全没有公共心，坏的更是贪赃卖国，盗公肥私，这种人早已实行了不爱国主义，似不必再进以高论了。[27]

若让此种毫无知识、毫无能力、毫无义务心的人，去担任国家领导人，"岂不是民族自杀"！[28] 此其一。

其二为懒惰的心理。陈氏有云：

只可说制度不改，我们的努力恐怕有许多是白费了；却不可说制度改了，我们便不须努力。无论在何种制度之下，人类底幸福，社会底文明，都是一点一滴的努力创造出来的，不是象魔术师画符一般把制度改了，那文明和幸福就会从天上落下来。怀这种妄想的人就是人类懒惰的心理底表现。[29]

接着陈氏说：

例如中国辛亥革命后，大家不去努力创造工业，不去努力创造教育，不去努力创造地方自治，不去努力监督选举，不去努力要求宪法上的自由权利，妄想改了共和就会自然有一步登天的幸福；又如俄罗斯十月革命以来，大家不想想他在这短期间，除了抗抵内外仇敌及大饥馑，他所努力创造的只应该到何程度，便无理地责备他的成绩；这都是人类懒惰的心理底表现……我们时常有"彻底"、"完全"、"根本改造"、"一劳永逸"一些想头，也就是这样懒惰的心理底表现。人类社会进化决不是懒惰者所想象的那样简单而容易。[30]

其三为"笼统"与"以耳代目"。陈氏说：

头脑不清的人评论事，每每好犯"笼统"和"以耳代目"两样毛病；这两样毛病的根源，用新术语说起来，就是缺乏"实验观念"，用陈语说起来，就是"不求甚解"。这种不求甚解的脾气，和我们中国人思想学术不发达的关系很大。[31]

其四是朝阔处办。陈氏曰：

我看见多少青年，饮食起居，婚丧酬应，都想着朝阔处办才有面子，他眼中底朴素生活，大约是很寒酸可耻。

我回想从前有许多亲戚朋友，都因为喜欢朝阔处办，才破坏了家产，牺牲了气节，辱没了人格，造成了痛苦，我想起来，我浑身战慄！[32]

其五是抵抗力薄弱。陈氏云：

吾国衰亡之现象，何止一端？而抵抗力之薄弱，为最深最大之病根。退缩苟安，铸为民性，腾笑万国，东邻尤肆其恶评。……亡国灭种之病根，端在斯矣！[33]

陈氏进而说"反抗舆论的勇气"，中国人更为缺乏：

反抗舆论比造成舆论更重要而却更难。投合群众心理或激起群众恐慌的几句话往往可以造成力量强大的舆论，至于公然反抗舆论便不是一件容易的事了。然而社会底进步或救出社会底危险，都需要有大胆反抗舆论的人，因为盲目的舆论大半是不合理的。此时中国底社会里正缺乏有公然大胆反抗舆论勇气之人！"[34]

陈氏认为造成中国国民"抵抗力之薄弱"原因有三[35]：一曰学说之为害，"老尚雌退，儒崇礼让，佛说空无"。儒释道乃中国传统文化三足鼎立的基本框架，其消极面"充塞吾民精神者，无一强梁敢进之思"。

二曰专制主义之流毒。专制统治"生死予夺，惟一人之意是从"，毫无民主意识与习惯，从而造成全国人民"人格丧亡，异议杜绝。所谓纲常大义，无所逃于天地之间，而民德、民志、民气，扫地尽矣"。

三曰统一之为害。陈氏这里自然是指大一统的消极面，他认为中国古代"列邦并立，各自争存，智勇豪强，犹争受推重"，而近代的统一，尤其是袁世凯专制独裁下，"政权统一则天下同风，民贼独夫，益无忌惮，庸懦无论矣，即所谓智勇豪强，非自毁人格，低首下心，甘受笞挞，奉令惟谨，别无生路"，"至此则万物赖以生存之抵抗力乃化而不祥之物矣"。

陈氏认为古今中外，"幸福事功，莫由幸致。世界一战场，人生一恶斗。一息尚存，决无逃遁苟安之馀地"，"吾人而不以根性薄弱之亡国贱奴自处也，计惟以热血荡涤此三因，以造成将来之善果而已"。[36]

此外，尚有两种时髦病态，也属于应被改造的国民性。一是与虚无主义相伴的无政府主义，一是盲目的不加分辨的爱国主义。

对于前者，陈氏有云：

　　近来青年中流行的无政府主义，并不完全是西洋的安那其，我始终认为是固有的老、庄主义复活，是中国式的无政府主义，所以他还不满于无政府主义，更进而虚无主义，而出家，而发狂，而自杀；意志薄弱不能自杀的，恐怕还要一转而顺世堕落，所以我深恶痛绝老、庄底虚无思想放任主义，以为是青年底大毒。[37]

对于后者，陈氏亦有云：

全人类吃饭，穿衣，能哭，能笑，做买卖，交朋友，本来都是一样，没有什么天然界限，就因为国家这个名儿，才把全人类互相亲善底心情上挖了一道深沟，又砌上一层障壁，叫大家无故地猜忌起来，张爱张底国，李爱李底国，你爱过来，我爱过去，只爱得头破血流，杀人遍地；我看他的成绩，对内只是一个挑拨利害感情，鼓吹弱肉强食，牺牲弱者生命财产，保护强者生命财产底总机关；对外只是一个挑拨利害感情，鼓吹弱肉强食，牺牲弱者生命财产，保护强者生命财产底分机关；我们只看见他杀人流血，未曾看见他做过一件合乎公理正义底事。[38]

陈氏说"若不加以理性的讨论，社会上盲从欢呼的爱国，做官的用强力禁止我们爱国，或是下命令劝我们爱国，都不能做我们始终坚持有信仰的行为之动机"，理性的答案应是："我们爱的是人民拿出爱国心抵抗被人压迫的国家，不是政府利用人民爱国心压迫别人的国家，我们爱的是国家为人民谋幸福的国家，不是人民为国家做牺牲的国家。"[39]

陈氏说："我之爱国主义，不在为国捐躯，而在笃行自好之士，为国家惜名誉，为国家弭乱源，为国家增实力"，也就是致力于改造国民性，这才是治本而非治标的爱国主义。[40]

在改造国民性的理论与实践之中，陈氏更重视对青年的改造。他说：

"教学者如扶醉人，扶得东来西又倒。"现代青年底误解，也和醉人一般。你说要鼓吹主义，他就迷信主义底名词万能。你说要注重问题，他就想出许多不成问题的问题来讨论。你说要改造思想，他就说今后当注重哲学不要科学了。你说不可埋头读书把社会公共问题漠视了，他就终日奔走运动把学问抛向九霄云外。你说婚姻要自由，他就专门把写情书寻异性朋友做日常重要的功课。你说要打破偶像，他就连学行值得崇拜的良师益友也蔑视了。你说学生要有自动的精神，自治的能力，他就不守纪律，不受训练了。你说现在的政治法律不良，他就妄想废弃一切法律政治。你说要脱离家庭压制，他就抛弃年老无依的母亲。你说要提倡社会主义、共产主义，他就悍然以为大家朋友应该养活他。你说青年要有自尊底精神，他就目空一切，妄自尊大，不受善言了。你说反对资本主义的剩余劳动，他就不尊重职业观念，连非资本主义的剩余劳动也要诅咒了。你说要尊重女子底人格，他就将女子当做神圣来崇拜。你说人是政治的动物不能不理政治，他就拿学生团体底名义干预一切行政司法事务。你说要主张书信秘密自由，他就公然拿这种自由做诱惑女学生底利器。长久这样误会下去，大家想想是青年底进步还是退步呢？[41]

这段文字，几乎囊括了中国青年在五四新文化运动中已经出现的和可能出现的种种负面倾向，不失为及时的告诫，让新文化运动与中国青年都能健康地发展。

陈独秀并非仅仅揭示中国国民的劣根性及其形成的原因，还提出改造国民性的方案。他坚定地说："我发誓宁让全国人骂我，攻击我，压迫我，而不忍同胞永远保存这腐败涣散的国民性，永远堕落在人类普通资格之水平线以下。"[42]陈氏方案是在科学与民主这两面大旗之下，提出六项主张与六字格言。其六项主张为：一、自主的而非奴隶的；二、进步的而非保守的；三、进取的而非退隐的；四、世界的而非锁国的；五、实利的而非虚文的；六、科学的而非想象的。[43]其六字格言，则是借重传统伦理中的美德：勤、俭、廉、洁、诚、信。[44]陈氏改造中国国民性的方案，实则为中西优秀思想合璧的产物。

鉴于辛亥革命的不彻底，五四时期陈独秀、鲁迅、钱玄同、吴虞等纷纷提出改造国民性问题。其间陈独秀与鲁迅的观点尤为深刻。然以往的学界却将陈氏改造国民性的真知灼见，视为其蔑视群众及其后来走向右倾的思想根源，实有违历史事实。

五、过渡与造桥

改造国民性与改造社会，都要涉及对革命、主义、制度等问题的认识。陈氏于"随感录"中立场鲜明地阐述了自己的观点。其于《革命与制度》中说：

社会底进步不单是空发高论可以收效的，必须有一部分人真能指出现社会制度底弊病，用力量把旧制度推翻，同时用力量把新制度建设起来，社会才有进步。力量用得最剧烈的就是革命。革命不是别的，只是新旧制度交替底一种手段，倘革命后而没有一种新的制度出现，那只能算是捣乱，争权利，土匪内乱，不配冒用革命这个神圣的名称。[45]

他在《革命与作乱》中还说：

　　我们为什么要革命？是因为现在社会底制度和分子不良，用和平的方法改革不了才取革命的手段。革命不过是手段不是目的，除旧布新才是目的。若是忘了目的，或者误以手段为目的，那便大错而特错。政治革命是要出于有知识有职业的市民，社会革命是要出于有组织的生产劳动者，然后才有效果。若是用金钱煽动社会上最不良的分子（无职业不生产的流氓地痞盗贼）来革命，这种无目的之革命，不能算革命，只能算作乱。革命底目的是除旧布新，是要革去旧的换新的，是要从坏处向好处革，若用极恶劣的分子来革命，便是从好处向坏处革了；那么，我们为什么要革命？

　　革命是神圣事业，是不应该许社会上恶劣分子冒牌的呀！[46]

足见陈独秀心中构想的革命，与所谓"痞子运动"有着很大的不同。他认为"若说制度总不是好东西，不如根本革了他的命；这种高论或者有人以为如此才算彻底，其实旧制度正可藉这种高论苟延残喘；因为凡是一种制度，都有他所以成立的理由和成立经过在历史上的势力，非有一种新的制度经过人们的努力建设，成了舆论，成了法律，在事实上有代替他的势力，他是不会见了高论，便自然消灭的；所以不切于实际需要的高论往往可以做旧制度底护身符，这种高论只算是低论罢了"。[47] 陈氏之所谓革命则藉于人们实际上致力于除旧布新，而非彻底革命的高论。

在《主义与努力》中，陈氏说：

　　我们行船时，一须定方向，二须努力。不努力自然达不到方向所在，不定方向将要走到何处去？

我看见有许多青年只把主义挂在口上不去做实际的努力,因此我曾说:"我们改造社会是要在实际上把他的弊端一点一滴一桩一件一层一层渐渐的消灭去,不是用一个根本改造底方法,能够叫他立时消失的。"又曾说:"无论在何制度之下,人类底幸福,社会底文明,都是一点一滴地努力创造出来的,不是像魔术师画符一般把制度改了,那文明和幸福就会从天上落下来。"这些话本是专为空谈主义不去努力实行的人发的,譬如船夫只定方向不努力,船如何行得,如何达到方向所在。[48]

这是一种倾向。还有另一种倾向,陈氏说:"但现在有一班妄人误会了我的意思,主张办实事不要谈什么主义、什么制度。主义制度好比行船底方向,行船不定方向,若一味盲目努力,向前碰到礁石上,向后退回原路去都是不可知的。"因而陈氏坚定地说:"改造社会和行船一样,定方向与努力二者缺一不可。"[49]

在《过渡与造桥》中,陈氏又将"努力"之义,喻为"造桥",他说:

> 今人多言过渡时代,我以为这名词还不大妥,因为有个彼岸才用渡船渡过去,永续不断的宇宙人生,简直是看不见彼岸或竟实无彼岸的茫茫大海,我们生存在这大海中之一的努力,与其说是过渡,不如说是造桥。[50]

陈氏认为人类的追求没有止境,那么努力造桥也就永无休止。他说:

> 自古迄今人人不断的努力,都像是些工程师和小工在那里不断的造桥。这座桥虽然还没有完工的希望,或者永无完工的希望,但是从古到今已造成的部分却是可以行人,并非劳而无功。我们今后若是不想双脚蹈海,若是还想在桥上行走,只有接续前人工程努力造桥,使这桥一天长似一天,行人一天方便一天;不但天天要把未造的延长,而且时时要把已造的修整,不可妄想一劳永逸,更不应因一时不见彼岸而灰心。[51]

或许可以说,历史本是一个过程,是一个不断努力的过程。因而陈氏说:"或者可以说,这桥渐渐造的又长又阔,能容大家行车跑马,又架上楼阁亭台,这桥便是彼岸,此外更无所谓彼岸。"[52]

陈氏针对"我们中国人不注重实质上实际的运动,专喜欢在名词上打笔墨官司","迷信名词万能"的弊病,指出:"我们要觉悟:(一)我们所需要的是理想底实质,不是理想底空名词;(二)我们若要得到理想底实质,必须从实际的事业上一步步的开步走,一件一件的创造出来;不要睡在空名词圈里,学那变戏法的,把名词当做一种符咒,只是口中念念有词,就梦想他等候他总有一天从空中落下,实现在我们的眼前。"[53]

与名词相关的学说,其存在价值亦重在社会需要。陈氏说:

> 本来没有推之万世而皆准的真理,学说之所以可贵,不过为他能够救济一社会一时代弊害昭著的思想或制度。所以评论一种学说有没有输入我们社会底价值,应该看我们的社会有没有用他来救济弊害的需要。输入学说若不以需要为标准,以旧为标准的,是把学说弄成了废物;以新为标准的,是把学说弄成了装饰品。[54]

陈氏举例说明进化论、写实主义、社会主义,"这些学说底输入都是跟着需要来的,不是跟着时新来的。这些学说在社会上有需要一日,我们便应该当做新学说鼓吹一日;比这些更新的学说若在社会上有了输入的需要,我们应当是欢迎他;比这些更旧的学说若在社会上有存留底需要,我们不应唾弃他。"[55]

陈氏的上述言论,皆发表于1920年初到1921年7月之间,即中共建党前夕。众所周知,在1919年7至8月间,"新青年派"内部以《每周评论》为阵地,展开了一场问题与主义之争。争论双方分别为胡适与李大钊。问题派的胡适依杜威实验主义对中国问题作一点一滴的改良,主义派的李大钊尊马克思主义欲以民众的直接行为对中国问题作根本性的解决。胡、李相争时,陈独秀还在大牢里,无缘参加;待他出狱了解内情后,从信仰上陈氏当然是倾向李大钊的,《新青年》南迁就是明证。但从上述所云,则可知陈氏在实际言论中对胡、李之说各有取舍。他不同意胡适对马克思主义的排斥,又从其一点一滴的改良中吸取合理成分,变为一点一滴的努力,一步一步地前进;他当然同意李大钊所信仰的马克思主义,他又反对青年中迷信名词万能,将学说当做装饰品的错误倾向。这些观点,不仅当时直至今日仍有其重要的思想意义。

不过，这里勾勒的仅仅是五四时期陈独秀在"随感录"中表露的思想风貌，并不包括他在这个时期的整体思想境界与特征。

六、"陈仲甫体"杂文之异质种种

陈独秀的杂文既被称之为"陈仲甫体"，那么，就应探寻"陈仲甫体"杂文有哪些特点？

还是先看陈氏的自白吧。他在《独秀文存·自序》中说：

> 亚东主人将我近几年来所做的文章印行了。我这几十篇文章，原没有什么文学的价值，也没有古人所谓著书传世的价值。但是如今出版界的意思，只要于读者有点益处，有印行的价值便印行，不一定要是传世的作品；著书人的意思，只要有点心得或有点意见贡献于现社会，便可以印行；至于著书传世藏之名山以待后人这种昏乱思想，渐渐变成过去的笑话了。我这几十篇文章，不但不是文学的作品，而且没有什么系统的论证，不过直述我的种种直觉罢了；但都是我的直觉，把我自己心里要说的话痛痛快快的说将出来，不曾抄袭人家的说话，也没有无病呻吟的说话，在这一点，或者有出版的价值。在这几十篇文章中，有许多不同的论旨，就可以看出文学是社会思想变迁底产物，在这一点，也或者有出版的价值。既有出版的价值，便应该出版，便不必说什么"徒灾梨枣"等客套话。[56]

·亚东版《独秀文存》书影

这真是陈氏独具个性的自白。自白中所言说的是整个《独秀文存》,自然包括以"随感录"为主体的杂文,甚至更切合杂文。按照陈氏之自白,"陈仲甫体"杂文大致有以下特点:

第一,不是文学的作品。作为社会批评与文明批评的短文,毕竟不同于纯文学作品。陈氏杂文虽也如鲁迅杂文"论世事不留面子,砭锢弊常取类型",[57] 但尚未如鲁迅做到"所写的常是一鼻,一嘴,一毛,但合起来,已几乎是或一形象的全体,不加什么原也过得去的了"。[58] 然亦有少数精品达到了"诗与政论的结合"的境界。[59] 如《研究室与监狱》《爱情与痛苦》,将诗情、哲理、政论融为一体,可以见社会,见志趣,见人格,堪称千古绝唱,一经发表立即传诵四方,并引出多少短制佳篇。著名的有胡适同题"随感录"。胡文皆作于1919年6月11日陈氏因散发传单被捕后的第十八天,自然是对陈氏的声援。前者先说,"你们要知道陈独秀的人格吗?请再读他在《每周评论》第二十五号里的一条随感录",然后引录了陈氏之名篇。后者则云:

> 《每周评论》第二十五号,我的朋友陈独秀引我的话:"爱情的代价是痛苦,爱情的方法是要忍得住痛苦。"他又加上一句评语道:"依我看不但爱情如此,爱国爱公理也都如此。"这几句话出版后的第三日,他被北京军警捉去了;现在已有半个多月,他还在警察厅里。我们对他要说的话是:"爱国爱公理的报酬是痛苦,爱国爱公理的条件是要忍得住痛苦。"[60]

至此胡氏意犹未尽,"又想这个意思可以入诗",遂用《生查子》词调作了一首小诗,云:"也想不相思,免得相思苦。几度细思量,情愿相思苦。"[61] 以此逆推,可见陈独秀的命题本身富有诗意。循此逻辑,亦可知陈独秀的杂文虽不是文学作品,却有些作品已具备文学属性。诚如鲁迅所言:"杂文这东西,我却恐怕要侵入高尚的文学楼台去的。"[62] 然于"诗与政论的结合"的杂文创作,陈独秀仅开风气之先,纷纭激荡的革命风云使之无暇去完善这种杂文的写作模式,而将这伟大的历史使命留待鲁迅、周作人等作家去完成。

第二,没有系统的论证。无论从文体容量,还是从编辑角度看,杂文都不能如长篇论文有系统的论证,只能以具体的某人、某事为"由头"说起,即兴式、评点式、漫(话)画式地发掘这些人与事背后的情与理。例如反孔问题,陈氏先后撰有《驳康有为致总理书》《孔子之道与现代生活》《再论孔教问题》《质问〈东方杂志〉记者》以及《再质问〈东方杂志〉记者》等论文,皆以逻辑严密与气势激越取胜;而同一主题的"随感录",如《尊孔与复辟》《学术与国粹》《调和论与旧道德》等,则是嬉笑怒骂皆成文章,以机敏的智慧与辛辣的格调取胜。即使如《复辟与尊孔》《尊孔与复辟》,两篇几乎同题的作品,前者为长达四千字的论文,后者仅一百二十字的短评,两者虽一脉相承却只能互补而不能互代。杂文诚如鲁迅所言:"有时确像一种小小的显微镜的工作,也照秽水,也看脓汁,有时研究淋菌,有时解剖苍蝇",[63] 期收以小见大之效。但陈独秀的杂文,却与普通"以小见大"的杂文有所不同,其注目的几乎尽是天下兴亡之大事,评说的多是国内外种种恶势力与不文明现象,因而他的杂文虽无系统的论证,却始终响彻着一个主旋律,追寻着一个永恒主题:科学与民主。它不光有逻辑严密、论证周详的杂文,如:《除三害》对"军人害"、"官僚害"、"政客害"在中国的种种表现,作了环环相扣的揭露,不仅犀利,而且生动,"把这班政客烧成了灰,用五千倍的显微镜,也寻不出一粒为国为民的分子来"。除三害的方法虽简单,也甚得要领。全文以对话开头:"我刚写出这题目,有一位朋友见着说:你是做戏评吗?我说:不是评那戏台上的旧戏,是评这中国政客舞台上的新戏。……"颇具杂文味。

第三,直述种种直觉。陈氏杂文多直截了当,一针见血,极少有绕弯子说话的时候。其杂文的标题多惊叹式与反问式的。前者有《呜呼,特别国情!》《怪哉插径班!》《冤哉〈益世报〉!》《"本是同根生,相煎何太急"!》《只有叹气!》等;后者如《谁是匪?》《谁的罪恶?》《公理何在?》《理想家哪里去了?》《你护的什么法?》《法律是什么东西?》《裁兵?发财?》等,还有两者兼用的,如:《护法?丑!套狗索!》《护法吗?要钱!》《发财的机会又到了!国民怎么了?》等。这虽使其艺术性似有减略,却大大增添了它的杀伤力。当然这并不排斥陈氏能信手写出富有艺术性的佳作。如发表于1916年的《袁世凯复活》,虽以浅显的文言文写成,但作者运用巧妙的构思,精心谋篇布局,把文章写得委婉曲折、生动活泼，颇有艺术性。文章历数"袁世凯二世"酷肖"袁世凯一世"之点二十余条，以排比句一气呵成，气势磅礴，痛快淋漓。但他不着意于去追求杂文的艺术，而更倾心于直述直觉，在直述中增强其战斗性。郁达夫曾说："鲁迅的文体简练得象一把匕首，能以寸铁杀人，一刀见血"，又说其"语多刻薄，发出来的尽是诛心之论"。[64] 移之评论陈独秀的杂文，可能更合适。直述直觉，突出的是"我的直觉，把我自己心里要说的话，痛痛快快的说出来"。这不仅是他的表述方式，更源自于他的思维方式。直至晚年亦如此。陈氏到晚年还说："我只注重我自己的独立思想，不迁就任何人的意见"，"绝对厌弃中庸之道，绝对不说人云亦云豆腐白菜不痛不痒的话"。[65] 鲁迅曾以爽快来评说陈独秀的"随感录"，他1921年8月25日夜致信周作人说，《新青年》第九号已出，"已甚可观，惟独秀随感究竟爽快耳"。[66] 鲁迅曾说："玄同之文，即颇汪洋，而少含蓄，使读者览之了然，无所疑惑，故于表白意见，反为相宜，效力亦复很大。"[67] 陈独秀之杂文，亦与之有相似之处。相对而言，钱玄同较陈氏更多过火之言，以致陈氏曾在《〈新青年〉罪案之答辩书》中说："社会上最反对，是钱玄同先生废汉文的主张"，"他愤极了才发出这种激切的议论，像钱先生这种'用石条压驼背'的医法，本志同人多半是不大赞成的"。[68] 陈氏直到晚年还言及钱玄同五四时期这种作风（至于钱后来退为宁静的学者，则另当别论）。可见他与钱氏同中有异。有人因陈氏爽快地直述直觉的思维特征而断言："陈独秀缺乏非常精细的复杂的头脑，但这却反而有助于他的思想的直截了当。"[69] 虽不大中听，却也不无道理。

第四，不曾抄袭人家的说话。陈氏一贯崇尚创新，崇尚独立思索，崇尚学术独立，反对因袭附会。他曾说："中国学术不发达之最大原因，莫如学者自身不知学术独立之神圣。譬如文学自有其独立之价值也，而文学家自身不承认之，必欲攀附六经，妄称'文以载道'、'代圣贤立言'，以自贬抑。史学亦自有其独立之价值也，而史学家自身不承认之，必欲攀附《春秋》，着眼大义名分，甘以史学为伦理学之附属品。"[70] 于《文学革命论》中更斥责明前后七子"刻意模古，直谓抄袭可也"，清桐城派"其伎俩惟在仿古欺人"。[71] 他平生反对只晓得有别人，有古人，却没有了自己，提倡弘扬个性。陈氏杂文无所依傍,自创一格;言人所未敢言,道人所未敢道,不拘一格;时杂以俚语韵语乃至外来语,纵笔所至,别具一格。偶有安庆俚语方言如"一包糟"、"闹的什么猴"、"瞎热心"、"这种轻骨头,比三钱灯草灰还轻"、"这种黑骨头,比漆比墨还黑"等,夹杂于其慷慨激昂的陈说之中,也因格外传神而别有一番风味。

第五,没有"无病而呻"的说话。陈氏杂文皆为有感而发,不得不发,如同鲁迅所言:"生存的小品文,必须是匕首,是投枪,能和读者一同杀出一条生存的血路的东西。"[72] 他无心无暇去抒发闲情逸致,更不无病呻吟——尽管陈氏不失为性情中人——甚至连鲁迅杂文作为"劳作和战斗之前的准备",那"能给人愉快和休息"[73] 的幽默亦少了一点,其虽不乏阳刚之美,却似乎过于紧张了一点儿,显得不太从容。

第六,陈氏从事杂文写作所追求的价值与意义在于:(1) 于读者有点益处;(2) 有点心得或有点意见贡献于现社会;(3) 可以看出社会思想变迁。这三者之中,陈氏则更看中第二点,亦即鲁迅所谓"为现在抗争","现在是多么迫切的时候,作者的任务,是在对于有害的事物,立刻给以反响或抗争,是感应的神经,是攻守的手足。潜心于他的鸿篇巨制,为未来的文化设想,固然是很好的,但为现在抗争,却也正是为现在和未来的战斗作者,因为失掉了现在,也就没有了未来。"[74] 陈氏杂文皆"为现在抗争"之声,仅1919年5月4日到6月8日,他就发表了三十三篇"随感录",与天安门广场学生的革命风暴相呼应。在《对日外交的根本罪恶——造成这根本罪恶的人是谁?》中,说曹(汝霖)、陆(宗舆)、章(宗祥)固然有罪,但根本罪恶还不在曹、陆、章诸人,[75] 旨在将群众对三个卖国贼的痛恨引向站在他们背后的北洋军阀政府,以提高民众的政治觉悟,寻找最根本的斗争目标。

《为山东问题敬告各方面》一文中,劈头就是:"啊!现在还是强盗世界!现在还是公理不敌强权时代!"因此,我们要实行民族自卫。日本侵害了东三省又在侵害山东,"这是我们国民全体的存亡问题,……无论是学界、政客、商人、劳工、农夫、警察、当兵的、作官的、议员、乞丐、新闻记者,都出来反对日本及亲日派才是,万万不能……袖手旁观";若还"帮着日本人说学生不该干涉政治,不该暴动",这种人简直是"下

·蔡元培为《独秀文存》所做序言手迹

等无血动物"。[76]

《六月三日的北京》，则将纪实与象征融为一体，留下一个永恒的历史镜头："民国八年六月三日，就是端午节的后一日，离学生的五四运动刚满一个月，政府里因为学生团又上街演说，下令派军警严拿多人。这时候陡打大雷刮大风，黑云遮天，灰尘满目，对面不见人，是何等阴惨暗淡！"[77]

作者当下写作注重的是"为现在抗争"，后之读者注重的则为"看出社会思想变迁"的轨迹。陈独秀以文章名世。濮清泉说，在《新青年》时代"只因为他的文章写得明快有力，打动人心，青年们把他推崇为大刀阔斧、冲锋陷阵的启蒙大师"。[78]

如果说濮清泉本为陈独秀的信徒，对之或许有所偏爱；那么，蔡元培之评价则当公正些。1933年4月当陈独秀尚在南京坐大牢时，曾为营救陈独秀遭到国民党书面警告的蔡元培顶风而上，毅然为第九次印刷的亚东版《独秀文存》作序云：

这部文存所存的，都是陈君在《新青年》上发表过的文，大抵取推翻旧习惯，创造新生命的态度；而文笔廉悍，足药拖沓含糊等病，即到今日，仍没有失掉青年模范文的资格。[79]

直至20世纪末,北京大学青年学者余杰仍满腔热情地称赞:"《独秀文存》是本世纪中国最好的文集之一。"[80]所有这些赞语当然也适合于陈独秀杂文亦即"陈仲甫体"杂文。

不过,应当指出的是,陈独秀在使用如匕首、如大刀的杂文进击时,也偶有走火现象。如陈独秀本是印度诗人泰戈尔作品中译之第一人(1915年10月15日《青年杂志》第一卷第二号载陈译达噶尔——即泰戈尔之《赞歌》四首,并附简介),到1924年批评来华访问的泰戈尔所散布的文化保守主义(东方文明)也无可厚非;但陈氏于文中直呼:"太戈尔是一个什么东西",甚至暗示其为"人妖",这就有失学者风度。再如对昔日友人章士钊倒戈的批评,本显示作者追求真理的执着,但陈氏曾以"放狗屁"、"狗放屁"、"放屁狗"来概括章士钊所办《甲寅》的几个阶段,并说:"放狗屁的毕竟还是一个人;狗放屁固然讨厌,或者还有别的用处;放屁狗只会放屁,真是无用的厌物。"[81]貌似幽默,实已近人身攻击,是正常思想文化论争中不应出现的语言。陈氏也曾反对过这种倾向,但下笔为文时自律不够,致使其杂文时有偏激之辞,而少了一点儿幽默。

七、"陈仲甫体"与"新文体"及"鲁迅风"

中国杂文源远流长。诚如鲁迅所言:"其实'杂文'也不是现在的新货色,是'古已有之'的。"[82]一部杂文史,从最出色和最本质的先秦诸子文到明清的性灵小品,也堪称洋洋大观。然中国杂文自康、梁方走向现代化,至陈独秀、胡适方完成其现代化进程。其辩证转换关系,少年毛泽东的感悟颇为典型。毛泽东在延安时代与美国记者斯诺谈话中,曾说:"《新青年》是有名的新文化运动的杂志,由陈独秀主编。当我在师范学校学习的时候,就开始读这个杂志。我非常钦佩胡适和陈独秀的文章。他们替代了被我抛弃的梁启超和康有为,一时成了我的模范。"[83]

陈独秀的杂文于古今中外的文化资源，皆有所借鉴，但最直接的影响，当为梁启超的"新文体"。戊戌前后的梁启超，在《时务报》《清议报》和后来的《新民丛报》上，发表百余篇政论。梁文一洗古文的古奥艰涩，其文亦俗亦雅，文采飞扬，词锋凌厉，风靡一时，倾倒多少士子，号称"新文体"。这种"新文体"杂文的特点，梁启超自己作过一个概括："启超夙不喜桐城派古文，幼年为文，学晚汉、魏、晋，颇尚矜炼，至是自解放，务为平易畅达，时杂以俚语、韵语，及外国语法，纵笔所至不检束，学者竞效之，号'新文体'。老辈则痛恨，诋为野狐。然其文条理明晰，笔锋常带情感，对于读者，别有一种魔力焉。"[84]

陈独秀的杂文不仅总体风格上，与梁氏"新文体"有相似之处，其名篇《敬告青年》《新青年》，与梁氏之《少年中国说》颇有神似之处。不妨略作对比，便可尝鼎一脔。先看梁氏《少年中国说》富有鼓动性的末段：

> 造成今日之老大中国者，则中国老朽之冤业也；制出将来之少年中国者，则中国少年之责任也。彼老朽者何足道。彼与此世界作别之日不远矣，而我少年乃新来而与世界为缘。如僦屋者然，彼明日将迁居他方，而我今日始入此室处，将迁居者，不爱护其窗栊，不洁治其庭庑，俗人恒情，亦何足怪。若我少年者，前程浩浩，后顾茫茫，中国而为牛、为马、为奴、为隶，则烹脔鞭箠之惨酷，惟我少年当之；中国如称霸宇内，主盟地球，则指挥顾盼之尊荣，惟我少年享之。……故今日之责任，不在他人，而全在我少年。少年智则国智，少年富则国富，少年强则国强，少年独立则国独立，少年自由则国自由，少年进步则国进步，少年胜于欧洲，国胜于欧洲，少年雄于地球，则国雄于地球。红日初升，其道大光；河出伏流，一泻汪洋；潜龙腾渊，鳞爪飞扬；乳虎啸谷，百兽震惶；鹰隼试翼，风尘吸张；奇花初胎，矞矞皇皇；干将发硎，有作其芒；天戴其苍，地履其黄；纵有千古，横有八荒，前途似海，来日方长。美哉，我少年中国，与天不老！壮哉，我中国少年，与国无疆！[85]

文章通过对"中国少年"的歌颂，显示了"少年中国"的光明前景，迸发出强烈的爱国之情，也显示其"新文体"的巨大艺术魅力。试看陈氏之《敬告青年》首段：

窃以少年老成，中国称人之语也；年长而勿衰（keep young while growing old），英美人相勖之辞也；此亦东西民族涉想不同现象趋异之一端欤？青年如初春，如朝日，如百卉之萌动，如利刃之新发于硎，人生之可最宝贵之时期也。青年之于社会，犹新鲜活泼细胞之在人身。新陈代谢，陈腐朽败者无时不在天然淘汰之途，与新鲜活泼者以空间之位置及时间之生命。人身遵新陈代谢之道则健康，陈腐朽败之细胞充塞人身则人身死；社会遵新陈代谢之道则隆盛，陈腐朽败之分子充塞社会则社会亡。

准斯以谈，吾国之社会，其隆盛耶？抑将亡耶？非予之所忍言者。彼陈腐朽败之分子，一听其天然之淘汰，雅不愿以如流之岁月，与之说短道长，希冀其脱胎换骨也。予所欲涕泣陈词者，惟属望于新鲜活泼之青年，有以自觉而奋斗耳！

然即使几乎是同题作文，陈独秀亦以梁氏之终点为起点。陈氏在高唱青春颂歌之余，进而分析中国青年未老先衰之社会现象及其危害，从而超越了梁氏之论：

呜呼！吾国之青年，其果能语于此乎？吾见夫青年其年龄，而老年其身体者十之五焉；青年其年龄或身体，而老年其脑神经者十之九焉。华其发，泽其容，直其腰，广其膈，非不俨然青年也；及叩其头脑中所涉想所怀抱，无一不与彼陈腐朽败者为一丘之貉。其始也未尝不新鲜活泼，浸假而为陈腐朽败分子所同化者有之；浸假而畏陈腐朽败分子势力之庞大，瞻顾依回，不敢明目张胆作顽狠之抗斗者有之。充塞社会之空气，无往而非陈腐朽败焉，求些少之新鲜活泼者，以慰吾人窒息之绝望，亦杳不可得。

凡此种种，远比梁氏所揭示的老年人与少年人之对立现象更可怕，也更现实。陈氏进而说：

循斯现象，于人身则必死，于社会则必亡。欲救此病，非太息咨嗟之所能济，是在一二敏于自觉勇于奋斗之青年，发挥人间固有之智能，抉择人间种种之思想,——孰为新鲜活泼而适于今世之争存,孰为陈腐朽败而不容留置于脑里,——利刃断铁,快刀理麻,决不作迁就依违之想,自度度人,社会庶几其有清宁之日也。青年乎!其有以此自任者乎?

陈氏凌厉之词锋,并非到此为止,至此仍为其"缘起",其精彩之重头戏在"若夫明其是非,以供抉择,谨陈六义,幸平心察之"。其六义乃影响几代中国人精神风貌的关于"新青年"的六项标准:自主的而非奴隶的,进步的而非保守的,进取的而非退隐的,世界的而非锁国的,实利的而非虚文的,科学的而非想象的。[86] 梁氏之《少年中国说》只是面对茫茫历史提出了他的"天问",陈氏之《敬告青年》,则站在当时的历史制高点上圆满地回答了梁氏之"天问",在继承与超越上提供了一道划时代的彩虹。就文气之磅礴与酣畅而言,"陈仲甫体"实有"新文体"无可比拟之处。

陈独秀受梁氏"新文体"影响,远非《新青年》时代。早在青年时代,陈氏就爱读梁氏之《时务报》,并从中汲取新学营养。陈氏十八岁所撰《扬子江形势论略》,是现存陈氏最早的作品,洋洋七千言,"广征博引,纵论长江上自荆襄,下至吴淞口的形势","并参照历代战争的得失,提供了对加强长江防务的具体方案"。[87] 据考这篇令人惊异的奇文,就取材于1897年上半年《时务报》连载的两篇德国人的考察文字《扬子江筹防刍议》《查阅沿江炮台禀》。至《安徽俗话报》,陈氏就实践了梁氏的办报方针,"开文章之新体,激民气之暗潮";至《新青年》时代,陈氏"笔底寒潮撼星斗",则全方位地超越了梁启超之"新文体",以"随感录"为试验田,自创"陈仲甫体"之杂文,深刻地影响着中国现代杂文之走向与风格。

在陈独秀的影响下,五四时期有一批文化新人热衷于杂文尤其是"随感录"的写作:如李大钊、胡适、钱玄同、刘半农以及周氏兄弟。李大钊的《青春》《今》,胡适的《研究室与监狱》《爱情与痛苦》,钱玄同的《随感录二十九》,刘半农的《作揖主义》等,都是刊之于《新青年》与《每周评论》上的"随感录"中的精品。鲁迅则更加勤奋。《新青年》自第四卷第四号(1918年4月)起开设"随感录"专栏,到第九卷止,共发表"随感录"一百三十三篇,鲁迅自第五卷第三号(1918年9月)到第九卷,共在《新青年》

上发表"随感录"二十七篇,几乎占其总数的五分之一,仅次于陈独秀。鲁迅的这些"随感录",后全收入《热风》文集。鲁迅在《热风·题记》中说:"我在《新青年》的《随感录》中做些短评……有的是对于扶乩、静坐、打拳而发的;有的是对于所谓'保存国粹'而发的;有的是对于上海《时报》的讽刺画而发的。"[88] 总之,"是在对于有害的事物,立刻给以反响或抗争,是感应的神经,是攻守的手足"。[89] 与《新青年》战友取一致的战斗姿态,如他自己所言:"记得当时的《新青年》是正在四面受敌之中,我所对付的不过一小部分。"[90]

鲁迅的杂文创作,起于《新青年》之"随感录"(他于"随感录"之外,在《新青年》上还发表杂文名篇《我之节烈观》与《我们现在怎样做父亲》),到他逝世前两天才搁笔,鲁迅的杂文创作历程长达十九年(总量八百余篇,计约一百五十万字)。逝世前一年的 1935 年底,鲁迅曾在《且介亭杂文二集·后记》中对自己的杂文创作有一个耐人寻味的小结:

> 我从在《新青年》上写"随感录"起,到写这集子里的最末一篇为止,共历十八年,单是杂感,约有八十万字。后九年中的所写,比前九年多两倍;而这后九年中,近三年所写的字数,等于前六年……[91]

可见鲁迅始终将《新青年》上的"随感录"作为他杂文写作的光辉起点,并影响着其杂文创作的全程,从而创造了独具异彩的杂文流派与风格——"鲁迅风",由此也可以说,在中国杂文创作史上,"陈仲甫体"启迪并影响着"鲁迅风";尽管两者同中有异:尖锐与泼辣,二者近似;深刻与幽默,陈氏似有逊鲁氏。陈独秀曾说:"他(鲁迅)的文字之锋利、深刻,我是自愧不及的。人们说他的短文似匕首,我说他的文章胜大刀。"如果说中国杂文中尚有个"胡适之体"的话,那么,它同样受到过"陈仲甫体"的影响,只是两者明快相似,刚柔有别。

"随感录"之外,《新青年》还开辟了"通信"和"什么话"两个专栏。"通信"栏中发表的陈独秀、鲁迅等人的信件,堪称"通信体"杂文,其中最为有名的当是钱玄同、刘半农以通信形式演的双簧戏——两信皆为杂文佳作。"什么话"栏始于第五卷第四号，由胡适发起，胡有告白云："我们每天看报，觉得有许多材料或可使人肉麻，或可使人叹气，或可使人冷笑，或可使人大笑。此项材料很有转载的价值，故特辟此栏，每期约以一页为限。""什么话"共出十一期，每期数则，皆选摘其他报刊发表的某些人的谬论。只经一摘，是非自见，因多不作评论，少数偶加短评点破。这种特殊形式，后亦被许多杂文家所采用。在"大报不如小报，小报不如文摘报"之今日中国，漫天飞舞的"文摘报"仍有其不可小视的魅力，它虽不能视为"什么话"文摘形式的泛滥，但其间或许也能找到一点历史的联系。

还应指出，受《新青年》中陈独秀式的"随感录"影响，五四时期多种报刊开辟"随感录"专栏。据《五四时期期刊介绍》[92]记载，创刊于1919年6月的《民国日日报》《觉悟》，次年2月1日始辟"随感录"专栏；创刊于1919年11月1日的《新社会》，次月1日即辟"随感录"专栏；创刊于1919年8月24日的《新生活》与创刊于1920年8月5日的《人道》，都自创刊号就辟有"随感录"专栏。此外，尚有不少报刊虽未径用"随感录"栏目，而是冠以"杂感"、"杂评"、"随便谈"乃至"乱谈"之类字眼，实际上也是效法《新青年》"随感录"栏目与文体，如自1919年2月至11月相继创刊的《晨报》《湘江评论》《星期评论》《星期日》《平民教育》与《曙光》等。可见"随感录"体的现代杂文，在五四时期的报刊上已蔚然成风。显示了各路知识分子为开创社会批评与文明批评空间的可贵努力与实绩，成为中国报界与文坛一道令人难以忘怀的文化风景线。

注释

[1] 台静农：《酒旗风暖少年狂——忆陈独秀先生》。

[2] 陈独秀：《闻光午之瑜静农及建功夫妇，于屈原祭日聚饮大醉，作此寄之建功兄》。

[3] 李大钊：《欢迎陈独秀出狱》，《新青年》第6卷第6号，1919年11月1日。

[4] 朱文华：《关于陈独秀的"随感录"的几个问题》，沈寂主编《陈独秀研究》第1辑，东方出版社1999年3

月版。

[5] 舒芜:《回归五四》第218—219页,辽宁教育出版社1999年8月版。

[6] 陈独秀:《〈新青年〉罪案之答辩书》,《独秀文存》第1卷第242—243页,安徽人民出版社1987年12月版。

[7] 陈独秀:《敬告青年》,《独秀文存》第1卷9页。

[8] 陈独秀:《有鬼论质疑》,《独秀文存》第1卷第157页。

[9] 陈独秀:《科学与神圣》,《独秀文存》第2卷第551页。

[10] 陈独秀:《偶像破坏论》,《独秀文存》第1卷第154页。

[11] 毛泽东改造后的版本为:一心不正,两目无光,三餐不食,四体不勤,五谷不分,六亲不认,七窍不通,八面威风,九坐不动,十分无用。

[12] 陈独秀:《军人与官僚》,《独秀文存》第2卷第456页。

[13] 陈独秀:《武治与文治》,《独秀文存》第2卷第457页。

[14] 陈独秀:《干政的军人反对军人干政》,《独秀文存》第2卷第511页。

[15] 陈独秀:《南北一致》,《独秀文存》第2卷第485页。

[16] 陈独秀:《谁的罪恶》,《独秀文存》第2卷第465页。

[17] 陈独秀:《文治主义原来如此》,《独秀文存》第2卷第496页。

[18] 陈独秀:《公仆变了家长》,《独秀文存》第2卷第446页。

[19] 陈独秀:《得众养民》,《独秀文存》第2卷第453页。

[20] 陈独秀:《法律与言论自由》,《独秀文存》第2卷第560页。

[21] 陈独秀:《法律与言论自由》,《独秀文存》第2卷第560页。

[22] 陈独秀:《保守主义与侵略主义》,《独秀文存》第2卷第572页。

[23] 陈独秀:《伤寒病与杨梅毒》,《独秀文存》第2卷第501页。

[24] 陈独秀:《多谢倪嗣冲、张作霖》,《独秀文存》第2卷第500页。

[25] 陈独秀:《东西民族根本思想之差异》,《独秀文存》第1卷第27—29页。

[26] 陈独秀:《我之爱国主义》,《独秀文存》第1卷第61页。

[27] 陈独秀:《卑之无甚高论》,《独秀文存》第2卷第618页。

[28] 陈独秀:《卑之无甚高论》,《独秀文存》第2卷第618页。

[29] 陈独秀:《懒惰的心理》,《独秀文存》第2卷第591—592页。

[30] 陈独秀:《懒惰的心理》,《独秀文存》第2卷第591—592页。

[31] 陈独秀:《"笼统"与"以耳代目"》,《独秀文存》第2卷第559页。

[32] 陈独秀:《阔处办》,《独秀文存》第2卷第576页。

[33] 陈独秀:《抵抗力》,《独秀文存》第1卷第23—24页。

[34] 陈独秀:《反抗舆论的勇气》,《独秀文存》第2卷第616页。

[35] 陈独秀:《抵抗力》,《独秀文存》第1卷第25—26页。

[36] 陈独秀:《抵抗力》,《独秀文存》第1卷第25—26页。

[37] 陈独秀:《中国式的无政府主义》,《独秀文存》第2卷第611页。

[38] 陈独秀:《学生界应该排斥底日货》,《独秀文存》第2卷第574页。

[39] 陈独秀:《我们究竟应当不应当爱国》,《独秀文存》第1卷第430—432页。

[40] 陈独秀:《我之爱国主义》,《独秀文存》第1卷第61页。

[41] 陈独秀:《青年底误会》,《独秀文存》第2卷第615页。

[42] 陈独秀:《中国式的无政府主义》,《独秀文存》第2卷第612页。

[43] 陈独秀:《敬告青年》,《独秀文存》第1卷第3—9页。

[44] 陈独秀:《我之爱国主义》,《独秀文存》第1卷第62—66页。

[45] 陈独秀:《革命与制度》,《独秀文存》第2卷第620页。

[46] 陈独秀:《革命与作乱》,《独秀文存》第2卷第600页。

[47] 陈独秀:《革命与制度》,《独秀文存》第2卷第620页。

[48] 陈独秀:《主义与努力》,《独秀文存》第2卷第599页。

[49] 陈独秀:《主义与努力》,《独秀文存》第2卷第599页。

[50] 陈独秀:《过渡与造桥》,《独秀文存》第2卷第617页。

[51] 陈独秀:《过渡与造桥》,《独秀文存》第2卷第617页。

[52] 陈独秀:《过渡与造桥》,《独秀文存》第 2 卷第 617 页。

[53] 陈独秀:《解放》,《独秀文存》第 2 卷第 583 页。

[54] 陈独秀:《学说与装饰品》,《独秀文存》第 2 卷第 590 页。

[55] 陈独秀:《学说与装饰品》,《独秀文存》第 2 卷第 590 页。

[56] 陈独秀:《独秀文存·自序》,《独秀文存》第 1—2 页。

[57] 鲁迅:《伪自由书·前言》,《鲁迅论文学与艺术》第 552 页,人民文学出版社 1980 年 7 月版。

[58] 鲁迅:《准风月谈·后记》,《鲁迅论文学与艺术》第 742。

[59] 这是瞿秋白 20 世纪 30 年代界定杂文的著名论断。转见冯光廉主编《中国近百年文学体式流变史》,人民文学出版社 1999 年 10 月版。

[60] 胡适:《每周评论》第 28 号(1919 年 6 月 29 日)。

[61] 胡适:《爱情与痛苦》,胡明编《胡适诗存》第 202 页,人民文学出版社 1989 年 4 月版。

[62] 鲁迅:《徐懋庸作〈打杂集〉序》,《鲁迅论文学与艺术》第 834 页。

[63] 鲁迅:《作"杂文"也不易》,《鲁迅论文学与艺术》第 732 页。

[64] 郁达夫:《中国新文学大系·散文二集序》,上海良友图书印刷公司 1935 年 7 月版。

[65] 陈独秀:《给陈其昌等的信》,《陈独秀著作选》第 3 卷第 431—432 页,上海人民出版社 1993 年 4 月版。

[66] 鲁迅:《致周作人》,《鲁迅书信集》第 39 页,人民文学出版社 1976 年 8 月版。

[67] 鲁迅:《两地书·一二》,《鲁迅全集》第 11 卷第 47 页,人民文学出版社 1981 年版。

[68] 陈独秀:《〈新青年〉罪案之答辩书》,《独秀文存》第 1 卷第 243 页。

[69] 林毓生:《中国意识的危机》,(贵阳)贵州人民出版社 1988 年版。

[70] 陈独秀:《学术独立》,《独秀文存》第 2 卷第 552 页。

[71] 陈独秀:《文学革命论》,《独秀文存》第 1 卷第 97 页。

[72] 鲁迅:《小品文的危机》,《鲁迅论文学与艺术》第

580 页。

[73] 鲁迅:《小品文的危机》,《鲁迅论文学与艺术》第 580 页。

[74] 鲁迅:《且介亭杂文·序言》,《鲁迅论文学与艺术》第 932 页。

[75] 陈独秀:《对日外交的根本罪恶——造成这根本罪恶的人是谁?》,《每周评论》1919 年 5 月 11 日。

[76] 陈独秀:《为山东问题敬告各方面》,《每周评论》1919 年 5 月 18 日。

[77] 陈独秀:《六月三日的北京》,《独秀文存》第 2 卷第 535 页。

[78] 濮清泉:《我所知道的陈独秀》。

[79] 蔡元培:《独秀文存·序》,《独秀文存》卷首,(上海)亚东图书馆 1933 年版。

[80] 余杰:《永远的"新青年"》,《陈独秀研究动态》第 17 期(1999 年 9 月)。

[81] 任建树编:《陈独秀著作选》第 2 卷第 1182 页。

[82] 鲁迅:《且介亭杂文·序言》,《鲁迅论文学与艺术》第 932 页。

[83] 毛泽东与斯诺谈话,转见李锐《毛泽东早年读书生活》第 185 页,辽宁人民出版社 1992 年 4 月版。

[84] 梁启超:《清代学术概论》第 77 页,东方出版社 1996 年 3 月版。

[85] 梁启超:《少年中国说》,原载《清议报》第 35 册(1900 年 2 月 10 日出版)。

[86] 陈独秀:《敬告青年》,《独秀文存》第 3—9 页。

[87] 任建树:《陈独秀大传》第 42 页,上海人民出版社 1999 年 5 月版。

[88] 鲁迅:《热风·题记》,《鲁迅论文学与艺术》第 181 页。

[89] 鲁迅:《热风·题记》,《鲁迅论文学与艺术》第 181 页。

[90] 鲁迅:《且介亭杂文·序言》,《鲁迅论文学与艺术》第 932 页。

[91] 鲁迅:《且介亭杂文二集·后记》,《鲁迅论文学与艺术》第 943 页。

[92]《五四时期期刊介绍》,人民出版社 1958 年 11 月版。

·第六章·

中国戏曲改革之先声——陈独秀与中国戏曲

戏馆子是众人的大学堂,
戏子是众人大教师。

——陈独秀《论戏曲》

20世纪之初，中国戏曲经历了两次较大的改革，一次是辛亥革命前后，一次是五四新文化运动。陈独秀两次均居领先地位，以其敏锐的理论触角与雄辩的理论力量，推动着中国戏曲改革的奋然前行。其辛亥革命时期的戏曲改革理论是五四新文化运动的准备，五四运动中的戏曲改革理论是五四新文化运动的组成部分。陈独秀的戏曲理论不仅在当年有强大的理论指导意义，其精彩处对今天的戏曲改革仍能提供深刻的历史启迪。

遗憾的是，以往的戏曲史著却几乎无只字论及陈独秀关于戏曲改革的理论功绩。无视陈独秀戏曲理论的中国戏曲史论是残缺不全的史论。为此，我撰此章对陈氏戏曲理论及其实践作一述评。

一、"三爱"论戏曲

早在1904年9月10日，陈独秀以"三爱"为笔名，就在他自己创办的《安徽俗话报》第十一期上，发表了《论戏曲》一文。

作为启蒙思想家，陈独秀在其从康党到革命党的历程里，始终以"开通民智"为首务。他以此作为创办《安徽俗话报》的宗旨，也以此作为戏曲改革的指南。陈独秀在《论戏曲》中开宗明义地说："列位呀！有一件事，世界上人没有一个不喜欢，无论男男女女老老少少,个个都诚心悦意,受他的教训,他可算得是世界上第一大教育家。"他为"开通民智",寻找着这世界上第一大教育家。谁堪称这世界上第一大教育家呢?

陈独秀说:"就是唱戏的事啊!"

他说:"我看列位到戏园里去看戏,比到学堂里去读书心里喜欢多了,脚下也走的快多了,所以没有一个人看戏不大大的被戏感动的。譬如看了《长板(坂)坡》《恶虎村》,便生些英雄气概;看了《烧骨计》《红梅阁》,便要动哀怨的心肠;看了《文昭关》《武十回》,便起了报仇的念头;看了《卖胭脂》《荡湖船》,还要动那淫欲的邪念。此外像那神仙鬼怪富贵荣华,我们中国人这些下贱性质,那一样不是受了戏曲的教训,深信不疑呢!"凡此种种,虽不无偏颇,却又大致符合中国的国情民情。因而他说:"依我说起来,戏馆子是众人的大学堂,戏子是众人大教师。"

正是从这一历史高度出发,陈独秀严厉地批评种种鄙薄戏曲的观点,如以戏业为贱业、戏子为贱人,唱戏游荡无益等。陈独秀说:"世上人的贵贱,应当在品行善恶上分别,原不在执业高低。况且只有我中国,把唱戏当作贱业,不许和他人平等。西洋各国,是把戏子和文人学士,一样看待。因为唱戏一事,与一国的风俗教化,大有关系,万不能不当一件正经事做,那好把戏子看贱了呢。就是考起中国戏曲的来由,也不是贱业。古代圣贤,都是亲自学习音律,像那云门、咸池、韶、大武各种的乐,上自郊庙,下至里巷,都是看得很重的。到了周朝就变为雅颂(就是我们念的诗经),汉朝以后变为乐府,唐、宋变为填词,元朝变为昆曲(按,当为北曲杂剧),近两百年,才变为戏曲。可见当今的戏曲,原和古乐是一脉相传的","孔子说道:'移风易俗,莫善于乐'。孟子也说过:'今之乐犹古之乐也'。戏曲也算是今乐",当然不能视为贱业。至于"你要说他俚俗,正因他俚俗,人家才能够懂哩。你要说他是游荡无益的事,倒也不见得,那唱得好的戏,无非是演古劝今,怎算是无益呢。况且还有三件事,我们平日看不到的,戏上才看得见。你道是那三件呢?一是先王的衣冠,一是绿林豪客(像花蝴蝶、一枝桃、闹嘉兴等类),一是儿女英雄(像木〔穆〕桂英、樊梨花、韩夫人等类)"。

这大有梁启超在1902年所发表的《论小说与群治之关系》中所谓"欲新一国之民，不可不先新一国之小说"的逻辑架势。然陈独秀认为戏曲作用于人心之力量尤甚于小说。他说："现在国势危急，内地风气还是不开。各处维新的志士设出多少开通风气的法子，像那开办学堂虽好，可惜教人甚少，见效太缓。做小说，开报馆，容易开人智慧，但是认不得字的人还是得不着益处。我看惟有戏曲改良，多唱些暗对时事开通风气的新戏，无论高下三等人，看看都可以感动，便是聋子也看得见，瞎子也听得见，这不是开通风气第一方便的法门吗？"

应该说，至此陈独秀已将戏曲提到了无以复加的历史高度，与中国传统文化鄙薄戏曲、鄙薄戏子的观念形成了鲜明的对比。陈独秀所以能如此重视戏曲"开通民智"的作用，实受梁启超"小说界革命"的影响，寻找着"开通民智"的最佳形式；与梁不同的是，梁着眼小说，陈虽重视小说但也看重戏曲。

陈独秀以是否有利于"开通民智"为标准，去分析当时中国戏曲之现状，实事求是地分辨良莠，并指出中国戏曲改革的必要性与迫切性。他说："唱戏虽不是歹事，现在所唱的戏，却也有些不好的地方，以致授人口实，难怪有些人说唱戏不是正经事。我也不能全然袒护戏子，说他尽善尽美。但是要说戏曲有些不好的地方，应当改良，我是大以为然。"那么，中国戏曲改革从何入手呢？陈独秀在《论戏曲》一文中提出了如下具体方案：

第一，要多多地新排有益风化的戏。他说："把我们中国古时荆轲、聂政、张良、南霁云、岳飞、文天祥、陆秀夫、方孝孺、王阳明、史可法、袁崇焕、黄道周、李定国、瞿式耜等，这班大英雄的事迹，排出新戏，要做得忠孝义烈，唱得激昂慷慨，真是于世道人心，大有益处。"应指出的是，陈独秀所谓"忠孝义烈"，则主要表现为抗暴爱国，其所举历史人物皆为抗暴英雄或爱国志士，史可法以降则更为抗清英雄，就是明证。足见陈独秀要求戏曲有益"世道人心"，旨在激发人们的爱国情操与民族复仇情绪。他的忠义观是借传统话语传递现代意识。由此出发，他说："就是旧有的戏，像那《吃人肉》《长板（坂）坡》《九更天》《换子》《替死》《刺梁》《鱼藏剑》，这些戏看起来也可以发生人忠义的心哩。"

第二，可采用西法。陈独秀善于"求新声于异邦"，让传统的中国戏曲借鉴西方话剧之"演讲"[1]，借鉴西方科技手段以助演出效果。他说："戏中夹些演说，大可长人识见，或者试演那光学电学各种戏法，看戏的还可以练习格致的学问。"

第三，不唱神仙鬼怪的戏。他说："鬼神本是个渺茫的东西，煽惑愚民，为害不浅"，"像那《泗州城》《五雷阵》《南天门》这一路的戏，已经是荒唐可笑得很。尤其可恶的，是《武松杀嫂》本是报仇主义的一出好戏，却要弄鬼来。武松武艺过人，本没有不能敌挡西门庆的事理，何必要鬼来帮助，才免于败，便将武二的神威做得一文不值，这样出鬼出怪，大大的不合情理，真要改良才好哩"。这里不是一般地反对鬼神上台，而是强调戏曲情节与人物性格必须合乎情理，达到生活的真实与艺术的真实的统一。指出迷信色彩为害不浅。

第四，不可唱淫戏。他说："像那《月华缘》《荡湖船》《小上坟》《双摇会》《海潮珠》《打樱桃》《下情书》《送银灯》《翠屏山》《乌龙院》《缝褡膊》《庙会》《拾玉镯》《珍珠会》这等的戏，实在是伤风败俗。有班人说唱戏不是正经事，把戏子当作贱业，都因为有这等淫戏的缘故。看戏的年轻妇女多得很，遇了男戏子做这些淫戏，也就难看了。何况还有班女戏子，他也居然现身说法，做出那些丑态，丝毫不知道羞耻，妇女们看了，实在是不成说法，这等戏是定要禁止的呀！"他认为无论从职业声誉还是社会效果看，都要禁演淫戏。只是陈氏所谓之淫戏，是否真的都是淫戏，似须具体考察。如《拾玉镯》至今尚活跃在舞台上，不能算是淫戏。

第五，除去富贵功名的俗套。陈氏说："我们中国人，从出娘胎一直到进棺材，只知道混自己的功名富贵，至于国家的治乱、有用的学问，一概不管。这便是人才缺少、国家衰弱的原因。戏中若改去这等荣华富贵的思想，像那《封龙图》《回龙阁》《红鸾禧》《天开榜》《双官诰》等戏，一概不唱，倒也很于风俗有益哩。"

第六，排些时事新戏。中国戏曲以传统剧目居多，往往与现实相隔膜，因而陈独秀提倡多排些"时事新戏"。他说："听说现在上海丹桂、春仙两个戏园，都排了些时事新戏,春仙茶园里有个出名戏子,名叫汪笑侬的,新排的《桃花扇》和《瓜种兰因》两本戏曲,看戏的人被他感动的不少。我很盼望内地各处的戏馆,也排些开通民智的新戏唱起来,看戏的人都受他的感化,变成了有血性、有知识的好人,方不愧为我所说的世界上第一大教育家哩!"

陈独秀的这些戏曲改革的方案中,激荡着强烈的开放精神与当代意识,同时有着较强的可操作性。

在陈独秀写《论戏曲》的前一年即1903年有失名的《观戏记》,同年的有陈佩忍《论戏剧之有益》、蒋观云《中国之演剧界》,稍后有著夫《论开智普及之法以改良剧本为先》、天生《剧场之教育》,[2] 都程度不同地以开放眼光看待戏曲在社会改革中的作用以及中国戏曲亟待改革的现状,然又都未提出具体的改革方案。一如梁启超鼓吹小说界革命,至于如何革命,则不甚了了。如此道来,陈独秀切实可行的戏曲改革方案,则尤其显得高人一筹。

陈独秀的《论戏曲》理当成为中国近代戏曲改革的宣言书。然其最初以通俗的白话文刊之于《安徽俗话报》,到1905年3月又改为文言文刊之于《新小说》第二卷第二期上,在当时的影响相当有限。只是陈独秀自己在《安徽俗话报》上努力实践了他的戏曲改革理论,刊载自作及汪笑侬创作的新剧本六则,表现了可贵的探索精神。

二、"三爱"写戏曲

在《安徽俗话报》时代,陈独秀就特别重视对戏曲的刊发。从第三期起,这份报纸就辟有戏曲专栏。《安徽俗话报》共发行二十二期,其中就有九期发表了戏曲作品:第三期发了《睡狮园》,第九期发了《团匪魁》,第十期发了《康茂才投军》,第十一至十三期发了《瓜种兰因》,第十四期发了《薛虑祭江》,第十八至十九期发了《胭脂梦》。

张湘炳曾说[3],这六本新戏中,除《团匪魁》为春梦生作、《瓜种兰因》为汪笑侬作、《胭脂梦》为皖江忧国士作外,没有署名的《睡狮园》《康茂才投军》和《薛虑祭江》,

实际都是陈独秀自己的创作。皖江忧国士，张氏亦疑为陈独秀之笔名。

这些剧作，无论陈氏创作还是他所编发，都可视为陈氏戏曲理论之实践，是开通民智、鼓吹爱国、反帝反清的重要途径。

就其内容而言，其一为直写时事的作品，如《薛虎祭江》和《胭脂梦》两戏。《薛虎祭江》是以1900年7月，沙俄侵略者在我国东北地区制造的海兰泡和江东六十四屯大惨案为题材编写的短戏。

海兰泡位于我国黑龙江省瑷珲县黑河镇的对岸，第一次鸦片战争时为沙俄侵占，被改名为布拉戈维申斯克。1900年初，沙俄欲乘中国义和团之乱侵占中国之东北，即以海兰泡为进扰起点。7月16日、17日沙俄军警肆意残杀这个村中五百多户华人，逃亡者也被驱入湍急的黑龙江中，结果"骸骨漂溢，蔽满江津"。

海兰泡惨案之后，沙俄又血洗了江东六十四屯。六十四屯，位于黑龙江东岸，是中国人民世代居住的地方。这里有两千户人家，一万多人，7月18至20日三天间被沙俄洗劫一空，然后放火烧掉全部村舍，强行侵占了这块土地。

《薛虎祭江》及时地反映了这一触目惊心的事件，它通过薛虎对葬身江心的六千同胞的追悼，揭露了沙俄的残暴，鞭挞了清廷的软弱：

> 都只为，国运衰，生灵涂炭，惹起了，众强国，个个垂涎。我国中，无能臣，著著失算，将一个，东三省，暗地送完。好一座，锦江山，平日割断。六千余，好黎民，赶下江边。到那时，有甚么，好和歹，贫和富，大和小，老和少，齐把气断，是这等，惨伤事，所为那端？想起了，这场事，把我的牙关咬断，牙关咬断。不由我，一阵阵，怒发冲冠。
>
> 想当初，祸患事，未曾出现，众同胞，一个个，好不安然。富贵家，终日里，行乐饮宴，有歌童，和舞女，左右吹弹。下下棋，抹抹牌，且把心散，鸳鸯枕，福寿糕，再把烟玩。妇女们，每日里，油头粉面，讲妖娆，爱窈窕，苦把脚缠；戴的是，珠和宝，精光灿烂，穿的是，绸和缎，好不美观。尽把些，有用钱，无用消散，反道他，福命好，理所当然。

富豪的,早早儿,把事来办,切莫要,吝银钱,袖手旁观。读书的,讲求些,声光化电,去虚文,务实学,富强根源。自古道,人自立,谁敢来犯?若不然,波兰祸,就在目前。

《胭脂梦》仍以反抗沙俄为中心主题,塑造了三个抗俄英雄形象:一为义军领袖史国危,一为青年志士卫华(一字中邦),一为巾帼英雄张阄权——即国危权困,保卫中华。

卫华一出场就点明了帝国主义瓜分中国所造成的危局:"只恨生不逢辰,遭时多舛,四方各国,都要来占我中华","我心想保国救民,无奈匹马单身,焉能济事?"于是往铁血村去找史国危,商讨起义兵讨俄之事。这时史国危唱道:

鄙人自从得罪洋人,罢官回家,便拿出家财,办了数十学堂,都学的是西洋兵法,手下招养的壮丁,足有十一余万。战马军粮,桩桩齐备。只因无机可乘,不曾动手。可笑这俄人,欺弱怕强,不敢与日本争锋,反寻到我中华,销他的臭气。呀呀!俄人!你莫谅我中华无人,老夫不死,怎肯与你干休?

《胭脂梦》中的张阄权虽为豪门闺秀,却也是个胆识过人的巾帼英雄。当史国危、卫华担心她吃不了军中之苦时,她激昂地唱道:

人生都有一回死,死得其所胜于生。与其老死在家下,怎比仗死沙场中。
死在家下谁知道,暴骨沙场名何荣。坐视国家遭危难,叫我女子怎甘心?

这两出戏都写得慷慨激昂,不啻一曲中华民族之正气歌。

其二则为直斥时弊的作品,如《团匪魁》。戏中主要人物卢财,是位"外黄人氏,寄居老大帝国大土乡中"的"庸碌大夫",上台自报家门云:"我这里卖山河宫廷行贿,军国事何须尔兔死狐悲。巴结好利大叔威显朝内,管什么瓜分祸社稷安危。"这卖国求荣的形象,实则影射清廷先是捕杀维新派,后是镇压义和团,"身兼将相、权倾举朝"的反动官僚荣禄。

戏中二号人物胡卢,则为嘲弄趋炎附势,为清廷卖命的汉族知识分子所设。

其三是为借古讽今的作品,如《睡狮园》《康茂才投军》。前者虽写"大唐天子驾前督总管太监"利业阴游园的故事，实则揭露清廷太后慈禧最宠信的太监李莲英（利业阴即其谐音）的卖国贼嘴脸。请听他的自白：

> 你看满朝大小官员，谁人不是咱家的门生义子，只恨如今出了什么维新党人，胡言乱道，说是一国的百姓，都可干预国政，还不要咱们太监揽权问事。倘若圣上信了他们的这片狂言，认真这样办法，我们的富贵荣华，是如何保守得全？思想起来，好不焦躁人也。

后者则假借康茂才投奔朱元璋起义的故事，发表了一篇壮情激越的讨清檄文。朱元璋有唱云：

> 想人生，谁不有，国民义务，焉能得，轻权利，委命胡辽。我同胞，这责任，本该分晓，岂任他，亡种族，把祸来招。我虽是一布衣，有何紧要，断不肯，求官禄，蜷伏昏朝！

《安徽俗话报》刊发的所有新戏，都有着强烈的现实意义，是陈独秀由康党转化为"乱党"时的思想见证。即使是转载当时上海著名演员汪笑侬[4]的新戏《瓜种兰因》，也是如此。这本戏写的是波兰被帝国主义瓜分的故事。刊发时，陈独秀特地加上按语，点明主旨："这本戏曲，是上海春仙茶园有名的一位生角汪笑侬先生新编排出来的。听说这本《瓜种兰因》，是说波兰被各国瓜分的故事，暗切中国时事，做得悲壮淋漓，看这戏的人无不感动。列位看俗话报的，在家有事，不得到上海看这样的好戏，所以我要将这本戏文，登在报上给列位一看呀。"[5]

《安徽俗话报》上刊发的这些新戏一律短小精悍，明白如话，人物也很少，人物名称多用谐音影射现实，如卢财即奴才，胡卢即胡奴，利业阴即李莲英，庸碌即荣禄。情节不算复杂，内容不算深刻，但反清倾向一目了然。在当时环境里对开通民智与改革戏曲都是有益的尝试。

中国戏曲有着悠久的历史，"百兽率舞"式的原始歌舞即其源头，至宋元而趋成熟。成熟的中国戏曲是综合文学、音乐、舞蹈、绘画、雕塑、建筑等各种艺术因素而成的具有独特民族风格的艺术形式（亦被称为"第七艺术"）。就剧本创作而言，无论元明杂剧还是明清传奇,抑或各种地方戏,基本上是韵文体而非散文体,剧中人物台词以唱为主白为宾。就表演艺术而言,从明初的昆曲到其后的京戏乃至地方戏,都是将唱、念、做、打纳入程式化、虚拟化的轨道,亦即将视觉形象舞蹈化,将听觉形象音乐化,在载歌载舞的代言体叙事体系中敷演故事,塑造人物。就整体风格而言,其重在写意而非写实。中国戏曲在其发展史上也曾产生过诸如关汉卿、王实甫、汤显祖、洪昇、孔尚任等著名剧作家,和《窦娥冤》《西厢记》《牡丹亭》《长生殿》《桃花扇》等杰作以及代不乏人的表演艺术家。虽长期被排斥在主流文化之外,却以偏师的形象烘托着中华文化之辉煌。然而晚清以降,中国戏曲之艺术生命日趋衰微。杂剧的抒情化、案头化,传奇的讲音律、重文采,都反映了戏曲在贵族化的过程中愈来愈严重地走向了重曲轻戏的形式主义倾向。"嘉道之间有曲无戏"[6]的局面,严重地阻碍了中国戏曲的发展。

但在我国进入近代社会以后,资产阶级改良派和革命派都重视戏剧特殊的社会教化作用:"胜于千万演说多矣!胜于千万报章多矣"[7],因而大力改造戏剧,使之成为启蒙教育的有效形式。1902年,梁启超在《新民丛报》创刊号上发表了《劫灰梦》传奇,正式敲响了戏剧改良的开场锣鼓,接着又发表了《新罗马》和《侠情记》。这三种传奇虽然都未写完,但影响极大,从思想内容到艺术形式都对传统戏曲进行了大胆革新,为濒临绝境的传奇杂剧创作开辟了一条新路,一时间响应者竞起。

1903至1904年间,梁启超主办的《新民丛报》《新小说》,以及革命倾向比较明显的刊物如《大陆》《觉民》等,相继刊出不少新型戏曲作品。1904年10月,我国近代第一个戏剧杂志《二十世纪大舞台》(陈去病、柳亚子主编)在上海问世。柳亚子在发刊词中宣告:

> 吾侪崇拜共和,欢迎改良,往往倾心于卢梭、孟德斯鸠、华盛顿、玛志尼之徒,欲使我国同胞效之。今当捉碧眼紫髯儿,被以优孟衣冠,而谱其历史,则法兰西之革命,美利坚之独立,意大利、希腊恢复之光荣,印度、波兰灭亡之惨酷,尽印于国民之脑膜。必有欢然兴者。此皆戏剧改良所有之事,

而为此《二十世纪大舞台》发起之精神。

这是资产阶级革命派戏剧改良的宣言。他们的戏曲作品，矛头直接指向清廷，指向清廷最高当权者慈禧太后，鼓吹民族主义，旗帜鲜明地号召革命以推翻专制的满清王朝。

将陈独秀在辛亥革命前夕的戏曲理论与实践，放在这一文化背景下考察，不难发现陈独秀是以急先锋的形象站在他所处时代的最前列。

三、五四时期的戏曲之争

不过，陈独秀真正能为中国戏曲改革呼风唤雨，是在五四新文化运动时代。

五四新文化运动之初，陈独秀仍一如既往地为戏曲争取历史地位而呐喊。他明确地说："国人恶习，鄙夷戏曲小说为不足齿数，是以贤者不为，其道日卑，此种风气倘不转移，文学界决无进步可言。"[8] 因而在其文学革命宣言书——《文学革命论》中，一反封建传统观念，而认为"元明剧本，明清小说，乃近代文学之粲然可观者。惜为妖魔所厄，未及出胎，竟尔流产，以至今日中国之文学，委琐陈腐，远不能与欧洲比肩"[9]。又于《读胡适〈文学改良刍议〉有感》中，极力推崇元杂剧作家马致远，说："元代文学美术，本蔚然可观。余所最服膺者，为东篱（按，即马致远），词隽意远，又复雄富。余尝称为'中国之沙克士比亚（按，即莎士比亚）'。"[10]

也许出于对戏曲的偏爱，陈独秀论小说往往以戏曲为参照系，他曾与胡适说："吾国札记小说，以愚所见，最喜《今古奇观》……所述杜十娘、宋金郎二事，旧剧家盛演之，观者咸大欢迎。"又云："《红楼梦》全脱胎于《金瓶梅》，而文章清健自然，远不及也。乃以其描写淫态而弃之耶，则《水浒传》、红楼又焉能免？即名曲《西厢记》《牡丹亭》，以吾辈迂腐之眼观之，亦非青年良好读物。"[11]

陈独秀1917年进北京大学任文科学长，主持了文科改革，他破天荒地在大学讲坛开设了"元曲"课。遭保守派攻击时，他愤然作文反击，说："上海某日报，曾著论攻击北京大学设立'元曲'科目,以为大学应研求精深有用之学,而北京大学乃竟设科延师,教授戏曲;且谓'元曲'为亡国之音。不知欧、美、日本各大学,莫不有戏曲科目。若谓'元曲'为亡国之音,则周秦诸子、汉唐诗文,无一有研究之价值矣。至若印度、希腊、拉丁文学,更为亡国之音无疑矣。"[12]

陈独秀之重视戏曲,与其重视白话小说的目的一样,是将启蒙文化与大众文化相结合,让启蒙文化借大众文化之翼作更广泛的传播,使启蒙文化大众化;让大众文化借启蒙文化之力,作新的飞跃与升华,使大众文化现代化。当陈独秀以"世界的眼光"去看待戏剧,则更坚定了他这双向运动的文化观。在19世纪与20世纪之交,欧洲许多著名作家皆"以剧称名于世界"。因而陈独秀说:"现代欧洲文坛第一推重者,厥唯剧本;诗与小说,退居第二流。以其实现于剧场,感触人生愈切也。至若散文,素不居文学重要地位。"[13]

当陈独秀进而以欧洲戏剧文学精神与中国文学相比较,就轻而易举地比较出了两者之间的差异。1917年2月他在《答陈丹崖》信中指出:"西洋近代文学,喜以剧本、小说实写当时之社会,古典实无所用之。实写社会,即近代文学家之大理想大本领。实写以外,别无所谓理想,别无所谓有物也。"[14] 这似乎不无偏颇之处。但当时之陈独秀是着眼以启蒙文化与大众文化相结合去"开启民智",因而他说:"吾辈有口,不必专与上流社会谈话。人类语言,亦非上流社会可以代表。优婉明洁之情智,更非上流社会之专有物。"当启蒙主义者要求将文化权力大幅度下移时,当其将中国戏曲与欧洲戏剧相比时,不难发现他所面对的中国戏曲,古典主义倾向相对浓烈些。而这古典主义恰恰隔断了文化权力下移的走势,于是陈独秀说:"古典主义之弊,乃在有意用典及模仿古人,以为非此则不高尚优美,隽永妍妙,以如是陈陈相因之文体,如何能代表文化?如何能改造社会,革新思想耶?"[15]

这些不仅是陈独秀的新文学观,新戏曲观,也是"新青年派"文化新人胡适、钱玄同、刘半农、傅斯年等的共识。钱玄同说:"今之京调戏,理想既无,文章又极恶劣不通","而戏子打脸之离奇,舞台设备之幼稚,无一足以动人情感"。[16] 刘半农说,旧戏是"一人独唱，二人对唱，二人对打，多人乱打"，有"种种恶腔死调"[17]。胡适则认为旧戏有不少被视为"精华"的东西，实为应当割去的"遗形物"，并指出："今后之戏剧或全废唱本而归于说白，亦未可知。"[18] 他们提出"重新估定一切价值"，包括"重新估定旧戏在今日文学上的价值"，以"再造文明"；以欧美戏剧，尤其是近代兴起的人文主义的话剧为参照系，改造日趋衰微的古典戏曲，以及日趋堕落的时装新戏、文明戏，完成由传统戏曲向现代话剧的历史性转化，促使中国戏曲之新生，以期汇入世界文学的大潮。这一改革主张，如同提倡白话文一样，一经提出，立即遭到保守势力的强烈反对。保守势力则认为：在中国提倡话剧绝对不可能，改良戏曲则根本没有必要。

由于戏曲是有着广阔群众基础的艺术，因而新旧戏剧之争很快就波及整个社会，各种报刊、各色人物都纷纷刊文各抒己见，但主战场还在《新青年》。《新青年》除不断有文论戏，1918年6月和10月，曾先后辟"易卜生专号"和"戏剧改良专号"（这是《新青年》在文艺方面仅辟的两个专号）。前者是提供以戏剧作为"充分发展自己的个性"艺术载体的示范，后者为两派之争提供各抒己见的阵地。还有个有趣的现象是充当保守派的主要代表人物，竟是傅斯年的同学、北京大学法科政治系四年级学生张厚载（字采人，号豂子，江苏青浦人，读书期间兼任《神州日报》记者、银行职员），他嗜好京剧，与北京京剧界，尤其是梅兰芳、程砚秋等广有交往，平时常写剧评，戏曲改革运动兴起之初，他不断撰文与《新青年》派人士作针锋相对的争论。他有《我的中国旧戏观》一文，说旧戏"是中国历史社会的产物，也是中国文学美术的结晶，可以完全保存"。做、念、唱、打的"法律，是牢不可破的"，破坏了，"那中国旧戏也就根本不能存在了"。[19]

这场新旧戏剧之争，未必是陈独秀所导演的。但作为《新青年》的主编，陈独秀显然是坚定地主张戏曲改革的，他曾公开致书张厚载（豂子），指出："尊论中国戏，根本谬点，乃在纯然囿于方隅，未能旷观域外也。剧之为物，所以见重欧洲者，以其为文学美术科学之结晶耳。吾国之剧，在文学上、美术上、科学上果有丝毫价值耶？"如"旧剧《珍珠衫》《战宛城》《杀子报》《战蒲关》《九更天》等，其助长淫杀心理于稠人广众之中，诚世界所独有，文明国人视之，不知作何感想"。他进而说："至于'打脸'、'打把子'二法，尤为完全暴露我国人野蛮暴戾之真相，而与美感的技术立于绝对相反之地位。"他认为中国戏曲打有定法，脸有脸谱，与作八股文、写馆阁字一样，"从极整齐极规则的功夫中练出来"，谈不上文学上美术上的价值。[20]显然，陈独秀是抓住了张说的要害，从文学、美学、科学的角度高屋建瓴地批驳了张说。

与辛亥革命时代之戏曲运动相比，五四时代已不满足于前者重点在利用旧戏形式为救亡图存的现实斗争服务；五四时代虽同样以救亡图存为天下要务，但它更要求戏曲运动之深入发展，其以改造旧戏（以批判为主体）、提倡话剧为主要目标。这其间以陈独秀为代表的文化新人的理论导向与胡适《终身大事》的创作示范，无疑是中国现代戏曲改革的伟大起点。他们的理论与创作虽都不免有片面乃至幼稚痕迹，但其对中国戏曲现代化的转型的划时代意义是不可抹杀的。

四、中国戏曲的现代化进程

如果说，《安徽俗话报》时代，陈独秀关注的是中国戏曲之改良问题；那么，到了《新青年》时代，他及《新青年》同人所着力的则是中国戏剧的现代化问题。

诚如董健所云，就戏剧而言，"现代化"的基本内涵是三条：一、它的核心精神必须是充分现代的（即符合"现代人"的意识，包括民主的意识、科学的意识、启蒙的意识等）；二、它的话语系统必须与"现代人"的思维模式相一致；三、它的艺术表现的物质外壳和符号系统及其升华出来的"神韵"必须符合"现代人"的审美追求。[21]

在戏剧现代化的进程中，对广大观众来说是"寻找一种新的更合理的戏曲"[22]；对戏曲自身来说就是寻找与新时代结合的最佳途径。

在五四时代戏曲之争的过程中，旧剧界张厚载、马二先生（冯叔鸾）、芳尘等纷纷撰文为旧戏之唱腔、脸谱、打把子辩护；恽铁樵、蒋兆燮、严独鹤等为《鞠部丛刊》作序，再三申言"唱不可废"。而张厚载的《我的中国旧戏观》，则更系统地论述了中国戏曲的艺术特征：一、"中国旧戏是假象的"，用"抽象的方法"表现世间的万事万物，使人"指而可识"；二、中国戏曲的唱、念、做、打都"有一定的规律"，它"自由在一定范围之内，才是真能自由"；三、"中国旧戏向来是跟音乐有连带密切的关系"，而唱曲比说白更能表达感情，于"人类性情"和"社会风俗"更有"感动的力量"。结论是："中国旧戏，是中国历史社会的产物，也是中国文学美术的结晶，可以完全保存。"[23] 单从中国戏曲自身特点而言，张厚载所言未必不是。但他未从戏剧现代化的角度看，中国旧戏既不善于表现现代生活题材，更难于将现代意识（如启蒙主义等）纳入其"乐"本位的艺术表现中，以承担起现代人对现代社会生活的思考。旧戏作为国粹，永远是中华文明的一份点缀，并或许永远有一定数量的戏迷或票友，但它毕竟与广大社会的新生力量的审美情趣相悖。

陈独秀及《新青年》同人并不鄙视中国戏曲。但是论及中国戏曲的发展前景，他们的态度又非常坚定："今日之唱体的戏剧，有必废之势。"[24] 理由很简单：世界各国之戏剧都已由诗体变为说白体了。中国戏剧要实现现代化，就必须与世界同步。欲与世界同步，谈何容易？因为中国戏曲与西方戏剧演变史并非同步。非但如此，甚至是"逆向"而"错位"的。当西方积累了两三百年的各种各样的戏剧思潮在五四前后一股脑儿地涌进中国时，这些思潮原先在西方形成的历史链条完全被打碎了。就总体格局而言，当时西方戏剧正在从现实主义转向现代主义，戏剧的艺术形态从"写实"转向"写意"，从"再现"转向"表现"，戏剧激情的来源从群体的"社会"转向个体的"心理"；而在中国，处在现代化的开端的戏剧却正在从具有"写意"与"表现"特征的古典戏曲转向以"写实"与"再现"为特征的现代话剧，戏剧激情的来源则主要是群体的"社会"，尤其是社会的"问题"。这种"错位"与东西方日出日落的时差形式相似，而实质则不一样。因为后者是自然规律，前者则是人文景观。就人文景观而言，西方的月亮不是天生就比中国的月亮圆，中国月亮也曾有过比西方月亮圆的历史神话。但应承认一个基本事实，那就是在现代化的进程中，西方在近百年中始终比中国领先一步。当中国人来不及细细掂量，就急迫地将西方的种种新玩意儿"拿来"

一试时,鲁迅就曾觉得"欧洲的文艺思潮,在中国毫未开演,而已经像一一演过了"。[25]

在具体操作中,五四时代的新旧两派经过一番较量之后都曾施展了以退求进的策略。旧派代表张厚载在文化新人的猛烈抨击下提出话剧与旧戏"并存",以避《新青年》之锋芒而坚守阵地。陈独秀、胡适等也有意将改良戏曲、创建话剧分作两事来做。除避旧派人物的纠缠外,则另有深谋远虑。一则是坚定不移地创建话剧,如钱玄同所云:"如其要中国有真戏,这真戏自然是西洋派的戏,决不是那'脸谱'派的戏。要不把扮不像人的人,说不像话的话全数扫除,尽情推翻,真戏怎样能推行呢?"[26] 二则他们在疏离以至批判传统戏曲的同时,其文化心态的纵深处并未割断自己的民族化之"根",让中国戏剧现代化之花植于民族文化之根,在"他者化"中"化他者"。因而即使是呼唤"全盘西化"的胡适一出手创作的中国第一部话剧《终身大事》,虽不乏易卜生味,但仍是挡不住的"中国风"吹拂在舞台,吹拂在人心。

其实当陈独秀、胡适以《新青年》为中心,在中国掀起轰轰烈烈的"易卜生热"时[27],易卜生的"社会问题"剧及其写实主义在西方已成"昨日的辉煌"。这种"错位"现象,正是中国的国情使然,有其历史的合理性。胡适的《易卜生主义》之所以能成为中国现实主义戏剧的宣言,就是明证。他说:

> 人生的大病根在于不肯睁开眼睛看世间的真实现状。明明是男盗女娼的社会,我们偏说是圣贤礼义之邦;明明是赃官污吏的政治,我们偏要歌功颂德;明明是不可救药的大病,我们偏说一点病都没有!却不知道:若要病好,须先认有病;若要政治好,须先知道现今的政治实在不好;若要改良社会,须先知道现今的社会实在是男盗女娼的社会!易卜生的长处,只在他肯说老实话,只在他能把社会种种腐败龌龊的实在情形写出来叫大家仔细看。[28]

当时傅斯年提出的编剧"六条原则"(一、剧本的材料,应当在现在社会里取出;二、中国剧最通行的款式,是结尾出来个大团圆,希望未来的剧本不要再犯这个通病;三、剧本里的事迹总要是我们每日的生活……这样才可以亲切;四、剧本里的人物,总要平常,……因为平常,所以可以时时刻刻做个榜样;五、中国戏曲总是善恶分明,其实善恶分明是最没趣的事，新剧的制作总要引起人批评判断的兴味；六、旧戏的做法，只可就戏论戏，戏外的意义一概没有或浅陋得很，编制新剧本务必使得看的人还觉得在戏的动作言语以外，有一番真切道理做个主宰。[29]）也是以易卜生主义即现实主义为其核心精神的。这也就是鲁迅当时所提倡的"揭出病苦，引起疗救的注意"的现实主义精神。[30]

五四时代精神界的先觉们不选择当时西方最先锋的现代主义而选择在西方并不怎么时髦的现实主义，如同今天的中国先锋派作家不选择当代西方最先锋的什么主义而选择在西方已不怎么时髦的现代主义。个中原因相当复杂，但根本原因取决于中国近现代之国情。历史所褒奖的往往不是最"先锋"的流派，而是艺术选择合乎本国国情的艺术家。五四时代也有选择现代主义的艺术家，犹如过分早产儿未能长成宁馨儿。地球村各个地区的文明发展历史未必能同步前进，但会大致相似；历史进程可缓可急，但其应有的历史阶段却难以省略。有些学者不愿正视中国近百年来在现代化的进程中较西方"慢一个历史节拍"的历史事实，他们见20世纪初西方艺术正在从"写实"向"写意"转变，而中国艺术本是"写意"的，就盲目地认为这是西方在向东方靠拢，甚至认为东方艺术超前"现代化"了，从而拒绝接受西方的现实主义文艺思潮。这实在是个历史性错见。不克服它，中国艺术永难与世界先进大潮接轨。

五四时代，陈独秀、胡适等文化新人正是深刻认识中国戏曲的种种弊病，痛下药石，引进易卜生主义，才给中国戏剧带来了划时代的历史变化：即中国戏剧古典主义的终结与现代化的开端，是传统戏曲的"一统天下"被"话剧—戏曲二元结构"的崭新文化景观所替代，并且由新兴话剧在文化启蒙与民主进程中领导了现代戏剧的新潮流。

回顾历史，人们不能不承认："正因为旧剧在中国舞台上所占的地位太优越了，太独揽了，不给它一些打击，新派的白话剧，断没有机会可以钻出头来"[31]；"没有五四新文化运动，就没有戏曲改革。戏曲只有经过改革，才能成为新文化的一个组成部分"。[32]

然中国戏曲是与中国民众的心理惯性融为一体的，舶来的新兴话剧在文化市场的竞争中，不是它的对手。所以五四启蒙热潮一过，舞台上又是旧剧的天下。因此鲁迅曾发出这样的慨叹："但大家何以偏要选出Ibsen（易卜生）来呢？……因为要建设西洋式的新剧，要高扬戏剧到真的文学底地位，要以白话来兴散文剧，还有，因为事已亟矣，便只好先以实例来刺戟天下读书人的直感：这自然都确当的。但我想，也还因为Ibsen敢于攻击社会，敢于独战多数，那时的介绍者，恐怕是颇有孤军而被包围于旧垒中之感的罢，现在细看墓碣，还可以觉到悲凉，然而意气是壮盛的"；尤为可悲的是此后"戏剧还是那样旧，旧垒还是那样坚……先前欣赏那汲Ibsen之流的剧本《终身大事》的英年，也多拜倒于《天女散花》《黛玉葬花》的台下了。"[33]

注释

[1] 中国早期话剧于1907年在日本新派剧的直接影响下产生，当时称新戏或文明戏，辛亥革命后衰落。五四以后，欧洲戏剧传入中国，现代话剧兴起，当时称爱美剧、真新剧或白话剧，1928年由洪深提议定名"话剧"。

[2] 见阿英编：《晚清文学丛钞·小说戏曲研究卷》，中华书局1960年版。

[3] 参阅张湘炳：《论陈独秀在我国戏曲改革史上的地位》，见张著《史海浪集》，天津社会科学院出版社1993年1月版。

[4] 汪笑侬(1858—1918)：本名德克金，字润田，又名僢，号仰天、孝农。满族人，同治十三年入八旗官学，光绪五年中举，捐河南太康知县，因触怒豪绅，被参革职转而演京剧。得汪桂芬、孙菊仙指点，而别立新派。善唱老生，长期活动在上海。1908年与陈去病等共创《二十世纪大舞台》杂志，鼓吹"戏曲改良"。汪笑侬是最早参加京剧改良舞台实践的京剧演员，又编演了大量改良新剧，在京剧发展史上占有重要地位。

[5] 见《安徽俗话报》第11期。

[6] 吴梅：《戏曲概论》卷下，《吴梅戏曲论文集》第185页，中国戏剧出版社1983年5月版。

[7] 失名：《观戏记》，见阿英《晚清文学丛钞·小说戏曲研究卷》第68页。

[8] 陈独秀:《答钱玄同》,《新青年》第3卷第1号,1917年3月1日。

[9] 《新青年》第2卷第6号,1917年2月1日。

[10] 《新青年》第2卷第5号,1917年1月1日。

[11] 陈独秀:《答胡适之》,《新青年》第3卷第4号,1917年6月1日。周作人在《知堂回想录》第166页说:"学校里边先有人表示不满,新的一边还没有排斥旧的意思,旧的方面却首先表示出来了。最初是造谣言,因为北大最初开讲元曲,便说在教室里唱起戏文来了,又因提倡白话文的缘故,说用《金瓶梅》当教科书了。其次是旧教员在教室中谩骂,别的人还隐藏一点,黄季刚最大胆,往往直言不讳。"可作为陈文之注脚。

[12] 陈独秀:《元曲》,《新青年》第4卷第4号,1918年4月15日。

[13] 陈独秀:《现代欧洲文艺史谭》,《青年杂志》(按,即《新青年》创刊初名)第1卷第3号,1915年11月5日。

[14] 《新青年》第2卷第6号,1917年2月1日。

[15] 《新青年》第2卷第6号,1917年2月1日。

[16] 《致陈独秀》,《新青年》第3卷第1号,1917年3月。

[17] 《新青年》第3卷第3号,1917年5月。

[18] 胡适:《文学进化观念与戏剧改良》,《胡适文存》卷一,亚东图书馆民国10年12月版。

[19] 《新青年》第5卷第4号,1918年10月。

[20] 陈独秀:《答张子》,《新青年》第4卷第6号,1918年6月15日。

[21] 董健:《中国戏剧现代化的艰难历程——20世纪中国戏剧回顾》(《文学评论》1998年第1期)。本节文字对董文多有参考,特此说明。

[22] 郑振铎:《中国新文学大系·文学论争集导言》第19页。

[23] 原载《新青年》第5卷第4号,1918年10月戏曲改良专号。

[24] 胡适:《致任鸿隽》(1916年7月26日),《胡适书信集》(上)第79页,北京大学出版社1996年9月版。

[25] 鲁迅:《奔流·编校后记》,《鲁迅全集》第7卷第186页,人民文学出版社1981年版。

[26] 钱玄同:《随感录之十八》,《新青年》第5卷第1号,1918年7月15日。

[27] 1918年6月,《新青年》出版易卜生专号,发表了胡适之名文《易卜生主义》《易卜生传》,以及易卜生的代表作《娜拉》(一名《玩偶之家》)、《国民之敌》(一名《人民公敌》)和《小爱友夫》,全面地向中国读者介绍了挪威杰出剧作家——易卜生(1826—1906)。

[28] 胡适:《易卜生主义》,《胡适文存》卷四,亚东图书馆1931年12月版。

[29] 傅斯年:《论编制剧本》,《中国新文学大系·建设理论集》第390—400页,上海良友图书印刷公司1935年8月版。

[30] 鲁迅:《我怎么做起小说来》,《鲁迅全集》第4卷第512页。

[31] 《刘半农文选》第225页,人民文学出版社1986年版。

[32] 任桂林:《"五四"运动和戏曲改革》,《戏剧研究》1959年第2期。

[33] 鲁迅:《奔流·编校后记》,《鲁迅全集》第7卷第164页。

· 第七章 ·

书法由来见性真——陈独秀与中国书法艺术

珊珊媚骨吴兴体,
书法由来见性真。
不识恩仇识权位,
古今如此读书人。

这是陈独秀1934年在南京老虎桥监狱中所写大型组诗《金粉泪》[1]之第三十六首。此时的陈独秀历经种种磨难,已由五四狂人、中共领袖、托派领袖,还原为一介书生,虽为国民政府之阶下囚,仍豪情不减当年。作为"此身犹未成衰骨"、"依然白发老书生"的陈独秀,以一双老眼看沧桑,对国事、天下事都有冷峻的评说,包括书法细事也能发出其独特之见解。

一、解读吴兴体

"书法由来见性真",则是陈独秀对书法美学最本质的把握。书法艺术,是中国所独有的一门艺术。它不是具象艺术,只是依托汉字固有结构,作有限的"造型"美化——有生命力的点画、虚实相生的结体、气韵生动的章法——却有无限深远的意象魅力。书法艺术固然有许多内在之规范,但它归根到底是以书家心性为出发点与归宿。因而古今皆有书为心画的说法。唐人孙过庭在《书谱》中说:"羲之写《乐毅》则情多怫郁,书《画赞》则意涉瑰奇,《黄庭经》则怡怿虚无,《太师箴》又纵横争折,暨乎兰亭兴集,思逸神超,私门诫誓,情拘志惨。所谓涉乐方笑,言哀已叹。"[2] 言下之意,人的喜怒哀乐都能在书法里表现出来。宗白华在《中国书法艺术的性质》中则进而说:"中国的书法,是节奏化了的自然,表达着深一层的对生命形象的构思,成为反映生命的艺术。因此，中国的书法，不像其他民族的文字，停留在作为符号的阶段，而是走上艺术美的方向，而成为表达民族美感的工具。"[3] 宗白华还在《书法在中国艺术史上的地位》中说："写字可网罗声音意象，通于音乐的美。唐代草书宗匠张旭见公孙大娘剑器舞，始得低昂回翔之状。书家解衣盘礴，运笔如飞，何尝不是一种舞蹈？中国书法是一种艺术，能表现人格，创造意境，和其他艺术一样，尤接近于音乐的、舞蹈的、建筑的构象美（和绘画雕塑的具象美相对）。中国乐教衰落、建筑单调，书法成了表现各时代精神的中心艺术。"[4] 从古今书法美学家的论述，我们不难看出陈独秀之"书法由来见性真"云云，是对中国书法本质一语破的的精辟表述。

·抗日战争时期的陈独秀

　　陈独秀诗中以元初赵孟頫的书法，来佐证他自己的这种书法观。赵孟頫（1254—1322），字子昂，号松雪道人，是宋太祖之子赵德芳的后代，因皇帝赐给他们的府第在湖州（亦即浙江吴兴），后来就成了浙江人。其以书画擅名，尤精正、行小楷，书学魏晋，兼法李邕，字体圆转秀逸，人称"赵体"或"吴兴体"。中国书法发展到宋代"尚意"之风很盛，宋代书家把晋唐面目、神情、法度愈改愈渺茫，而赵孟頫以其博学高才与过人的精力，以复古求创新，成为中国书坛继颜真卿之后的又一代宗匠。当时的虞集说："赵松雪书，笔既流利，学亦渊深。观其书，得心应手，会意成文。楷法深得《洛神赋》而揽其标；行书诣《圣教序》而入其室；至于草书，饱《十七帖》而变其形，可谓书之兼学力天资，精奥神化而不可及矣。"[5]《元史》亦说他"篆籀分隶真行草无不冠绝古今，遂以书名天下"。[6] 但到清代，赵字深得乾隆皇帝的推重，成为朝野效尤的时体，这就使赵体中本就隐藏着的圆熟甜媚的弊病，得以滋漫。更兼其以宋朝王孙仕元,做了翰林学士承旨、荣禄大夫,封魏国公,死谥文敏,因而有人批评他"妍媚纤柔,殊乏大节不夺之气"。清初傅山为维护民族气节而反对赵字,针对赵字因熟成俗、因妍成甜、因圆成软之病,提出"宁拙毋巧,宁丑毋媚,宁支离毋轻滑,宁真率毋安排"[7]的书学主张。虽不失偏激,却反映了与元迥异的时代精神。陈独秀称赵孟頫之书法为"珊珊媚骨吴兴体",其着眼点显然与之有相似之处。

不同的是,陈独秀则更看重书法艺术中的人格风貌。

不过,陈独秀诗中所着力斥责的尚不是古人赵孟頫,而是与他同时代的汪精卫。这首诗下,陈自注:"谓汪兆铭也。"

汪精卫(1883—1943),名兆铭,字季新,精卫是他的号。这位汪精卫原是个容貌俊秀、举止文雅的书生,是孙中山遗言的执笔者,常以国民革命元老和国民党左派自居。观其早年表现,似乎很难把这个人同"汉奸"二字连在一起。然而,他后期的活动,却确确实实把自己的名字永远钉在了历史的耻辱柱上。陈独秀因公因私与汪有过接触,尤其是北伐战争时期他们合作发表过有名的《汪陈宣言》,更亲历过汪精卫背叛革命的血恨。陈独秀写这首诗的时候,汪虽还未成为"汉奸",但他人格之卑污已在陈独秀心目中烙有深刻的印象。就是这位汪精卫出身于"书香门第",

·汪精卫

五岁时就入家塾读书识字,九岁随父寄居陆丰县署,内有庭院,每天晨曦初露,他就"习字中庭","母必临视之,日以为常",下午放学回家,父亲还亲自"课督"。汪精卫自称:"一生国学根基,得庭训之益为多。"[8]因而其诗书皆精。然陈独秀以其浩然正气,视汪氏之书为"珊珊媚骨吴兴体"。在陈独秀看来,作为一个读书人就应当有"富贵不能淫,

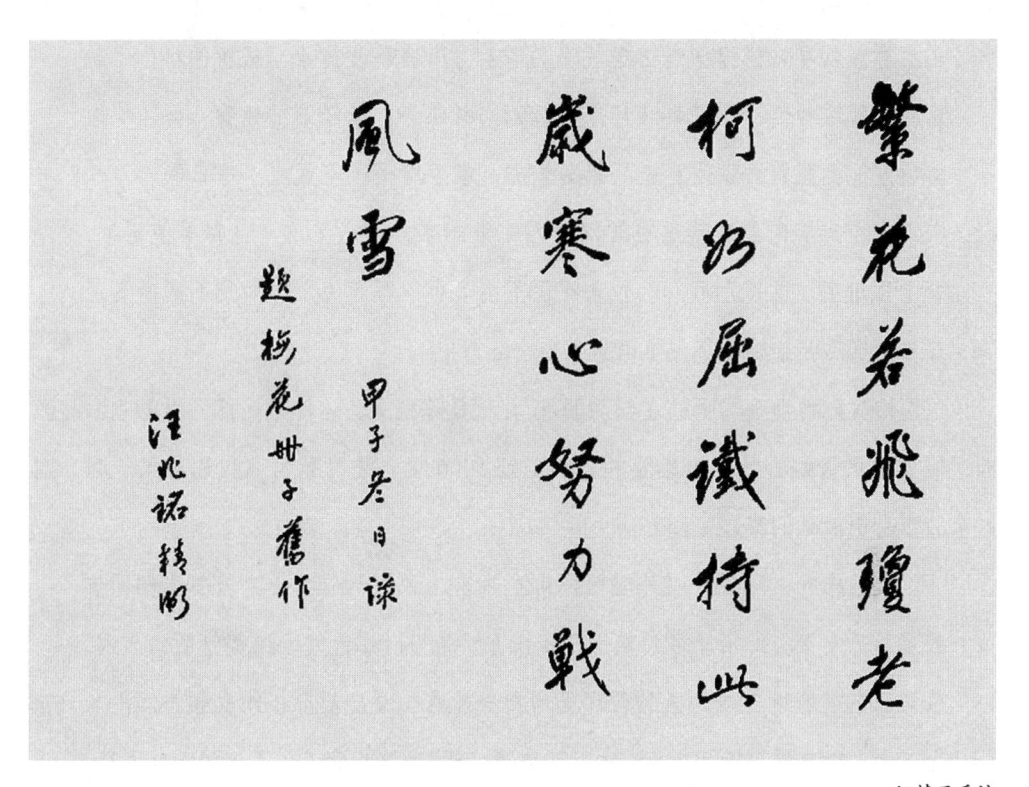

·汪精卫手迹

贫贱不能移，威武不能屈"的美德。而汪精卫之流则枉为读书人，"不识恩仇识权位，古今如此读书人"。在那凌厉的笔锋下，作为参照系的吴兴赵孟頫也一道陪斩了。

二、快人快语，出语惊人

以人格作为书道之灵魂，是陈独秀最根本的书法观。从此出发，他不仅鄙薄汪精卫所操之吴兴体，也要求书家不断清扫自己胸中笔底之俗气。俗乃艺术之大忌。陈独秀是个艺术情趣高迈，见俗就扫的快人，他与著名书法家沈尹默的交往，就是这类艺坛佳话。沈尹默1958年在《学书丛话》中说：

> 廿五岁由长安移家回浙江，在杭州遇见一位安徽朋友，第一面一开口就向我说："昨天看见你写的一首诗，诗很好，字则其俗在骨。"这句话初听到，

实在有点刺耳。但仔细想一想，确实不差，应该痛改前非，从新学起。于是想起了师愚的话，把安吴《艺舟双楫》论书部分，仔仔细细地看一番，能懂的地方，就照着去做。首先从指实掌虚，掌竖腕平执笔做起，每日取一刀尺八纸，用大羊毫蘸着淡墨临写汉碑，一纸一字，等它干透，再和墨使稍浓，一张写四字，再等干后，翻转来随便不拘大小，写满为止。如是不间断者两三年，然后能悬腕作字，字画也稍能平正。[9]

这位给沈尹默当头棒喝的"安徽朋友"，就是陈独秀。这件事给沈尹默的刺激与教训，应该是刻骨铭心，终身难忘的。所以到1966年，沈尹默写《我和北大》时，对这个故事有更清晰的描述：

> 光绪末叶，陈独秀（那时叫仲甫）从东北到杭州陆军小学教书，和同校教员刘三友善。刘三原名刘季平，松江人，是当时江南的一位著时望的文人，以刘三名，能诗善饮，同我和沈士远相识。有一次，刘三招饮我和士远，从上午十一时直喝到晚间九时，我因不嗜酒，辞归寓所，即兴写了一首五言古诗，翌日送请刘三指教。刘三张之于壁间，陈仲甫来访得见，因问沈尹默何许人。隔日，陈到我寓所来访，一进门，大声说："我叫陈仲甫，昨天在刘三家看到你写的诗，诗做得很好，字其俗入骨。"这件事情隔了半个世纪，陈仲甫那一天的音容如在目前。当时，我听了颇觉刺耳，但转而一想，我的字确实不好，受南京仇涞之老先生的影响，用长锋羊毫，又不能提腕，所以写不好，有习气。也许是受了陈独秀当头一棒的刺激吧，从此我就发愤钻研书法了。[10]

真是快人快语，换任何别的人或许都难到此境界。陈独秀无疑也珍视那历史一幕。20世纪30年代末他们都避地入蜀，有诗唱和，陈诗云："湖上诗人旧酒徒，十年匹马走燕吴。于今老病干戈日，恨不逢君尽一壶"，[11]思念的就是他们当年在西湖畔的情景。沈尹默因受陈独秀之刺激，更加发愤钻研书法，其书艺自有长足发展。但在陈独秀看来，老朋友似乎并未完全理解他当年的棒喝，脱俗之道重在人格修养，并不全在笔下功夫。就在陈独秀上述寄沈尹默诗中还有云：

> 论诗气韵推天宝，无那心情属晚唐；
>
> 百艺穷通偕世变，非因才力薄苏黄。[12]

诗书同理，其穷通非全在"才力"，而在诗外、字外。所以陈独秀在与台静农信中，进一步分析了沈尹默的书法，信云：

> 尹默先生住渝何处，弟不知，兄如知之，乞将答诗转去，为荷。尹默字素来工力甚深，非眼面朋友所可及，然其字外无字，视三十年前无大异也。存世二王字，献之数种近真，羲之字多为米南宫临本，神韵犹在欧、褚所临《兰亭》之下，即刻意学之，字品终在唐贤之下也。尊见以为如何？[13]

·陈独秀印章

这似乎对沈尹默之书法作了历史结论。冯友兰晚年回忆，也是抗战时期，沈将陈当年以"字俗入骨"四字批评他书法的故事讲给冯听，并解释说："这四个字，可以看出陈独秀对于书法评论的标准，不在于用笔、用墨、布局等技术问题，而在于气韵的雅俗。如果气韵雅，虽然技术方面还有些问题，那是可以救药的。如果气韵俗，即使在技术方面没有问题，也不是好书法，而且这些弊病是不可救药的。书法的好坏，主要是在气韵的雅俗。……陈独秀评论书法，也不注重书法的形态，而注重形态所表现的那些东西。这是对于书法理论的根本思想。"[14] 应该说，这段话是基本符合陈独秀之书法理论之内涵的。但我怀疑，它是冯友兰以自己的理解代替了沈氏的解释，而非沈氏原话。因为沈氏多次回忆此事，都是说听了陈氏"药石之言"，"立志改正以往的种种错误，先从执笔改起，每天清早起来，就指实掌虚，掌竖腕平，肘腕并起执着笔"，"到了1939年，才悟到自有毛笔以来，运用这样工具的一贯方法"，[15] 而未涉及"气韵"问题。由此联想到陈氏对沈书的历史结论，则可能触及沈书乃至中国书坛受沈书影响的一派书家的症结所在。

无巧不成书的是，沈尹默与赵孟頫为同乡，都是浙江吴兴人。沈氏在当代中国书坛的地位，似乎也有似赵氏在元初书坛的地位。沈氏之书虽不能称之为"珊珊媚骨吴

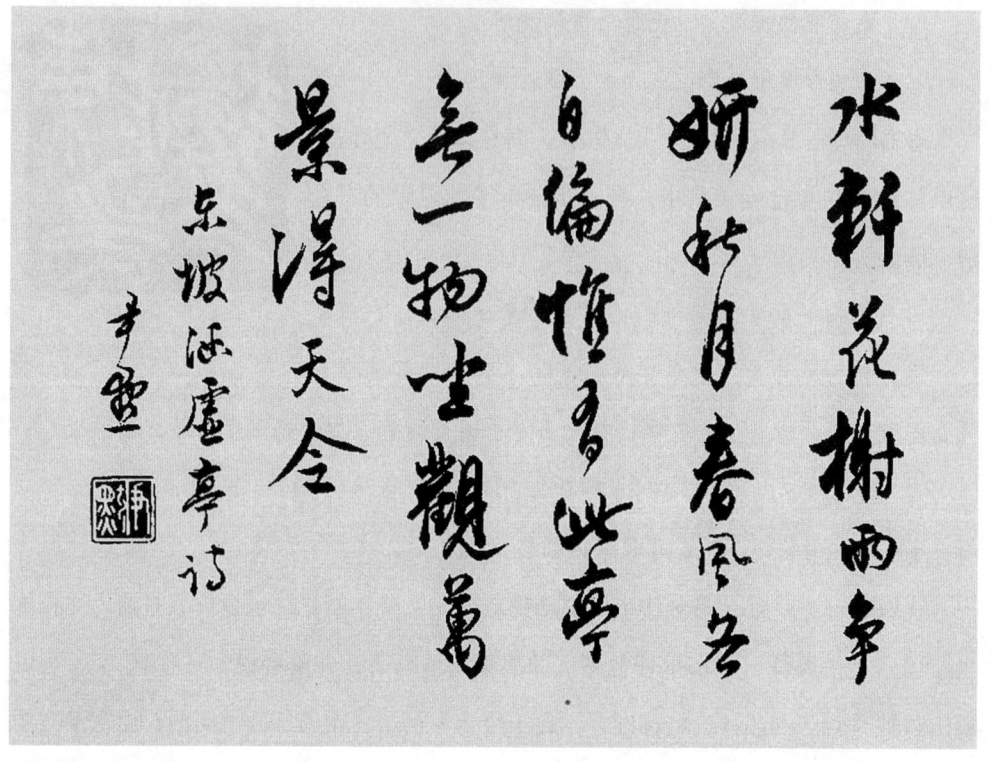

·沈尹默手迹

兴体",但他与赵氏一样出入于"二王"门径,而终未脱圆熟甜媚之弊。近些年来中国书界对"沈尹默现象"之反思,更见陈独秀的远见卓识。[16]

三、暮年论书,别具一格

陈独秀其家有书画传统,尤其是其嗣父衍庶(字昔凡)喜收藏名家真迹和古玩,自习汉隶,攻书画,且有一定的造诣。陈独秀或因受其影响而喜爱书画。然他长期东奔西突,难有暇作书。1910年前后,陈独秀曾携侣旅居杭州,过了一段短暂的诗酒豪情的生活。有陈诗为证:

垂柳飞花村路香,酒旗风暖少年狂;

　　　　桥头日系青骢马,惆怅当年萧九娘。[17]

　　此时的陈独秀除与刘三、沈二(即沈尹默)等友人"经常作诗,互相观摩"之外,还在潜心研究甲骨文,同时"总要每天写几张《说文》上篆字,始终如一"。他特别重视刘鹗所著《铁云藏龟》一书所著录的甲骨文[18]。

　　真正有暇让陈独秀高怀论书及挥毫作书的,是从1932年到1937年的铁窗生涯与自1938年到1942年旅居四川江津的烈士暮年时代。狱中论书,当年同狱的濮清泉在1979年所写《我所知道的陈独秀》中有回忆:

　　　　他(陈独秀)说写字如作画一样,既要有点天分,也要有些功夫,功夫锻炼内劲,天分表现外秀,字要能达内劲外秀,那就有点样子了,即所谓"中看了"。庸人写字,只讲究临摹碑帖,写来写去,超不出碑帖规范,难免流于笨拙;有点才气的人,又往往不屑临摹,写出字来有肉而无骨,两者都难达妙境。[19]

　　独秀不愧独具慧眼,一眼就看透了古今书界之通病。近年有人寻得1944年重庆出版的《书学》杂志上葛康素撰写的《谈陈仲甫先生书法》一文,上有陈独秀书论三则,曰:

　　　　一、作隶宜勤学古,始能免俗。

　　　　二、疏处可容走马,密处不使通风,作书作画,俱宜疏密相间。

　　　　三、初学书者,须使粗笔有骨而不臃肿,细笔有肉而不轻,然后笔笔有字而小成矣。笔划拖长宜严戒,犹之长枪大戟,非大力者不能使用也。[20]

　　葛康素的外祖父邓艺孙(字绳侯),是清代著名书法家邓石如之曾孙。陈、邓两家为世交,陈独秀与邓艺孙之子邓初(仲纯)、邓以蛰亲如兄弟,至老相扶;康素的父亲温仲为艺孙快婿,曾与陈独秀一起留日,归国后又共建爱国会,发动拒俄运动。[21]康素文中记叙了对父辈友人陈独秀的敬仰之情:

　　　　居白麟时,祖母每谈先父友陈仲甫先生,故余幼龄即熟知陈先生。余早年丧父,是以先父友余尤敬之,后余居外家铁砚山房东楼,其间有三木橱,藏先外祖及舅氏与友人往还书信，暇时辄取读之。其中如曾国藩先贤手札，端楷书成；曼殊和尚短笺，字颇娟秀；均堪鉴赏。然较夥者乃陈仲甫先生书信也。先生作书，文笔跌宕痛快，字迹亦潇洒生姿。每于深夜，置浓茶一壶，挑灯阅之，趣味无既也。

白麟，为安徽怀宁县的一个小村庄，是邓石如故里；铁砚山房乃邓石如故居（亦两弹元勋邓稼先之出生地），毁于土改，今已重建，只可惜文物荡然，那令人神往的仲甫书札想早已不复在人间了。[22] 有那段前缘，康素于抗战期间得见陈独秀：

二十七年（1938）春，倭寇进逼皖城，遂与五兄乘舟西上，抵汉口，闻陈先生亦在此间，特于某夜往访。时先生居小楼，室中空寥，仅箱箧数件而已。先生老矣，着布衣，须发斑白，惟精神矍铄，尚未失少年豪俊之气，见余惊曰余酷似吾父。闻此语甚凄怆也。是夕，谈家乡事至二鼓始归旅店。

二十八年秋先生养疴江津，偶为人书字，然多不经意之作也，时余寓德感场，终日习书，殆废寝食。

这样，才得陈独秀以上述书法妙论相授。这也为书界留下了一份宝贵的文化遗产。诚如康素所言："先生不经意之作，虽有可置议之处，然此论书三则，于学书之道颇具深见，非特初学者宜识之也。"

四、狱中挥毫，气贯长虹

1932年10月15日陈独秀在上海被国民党政府逮捕。侦缉队长慕陈之大名，请他写几个字留念，他执笔一挥写了"还我河山"与"先天下忧"两个横幅。10月19日夜被押往南京，陈独秀在列车上"酣睡达旦，若平居之无事者然"，[23] 一时传为佳话。到南京未久，国民党军政部长何应钦曾请陈独秀到军政部写字，陈泰然挥毫，写了"三军可夺帅,匹夫不可夺志也"，[24] 接着"许多青年军人纷纷持笔墨和数寸长的小纸条"，围着陈独秀"索字纪念"，陈尽情挥洒，有曰："先天下之忧而忧，后天下之乐而乐"，有曰:"莫等闲,白了少年头"……"幸而墨尽,才得解围"。[25]

濮清泉回忆:"陈在狱中,有许多人请他写字,有的他拒绝了,有的他欣然命笔。他自撰的对联,我记得的有两副。一是:行无愧怍心常坦,身处艰难气若虹。一是:海底乱尘终有日,山头化石岂无时。画家刘海粟到监狱去看他,他就写了第一副送刘,刘也送了一幅画给他。"[26]

给刘海粟写对联是1935年的事。当时刘海粟旅欧归来,受蔡元培的委托,到南京狱中探望陈独秀。见面时两人十分激动,互称伟大,谈笑风生,旁若无人,令狱卒无不惊讶!临别,陈挥毫写下了这副见情见性见风骨的名联。纵横恣肆,大气磅礴,足耀千秋。尔后虽经战乱和"文化大革命",刘海粟一直珍藏着这副对联,他说:"这副对联,倒是真实地记录了陈独秀当时的坦荡的胸怀和昂扬的情绪","他的字也很有气魄"。[27] 这副珍贵的对联而今陈列在上海刘海粟艺术馆。

陈独秀的书法确为其高尚人格的真实写照。老朋友汪原放有次去探监,求他写一张小屏,他写了两张。一张是:《古诗十九首》中的《冉冉孤生竹》;一张是:"天才贡献于社会者甚大,而社会每迫害天才,成功愈缓愈少者,天才愈大;此人类进步之所以为蚁行而非龙飞。"[28]

1937年8月23日,陈独秀出狱,包惠僧去探访他并索字留念,他写了岳飞《满江红》一段,款称:"惠僧老兄,三十功名尘与土,八千里路云和月,莫等闲白了少年头,空悲切。"落款"独秀"。[29]

1938年8月,陈独秀移居江津。

·1937年春,陈独秀摄于南京第一监狱

行无愧怍心常坦

身处艰难气若虹

・陈独秀在南京狱中为刘海粟写的对联

生活非常艰难，陋室中唯一的装饰是墙上一幅岳飞写的"还我河山"四个大字的拓片，表露着面对日寇入侵的残酷现实的忧国忧民之情，令人见之肃然起敬。1942年春节前夕，他向著名佛学大师欧阳竟无(1872—1943)借《武荣碑》字帖，写了一首诗，透露他在清贫中仍不失艺术雅兴的超凡胸襟：

  贯休入蜀唯瓶钵，久病小居生事微；

  岁暮家家足豚鸭，老馋独羡武荣碑。[30]

陈独秀"能写好几种字体，看起来是相当挺秀的"，濮清泉"喜欢他写的狂草体和郑板桥体"。葛康素也说："先生为人书多作草字，信笔挥洒，有精神贯注气势磅礴者；有任手勾勒拖沓笔划者，一循情之所之。先生不求工不求名之志可谓尽矣。"这位葛康素在文中还具体评论了陈的几幅书法作品。他说："余所见狂草陈独秀书楹联一幅，书余先外祖邓绳侯公赠曼殊和尚诗：寥落枯禅一纸书，欹斜淡墨渺愁予；酒家三日秦淮景，何处沧波问曼殊。用笔遒劲，墨气盎然，直追古人。又为余写屈原《哀郢》手卷，一笔书成，行路极佳。诚可谓'一点成一字之规，一字乃终篇之准也'。又赠余兄小幅，自书赠友人诗：何处乡关感乱离，蜀江如几好栖迟。相逢须发垂垂老，且喜疏狂性未移。均有独到风格，卓荦肆姿，堪称此老心书也。"他还以《书谱》为标准衡之，以为"先生之草书其气势具于此矣，或功力有不到者焉。故稍有'鼓努为力'之嫌耳"。濮清泉也说："我问他，你写得怎样呢？他说，差得远，差得远，许多年来没有写字了。意思是说天分有一点，功夫是不够的，谦虚之中仍有自负。"

葛康素说："先生书法以小篆第一，古隶稍次，然求书者难得其篆隶也。就余所见以为余舅父邓仲纯先生书篆联最佳。联文曰：'我书意造本无法，此老胸中常有诗。'笔姿圆润，自然之间而不失规矩。先生字有如此纯静者盖渺矣。"这是小篆。还有古隶，葛康素说："三十年前先生在西湖曾寄舅氏诗，颇有倜傥风流之格……先生以古隶书此诗，浑厚朴质，如汉之瓦当，屈铁成字，乃先生气魄高逸，始有此神工，非特手技可致也。又为余以古隶书《康素字册》《康素书汉故闻熹长韩仁碑》及'字如其人'诸幅，均得如锥画沙自然之意也。"[31]

佛参乡丈教正

行云流水自常坦
身如老树多著花

·陈独秀赠台佛岑联

陈独秀的手迹在数十年的风雨中损失不少。如包惠僧说："我保存着一百多封他的来信，装裱整理成集，封面题《陈仲甫先生遗墨》，并写了前言，'文化大革命'中我怕招惹是非全都烧了。"[32] 类似情况当然还会有的。

值得庆幸的是台湾"中央研究院中国文哲研究所筹备处"整理编印了《台静农先生珍藏书札（一）》，其间收陈独秀致台静农手札一百零二封，又陈氏手书诗文稿及书艺稿等一卷，原迹影印，至为精美。台静农先生曾有《酒旗风暖少年狂——忆陈独秀先生》一文，记载他抗战初期流亡入川，以沦陷区大学教授的身份，被安置在国立编译馆（该馆当时设在江津县的白沙镇）时，与陈独秀的交往。陈独秀晚年著作《小学识字教本》，就是台静农帮忙在编译馆油印成册的。陈致台书信亦多以此书为话题。台静农文中记台氏父子陪陈聊天："他谈笑自然，举止从容，像老儒或有道之士，但有时目光射人，则令人想象到《新青年》时代文章的叱咤锋利。"关于书法，除前述对沈尹默书法的评价外，还有请他写字的情景："他以行草写了一幅四尺立轴，他说多年没有玩此道，而体势雄健浑成，使我惊异，不特见其功力，更见此老襟怀，真不可测。又写一副对联，联文云：'坐起忽惊诗在眼，醉归每见月沉楼。'首句是明人诗，次句是他的诗，这是他早年集的，还没有忘记。"《台静农先生珍藏书札》中收陈独秀草、篆书法作品多幅，多为外间

·陈独秀手书苏轼诗作《郭熙〈秋山平远〉二首》中句

罕见之神品,令人见之神往。其中篆书"一曲书屋"下有江兆申于 1984 年所作的长跋,先对中国书法之兴衰作了勾勒,再对陈独秀书法有评说,值得重视。谈到中国书法兴衰:"秦相斯一六国书而为小篆,今日尚得见有泰山、邪台两刻石。泰山结体严整而瑰丽,邪台苍莽而雄浑。绎山碑虽北宋翻本,大抵似泰山刻石而更齐正者也。至于两京则转折多方,渐近乎隶。吴之天发神谶则屈折甚矣。故孙过庭论书以为篆贵婉而通,盖欲复先秦旧观也。于是而有李阳冰之玉筯,五代至宋所见篆书不多。故宫藏有宋人常杓篆书册,力不足以称其势,若以之为准,则可谓式微。而赵松雪所为碑额,虽笔端裹墨不多,第筋力俱至,庶几步武唐贤。"他对邓石如(皖公山人)评价甚高,说:

  泊乎有明工篆者,何止一家? 李长沙视松雪而雄,程南云学绎山而润;迫于末造则有草篆铁线,名家虽夥,窃以为未必得夫中庸。入清渐讲小学,驯驯乎规模渐渐趋盛矣。乾嘉间皖公山人,出柔毫饱墨,放胆作书,篆法为之一振,则有血有肉,开活泼之机,非一地一时之杰也。

说到陈独秀为台静农所书斋额"一曲书屋",江有云:

  先生不以书专其长,而笔墨雄健,结体古劲,固能者无所不能。或皖公山人一脉泽润绵长否耶? [33]

这道出了陈独秀书法之渊源,结合前引葛康素云云,我认为是符合实际的。要补充说明的是,作为一个社会改革家,其放笔直书中更多出格的创意,非某门某户所能规范之。这才显出了陈独秀书法之独特风貌与个性。

五、陈独秀书法艺术的被理解与被忽视

王朝宾在《尚势出新的民国书法》中,对民国书法作了较好的总结。他说:

  民国历时三十八年,书法家大体分为前后两代,第一代书家大多出生在清道光、咸丰年间,受到系统的封建文化教育,博通经史,由于西方文化的传入,又受到西学的影响,学术思想已较他们的前辈开明,帖学、碑学功底

深厚，入民国后已人书俱老，自成面目。他们在民国时期的创作达到了艺术的高峰，其书法活动对民国书坛发生着直接影响，起着承前启后的作用。第二代书家大多出生在清光绪年间，其主要艺术活动和成就在民国。他们既受到严格的国学教育，又大量吸收西方文化，许多人留学日本，接受民主革命思想，参与政治变革和新文化运动，几经动乱，社会阅历广，跨度大，思想活跃，治学严谨，其知识结构已较他们的前辈得到很大程度上的改善，有较深的传统功力，又具有很大的创造性，他们是民国间成长起来的书家，对民国书法的发展作出了巨大贡献。从严格的意义上说，这后一代书家才是民国书法的真正代表。时势造英雄。由此可见，没有民国时期社会变革的特殊历史条件，没有西方文化的输入和新文化运动，没有诗歌、散文、小说、音乐、绘画、戏剧等新文艺和文艺理论蓬勃发展的氛围，就不可能造就一批具有创造性的尚势书家。[34]

·陈独秀手书楹联

陈独秀出生于光绪五年（1879），当然属第二代书家。除了与第二代其他书家有上述共性之外，陈独秀尚有其特殊性。其一，他作为五四新文化运动的旗手，对传统文化的冲击与对西方文明的呼唤，超过同时代的任何人；其二，他从秀才到总书记，从总书记到反对派，出生入死，所历人生沉浮，也超过同时代的任何人；其三，其狂放气质与英雄气概，在民国期间也是盖世无双的，从早年的"酒旗风暖少年狂"到晚年的"苍溟何辽阔，龙性岂易驯"的诗句，正是他的精神写照；其四，书法虽是抽象艺术，却倚重其他门类的知识与艺术相辅相成而起综合效应,陈独秀不仅精于诗文,更精于文字学,成就不在国学大师章太炎之下。

陈独秀以其特殊身份、特殊经历、特殊气质、特殊学养,介入书法界,论书法则出语惊人,挥巨椽则出手不凡。其书法根基受嗣父陈昔凡影响而师法邓石如。邓石如所代表的碑学,"开国朝一代书风",却与帖学壁垒森严。陈独秀早期是个坚定的碑学书家,他当年批评沈尹默"字俗入骨",除冯友兰解释的气韵外,我揣摩陈氏是站在碑学立场上,将沈氏作为帖学代表来批评的。沈氏幼从祖父与父亲学书,以出入"二王"而闻名,其书法在陈独秀看来不仅为标准的帖学,而且可能尚有馆阁气。陈独秀是科举道路上走过来的人,然后转向坚决反对科举的斗士。他深知馆阁体是科举与八股的副产品,它跟科举与八股一样有浓重的功利性与媚俗性以及僵化的模式。因而,陈独秀像讨厌科举、八股一样,讨厌书法中的馆阁体。陈在自传第二章中说:"至于写字,我喜欢临碑帖,大哥总劝我学馆阁体,我心里实在好笑,我已打定主意,只想考个举人了事,决不愿意再上进,习那讨厌的馆阁字做什么!"[35]当然,沈书虽略有馆阁气,但还不能说就是馆阁体。只是狂放如陈独秀容不得半点馆阁气,因而将一个大学者沈尹默的书法说成"字俗入骨"。借用《儒林外史》的语言来说,或许可叫"雅得那么俗"。

陈独秀于篆隶行草诸体皆善,而且各体能相融,或以碑入行,或以草入篆,变化多端,不拘一格。对于先贤各家书法,也能以碑为底子而兼收并蓄,因情赋形。即使是

·陈独秀手书邓艺孙诗作《忆曼殊阿阇黎》

信札也有篆隶兼用而书之者，以拙克俗，别具风采。其晚年亦偶吸取帖学精华，以补碑学之偏颇。互补互融，共得其妍。基本与"承清末碑学之绪，集前贤之睿智，纵势为尚，变古为新，南北兼收，碑学互用"的民国书法同步。

我友书法家甘家林就陈氏书法之品位与地位，与我反复切磋，然后评说：

> 从现存书法作品看，陈对书法规矩精熟于胸，着笔自然潇洒，造形翰逸神飞。如狱中赠刘海粟行草大联："行无愧怍心常坦，身处艰难气若虹"，以魏碑入行草，写得大气磅礴，一派凛然不可犯之势，毫无身陷囹圄的气象。在江津时为台静农之父佛岑先生所书篆书对联（联文同上），融大、小篆于一炉，朴质古雅，气象庄重。
>
> 更值一提的是陈氏之信札和文稿，信笔书来，挥洒自如，或远窥平复、钟王之风骨，或近绍颜鲁公"争座帖"、"祭侄稿"之胎息。堪称大家手笔，非寻常书家所能比拟。

青年书法理论家许伟东也说：

> 陈的书法有两点较为可观。一是他的手稿，一些小行书甚至可以和谢无量相比。另外，他的大草在民国时是堪称独步的。民国时的大草、狂草几乎是空白，但陈的草书很有造诣。[36]

杨林在20世纪最后一期《中国书法》上发表《陈独秀晚年书法述评》，将陈氏晚年书法分为四类：其一为纯熟帖学风格的行书信札文稿，如自传手稿两章及《存殁六绝句》《寄杨朋升成都》诗稿，乃无意于书，心态平和、浑然天成之作。其二亦为无意于书的"急就篇"，如通信、明信片、便条，率意急就时有篆隶古拙奇趣参入。其三为有意为书之作，有应嘱而作的条幅、对联；有赠友的小幅墨迹，现存最精彩者为陈陆续书赠台静农的二十几首诗稿；还有题写的匾额与刊头，如篆书横幅"一曲书屋"，行书《热潮》题头，都为力能扛鼎的大气之作。其四为以行草篆隶相糅而作的书札，介乎有意无意为书之间。杨林认为这类手札是陈氏最具个性化的书法作品。他说这类作品"初看似有郑板桥'六分半书'的影响，细察之则与板桥南辕北辙不相干也。与板桥相比虽都有乱石铺街的面貌，但板桥一味堆砌的不过是重复单一的程式化线条笔画，其章法也是千篇一律，观其一篇则无复（须）看其他。偶见令人新奇，多读则令人乏味。而陈的此类书作虽都为小幅简牍，但件件独立，一篇有一篇之精神。巧妙变化的篆隶出没行草之中，呈现出风流、文雅、诡黠、神秘之气，生动活泼，自然天成，使人玩味不已，回味绵长。虽诸体杂糅，然其和谐协调之美观实在令人扼腕叹服，此公之才不可测，不可效也。其他书家偶有为之，如曾见齐白石先生有篆、隶、行、楷书杂糅的四条屏，但难言其为成功之举，起码比之他日常的行草题画字格调要低。伊秉绶亦时有金石笔意的篆字夹于行草书之中，倒是给人以锦上添花的感觉，但终未成主流。惟吕凤子先生后期成熟的书法作品能与陈独秀此类作品相媲美，但生动活泼、浑然天成的自然气则远不及之"。

杨林具体分析了陈氏书法之佳处，我都同意。惟其第一点说陈书有"纯熟帖学风格"似乎是其看花了眼，未得要领，因陈氏书法之基本功为碑学而非帖学。

陈独秀虽无意做书法家，但他的书法艺术却取得了非凡的成就。这就如同郭沫若之谓："鲁迅先生亦无心作书家，所遗手迹，自成风格。融冶篆隶于一炉，听任心腕之交应，朴质而不拘挛，洒脱而有法度。远逾宋唐，直攀魏晋。世人宝之，非因人

·陈独秀手书吴昌硕诗作《梅石图》

而贵也。"[37] 也如同鲁迅,陈独秀理当在民国书法史乃至中国书法史上占有一席之地也。遗憾的是,其书法艺术至今仍未得到学术界公允评价。陈振濂所撰《民国书法史论》对近现代中国书法作了梳理、评价,但只字未提陈独秀。[38] 附丽于北大百年校庆(1898—1998)的"北大百年书画活动史"中,亦竟无当年北大文科学长陈独秀的痕迹。[39] 作为北大之父蔡元培为北大培植的精神传统是兼容并包,为何到了20世纪末,北大举行百年校庆竟"遗忘"它当年著名的文科学长陈独秀呢?岂非咄咄怪事!

注释

[1] 见任建树等编注《陈独秀诗集》第149页,时代文艺出版社1995年4月版。

[2] 王镇远:《中国书法理论史》第114页,黄山书社1996年11月版。

[3] 宗白华:《艺境》第362页,北京大学出版社1987年6月版。

[4] 宗白华:《艺境》第124页。

[5] 王镇远:《中国书法理论史》第316页。

[6] 俞建华:《游云惊龙——书法艺术鉴赏》第119页,广西人民出版社1990年10月版。

[7] 傅山:《作字示儿孙·自注》,见王镇远《中国书法理论史》第441页。

[8] 汪精卫:《自述》(1933年12月7日),《东方杂志》1934年第1期。

[9] 沈尹默:《学书丛话》,《文汇报》1958年2月;又见《现代书法家论文选》第18页,上海书画出版社1980年6月版。

[10] 中国社会科学院近代史研究所编《五四运动回忆录》(续)第165页,中国社会科学出版社1979年11月版。

[11] 陈独秀:《寄沈尹默绝句四首》,任建树等编注《陈独秀诗集》第196页。

[12] 任建树等编注《陈独秀诗集》第197页。

[13] 台静农:《酒旗风暖少年狂》,原载台北《联合报》副刊,1990年11月10、11日;又见陈木辛编《陈独秀印象》第69页,学林出版社1997年12月版。

[14] 冯友兰:《三松堂自序》第322—323页,(北京)三

联书店1984年版。

[15] 沈尹默:《书法漫谈》(二),《新民晚报》1955年5月8日。

[16] 马啸:《失去的传统——亦论沈尹默之意义》,《书法研究》1993年第2期。

[17] 陈独秀:《灵隐寺前》,原载《甲寅杂志》第1卷第3号,1914年8月10日;又见任建树等编注《陈独秀诗集》第88页。

[18] 何之瑜:《致胡适》中转述马一浮语,《胡适来往书信选》下册第260—261页,中华书局1979年5月内部发行。

[19] 濮清泉:《我所知道的陈独秀》,《文史资料选辑》第71辑,中华书局1980年10月版。

[20] 葛康素:《谈陈仲甫的书法》,原载1944年重庆版《书学》杂志;又载《陈独秀研究》第1辑,东方出版社1999年1月版,下文所引葛康素之言均见此文。

[21] 任建树《陈独秀大传》第82页有陈独秀外孙吴孟明云,葛父生三男三女,康素排行第六,康俞排行第五,其妻是独秀二姐的女儿,所以葛氏兄弟均称独秀为"舅父"。

[22] 邓以蛰《癸酉行笥杂记》中云1907—1911年间陈与邓氏兄弟留学日本,"形诸文字的是封封给我们两兄弟的信","倘若我家山房一切无恙,这些必定还在人间,但不敢保",说的就是康素幼年所见陈氏书札。

[23] 高语罕:《参与陈独秀先生葬仪感言》,原载重庆《大公报》1942年6月4日;又见陈木辛编《陈独秀印象》第76页。

[24] 包惠僧:《我所知道的陈独秀》,《党史研究资料》1979年第3期。

[25]《陈独秀军部挥毫》,载《晶报》1932年11月9日。

[26] 濮清泉:《我所知道的陈独秀》。

[27] 任建树:《陈独秀大传》第570页。

[28] 汪原放:《回忆亚东图书馆》第189页,学林出版社1983年11月版。

[29] 包惠僧:《我所知道的陈独秀》。

[30] 任建树等编注《陈独秀诗集》第209页。唐宝林《一代怪杰陈独秀》(中国青年出版社1997年12月版)云:

"好友朱蕴山见此诗后,买了几只鸭子去看望他,只见他因胃病发作在床上打滚,情景十分凄凉。"

[31] 葛康素:《谈陈仲甫先生书法》。

[32] 包惠僧:《我所知道的陈独秀》。

[33] 台湾中央研究院中国文哲研究所筹备处整理编印"近代文哲学人论著丛刊"第六种《台静农先生珍藏书札》(一),第323—326页。江跋署曰:"七十三年甲子开春,乡后学江兆申书。"

[34] 王朝宾主编《民国书法·序》,河南美术出版社1989年6月版。

[35] 陈独秀:《实庵自传》,陈木辛编《陈独秀印象》第216—217页,学林出版社1997年12月版。

[36] 《青年书法理论家研究动态展示》,《中国书法》1998年第1期。

[37] 郭沫若:《〈鲁迅诗稿〉序》,单演义等编《鲁迅与郭沫若》第219页,徐州师院学报1979年增刊。

[38] 见(上海)《书法研究》1993年第2、3期。

[39] 陈玉龙:《北大百年书画活动史概述》,《中国书法》1998年第4期。

· 第八章 ·

曼殊善画工虚写——陈独秀与中国绘画艺术

曼殊善画工虚写，
循叔耽玄有异闻；
南国投荒期皓首，
东风吹泪落孤坟。

这是陈独秀 1911 年旅居杭州时所写名篇《存殁六绝句》的第六首。他自注："存为广州曼上人，殁为同邑葛循叔"[1]。"南国投荒期皓首"是对苏曼殊 1904 年夏效法玄奘西行取经行为深表敬意；"曼殊善画工虚写"，则是对苏以虚实相生之艺术手法追求淡雅含蓄之艺术效果的绘画艺术的准确传写。不过，此章并非专言苏曼殊的绘画艺术，而旨在由曼殊之画，引出陈独秀对中国绘画艺术的种种观点。

一、陈独秀解读下的苏曼殊、刘海粟、潘玉良绘画

《曼殊画谱》是苏曼殊的女弟子何震（刘师培之妻）1907 年汇集的。何震自然也有序，言其师之画。她说：

> 古人谓境能役心，而不知心能造境，境由心而生，心之用无穷，则所造之境亦无极。如绘画一端，古代皆以写象为工，后世始有白描山水，以传神擅长。其所以易写象为传神者，则写象属于惟物，而传神近于惟心。画而出于白描，此即境由心造之证。吾师于惟心之旨，既窥其深，析理之馀，兼精绘事；而所作之画，则大抵以心造境，于神韵为尤长。[2]

这里的"惟心"、"惟物"当然不是科学的哲学概念。如果这里的"惟心"说可理解为艺术家之主体性的话，那么，何震的叙说基本符合苏曼殊的绘画风格。由此我们

也可以看出，陈独秀之所谓苏画"工虚写"，则其虚其实皆源自曼殊那颗"情根未断"又欲"审求梵学"的灵台，源自他高尚的人格；因而他的画既有情采又有禅味，既空灵又别有丘壑。堪称近代艺坛之一绝。

陈独秀交往圈子中有不少画家，其中情有独钟的就是这作为诗僧、情僧、画僧的苏曼殊。直到晚年在南京狱中还念念不忘这个苏曼殊，他与濮清泉说："苏曼殊是个风流和尚，人极聪颖，诗、文、书、画都造上乘，是大有情人，是大无情人，有情说他也谈恋爱，无情说他当和尚"，"苏曼殊作画，教人看了如咫尺千里，令人神往，不像庸俗画匠之浪费笔墨，其吟咏则专擅绝句，发人幽思，字里行间别有洞天"。[3] 苏有画赠陈，陈则有诗题之。现存仅有1906年所作《曼上人作葬花图赠以蛰君为题一绝》：

> 罗袜玉阶前，东风杨柳烟。
>
> 携锄何所事，双燕语便便。[4]

此画由陈诗推断，所画者或许是黛玉葬花之类故事。此画是送给他们共同的小弟弟邓以蛰的，邓当时在安徽公学学习，仅十五六岁，邓终生将此画作为他们友谊的象征珍藏着。

如果说苏曼殊是陈独秀于辛亥革命前结识的朋友，刘海粟则是他在五四新文化运动后相识的画友。刘海粟于民国初年创办上海美专并首倡使用裸体模特儿，此举惊动了官场和封建卫道士，他们以"败坏风化"为由对之大加挞伐。事情愈闹愈大，到1926年浙、闽、苏、赣、皖五省联军总司令孙传芳竟亲自出面弹压。刘海粟并未屈服，已难能可贵。但作为革命领袖的陈独秀，在谴责军阀孙传芳之余，对刘海粟似乎也有些苛求。他在《美术家再往何处遁》中说：

> 中国自古就有一班人，一方面不肯同流合污，一方面又不肯奋斗，于是逃禅或隐遁是他们的出路。现在生活艰难，连逃禅隐遁都非易事，于是这班人便想逃遁于科学、美术，以为如此一遁，强权当无如我何了。不料强权仍找着了他们！上海县知事禁美术专门学校不良科学（人体模特儿），孙传芳斥刘海粟校长："不顾清议，罔识礼教"。且看大美术家刘海粟再往何处遁？[5]

说明此时的陈独秀片面强调"直接行动",将此外的一切几乎都视为逃遁;因而短暂地遗忘了科学、民主的重要性,以致也忽视了刘海粟在美术阵地上与军阀的顽强奋斗。试想,假若苏曼殊没有在1918年过早地离开人生,仍亦僧亦俗地活在诗画境界里,他会作何感想?

但1932年10月后的铁窗生涯,终使陈独秀对科学、民主,对文学艺术又有了清醒的认识,从而对刘海粟也有了重新评价,他们的友谊也得到了升华。1935年,刘海粟似乎两次探望了南京狱中的困狮陈独秀。一次在8月,两人心情激动,上章已记。一次在11月,刘从黄山写生归来,带着一批作品再次去看望陈。当陈看到刘所创作的《黄山孤松图》和题记,"吾爱画松,尤爱黄山之松。乙亥大寒游黄海于云光中,草草以不堪书画之纸笔成此。得失难定,高明者必有以教我也。刘海粟写于黄山文殊院",不禁触景生情,感慨万千,当即挥毫,在《黄山孤松图》上题道:

黄山孤松,不孤而孤,孤而不孤,孤与不孤,各存其境,各有其用。此非调和折衷于孤与不孤之间也。题奉海粟先生。独秀。

在《寒江独钓图》上题云:

自画有石谷,中国诗书画一体尽矣。晚近画艺,有复兴机运。独秀。[6]

前者是写作者及自己之人格意象;后者则称道刘吸取西画艺术手法为中国画带来了生机,这与他五四时代的美术革命理论是一脉相承的(后详)。

陈独秀在20世纪30年代还分别为潘玉良、夏漱兰等画家题过画,惜多散失。[7]其中潘玉良是刘海粟的女弟子。她原名陈秀清(一说姓张),曾为青楼女子,后从良与桐城潘赞化结合,他们在上海结婚时,唯一的证婚人和来宾就是陈独秀。"当时陈秀清要改姓潘,名遇良。陈独秀以为遇良不妥,便给她改为玉良,意味玉洁冰清,良家女子之义。"陈见玉良习画"带有一股灵气",遂建议刘海粟收之为徒。美专毕业后,陈又建议她去法国巴黎美术学院深造。潘玉良以其传奇经历成了石楠成名之作《画魂》的主角,而她成为一个著名画家实"不能不归功于陈独秀的引导"。

潘玉良1923年旅欧,1934年回国执教于中央大学艺术系。1936年她于南京举办

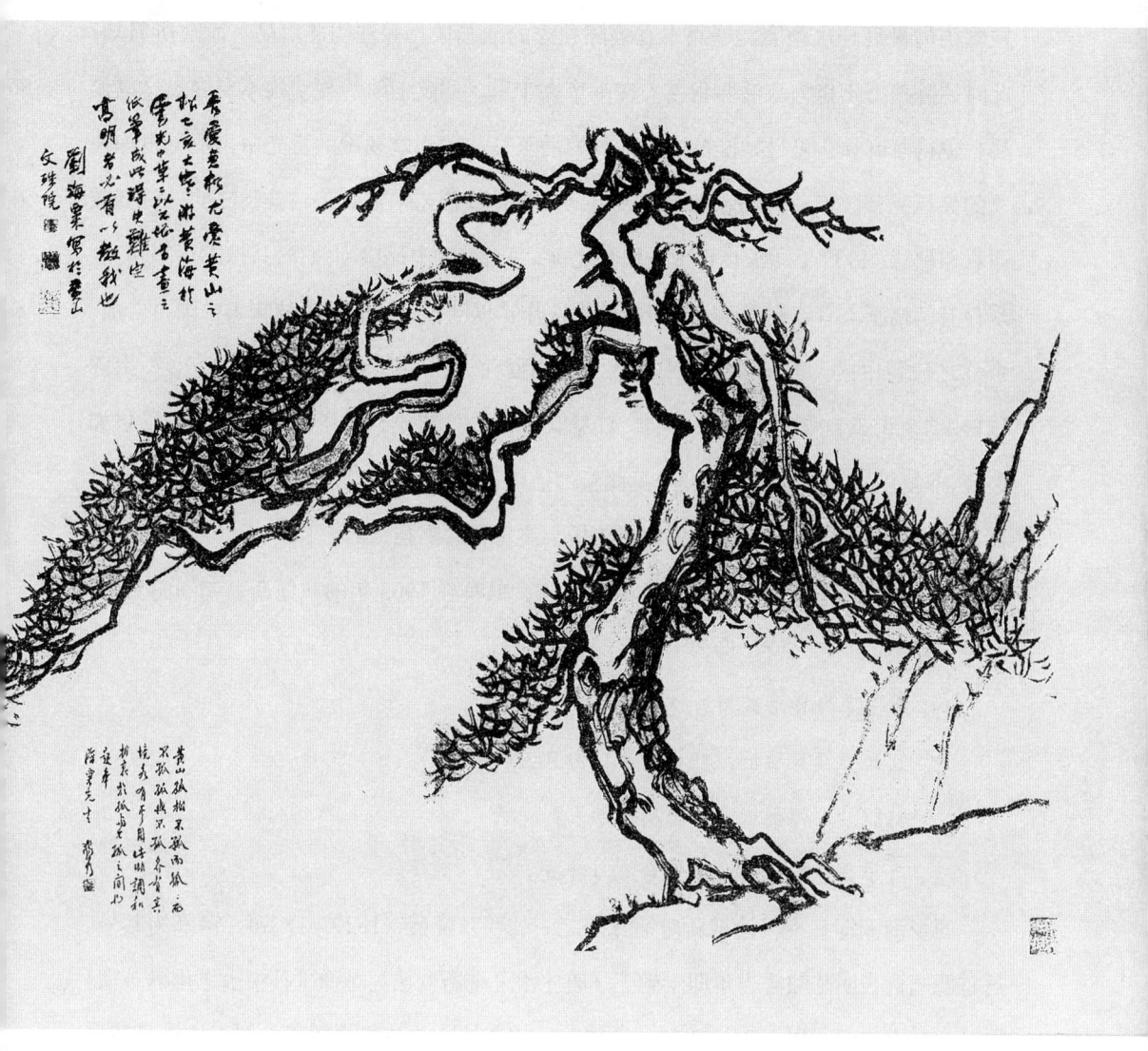

· 陈独秀狱中为刘海粟《古松图》题字

在国内的最后一次画展。展品中有幅陈独秀的油画像,并注明非卖品。而众所周知,此时的陈独秀正作为政治要犯被关在南京大牢里。朋友们纷纷规劝她不要展出这幅作品,免得惹麻烦,可是她坚持展出。因为潘玉良从四周歧视她的目光中,更见出陈独秀的高风亮节。陈独秀油画肖像的展出,只算是这位艺术家对陈独秀倾注的一份真诚谢意与敬意。1937年潘玉良再度赴巴黎之前,到南京狱中探望陈独秀,并携画请陈题词。现存有两幅画上有陈题词。一幅"裸女"上题作:"以欧洲油画雕塑之神味入中国之白描,余称之曰新白描,玉良以为然乎?廿六年初夏独秀。"另一幅"侧卧女体背影"上陈题曰:"余识玉良女士二十馀年矣,日见其进,未见其止,近所作油画已入纵横自如之境,非复以运笔配色见长矣。今见此新白描体,知其进犹未已也。"[8]此后她赴巴黎,再也没有回到中国这块土地。但我相信她会终身怀念陈独秀的。

陈独秀题画不仅用以言情,亦用以明志。他早在1903年的《题西乡南洲游猎图》就是一首题图明志之诗,诗云:

> 勤王革命皆形迹,有逆吾心罔不鸣。
> 直尺不遗身后恨,枉寻徒屈自由身。
> 驰驱甘入棘荆地,顾盼莫非羊豕群。
> 男子立身唯一剑,不知事败与功成。[9]

西乡南洲即日本明治维新时期三杰之一的西乡隆盛(1829—1877),南洲为其号。这首题画诗表明陈独秀当年即于勤王(唐才常之维新变法)、革命(孙中山之排满革命)之外,别有定见,以及不计功利、仗剑前行的豪情。与其说是题画,倒不如说是替自己塑像。

二、仇父情结与美术革命

陈独秀深厚的美术素质,不仅表现为多有题画诗文,而且已融入他自己的诗文写作,以至其诗其文多有绘声绘色的佳作。如1908年所写《华严瀑布》第八首:"我欲图君归，虚室生颜色。画形难为声，置笔泪沾襟。"[10]整个组诗就是融绘画手法入诗的绝妙好诗。

陈独秀的美术素质，溯其本则是有其家学渊源的。陈独秀的父亲衍中（字象五）早卒，陈独秀童年时代由祖父管教，青年时代师从嗣父亦即叔父衍庶（字昔凡）。这位嗣父由举人而知县而知州而知府，官运财运俱佳，振兴了陈氏门第；这位昔凡公也是位饮誉一方的书画家与书画收藏家。

陈昔凡在升官发财的当年即花费重金收购历代书画古玩，他在沈阳、天津、北京等地都开有古董店，兼事收藏。他为官二十余年，到1908年左右"因识时知机"，致仕退居安庆，不修边幅，穿着随便，"接见里人如山林逸老，几不知其曾为显宦者"，而耽浸书画以自娱。《怀宁县志》说他："以邓石如、刘石庵、王石谷、沈石田四先生为师"[11]，自颜其居曰：四石师斋。又自号石门湖叟。藏前贤真迹、古玩甚富。每陈列璀璨盈室，友朋来观，留连不肯去。或假归一二，绝无吝啬。平心最心折同邑姜筠，谓当时画家，无出其右者，余子不欲下之。晚年朝夕习汉隶，书益大进，得者珍如拱璧。尤喜奖掖后进，于潘勖篆刻、萧愻画[12]，称誉不去口。"《安庆文史资料》第七辑尚存陈昔凡与民间艺术家董引之的谈艺书札两则，也可作为其热衷书画之一证。[13]

陈昔凡绘画长于工笔山水，兼画花卉。他的山水画属于虞山派。他摹习王石谷的青绿山水，几乎达到乱真的程度。有人请他作画，他常以临王画代作，甚至连王氏之题款也一并临写，然后再写自己的款识。新近出版的《迎江寺珍藏书画集》中就收有陈氏这样一幅山水扇面。对于陈昔凡的书画造诣，黄宾虹评价甚高。黄有《近数十年画者评》说："皖江南北，素多画工"，"陈昔凡（衍庶）、姜颖生（筠）皆左清晖而右麓台"。[14]郑午昌所著《中国绘画》一书中也评说了陈氏的画。

有这么个书画家的嗣父，陈独秀自然在耳濡目染中受到书画艺术的感染，从而在其阅历交往中造就并显现出颇高的书画艺术素质。著名美学家邓以蛰是清代著名书法家邓石如五世孙，有家学渊源，程演生说他："广好选字，为文艰奥，戛戛独造，家承艺苑，收藏极丰。"他与陈独秀结谊甚早又小陈十二岁，他酷爱字画是受陈影响。

他说:"(陈独秀)他曾酷爱书画,他到过我的山庄,将我家的收藏一一评定,为之编目,其中较好的如弘光时成回和尚山水小幅,渐江山水幅等等,他称之不去口,上面的题跋他多能背诵(曼殊画中成回的题句,就是他诵与和尚的)。记得他为了一幅萧尺木的山水得不到手,竟同朋友翻脸!如今我也酷爱字画,好为赏识,我自问在东京同住的时候,受他的影响不少。"[15] 可见陈独秀艺术素质之高。不过,陈昔凡的书画藏品也几乎是因陈独秀而丧失殆尽。

1909年陈昔凡在一次意外打击中忧愤去世。同年10月间,二次革命失败后,由于陈独秀曾力主兴兵讨伐袁世凯,袁氏爪牙倪嗣冲趁机派兵抄了陈独秀的家,抢走了陈昔凡多年收藏的书画珍品。余下的到1938年被日本兵所洗劫。令人扼腕。

更有趣的是,陈独秀既从昔凡公那里接受了书画的基因,也从其藏品与书画实践中窥测到中国书画的利弊,以至在五四新文化运动中,陈独秀提出了美术革命的命题。这与戏曲革命、文学革命一样,已成为新文化运动的组成部分。这里既有清醒的理性分析,也不排斥其思想深处的仇父情结。陈独秀从小是在"白胡爹爹"(祖父)的"毒打"下度过的,致使他日后仇父情绪甚为浓重。嗣父虽对他不错,但在文化分析上也难逃这种情绪的扫射。推而广之,陈独秀所有反传统的观念,都或多或少地渗透着这种仇父情结。

五四新文化运动之始,作为旗手的陈独秀首先冲破当年传统文化的封闭状态,"求新声于异邦"。1915年陈独秀在自己创办的《青年杂志》上发表了《现代欧洲文艺史谭》。内容虽不算丰富,却是当时中国第一篇西方现代文艺思潮研究论文。以古典主义、理想主义、写实主义、自然主义为线索,勾勒了西方文艺的发展脉络。文章一发表立即受到读者的关注。陈氏在复读者信中阐明了他对中国文艺思潮的看法,指出:"吾国文艺,犹在古典主义、理想主义时代,今后当趋向写实主义。"他进而说:"文章以纪事为重,绘画以写生为重,庶足挽今日浮华颓败之恶风。"[16] 这封信写于1915年,次年陈氏又有信复同一读者,有着更深刻的阐述:

> 欧文中古典主义,乃模拟古代文体,语必典雅,援引希腊、罗马神话,

以眩赡富,堆砌成篇,了无真意。吾国之文,举有此病,骈文尤尔。诗人拟古,画家仿古,亦复如此。理想主义,视此较有活气,不为古人所囿。然或悬拟人格,或描写神圣,脱离现实,梦入想象之黄金世界,写实主义、自然主义乃与自然科学、证实哲学同时进步。此乃人类思想由虚入实之一贯精神也。[17]

陈氏云云,以今视之未必准确,当时却不啻文坛春雷。针对读者的疑虑,他指出:"东西文化,相距尚远,兼程以进,犹属望尘,慎勿以抑扬过当为虑。"[18]他以西方文化为参照系,以嗣父的书画为箭垛,思索着中国书画的发展方向问题。陈独秀1917年1月出任北京大学文科学长以后不久,北大校长蔡元培发表了著名言论:以美育代宗教。同年11月蔡元培又在北大发起组织画法研究会。次年10月,蔡元培就此发表讲演:"中国绘画始自临摹,外国绘画始自写生","西人之重视自然科学如此,故美术亦从描写实物入手,今世为东西文化融和时代,西洋之所长,吾国仍当采用","今吾辈学画,当……除去名士派毫不经心之词,革除工匠派拘守成见之讥,用科学方法以入美术"。[19]而同时上海的刘海粟也在中国美术变革上作了一些大胆而有益的探索。这些自然都促进了陈独秀对中国绘画艺术出路的思索。1919年1月他欣喜地收到《新青年》读者吕澂谈美术革命的来信,于是借复信,痛痛快快发表了一通关于美术革命的宏论。

陈独秀旗帜鲜明地提出:"若想把中国画改良,首先要革王画的命。"这王画,即清初"四王"画派中的王石谷(翚),也是陈昔凡"四石师"中之一"石"。由于家学的原因,陈独秀对王画太熟悉了。他说:"我家所藏和见过的王画,不下二百件,内有画题的不到十分之一;大概都用那临、摹、仿、抚四大本领复写古画,自家创作的简直可以说没有。这就是王派留在画界最大的恶影响。到后来的扬州八怪,还有自由描写的天才;社会上却看不起他们,却要把王画当作画学正宗。说起描写的技能来,王派画不但远不及宋元,并赶不上同时的吴墨井(吴是天主派教徒,他的画法的布景写物,颇受了洋画的影响),像这样的画学正宗,像这样的社会上盲目崇拜的偶像,若不打倒,实是输入写实主义,改良中国画的最大障碍。"[20]"打倒"云云,虽不免过火,然按之于中国绘画史,陈氏之激扬文字,则似正中"四王"画派之要害。

清初"四王",是指董其昌的学生王时敏、王鉴及他们的学生王石谷(翚),再加王时敏的孙子王原祁。这个画派是在董其昌绘画理论的笼罩下生存发展的。盖晚明松江派首领董其昌,为标榜文人画,抬高本派地位,以禅宗南北两派来比拟唐以来山水画的不同风格,提出"南北宗"理论,以王维与李思训分别为两派祖师,分疆立派,树文人画派之南宗为画坛正统,而贬斥北宗画风。对于董氏这种门户的划分,历来有争议。可是在明末清初,董说却影响极大。清代中期方薰说:"书画一道,自董思翁开宗说以来,海内翕然从之,沈、唐、文、祝之流遂塞,至今无有问津者。……书画至此一大转关,要非人力所能挽也。"[21]清初"四王"以继承松江派正脉为己任,以复古为尚,作画几乎无一幅不标明仿某某。这种复古语言有时被使用到偏激的程度,以致王原祁被人讥为"或者子久(黄公望)脚汗气,于此稍有发现乎"。"四王"虽讲究笔墨趣味,技巧功力也甚深,然内容殊乏生气。但他们的山水画风因受皇室重视,而作为画界正统影响了有清一代。宗王石谷者为"虞山派"(石谷为虞山人),宗王原祁者为"娄东派"(原祁为娄东人)。陈独秀的嗣父昔凡公及其姻亲姜筠,即为接其流风余绪者,而成为"虞山派"中人。

陈独秀力倡美术革命,欲革王画的命,甚至可以说是革以陈昔凡为代表的父辈的命。而他的中国画改良方案为:"断不能不采用(西)洋画写实的精神。"究其理由,陈独秀的回答为:

> 譬如文学家必用写实主义,才能够采古人的技术,发挥自己的天才,做自己的文章,不是抄古人的文章。画家也必须用写实主义,才能够发挥自己的天才,画自己的画,不落古人的窠臼。中国画在南北宋及元初时代,那描摹刻画人物禽兽楼台花木的功夫还有点和写实主义相近。自从学士派鄙薄院画,专重写意,不尚肖物;这种风气,一倡于元末的倪、黄,再倡于明代文、沈,到了清朝的三王更是变本加厉,人家说王石谷的画是中国画的集大成,我说王石谷的画是倪、黄、文、沈一派中国恶画的总结束。谭叫天的京调,王石谷的山水,是北京城里人的两大迷信,是神圣不可侵犯的,是不许人说半句

不好的。绘画虽然是纯艺术的作品，总也要有创作的天才和描写的技能，能表现一种艺术的美，才算是好。

陈独秀力倡美术革命，归根到底在两端，其一以写实主义改造主观写意画法，其二以创造精神改变抄摹复古之风。其本质是以西画画风改造中国画画风，以现实主义改造中国国民性。[22]

陈独秀在 1919 年提出美术革命，靶子虽是清初四王，而其现实着眼点还是当时中国画坛现状。吕澂致陈独秀信就明言：

> 姑就绘画一端言之：自昔习画者，非文士即画工，雅俗过当，恒人莫由知所谓美焉。近年西画东输，学校肆习；美育之说，渐渐流传。乃俗士鹜利，无微不至，徒袭西画之皮毛，一变为艳俗，以迎合庸众好色之心。驯至今日，言绘画者，几莫不推商家用为号召之仕女画为上。其自居为画家者，亦几无不以作此类不合理之绘画为能。（海上画工，惟此种画间能成巧；然其面目不别阴阳，四肢不称全体，则比比是。盖美术解剖学，纯非所知也。至于画题，全从引起肉感设想，尤堪叹息。）充其极必使恒人之美情，悉失其正养，而变思想为卑鄙龌龊而后已。乃今之社会，竟无人洞见其非，反容其立学校，刊杂志，以似是而非之教授，一知半解之言论，贻害青年。（此等画工，本不知美术为何物。其于美术教育之说，更无论矣。其刊行之杂志，学艺栏所载，皆拉杂浮廓之谈；且竟有直行抄袭以成者；又杂俎载答问，竟谓西洋画无派别可言；浅学武断，为害何限。）一若美育之事，即在斯焉。呜呼！我国美术之弊，盖莫甚于今日，诚不可不亟加革命也。

吕澂信中所言 20 世纪初中国画坛现状，应当是一种真实的存在（冷眼视之，有些现象至今仍浓烈地存在着），由此才引出了美术革命的迫切命题。陈独秀则更深刻地看到了中国美术界传统与现实的症结，从新文化运动的高度指出 20 世纪初中国美术革命的根源与方向。他在信末沉痛地说：

> 至于上海新流行的仕女画，他那幼稚和荒谬的地方，和男女拆白党演的

新剧，和不懂西文的桐城派古文宗（学）译的新小说，好像是一母所生的三个怪物。要把这三个怪物当作新文艺，不禁为新文艺放声一哭。

三、中国画现代化转型的危机

其实，该放声一哭的似乎还不在于当年以旧充新的文艺现象，倒是八十多年后的今天有些学者为替清初"四王"画派翻案而一股脑儿清算陈独秀的情理失控。

先是 1992 年 10 月由上海书画出版社暨《朵云》编辑部举办的"四王绘画艺术国际研讨会"并出版了拥有六十万字的《清初四王画派研究论文集》，其中凡涉及"四王"在 20 世纪之命运问题，几乎无一例外地都要将陈独秀拖出来数落一番。仿佛文人画在 20 世纪之不景气，皆归罪于陈独秀（还有重庆出版社 1994 年、1995 年所出版的《王时敏、王鉴、王翚、王原祁山水画风》《清代山水画风》之前言，亦如此）。

再是以《文艺研究》为阵地，连续发表了一系列文章（如 1996 年第一期的卢辅圣《二十世纪中国画批评》、郎绍君《二十世纪的中国画研究》，1998 年第三期的徐书城《中国画走向现代之路》等），则以更严厉的调子、更奇妙的逻辑来责难陈独秀当年的"美术革命"理论。或者说他"颠倒了最起码的因果关系——是注重内省的社会精神造就了宋代以还文人画的淡泊内涵，而不是文人画的淡泊内涵造成了遁世的社会精神"；仿佛艺术作品与社会精神的关系只是单向运动而非双向运动。或者说他"把西方的旧艺术（写实形式）误认为新，同时又把中国绘画史上的新潮形式（写意）反视为旧"，"造成了近百年来思想理论领域的混乱"；仿佛中国绘画艺术早完成了现代化转型，根本不存在改造、变革问题。

这里涉及怎样从继承与创新、中画与西画的关系中去把握中国画的审美本质与发展走向的问题。

其实，在陈氏前后都有人对此作过有益的探讨。其中最值得称道的，大概当数宗白华。他把康德、叔本华、尼采的哲学观念和方法，融入中国式的体悟和鉴赏，形成他研究中国艺术的独特方法。他在《论中西画法的渊源与基础》一文中从中西比较中确认中国画的审美本质。

中国乐教失传,诗人不能弦歌,乃将心灵的情韵表现于书法、画法。书法尤为代替音乐的抽象艺术。在画幅上题诗写字,借书法以点醒画中的笔法,借诗句以衬出画中意境,而并不觉破坏画景(在西洋画上题句即破坏其写实幻境),这又是中国画可注意的特色,因中、西画法所表现的"境界层"根本不同:一为写实的,一为虚灵的;一为物我对立的,一为物我浑融的。中国画以书法为骨干,以诗境为灵魂,诗、书、画同属一境层。西画以建筑空间为间架,以雕塑人体为对象,建筑、雕刻、油画同属一境层。中国画运用笔勾的线纹及墨色的浓淡直接表达生命情调,透入物象的核心,其精神简淡幽微,"洗尽尘滓,独存孤逈"。……遗形似而尚骨气,薄彩色以重笔法。"超以象外,得其环中",这是中国画宋元以后的趋向。然而形似逼真与色彩浓丽,却正是西洋画的特色。中国绘画的趋向不同如此。[23]

然而,延绵千年的中国画也不是一成不变的。创新求变,是一切艺术生命发展的原动力。《周易·系辞上传》云:"生生之谓易。"具体到绘画则强调"笔墨当随时代","一代有一代之艺术"。创新求变又要避俗避熟,从自己的心灵出发,一任性灵自由流淌,充分宣泄自己的内在创造力。邵梅臣说:"诗中须有我,画中亦须有我,师事古人则可,为古人奴隶则断乎不可。"[24]石涛说得更深沉:"此道见地透脱,只须放笔直扫,千岩万壑,纵目一览,望之若惊电奔云,屯屯自起,荆关耶,董巨耶,倪黄耶,沈赵耶,谁与安名?余尝见诸名家,动辄仿某家,法某派,书与画天生,自有一人执掌一人之事,从何处说起?"[25]就宋、元山水画而言,明代王世贞有言云:"山水画大、小李一变也,荆(浩)、关(仝)、董(源)、巨(然)又一变也,李成、范宽又一变也,刘(松年)、李(唐)又一变也,大痴(黄公望)、黄鹤(王蒙)又一变也。"(《艺苑卮言》)[26]任何艺术都会有一定的艺术程式,但一旦程式化了就会中断其生命流程。程式化得几乎成了画中八股的清初"四王",视之为画帖则可,视之为画中经典则大谬。陈独秀着眼艺术创造精神，批评了清初"四王"所代表的艺术流派，旨在促进中国山水画的更新发展，何错之有？

中国画创新求变之途甚多，与西画相融从中吸取营养，亦犹如西画之吸取中画营养一样，是个重要途径。诚如宗白华所言："魏晋六朝间，印度画法输入中国，不啻即是西洋画法开始影响中国（按，因为希腊人、印度人同为阿利安人种，其哲学思想与宇宙观念颇多相通的地方。艺术立场的相近也不足异了）。然而中国吸取它的晕染法而变化之，以表现自己的气韵生动与明暗节奏，却不袭取它凹凸阴影的刻画，仍不损害中国特殊的观点与作风。"[27] 近年由吴冠中之"中国画笔墨等于零"的高论引发了一场争论，[28] 不少论者提出要守住中国画的底线，但何谓中国画之底线却语焉不详。这种论调忘记了中国画改革的根本目的在提高其表现生活、人生、心灵的能力和审美价值，而非千方百计地保住某画种。有生命力者自然永葆艺术魅力，否则保之何益？由此反思陈独秀当年"美术革命"言论，虽有过激之处，但他追求的还是中西结合、虚实相融（写实与写意相融）的境界。"美术革命"鼓吹的是用"写实主义"来改良中国画，而如上文所述他又始终高度评价苏曼殊以心造境、神韵尤长的画作。至于中国画到底怎样做到中西结合、虚实相融的境界？这种太专业化的问题，则无法苛求陈独秀交出答案。至于近数十年中西结合的绘画实践虽有成就但仍不太理想，则只能依靠后人的探索去解决，而绝不能归罪于陈独秀，更不能片面地以绘画从形似到神似的历程说中国画吸取西画营养是颠倒了新旧关系。数典忘祖与妄自尊大都不利于中国画的现代化转型。

鉴于人们多知陈独秀之"美术革命"言论而未必知道他对苏曼殊画的评价，我则避实趋虚，以"曼殊善画工虚写"为此章总标，提醒人们全面了解陈独秀之画论。

四、陈独秀与中国近代的漫画创作

笔者尚没有证据说，深通中国画艺的陈独秀也曾亲自挥毫作过画（据说那"阿弥陀佛"的大哥善丹青），以自己的实践去实现他的"美术革命"的理想。

但我怀疑陈独秀1904年所创办《安徽俗话报》上的几幅线条简洁明快、造型生动的漫画，出自陈氏之手。当时《安徽俗话报》只三个编辑，主编陈独秀之外的另两位编辑为房秩五与吴守一，房秩五曾有回忆说："一日约共办《安徽俗话报》，余任教育（编辑），守一任小说（编辑），余稿悉由仲甫自任之。"据考房、吴皆不涉画艺，那么，那几幅风格一致的漫画，就可能也"悉由仲甫自任之"。[29]

《安徽俗话报》上的漫画，共八幅。现据邓学稼《陈独秀传》之说明，分叙如次：

1. 第一期封面图，刊名之下，画一位骑在飞奔的骏马背上的送报人，手持"第一期"报样，在与挥帽的人群互为热情致意。显现了该报一往直前的朝气和它与广大读者的密切关系。

2.《将军被囚》，画的是清廷盛京将军增祺"百般巴结俄人，差不多就做个俄国官了，增祺十分得意"。哪晓得"有一件事不顺俄人的意，俄人便将增祺囚禁起来，这就是做官的顺洋人的下场！"

3.《包脚受辱》，画的是"庚子洋兵进京时"，奸淫妇女，一些"三寸金莲"的妇女因行走不便而受欺辱的情景。一方面揭露了洋兵的罪行，一方面指斥了封建旧习的危害。

4.《搜括财主》，画的是"只晓得抱着臭铜钱"的财主，当八国联军攻占北京时，也免不得被洋兵抢劫，甚至洋兵"还要向他要收在旁处的金子"。题词说："这就是守财奴的下场！"

5.《捉人为奴》，画的是俄国人占了东三省，就到处捉拿中国人替他做苦工，不仅"无工钱"，"还要（用）乱鞭"打，如同对待"牛马一样"。

6.《顺民被戮》，画的是1900年八国联军攻入天津时，某些无耻的中国人，贪生怕死，拿了"顺民旗"，迎接洋兵，以为归顺洋人便可无事了。殊不知"无耻的顺民还是免不得吃一刀"。题词写道："这就是做外国顺民的下场！"

7.《挨打文人》，画的是庚子拳乱，洋兵在北京打无用的文人。

·1.《安徽俗话报》封面

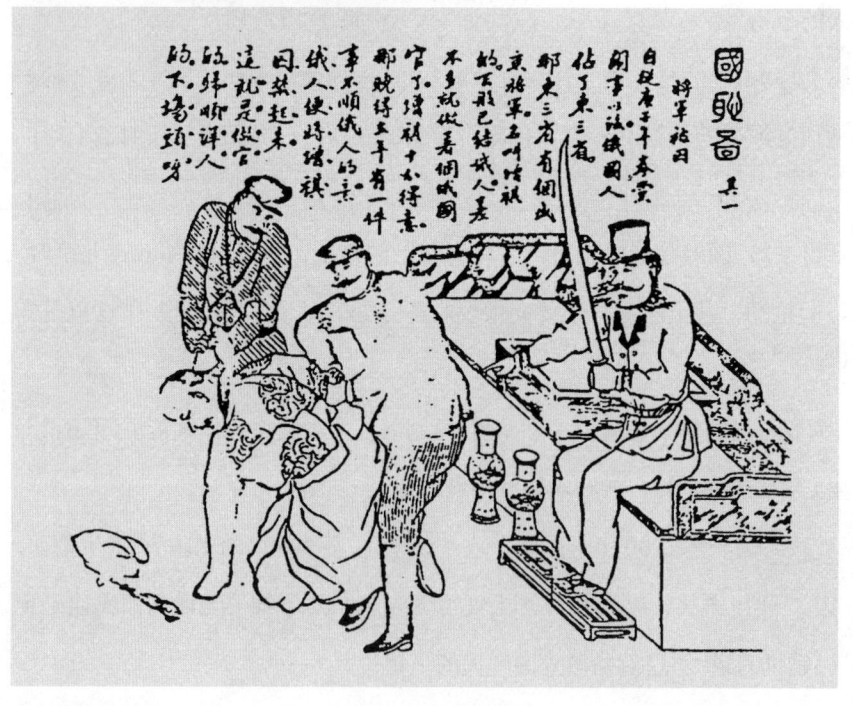

·2.将军被囚

· 3. 包脚受辱

· 4. 搜括财主

·5. 捉人为奴

·6. 顺民被戮

7. 挨打文人

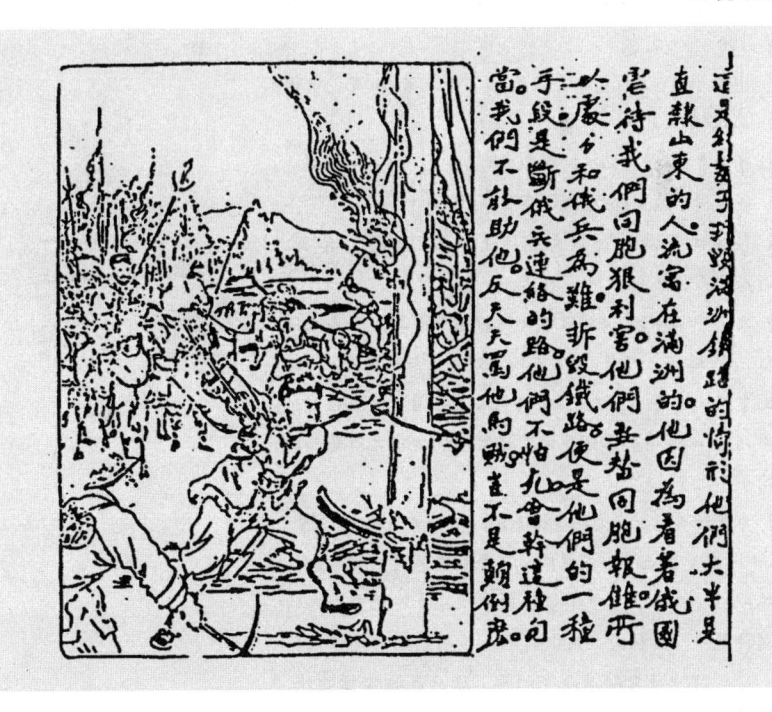

挨打文人

我中国诗书的心都是
斯文的种了
经有一天忽
用庚子年汇
兵进在都城时
库被人去香修路
的苦工今吾不读书的人
段有我去做苦工快乐
吊起来拷打这刁
鬼文的书生吗
场头呵

8. 红胡子

这是到处举手拊颈没处镇踏的惊祀他们大半是
直隶山东的人流寓在满洲的他因为着俄国
官待我们同胞狠剥割他们恭势回同胞报仇所
以处分和俄兵为难拆毁铁路使他们不怕九会斡这种
手段是斯俄兵连络的路他们一种向
当我们不敢助他们反天天骂他马贼岂不是颠倒麽

8.《红胡子》，画的是从山东流徙到东北的一些穷人，他们为替受俄国人欺凌的同胞报仇，冒死拆毁铁路。题词为："对于他们的这种行动，我们有些人不但不能（帮）助他，反天天骂他马贼，岂不是颠倒么？"

这些漫画在揭露侵略者，解剖国民性，启迪民智上曾经起过不可抹杀的作用。这些漫画也是中国漫画史上最早的珍品。据考，"漫画"的字样，在中国是1904年始见于《警钟日报》。[30] 陈独秀所作以上八幅漫画，虽未标明漫画，但具备漫画之形神。估计他的漫画作品是将平日熟悉的文人画与绣像小说上的白描人物相结合，然后夸张变形而成的。这在20世纪初应是了不起的创举。从这些漫画作品中也透露出他早就对嗣父昔凡公热衷的王画有过深刻的审视，并以漫画对此作了令人啼笑皆非的反拨。如果他循此方向多操画笔，那说不定会出现个远甚于刘海粟的"艺术叛徒"。

· 注释 ·

[1] 任建树等编：《陈独秀诗集》第125页，时代文艺出版社1995年4月版。

[2] 柳亚子编：《苏曼殊全集》第4册，第24页，中国书店1985年9月版。

[3] 濮清泉：《我所知道的陈独秀》。

[4] 任建树等编：《陈独秀诗集》第51页。

[5] 任建树等编：《陈独秀著作选》第2卷第1086页，上海人民出版社1993年4月版。

[6] 袁志煌等编著：《刘海粟年谱》第136页，上海人民出版社1992年3月版；又见石楠《刘海粟与陈独秀》，《江淮文史》1996年第5期。按，《刘海粟年谱》将陈赠刘对联事列入1936年而未述理由，姑按石楠文将之与题画视为同一年之事。

[7] 为夏澍兰题画，见任建树等编《陈独秀诗集·后记》："三十年代夏澍兰女士在南京举办个人画展时，曾带幼子方瑞以世交身份到狱中探望陈独秀，并请陈独秀为她的画题诗题字。陈独秀兴致很高地为她的多幅画题诗或题字。这些有陈独秀题诗题字的画，除画展时卖掉的外，均在'文化大革命'中被抄家抄去，多年来方瑞先生等

人多次向有关方面追寻,至今杳无踪影。"

[8] 此珍贵文献见诸安徽省博物馆内部印行之《潘玉良美术作品选》;又见王观泉《潘玉良画上的陈独秀题词》,天津《今晚报》2002年4月24日。

[9] 任建树等编:《陈独秀诗集》第40页,时代文艺出版社1995年4月版。

[10] 任建树等编:《陈独秀诗集》第58页,时代文艺出版社1995年4月版。

[11] 邓石如(1743—1805),原名琰,字石如,自号完白山人,安徽怀宁人,清乾隆年间著名碑学书法家。书学理论家包世臣推崇石如的"分"、"真"为妙品,篆隶为神品,已达"平和简静、道丽天成"之境。其开一代书风,世称"邓派",亦称"皖派"。刘石庵(1720—1804),名墉,字崇如,号石庵,山东诸城人,官至体仁阁大学士,擅长行楷。王石谷(1632—1720),名,字石谷,号耕烟散人,江苏常熟人,清初山水画坛"四王"之一;王石谷画风宗学者甚众,形成了"虞山派"。沈石田(1427—1507),名周,字启南,号石田,晚号白石翁,江苏长洲人,明代吴门画派的创始人。

[12] 潘勖(1883—1946),字强斋,别号天马山人,安徽怀宁人,早年师从同邑陈衍庶习金石,遂工篆刻,亦擅行草,著有《天马山人印谱》。萧愁(1883—1944),字谦中,号龙樵,大龙山樵,安徽怀宁人,早年师从同邑姜筠学山水画,后姜筠赴京供职,兼开馆卖画,萧以弟子随从,曾在北京美术专科学校任教多年,著有《课徒画稿》《萧愁画集》。

[13] 蒋元卿等:《清末安庆民间艺术家董引之》,安庆市政协文史资料研究会《安庆文史资料》第7辑。

[14] 《安徽史学通讯》1958年第4期。

[15] 邓以蛰:《癸酉行笥杂记》。

[16] 陈独秀:《答张永言》,《青年杂志》第1卷第4号;又见水如编《陈独秀书信集》第16—17页,(北京)新华出版社1987年11月版。

[17] 陈独秀:《答张永言》,《陈独秀书信集》第20—21页。

[18] 陈独秀:《答张永言》,《陈独秀书信集》第20—21页。

[19] 蔡元培:《在北京大学画法研究会之演说词》,1918

年10月25日《北京大学日刊》。

[20] 陈独秀:《答吕澂》,《陈独秀书信集》第240—241页,本节陈氏关于美术革命言论皆见此信,吕有关言论则见此信附件《吕澂致陈独秀》。

[21] 杨仁恺主编:《中国书画》第444页,上海古籍出版社1990年5月版。

[22] 陈独秀《答张护兰》(1917年5月1日)云:"'不诚实'三字,为吾国道德文学之共同病根。……旧文学与旧道德,有相依为命之势",此可视为陈在文学、艺术、道德领域不遗余力地提倡现实主义(写实主义)的总体观念所在。

[23] 宗白华:《艺境》第113页,北京大学出版社1987年6月版。

[24] 邵梅臣:《画耕偶录·论画》,《中国画论类编》本。

[25] 石涛:《石涛论画》,《中国画论类编》本。

[26] 李泽厚:《美的历程》第223页,中国社会科学出版社1984年7月版。

[27] 宗白华:《艺境》第120—121页,北京大学出版社1987年6月版。

[28] 参见《美术观察》1999年第9期;又见江洲《探寻中国画的底线》,《文艺报》2000年5月1日。

[29] 房秩五:《浮渡山房诗存·悼陈独秀》,中华书局1957年排印本。房秩五传,见安徽省政协所编《人物春秋》,安徽人民出版社1987年10月版;吴守一生平,见朱光泽《吴守一先生事略》,《安庆文史资料》第7辑(1983年12月印)。

[30] 任泽全:《"漫画"一词民国初年仍在使用》,《人民日报》漫画增刊《讽刺与幽默》总第367期,1994年10月5日。

第九章

骤雨旋风声满堂——陈独秀与『桐城谬种』

奔蛇走虺势入座,
骤雨旋风声满堂。

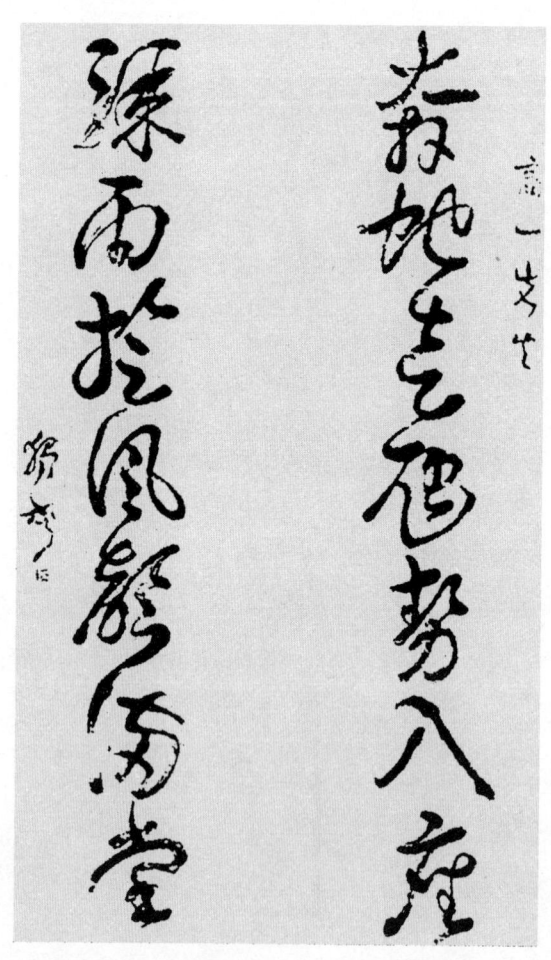

·陈独秀手书怀素《自叙帖》句

2001年温州"陈独秀后期思想学术研讨会"期间，有人从新版《百年文人墨迹》中发现陈独秀这副楹联手迹，以复印机克隆一批。与会者皆人手一幅，欣而赏之。今则取其下联作为此章的标题，似颇合适，不亦乐乎？

一、"桐城谬种"与"十八妖魔"

桐城派作为中国文学古典主义的终结，曾在中国文坛独领风骚二百余年。[1]然而在其退出历史舞台之际，却落得个"桐城谬种"的恶谥。造成这种历史变迁的原因是复杂的，然其根本原因当是以陈独秀为精神领袖的新文化运动将它作为主要进攻对象而推行白话文。

不过,"桐城谬种"说的发明人是钱玄同。胡适《文学改良刍议》一经在《新青年》第二卷第五号上发表,立即震撼文林。奋起声援者首先是陈独秀,其次是钱玄同。钱玄同每每出语惊人。他于《新青年》第二卷第六号发表致陈独秀函,说:

> 具此识力,而言改良文艺,其结果必佳良无疑。惟选学妖孽,桐城谬种,见此又不知若何咒骂。虽然,得此辈多咒骂一声,便是价值增加一分也。

这是新文化史上首先出现让桐城派人士与骈文学家痛心疾首,文化新人共识通用的八个字:选学妖孽,桐城谬种。

· 20 世纪 20 年代末的陈独秀

钱玄同很看重自己的发明,尔后在《新青年》上发表文章,则屡屡重申此说:

> 惟选学妖孽所尊崇之六朝文,桐城谬种所尊崇之唐宋文,则实在不必选读。(学周前秦两汉者,其人尚少。间或有之,亦尚无选学妖孽,桐城谬种之臭架子,故尚不讨厌。)[2]

> 而彼选学妖孽,桐城谬种,方欲以不通之典故,肉麻之句调,戕贼吾青年。[3]

> 玄同对于用白话说理抒情,极端赞成独秀先生之说,亦以为"其是非甚明,必不容反对者有讨论之馀地,必以吾辈所主张者为绝对之是,而不容他人之匡正"。此等论调,虽若过悍,然对于迂谬不化之选学妖孽,桐城谬种,实不能不以如此严厉面目加之。[4]

> 除了那选学妖孽,桐城谬种,要利用此等文字,显其能做"骈文"、"古文"之大本领者,殆无不感现行汉字的拙劣,欲图改革,以期便用。[5]

有的读者批评他:"不赞成则可,谩骂则失之。"对此,钱玄同则断然拒绝:

> 至于"桐城派"与"选学家",其为有害文学之毒菌,更烈于八股试帖,及淫书秽画。八股试帖,人人但以为骗"状元"、"翰林"之敲门砖,从没有人当他一种学问看待;淫书秽画,则凡稍具脑筋之人,无不痛斥为不正当之玩意儿;故虽有人中毒,尚易消除。至"桐城派"与"选学家",则无论何人,无不视为正当之文章。后者流毒已千馀年,前者亦数百年;此等文章,除了谩骂,更有何术?鄙人虽不文,亦何至竟瞎了眼睛,认他为一种与我异派之文章,而用相对的论调,仅曰"不赞成"而已哉?[6]

五四运动之后,钱玄同退为宁静的学者,但他反对桐城派和"选学"的立场,却一直未变。1934年他所作自嘲诗有云:"推翻桐选驱邪鬼,打倒纲伦斩毒蛇。"[7]

钱玄同之前早有学者批评过桐城派。桐城派前期的且不说,乾隆时代钱大昕就认为王若霖所谓"以古文为时文,以时文为古文","深中望溪之病"[8]。鸦片战争以后,更有甚者。冯桂芬、蒋湘南对桐城派三祖(方苞、刘大櫆、姚鼐)之文从"义法"至其渊源进行了全面的分析,蒋湘南则用"奴、蛮、丐、吏、魔、醉、梦、喘"[9]八个字勾画桐城派,极尽嘲讽之能事。而桐城人陈澹然(字剑潭)以"目不敢邪视,耳不敢乱听,规行矩步,动辄恐人议其后"的寡妇形容桐城派,称之为"寡妇之文"[10]。

比钱玄同稍后的有傅斯年,赞同"桐城谬种"说,他说:

> 今世流行文派,得失可略得言。桐城家者,最不足观,循其义法,无适而可。言理则但见其庸讷而不畅微旨也,达情则但见其陈死而不移人情也,纪事则故意颠倒天然之次序以为波澜,匿其实相,造作虚辞,曰:不如是不足以动人也。故析理之文,桐城家不能为,则饰之曰:文学家固有异夫理学也。疏证家之文,桐城家不能为,则饰之曰:文章家固有异夫朴学也。抒感之文,桐城家不能为,则饰之曰:古文家固有异夫骈体也。举文学范围内事皆不能为,而忝颜曰:文学家。其所谓文学之价值可想而知。故学人一经瓣香桐城,富于思想者,思力不可见,博于学问者,学问无由彰;长于情感者,情感无所用;

精于条理者，条理不能常。由桐城家之言，则奇思不可为训，学问反足为累。不崇思力，而性灵终必泯灭。不尚学问，而智识日益空疏。托辞曰："庸言之谨"，实则戕贼性灵以为文章耳。桐城嫡派无论矣，若其别支，则恽子居异才，曾涤笙宏才，所成就者如此其微，固由于桎梏拘束，莫由自拔。钱玄同先生以为"谬种"，盖非过情之言也。世有为桐城派辩者，谓桐城义法，去泰去甚。明季末流文弊，一括而去之。余则应之曰：桐城遵循矩，自非张狂纷乱者所可诃责，然吾不知桐城之矩，果何矩也？其主荡荡平平之矩，后人当遵之弗畔；若其为桎梏心虑戕贼性情之矩，岂不宜首先斩除乎？[11]

傅斯年之论，自然是受钱玄同的影响而有精彩发挥，而钱玄同对其前辈学者之种种论述当也有所吸收与发挥。

然而真正为包括钱玄同在内的《新青年》派定调而批桐城派的，却是陈独秀。胡适在《文学改良刍议》中已率先向"下规姚、曾，上师韩、欧"的桐城派、"摹仿古人心理"的江西派以及选学派等当时统治中国文坛三大权威的流派发难。但是作为《新青年》主编的陈独秀的简短按语，将胡适的锋芒磨得更尖更锐，他明确肯定"白话文学将为中国文学之正宗"，白话文学作家"施耐庵、曹雪芹价值，远在归有光、姚鼐之上"，[12] 高扬起"神圣施、曹，土芥归、方"的思潮。接着在《文学革命论》中，陈独秀则点名抨击当时之三大流派：

今日吾国文学，悉承前代之弊。所谓桐城派者，八家与八股之混合体也。所谓骈体文者，思绮堂与随园之四六也。所谓江西派者，山谷之偶像也。

其中对桐城派，他批评得尤为严厉。他把桐城派之三祖方、刘、姚，和桐城派所尊奉的文章宗师——明代的"唐宋派"领袖归有光，以及明代的前后七子，统称为文坛"十八妖魔"。他说：

此十八妖魔辈，尊古蔑今，咬文嚼字，称霸文坛，反使盖代文豪若马东篱、若施耐庵、若曹雪芹诸人之姓名，几不为国人所识。若夫七子之诗，刻意模古，直谓之抄袭可也。归、方、刘、姚之文，或希荣誉墓，或无病而呻，满纸之乎者也矣焉哉。每有长篇大作,摇头摆尾,说来说去,不知道说些甚么。[13]

作为安徽人的陈独秀如此愤慨地批评、抨击桐城派,似乎有点大义灭亲的味道,以至胡适晚年回忆起这段佳话时,还说:

> 那时陈独秀和我都以为文学革命高潮起自元代而为明清两代的"十八妖魔"所阻挠了。
>
> "十八妖魔"是那些人呢?他们是领导明代文风的"前七子"和"后七子"。另外四人则是明代的古文大家归有光,和清代的方苞、刘大櫆和姚鼐。这四位中的后三人(方、刘、姚),皆是陈独秀和我的安徽同乡。现在我们安徽又出了个陈独秀,居然把这三位乡前辈,也打入反文学革命的"十八妖魔"之列。独秀把中古以后直到现在所有的仿古作品,一概唾弃;而对那些俗文学里的小说、故事、戏曲等作家则大加赞赏。[14]

这就是说,陈独秀之论为整个新文化运动对桐城派的评判定下了基调,其他种种论说皆由此而发。所以胡适说:"陈独秀竟然把大批古文宗师一棒打成'十八妖魔'。钱玄同也提出了流传一时的名句'选学妖孽'和'桐城谬种'。"[15]这里实际上也为陈、钱之论排了个先后。言下之意,钱玄同之"桐城谬种"云云,虽哄传一时,其实定调的还是陈独秀"十八妖魔"说。

二、重估一切价值与"一点人味儿"

"桐城谬种"云云,如今看来不无偏颇。甚至在五四运动之后不久,陈独秀们对此也有所认识。如胡适在名文《五十年来中国之文学》中说:

> 平心而论,古文学之中,自然要算"古文"(自韩愈至曾国藩以下的古文)是最正当最有用的文体。骈文的弊病不消说了。那些瞧不起唐宋八大家以下的古文的人,妄想回到周秦汉魏,越做越不通,越古越没有用,只替文学界添了一些似通非通的假古董。唐宋八大家的古文和桐城派的古文的长处只是

他们甘心做通顺清淡的文章,不妄想做假古董。学桐城古文的人,大多数还可以做到一个"通"字。[16]

周作人对桐城派"义法"多有深刻批评,但他在《中国新文学的源流》中说:

和明代前后七子的假古董相比,我以为桐城派倒有可取处的。至少他们的文章比较那些假古董为通顺,有几篇还带些文学意味。而且平淡简单,含蓄而有馀味,在这些地方,桐城派的文章,有时比唐宋八大家的还好。虽是如此,我们对他们的思想所谓"义法",却始终是不能赞成,而他们文章统系也终和八股最相近。

周作人甚至还认为桐城派与新文化运动亦不无渊源关系:

到吴汝纶、严复、林纾诸人起来,一方面介绍西洋文学,一方面介绍科学思想,于是经曾国藩放大范围后的桐城派,慢慢便与新要兴起的文学接近起来了。后来参加新文学运动的,如胡适之、陈独秀、梁任公诸人,都受过他们的影响很大。所以我们可以说,今次文学运动的开端,实际还是被桐城派中的人物引起来的。[17]

只是其中有的跟不上时代潮流,"所以在新文学运动正式作起时,又都退缩回去而变为反动势力者",如严复、林纾;而陈独秀、胡适之则属反戈一击,猛烈抨击桐城派,成为新文学潮流的先驱与领导者。钱玄同也曾回顾他在旧营垒中的情景,"就是从一九〇四到一九一四(民国四年)这十一年间,虽然自以为比一九三〇年以前荒谬程度略略减少,却又曾经提倡保存国粹,写过黄帝纪元,孔子纪元,主张穿斜领古衣,做过写古体字的怪文章,并且点过半部《文选》,在中学校里讲过什么桐城义法"[18],是受辛亥革命失败的刺激,使他"忧心如焚,不敢不本吾良知,昌言道德文章之当改革"。[19]

陈独秀虽视桐城派为文坛妖魔,但在现实生活中他与桐城派后期某些作家也有较深的交往。1912年初,陈任安徽都督府秘书长时,在安徽大学堂的旧址上重办安徽高等学堂,开始自任校长,旋即请马其昶为校长,自任教务主任。1917年1月入京任北京大学文科学长,成为新派学者之精神领袖。桐城派旅京作家亦颇看重这位来自家乡的文化新秀。五四时期,陈独秀被捕,桐城派古文家马其昶、姚永朴、姚永概等也为营救他而奔走说项,以至胡适后来致信陈独秀还说:"我记得民国八年你被拘在警察厅的时候,署名营救你的人中有桐城派古文家马通伯与姚叔节。我记得那晚在桃李园请客的时候,我心中感觉一种高兴,我觉得这个黑暗社会里还有一线光明:在那反对白话文学最激烈的空气里,居然有几个古文老辈肯出名保你,这个社会还勉强够得上一个'人的社会',还有一点人味儿。"[20]

然而,五四时代毕竟是个"重估一切价值"的时代。陈独秀等人之"桐城谬种"说,实际上涉及他们对整个传统文化的看法。他们对传统文化中已不适应现代中国社会的部分,主张坚决扬弃。如对孔子学说,陈独秀说:"本志诋孔,以为宗法社会之道德,不适于现代生活,未尝过此以立论。"舒芜曾条理新文学运动反对旧文学的范畴。他说所谓旧文学,有广狭二义。广义的指明代以来的拟古主义文学,如陈独秀《文学革命论》宣布明前后七子加归有光、方苞、刘大櫆、姚鼐为"十八妖魔"。狭义的则是陈独秀在同文中说:"今日吾国文学,悉承前代之弊:所谓桐城派者,八家与八股之混合体也。所谓骈体文者,思绮堂与随园之四六也。所谓江西派者,山谷之偶像也。"傅斯年《文学革新申议》则举出"乡愿之桐城,淫哇之南社,死灰之闽派",[21] 较陈独秀所举少一选体,增一南社。胡适《建设的文学革命论》又增举两种,即梦窗的词和《聊斋志异》派的小说。后来傅斯年《白话文学与心理的改革》又举出一种从梁启超的"新民体"蜕化下来的"浮飘飘的油汪汪的报纸文章"。周作人《日本近三十年小说之发达》,把当时中国流行的旧体小说分为三种:一是从《儒林外史》《官场现形记》堕落下来的黑幕派,其代表作是《留东外史》;一是从《红楼梦》堕落下来的鸳鸯蝴蝶派,其代表作是《玉梨魂》;一是从《聊斋志异》堕落下来的随笔小说,因其刻板地每篇总从"某生者"开头,被人讥为"某生者体"。

综上所述,《新青年》派直接反对的旧文学有九种:

1.桐城派散文。

2. 选体骈文。

3. 江西派诗（闽派诗）。

4. 梦窗派词。

5. 鸳鸯蝴蝶派小说。

6. 黑幕派小说。

7. "某生者体"随笔小说。

8. 南社诗。

9. 从"新民体"蜕化下来的报纸文章。[22]

其中最主要的当是桐城派散文（古文）和选体骈文，故有"桐城谬种，选学妖孽"之称。

至于末代桐城派之光景，胡适在《五十年来之中国文学》中也有精到的分析。他把晚清散文发展状况，归结为桐城派想适应时代，有所变化而终失败的历史：梁启超以桐城派文章来谈"时务"，作为现实的政治文化评论，严复以桐城文章翻译西洋学术论著，林纾以桐城派文章翻译西洋小说……虽各有一定成就，而终无大成，甚至完全失败。由此证明桐城派已经无法适应新时代的需要，整个旧文学应该被新文学所代替，不是旧文学中哪一派如何改良的问题。

三、林纾的进攻与"新青年"派的反攻

问题是五四时代的桐城派远不只是不适应社会现实，而是演化为新文化运动的重要对立面。

五四时代反对新文化运动的势力颇为强大，玄珠《四面八方的反对白话》提供了一些难得的史料：

> 河南省长李倬章出巡到南阳，在省立第五中学内演说。中间有一段妙论道："自古以来，只有北方人统治南方人，决没有南方人统治北方人；北大

校长蔡元培与南方孙文最为接近,知南方力量不足以抗北,乃不惜用苦肉计,提倡新文化,改用白话文,藉以破坏北方历来之优美天性与兼并思想。其实白话文简直是胡闹。他们说《红楼梦》《水浒》是好文章,试问不会做文言的人,能不能做这样一类的文字?"

蔡成勋(江西督理)用一百元做奖赏,奖赏南昌中等以上学校的学生做文言文,题目是《游西湖记》。

东三省奉直省长令教育厅,全省小学以上禁用白话文。

上海私立(!)澄衷中学的校长曹某,举行策问式的国文会考,令他的附属小学读经,做文痛诋白话文。

上海宝山路北四川路一带的电线柱上贴满"尚古夜校,专教古书"的招牌。

上海广东的广肇公学本来教过白话文的,现在也禁用白话文,专教文言文了。

合观以上的消息,我们就知道国文教授是走上了怎样反动的路了!最妙的是洛吴的走狗李倬章,贩卖烟土的蔡成勋,也来替文言文仗腰,这真和王怀庆呈请整饬学风,同样的可笑,大足为反对"新文化"者壮胆呵![23]

这是发表在1924年6月的《文学周报》上的一则短文,写的是1917年陈独秀、胡适等提倡白话文之后的第七个年头的事。此时,胡适已宣布"替古文发丧举哀了",教育部已颁令"一律改用国语",鲁迅的白话小说、胡适的白话诗、周作人的小品散文等作品的尝试成功已打破那"美文不能用白话"的迷信,而反对白话文的复古势力仍如此这般地从四面八方反扑过来,由此更可推想五四当年新旧斗争是何等激烈。

作为旧派势力桐城派作家表现得甚为突出,而桐城派的闽籍作家林纾则又表现得尤为典型与奇特。至于林纾与桐城派的关系,钱基博在《现代中国文学史》中有精当的阐述:

初纾论文持唐宋,故亦未尝薄魏晋。及入大学,桐城马其昶、姚永概继之;其昶尤吴汝纶高第弟子,号为绍述桐城家言者,咸与纾欢好。而纾亦以得桐城学者之盼睐为幸，遂为桐城张目，而持韩、柳、欧、苏之说益力！既而民国兴，章炳麟实为革命先觉，又能识别古书真伪，不如桐城学者之以空文号天下！于是章氏之学兴，而林纾之说熸，纾、其昶、永概咸去大学，而章氏之徒代之。纾甚愤。[24]

这里说的是，从清末的京师大学堂到民初的北京大学，桐城派（唐宋文派）与魏晋文派相争而败北，林纾与马其昶等同命相怜，互有诗文相慰。[25] 林纾既以桐城古文相标榜，他有《韩柳文研究法》《春觉斋论文》等为桐城派文论作一个挽歌式总结，有《古文辞类选本》《林氏选评名家文集》等丛书多种推行桐城派古文，并身体力行写作古文和以古文翻译西洋小说，从而酝酿着对新文化运动的疯狂反扑。

1917年初，胡适的《文学改良刍议》、陈独秀的《文学革命论》刚发表，林纾就发表了《论古文之不当废》来反对，他说："知膐丁之不可废，则马班韩柳亦自有其不宜废者。吾识其理，乃不能道其所以然，此则嗜古者之癖也。"[26] 胡适当时就在《寄陈独秀》中对之反唇相讥："林先生为古文大家，而其论'古文之不当废'，'乃不能道其所以然'，则古文之当废也，不亦既明且显耶？"胡适还抓住林文中一不通的句子，指出："此则学古文而不知古文'所以然'之弊也。"[27]

此后，《新青年》同人为文则时而以林纾为靶子，动不动射他一两箭。最典型的是1918年3月，《新青年》第四卷第三号上钱玄同、刘半农扮演的"双簧戏"。前面由钱玄同化名王敬轩以书信的形式发表一大通反对白话文学的谬论，刘半农《复王敬轩书》则以更长篇幅对之予以痛快淋漓的批驳。之所以要演这出"双簧"，郑振铎在《文学论争集·序言》里解释说："从他们打起'文学革命'的大旗以来,始终不曾遇到过一个有力的敌人们。他们'目桐城为谬种,选学为妖孽'。而所谓'桐城、选学'也者却始终置之不理。因之,有许多见解他们便不能发挥尽致。旧文人们的反抗言论既然竟是寂寂无闻,他们便好像是尽在空中挥拳,不能不有寂寞之感……所以王敬轩的那一封信,便是要把旧文人们的许多见解归纳在一起,而给以痛痛快快的致命一击的。"说"文学革命"兴起之初"不曾遇到过一个有力的敌人",则未见得;问题是"桐城、选学"也者却始终置之不理,让《新青年》同人们"好像是尽在空中挥拳",倒是对手之伎俩或不屑出阵,迫使他们演此"双簧",主动出击。林纾既愿充当那"置之不理"群体的代言人,刘半农的复信自然会择林氏言论尤其是林译小说,大大地嘲弄一番。

到了白话文运动初步取得胜利时,又是林纾按捺不住站出来充当反派总发言人。先是发了一篇《论古文白话之相消长》,说是"古文者白话之根柢,无古文安有白话","不读《史记》而作《水浒传》,能状出尔许神情邪",[28] 以退求进,貌似公允,实则为夺回失去的地盘。再就是在1919年3月,发表了致北京大学校长蔡元培的公开信,历数当时新文化运动中枢的北大之罪:一是"覆孔孟,铲伦常",一是"尽废古书,行用土语为文字",也就是批判孔学和提倡白话两件事。其中心论点,一如上文,说是:"非读破万卷,不能为古文,亦并不能为白话。"

发表林纾此信的《公言报》,在1919年3月18日之同版上附有长篇记事《请看北京学界思潮变迁之近状》说:"国立北京大学自蔡子民任校长后,气象为之一变,尤以文科为甚。文科学长陈独秀氏以新派首领自居,平昔主张新文学甚力,教员中与陈氏沆瀣一气者有胡适、钱玄同、刘半农、沈尹默等,学生闻风兴起,服膺师说,张大其辞者,亦不乏人。"这位记者所记者为林纾发信之背景,并点明林纾公开信锋芒所指者主要是以陈独秀为首的新派学者,他毫不遮掩地说:"唯陈胡等对于新文学之提倡,不第旧文学一笔抹杀,而且绝对的菲弃旧道德,毁斥伦常,诋排孔孟,并且主张废国语而以法兰西文学为国语之议,其卤莽灭裂,实亦太过。顷林琴南氏有致蔡子民一书,洋洋千言,于学界前途深致悲悯,兹将原书刊布于下,读者可以知道近日学风变迁之剧烈矣。"

既是如此背景,作为新文化运动之"大护法"蔡元培,对林纾的挑战自不能坐视不问。蔡氏也以公开信方式回击了林纾,他说:"北京大学教员中,善作白话者,为胡适之、钱玄同、周启孟诸君。公何以证知为非博极群书,非能作古文,而仅以白话文藏拙者?"然后历数胡适《中国哲学史大纲》对古文有深刻了解,钱玄同的文字学讲义和学术文通论都是古雅的古文,周作人(启孟)的《域外小说集》文笔古奥,非浅学者所能为。这足以堵住林纾对新派学者菲薄之口。不仅如此,蔡氏在信中还披露了他著名的办学方针:一是对于学说,仿世界各大学通例,循"思想自由"原则,取兼容并包主义,与林所提出之"圆通广大"四字颇不相背也。无论有何种学派,苟其言之有理,持之有故,尚不适枭然淘汰之命运者,虽彼此相反,而悉听其自由发展。二是对教员,以学诣为主,在校讲授以无背于第一种之主张为限。其在校外之言动悉听自由,本校从不过问,亦不能代为负责任。特别指出,如北京大学"革新一派,即偶有过激之战,苟与校课无涉,亦何必强以其责任归之于学校耶!"蔡氏于信中还针对林氏罗织他人罪名的恶劣行径,反诘道:"公曾译有《茶花女》《迦茵小传》《红礁画桨录》等小说,而亦曾在各校讲授古文及伦理学,使有人诋公为以此等小说体裁讲文学,以狎妓、奸通争有夫之妇讲伦理者,宁值一笑欤?"[29] 蔡氏之反驳虽较温和,但以其地位与影响,对陈独秀等新派学者无疑是极大的支持与鼓舞。

林与陈、蔡之交战,尝有一议论:"清室举人"(林)上书"清室进士"(蔡)攻击"清室秀才"(陈),温文尔雅,扫地以尽。亦不失为一则文坛佳话。只不过此时陈、蔡皆已弃清室如敝屣,唯林纾一人念念不忘其为"清室举人"。

四、"荆生"大闹陶然亭

如果林纾只是在学理上反对以陈独秀为领袖的新文化运动,怎么顽固、怎么疯狂都无可厚非。因为人各有志,在学术争端上各方都应允许对方心怀异趣,然后,在自由竞争中寻找各自的归宿。

问题是新派人物虽也有咄咄逼人之势,而林纾在论辩中,没走几步就跨出了红线,严重地违背了学术争论的游戏规则。

林纾在争端中理屈词穷,就写小说含沙射影骂人。1919年2月4日起,上海《新申报》以"蠡叟丛谈"为名替林纾辟了一个专栏,按日发表短篇小说。也许他觉得以这种"不严格"的文体教训一下对手较为合适,于是便有了这月17、18日两日连载的小说《荆生》。

其中写了三个书生:皖人田其美,影射陈独秀;浙人金心异,影射钱玄同;新归自美洲的狄莫能哲学,便是隐指胡适。[30]"三人称莫逆",聚于北京陶然亭畔,饮酒歌呼,放言高论,掊孔孟,毁伦常,攻击古文。议论正热闹时,忽闻一声巨响,板壁倾裂,杯碗均碎。隔壁一个携带十八斤重铜铜名荆生的"伟丈夫"——

足超过破壁,指三人曰:"汝适何言……尔乃敢以禽兽之言,乱吾清听!"田生尚欲抗辩,伟丈夫骈二指按其首,脑痛如被锥刺。更以足践狄莫,狄腰痛欲断。金生短视,丈夫取其眼镜掷之,则怕死如猬,泥首不已。丈夫笑曰:"尔之发狂似李贽,直人间之怪物。今日吾当以香水沐吾手足,不应触尔背天反常禽兽之躯干。尔可鼠窜下山,勿污吾铜。……留尔以俟鬼诛。"

完全是用骂詈来发泄仇恨。周作人说,林纾"用意既极为恶劣,文词亦多草率不通,如说金心异'畏死如猬',畏死并不是刺猬的特性,想见写的时候是气愤极了,所以这样的乱涂"。[31]胡适则说:"这种话很可以把当时的卫道先生们的心理和盘托出。这篇小说的末尾有林纾的附论,说:'如此混浊世界,亦但有田生狄生足以自豪耳!安有荆生?'这话说的很可怜。当日古文家很盼望有人出来作荆生,但荆生究竟不可多得。"[32]

林纾的另一篇小说为《妖梦》[33],写一名叫郑思康的陕西人(按,即思念东汉经学家郑玄康成之意),梦见一髯人邀他游阴曹地府,"并告诉阴曹大有异事","凡不逞之徒,生而可恶,死亦不改,仍聚党徒,张其顽焰"。他们来到一城市,见一所白话学堂,门前大书一联云:

白话通神，红楼梦、水浒，真不可思议；

　　古文讨厌，欧阳修、韩愈，是甚么东西。

校中有三个"鬼中之杰出者"：校长元绪，明显影射蔡元培；教务长田恒，影射陈独秀；副教务长秦二世，则是指胡适。其人进入学堂，见第二门上额大书"毙孔堂"，也有一联：

　　禽兽真自由，要这伦常何用；

　　仁义太坏事，须从根本打消。

康怒极，谓髯曰："世言有阎罗，阎罗又安在？"髯曰："阳间无政府，阴间那得有阎罗。"已而田恒、秦二世二人左右元绪出见。田、秦二人毁伦常，赞扬白话文，元绪对他们的言论"点首称赏不已"。康"气如结，兴辞而出"，髯亦同行。

此文对"鬼中三杰"，咒骂得比《荆生》更粗鲁，更刻薄无聊。如说"田恒二目如猫头鹰，长喙如狗；秦二世似欧西之种，深目而高鼻"，极尽丑化之能事。文末旋即请出能啖食月亮的"罗睺罗阿修罗王"直扑白话学堂，"攫人而食，食已大下，积粪如邱，臭不可近"。

林纾在小说之首说："夫吉莫吉于人人皆知伦常，凶莫凶于士大夫甘为禽兽。此《妖梦》之所以作也。"文末又附"蠡叟"曰："吾恨郑生梦不实，若果有啖月之罗睺罗阿修罗王，吾将请其将此辈先尝一脔也。"足见其对陈独秀等人是何等仇视，简直是要"食肉寝皮"了。至此，林纾已丧失起码的理智与风度，更无什么"人格"可言。

有趣的是，近年有人著文，将林纾的顽固说成是"执著"，将他的疯狂说成是"热情"，并振振有词地说："固执也须有固执的理由和固执的胆量，理由权且撇到一边，这胆量当然不是容易养成也不是可以假装的。除此之外，还须贯彻其固执的初衷，像生根铸铁般的始终不变，这样的人岂容易找得吗？"[34]因此，其人格的魅力就"很可钦佩"，甚至令人"倾倒"。这真不知是来自何方的逻辑。

先不说别的，林氏以小说咒人的档次就非常低劣。如其称蔡元培为元绪公，何谓元绪？周作人在《知堂回想录·蔡孑民（三）》中说："元绪公，即是说的蔡孑民，因为《论语》注有'蔡,大龟也'的话,所以比他为乌龟,这元绪公尤其是刻薄的骂人话。"[35] 梁柱在《一代宗师铸名校》中有注云:"元绪为龟的别名。林纾取《论语》注中有'蔡,大龟也'的话,用来影射蔡元培。林纾此举,行为卑劣,为人不齿。时有人称其是'拖鼻涕的野小孩在人家大门上画乌龟'[36]的行径。"足见其人格之卑污,实无可称道处。

五、师生携手,首战告败

在与陈独秀辈人的争论中,林纾之人格卑污还表现在与张厚载携手造谣中伤对手上。

张厚载当时就学于北京大学法科政治系,兼任上海《神州日报》记者。其人崇拜旧文化,尤其酷爱旧戏,经常在报上写些剧评文章。他对新文化运动特别是陈独秀等人对旧戏的批评不满,曾与他们展开论争。这个张厚载又名张子,是林纾在五城学堂时的老学生,[37]被认为是林纾在北大的内应。在新旧斗争中,他坚定地站在林纾一边。林纾的小说《荆生》《妖梦》,都是经由他的手转寄上海《新申报》上发表的。他还里应外合,散布谣言,向林纾及《神州日报》提供经过歪曲的材料,为旧派势力攻击北京大学推波助澜。

1919年2月,张厚载两次在《神州日报》上发表《半谷通讯》,造谣说陈独秀、胡适、钱玄同、刘半农、陶孟和等人,以思想过激,受政府干预而辞职,并闻陈独秀"已往天津,态度亦颇消极"云云。3月初,又在《神州日报》发表通讯:

> 北京大学文科学长陈独秀近有辞职之说,日前记者往访该校长蔡孑民先生,询以此事。蔡校长对于陈学长辞职,并无否认之表示。……则记者前函报告,信而有征矣。

竟把谣言造到蔡元培头上去了。此项谣言流传甚广,各报竞相转载,并大肆加以渲染。上海有的报纸,还就此事发了专电,给北京大学施加压力。

这就走得太远了,理所当然遭到陈独秀的痛斥。他说:"张厚载因为旧戏问题,和《新青年》反对，这事尽可以从容辩论，对于本校新闻，还要闭着眼睛说梦话，做那'无聊的通讯'（这是张厚载对胡适君谢罪信里的话，见十日《北京大学日刊》），岂不失了新闻记者的资格吗？若说是有心传播，更要发生人格问题了！"[38] 陈独秀在给胡适信中指明，张某所为是与乃师林纾"背地里勾结起来蠕动罢了"。[39] 他在给臧玉海的信中还说："现在青年思想底大害，不是这班顽固的老辈，乃是有点新思想而不彻底的少壮学者呵！"[40] 据此，他就决不忽视与张厚载的斗争。

由此不仅可见陈独秀疾恶如仇的人格力量，更可看出当时新旧派之争是何等激烈。以致双方一不小心，就会跨出学术之门，酿成其他色彩的斗争。新文化运动本就不仅仅是个文化运动，运动中各派力量都会密切注视着文化之外的种种动静，文化论争中时有某些非学术的操作手段，也就在所难免了。

在陈独秀反击林纾、张厚载的同时，蔡元培也致函《神州日报》，对张文所言种种一一作了"否认之表示"。同时的《每周评论》还刊发了《评林庐最近所撰〈荆生〉短篇小说》，有似刘半农《复王敬轩》的战术，逐段点评《荆生》，极言其文章不通。这些都是1919年3月18日的事。而此时，林纾的《妖梦》正寄往《新申报》发排，刊于19日至23日的"蠡叟丛谈"。凑巧的是，此时林纾收到蔡元培来函，云：赵体孟想出版"明遗老刘应秋先生遗著"，求蔡"介绍任公太炎又林琴南诸先生为品题"。林纾面对蔡的雅量似觉以《妖梦》相咒不妥，一面让张厚载追回《妖梦》，一面赶写复函，正面进言："尤有望于公者"，"愿公留意以守常为是"。但《妖梦》覆水难收，结果一面《致蔡鹤卿书》在北京发表，一面《妖梦》小说第二日在上海连载。时间的紧凑，更显得林纾行为之恶劣与人格之卑污。从中牵线的张厚载又自作多情去信向蔡元培解释：

> （林纾）近更有《妖梦》一篇攻击陈胡两先生，并有牵涉先生之处。稿发后而林先生来函谓先生已乞彼为刘应秋先生作序，《妖梦》当可勿登。但稿已寄至上海，殊难终止，不日即可登出。倘有渎犯先生之语，务乞先生归罪于生，先生大度包容，对于林先生游戏笔墨，当亦不甚介意也。

这种此地无银三百两的解释，更显得林纾行为的不地道。蔡元培"大度包容"并不是无原则的宽大无边。此次，他颇为"介意"地教训张生：

> 镠子兄鉴：得书，知林琴南君攻击本校教员之小说，均由兄转寄新申报。在兄与林君有师生之谊，宜爱护林君。兄为本校学生，宜爱护本学校。林君作此等小说，意在毁坏本校名誉，兄徇林君之意而发布之，于兄爱护母校之心，安乎？否乎？仆生平不喜作谩骂语，轻薄语，以为受者无伤，而施者实为（无）德。林君詈仆，仆将哀矜之不暇，而又何憾焉？惟兄反诸爱护本师之心，安乎？否乎？往者不可追，望以后注意！此复并候学祺。蔡元培白。

蔡、张两信再加蔡元培《答林君琴南函》，一并刊之于3月21日之《北京大学日刊》。24日《公言报》又有《林琴南再答蔡鹤卿书》，一面为此前"孟浪进言"、"传闻失实"道歉，一面强辩说他的小说"专以抨击人之有禽兽行者，与大学讲师无涉，公不必怀疑"。再来一次此地无银三百两的表演。类似的表演，他还重复了多次。一是当《每周评论》编辑部把点评《荆生》那一期送上门时，林纾有信云：

> 大主笔先生：足下承示批斥荆生小说一段，甚佳。唯示我不如示之社会，社会见之胜我自见。……至蠹叟小说，外间闻颇风行，弟仍继续出版，宗旨不变，想仰烦斧削之日长矣。

此信刊于3月30日第十五期《每周评论》，"记者"附识也不客气："文理不通的地方，总要改改才好。前回批改大作的人，不是本报记者，乃是社外投稿，占去本报篇幅不少，实在可惜。请你以后下笔留情，免得有人'斧削'，祸延本报。记者正经事体很多，实在无暇'斧削'。"二是《每周评论》4月13日第十九期大幅度扩版专载"特别附录"《对于新旧思潮的舆论》，总汇了国内批林言论，连一向支持他的《公言报》也声明自脱干系。林纾又急忙发表《致包世杰先生书》：

> 承君自神州报中指摘仆之短处……切责老朽之不慎于论说，中有过激骂詈之言，仆知过矣……敝国伦常及孔子之道乃必力争。当敬听尊谕，以和平出之，不复谩骂。[41]

此函，别的报刊也转载过。

林纾可以一封避重就轻的"罪己函"搪塞一番,屡播是非的张厚载就不那么轻松了。3月31日《北京大学日刊》登出一则"本校布告":

> 学生张厚载屡次通信于京沪各报,传播无根据之谣言,损坏本校名誉,依大学规程第六章第四十六条第一项,令其退学。此布。

而此时,距张毕业仅差三个月。张被除名回江苏青浦老家之前,曾去拜会林纾。林以《赠张生厚载序》相慰,希望他"临窗读孔孟之书","无所戚戚于其中也"。[42]

六、林纾心中的"伟丈夫"有何作为

林纾人格之卑污,更表现为欲借仗军阀政府权势来镇压新文化运动。

先是林纾在小说《荆生》中,让"伟丈夫荆生"痛打田其美、金心异、狄莫——亦即陈独秀、钱玄同、胡适。林纾心中的荆生为何人?那就是段祺瑞军阀政府安福系干将徐树铮。[43]

当年《荆生》小说发表没几天,北京就谣言四起,有说陈、胡等人已被政府驱逐出校,也有说徐树铮要将大炮架在景山上准备轰击北京大学的。[44]这两者之间有何联系呢?1919年3月2日《每周评论》第十一期有署名"独应"(陈独秀)的《旧党的罪恶》说:"若利用政府权势,来压迫异己的新思潮,这乃是古今中外旧思想家的罪恶,这也就是他们历来失败的根源。至于够不上利用政府来压迫异己,只好造谣吓人,那更是卑劣无耻了。"这是《新青年》派的最初反应,比较含糊。一周后的第十二期《每周评论》全文转载了《荆生》,并加按语指出:"甚至于有人想借用武人政治威权来禁压这种鼓吹。前几天上海新申报上登出一篇古文家林纾的梦想小说就是代表这种武力压制的政策的",则已点题。但其中仍指"荆生"为"著者自己"。而同期"选论"栏目中转载5日《晨报》上守常(李大钊)的《新旧思潮之激战》一文,则是另一种说法:"想抱着那位伟丈夫的大腿,拿强暴的势力压倒你们反对的人;或是作篇鬼话妄想的小说快快口,造段谣宽宽心,那真是极无聊的举动。须知中国今日如果有真正觉醒的青年,断不怕你们那伟丈夫的摧残,你们的伟丈夫也断不能摧残这些青年的精神。"此处的"伟丈夫"则成了北洋政府的代名词,以后荆生被认为是安福系的徐树铮大概就源于此。

事后,仍不断有人提起这桩公案。刘半农曾追忆说:"卫道的林纾先生却要于作文之外,借助于实力——就是他的'荆生将军',而我们称为小徐的徐树铮。这样,文字之狱的黑影就渐渐的向我们头上压迫而来。我们就无时无日不在栗栗危惧之中过活。"[45] 1925年徐树铮被冯玉祥手下的军人仇杀于廊坊,刘半农发表了题为《悼快绝一世的徐树铮将军》的文章,幸灾乐祸地说:"噩耗传来,知道七年前曾与我们小有周旋的荆生将军,竟不幸而为仇家暗杀。"[46]

在1935年上海良友图书公司出版的《中国新文学大系》中,有两篇的导论都提及"荆生"事件。一是胡适说:"我们若在满清时代,主张打倒古文,采用白话文,只需一位御史的弹本就可以封报馆捉拿人了。但这全是政治势力,和'产业发达人口集中'无干。当我们在民国时代提倡白话的时候,林纾的几篇文章并不曾使我们烟消灰灭。然而徐树铮和安福部的政治势力却一样能封报馆捉人……幸而帝制推倒以后顽固的势力已不能集中作威福了,白话文运动虽然时时受点障害,究竟还不到'烟消灰灭'的地步。"一是郑振铎说:"当时安福系当权执政。谣言异常的多。时常有人散布着政治势力来干涉北京大学的话,并不时的有陈、胡被驱逐出京之说。也许那谣言竟有实现的可能,如不是五四运动的发生。林纾的热烈的反攻《新青年》同人们乃是一九一九年二三月间的事。而过了几月,便是五四运动发生的时候,安福系不久便坍了台,自然更没有力量来对于新文学运动实施压迫了。"

这两篇导言透露林纾欲借武力弹压新文化运动,而"荆生"徐树铮实未将林的愿望付诸实施。对其理由,两者说法似乎略有不同。胡适说不是徐树铮的安福系不想"封报馆捉拿人",而是客观上他们四分五裂,无暇顾及文化上的事情。郑振铎说,军阀政府本想干涉陈、胡们,只是五四运动爆发,才无力干涉。其实将两说合并,才是徐树铮未实际大肆压制新文化运动的充分理由,只是胡说的是当时的事,郑说的是稍后的事。

到 20 世纪 60 年代，另一个五四人物周作人写回忆录，则兼取胡、郑之说法："段祺瑞派下有一个徐树铮，是他手下顶得力的人，不幸又是能写几句文章，自居于桐城派的人，他办着一个成达中学，拉拢好些文人学士，其中有一个自称清室举人的林纾，以保卫圣道自居，想借了这武力，给北大以打击；又联络校内的人做内线，于是便兴风作浪起来了。最初他在上海《新申报》上发表《蠡叟丛谈》，是《谐铎》一流的短篇，以小说的形式，对于北大的《新青年》的人物加以辱骂与攻击，……林琴南的小说并不只是漫骂，还包含着恶意的恐吓，想假外来的力量，摧毁异己的思想；而且文人笔下辄含杀机，动不动便云宜正两观之诛，或曰寝皮食肉。这些小说也不是例外；……虽然这只是推测的话，但是不久渐见诸事实，即是报章上正式的发表干涉；成为林蔡斗争的公案，幸而军阀还比文人高明，他们忙于自己的政治争夺，不想就干涉文化，所以幸得苟安无事，而这场风波也成为一场笔墨官司而完结了。"这与胡适的说法相近。《知堂回想录》的另一处又说："报纸上也有反响，上海研究系的《时事新报》开始攻击，北京安福系的《公言报》更加猛攻，由林琴南出头，写公开信给蔡孑民说学校里提倡非孝，要求斥逐陈胡诸人。蔡答信说，《新青年》并未非孝，即使有些主张，也是私人的意见，只要在大学里不来宣传，也无法干涉。林纾恼羞成怒，大有借当时实力徐树铮的势力来压迫之势，在这时期五四风潮勃发。政府忙于应付大事，学校的新旧冲突总算幸而免了。"[47] 这又与郑说相近。其实在周作人看来，也只有将两说相融才较全面，因而将两说引入回忆录而并不觉得有什么矛盾。

倒是陈独秀独具只眼，他在《林纾的留声机器》中一针见血地指出："林纾本是想藉重武力压倒新派的人，那晓得他的伟丈夫不替他作主。"[48] 如果徐树铮真的想这么做的话，"封报馆捉拿人"是军阀政府对付知识分子的拿手好戏，即使有干扰也不难实施。傅斯年曾说："在五四前若干时，北京的空气，已为北大师生的作品动荡得很了。北洋政府很觉得不安，对蔡先生大施压力与恫吓，至于侦探之跟随，是极小的事了。"[49] 陈独秀于五四后不久也曾说："安福俱乐部当权时，即无日不思与北大反对，蔡先生之精神力用之于对付反对者三分之二，用之于整理校务者仅三分之一耳。"[50] 此次，这位"荆生"却不替那林老先生"作主"。多少年后,徐树铮之子在《民国徐又铮先生树铮年谱》1919年条末附有林纾旧作《荆生》并有说明:"民国八年,接着五四运动之后是蓬勃的新思想的发展,和当时主张守旧的人物,形成了鲜明的壁垒。林琴南先生是守旧派的中心人物,而先生(按,指徐树铮)当时在思想上是接近守旧派的。所以,林先生很希望先生能运用政治上的力量来打击新思潮人物。他当时有题名《荆生》的一篇小说,就是暗示他这个意思。……小说的用意虽然很明白,先生却并没有甚么反应。"[51] 至于"荆生"为何不替林纾"做主"?陈思和则有独到的分析。

陈思和在《徐树铮与新文化运动》[52]一文中,以陶菊隐《北洋军阀史话》为依据,具体罗列了徐树铮从1917年到1919年三年间的紧张活动,包括筹划国会,操纵选举,发动战争,拉拢曹锟,引入奉军,以及出使日本与外蒙,都是关乎皖系军阀及他自己命运的大事。徐以其文武全才,呼风唤雨,几度使段祺瑞内阁转危为安,表现极为非凡。但到1919年上半年,国际风云突变,英美派开始与日本争夺在华利益,段、徐亲日派渐渐失势;国内的南北和会与学生爱国运动也都对徐不利,再加上徐世昌与段祺瑞的矛盾日益尖锐……此时的徐树铮怎么可能听从一个腐儒的暗示去干涉新文化运动,激化与新派知识分子的矛盾呢?再则,军阀、政治家之间的短兵相接,往往是国家之灾,文化之幸——文化在王纲解纽、专制崩坏之际找到了生存发展的特殊空间。五四新文化运动,亦如春秋战国的诸子百家,魏晋南北朝的佛学入华,在军阀混战中发展兴盛起来。

陈思和还进而论及,徐树铮是个有学问的军阀,能诗善文,才气横溢。他以徐的两篇文章《致柯凤孙王晋卿马通伯书》《上段执政书》为依据,认为徐有过人的才气和目力,他能认识到"为长治久安计,练百万雄兵,不如尊圣兴学,信仰斯文义节之士",因而能以在野之身思索立国大法——即如何用"国学"传统为基础来构建国家意识形态;同时认识到世风日下之际,唯有知识分子一向以守道应世为第一职业,舍之不足以立国。由此,徐正在不自觉地行使袁世凯以降无一当权者所能做的事情。亦由此,徐1915年创办正志中学(按,或即周作人所谓"成达中学"、"立达中学"),把当时最负盛名的桐城派文人都收罗进去，尊为导师。他与林纾也建交于斯。

林纾与徐树铮相识于民国初年，那时林已近花甲，徐则才三十出头，徐在《致马通伯书》中称："毋辛壬之际，始与畏庐老人交，猥许为性地廉厚，屈恒以道义相磋磨。"徐对林则执弟子礼。在办正志中学期间，林、徐的诗词唱和频繁。[53]徐单身去关外引奉军克冯玉祥，林特地画了幅"匹马度关图"送他。可见他们之交往非同寻常。更可见，林以小说《荆生》暗示徐，让他一举击崩新派人物，是有其特殊背景的。

问题是，以林、徐之关系，林有所谋，本可以与徐直说，但他似觉得不好如此，于是以小说家言暗示一番。徐对此似也不难看出，但他从其大局出发，"并没有甚么反应"。两相比较，文化新人对林之所作所为，则更投以愤慨与鄙视。

就在林纾发表《荆生》后不久，陈独秀就发表文章，指出：林纾"所崇拜所希望的那位伟丈夫荆生，正是孔夫子不愿会见的阳货一流人物"；林纾所为恰表现"中国人有'依靠权势'、'暗地造谣'两种恶根性。对待反对派，决不拿出自己的知识本领来正正堂堂的争辩，总喜欢用'依靠权势'、'暗地造谣'两种武器"；并"请林先生拿出良心来仔细思量"！[54]周作人在回忆录中则说："北洋派的争斗，如果只是几个军阀的争权夺利，那就是所谓狗咬狗的把戏，还没有多大的害处，假如这里边夹杂着一两个文人，便容易牵涉到文化教育上来，事情就不是那么简单了。"[55]刘半农甚至说，有林纾《荆生》的暗示，文字之狱的黑暗渐渐压迫而来，"然而我们终于没有尝到牢狱滋味——至少也可以说我们中并没有任何人在明白宣布的提倡白话诗文的罪名之下遭到逮捕——这就不得不有慨于北洋军阀的宽宏大度，实远在读圣贤书，深明忠恕之道的林琴南先生之上"。[56]

林纾在1919年初反对新文化运动之表现如此不堪，难怪陈独秀说：

> 林老先生自命为古言语家，其实从前吴挚甫先生就说他只能译小说，不能做古文；现在桐城派古文正宗马先生也看不起他这种野狐禅的古文家；至于选派文学家更不消说了。[57]

可见陈独秀对林纾的态度与对马其昶、姚氏兄弟等正宗桐城派不同，他真正瞧不起的是借桐城派自重而行为不端的林纾。由此，我想，陈独秀们或许是因林纾而呼末世桐城派为谬种，或简直是视林纾为桐城派中之谬种。

七、1919年3月26日：北大之夜

当然，这里说的是作为新文化运动反对派的林纾，而非其全人。论及其全人，林纾还是有许多他人无可替代的历史功绩的。

1924年10月9日，林纾逝世。12月1日，周作人在《语丝》第三期上发表《林琴南和罗振玉》，借林的成绩批评当时之译界。次年3月30日《语丝》上有刘半农《自巴黎致启明的信》，认同周说，以至"后悔当初之过于唐突前辈了"。直到钱玄同出来，发表《写在半农给启明的信底后面》，要半农"别长前辈底志气，灭自己底威风才好XY"。周作人才又写了篇《再说林琴南》，立论重点转到"世人对于林琴南称扬的太过分"，"所以我不能因为他是先辈而特别客气"——对前说略作了些矫正。

对林纾重评较高的当数胡适。先是在1922年3月的名文《五十年来中国之文学》中，称"严复是介绍西洋近世思想的第一人，林纾是介绍西洋近世文学的第一人"：

> 平心而论，林纾用古文做翻译小说的试验，总算是很有成绩的了。古文不曾做过长篇的小说，林纾居然用古文译了一百多种长篇小说，还使许多学他的人也用古文译了许多长篇小说。古文里很少滑稽的风味，林纾居然用古文译了欧文与迭更司的作品。古文不长于写情，林纾居然用古文译了《茶花女》与《迦茵小传》等书。古文的应用，自司马迁以来，从没有这种大的成绩。

从古文的艺术表现功能着眼，胡适盛赞林纾所译小仲马的《茶花女》，认为"《茶花女》的成绩，遂替古文开辟一个新殖民地"，比严复所云"可怜一卷《茶花女》，断尽支那荡子肠"，有过之而无不及。与原作相比，胡适也认为：

> 林译的小说往往有他自己的风味；他对于原书的诙谐风趣，往往有一种

深刻的领会，故他对于这种地方，往往更用气力，更见精彩。他的大缺陷在于不能读原文；但他究竟是一个有点文学天才的人，故他若有了好助手，他了解原书的文学趣味往往比现在许多粗能读原文的人高的多。

即使林译的"这种成绩终归于失败"，胡适也认为"这实在不是林纾一般人的错处，乃是古文本身的毛病"。

再是1924年12月，在《林琴南先生的白话诗》中追叙当年维新运动中"苦口苦心地做改革"的一班新人物群里有林琴南的身影，他当日作的白话诗《闽中新乐府》，就是维新思潮的产物。胡适说：

> 林先生的新乐府不但可以表示他的文学观念的变迁，并且可以使我们知道，五六年前的反动领袖在三十年前也曾做过社会改革的事业。我们这一辈的少年人只认得守旧的林琴南，而不知道当日的维新党林琴南；只听得林琴南老年反对白话文学，而不知道林琴南壮年时曾做很通俗的白话诗，——这算不得公平的舆论。

这则表现了五四文化新人的极其宽广的文化胸怀，这真是林纾"生前梦想不到的事"。

如果说胡适等的宽宏大量尚在事后，那么陈独秀特有的豪爽，则表现在当时。1919年4月13日《每周评论》第十七期发表陈氏署名"只眼"的一则《林琴南很可佩服》：

> 林琴南写信给各报馆，承认自己骂人的错误，像这样勇于改过，倒很可佩服。但是他那热心卫道宗圣明伦和拥护古文的理由，必须要解释得十分详细明白，大家才能够相信咧！

除了由老革命党人的丰富经验中升腾出对对手的警戒之外，还是表现了难得的宽容。

遗憾的是，陈独秀们的宽容，赢得的并不是对手的反省与休战。就在林纾致信《每周评论》"仰烦斧削"之际，陈独秀就敏感地捕捉到林氏之新动向，并发表《林纾的留声机器》予以揭露：

林纾本来想藉重武力压制新派的人,那晓得他的伟丈夫不替他做主;他恼羞成怒,听说他又去运动他同乡的国会议员,在国会里提出弹劾案,来弹劾教育总长和北京大学校长。无论那国的万能国会,也没有干涉国民信仰言论自由的道理。我想稍有常识的议员,都不见得肯做林纾的留声机罢?

陈独秀显然高估了国会议员。谁知就在陈文发表的同时,就有参议员张元奇赴教育部要求取缔《新青年》《新潮》等刊物,否则"将由新国会提出弹劾教育总长案",并弹劾蔡元培,"而尤集矢于"陈独秀。

陈独秀为减轻北大与蔡元培的压力,于《新青年》第六卷第二号发表《编辑部启事》,声明:"《新青年》编辑部和做文章的人,虽然有几个在学校做教员,但是这个杂志完全是私人的组织。我们的议论完全归我们自己负责,和北京大学毫不相干。"陈独秀之引火烧身,非但没有减轻北大所受压力,反而激化了新旧矛盾斗争。何况校内外的旧势人物,早就想将陈独秀驱逐出京。

起初,蔡元培不为外议所动,声称"北京大学一切的事,都在我蔡元培一人身上,与这些人毫不相干"[58],甚至要"将两年来办学之情形和革职的理由撰写成英、法、德文,通告世界各国",以制服当局之"无道"。[59] 但未久,旧势力在攻击陈独秀覆孔孟、铲伦常的同时,抓住其所谓"私德不检"处大做文章,"一时争传其事",闹得满城风雨,使局面异常复杂化。

1919年3月26日晚,蔡元培约几位新文化运动"关系诸君"在汤尔和家中商议北大事宜。会上"蔡先生颇不愿于那时去独秀"。但汤尔和"议论风生","力言其(按,指独秀)私德太坏","如何可作大学师表?"这时"蔡先生还是进德会的提倡

· 蔡元培

者，故颇为尊（按，指汤）议所动"。沈尹默也附和"汤议"。当初（1917年）是汤尔和与沈尹默向蔡推荐，蔡"三顾茅庐"般请陈来任北大文科学长的，现在又是这个汤尔和力主北大当去陈。出于校内外之舆论压力，蔡元培将原计划暑假后实行的学制调整、撤销文理科界限等改革方案，提前到4月8日实施。免去陈独秀的文科学长职务，但仍聘为教授，给假一年备课，于下学年开一门宋史新课。[60] 经五四风潮与被捕事件，陈独秀已在北京待不住，1920年初由李大钊掩护南下上海。从此，这位为旧派势力最痛恨的北大文科学长陈独秀，就彻底离开了北京大学。

陈独秀的去职，终于坐实了林纾弟子张厚载当初的谣言。而且陈的去职与张的被除名几乎是同时发生的。于是4月16日《新申报》有署名"HK生"（疑即是那"张生"）的幸灾乐祸的文字《北京特约通信——新旧思潮冲突之余波》：

> 近大学文科学长陈独秀已去职，法科学生张厚载已退学，兹事遂有风平浪静之观，新旧冲突于此可告一结束……新派中为新旧冲突牺牲一陈独秀，新派中自不能平，蔡校长为调剂双方意气起见，乃不得不令法科学生张厚载退学。其实张对于新旧向无成见，对于新文学亦极赞成，徒以京沪报纸上发生种种嫌疑之关系，而新派对于议员对于林琴南皆无可奈何，则革除一学生以为对等之牺牲，亦聊且快意之举。张自预科升至本科已七八年，去毕业才二三月，今罹此厄，一般社会多惋惜不置，林琴南亦赠一序文，中颇有慰解之意，对于大学方面亦绝无丝毫激烈之论调，……新旧冲突之风潮至此已形和缓，至其顿形和缓之原因，仍为对等牺牲之效果云。

以首领与走卒的相仆为"对等牺牲"，本具荒诞色彩，更何况"HK生"之叙述有明显的感情倾斜，足见林纾等对其小有牺牲，仍"多惋惜不置"。

遗憾的是，《新青年》派中人物也有人始终认为陈独秀"私德不检"是其革职被逐的起因。如周作人在回忆录中还说，陈仲甫"是北京大学的文科学长，也是在改革时期的重要角色。但是仲甫的行为不大检点，有时涉足于花柳场中，这在旧派的教员是常有的，人家认为当然的事。可是在新派便不同了，报上时常揭发，载陈老二抓伤妓女等事，这在高调进德会的蔡子民，实在是很伤脑筋的事。"[61]

3月26日晚的会议，胡适非但没有参加，而且会上也提出"对胡适加以约制"。但事后唯有胡适对此事之评判最精当。1935年胡适借阅了汤尔和当年的日记，了解当时情况。然后几次有信致汤尔和谈及此事。

> 三月廿六夜之会上，蔡先生颇不愿于那时去独秀，先生力言其私德太坏，彼时蔡先生还是进德会的提倡者，故颇为尊议所动。我当时所诧怪者，当时小报所记，道路所传，都是无稽之谈，而学界领袖乃视为事实，视为铁证，岂不可怪？嫖妓是独秀与浮筠都干的事，而"挖伤某妓之下体"是谁见来？及今思之，岂值一噱？当外人借私行为攻击独秀，明明是攻击北大的新思潮的几个领袖的一种手段，而先生们亦不能把私行为与公行为分开，适堕奸人术中了。
>
> 当时我颇疑心尹默等几个反复小人造成一个攻击独秀的局面，而先生不察，就做了他们的"发言人"了。

胡适念念不忘3月26日夜对北大对新文化运动的影响。他说："独秀终须去北大，也许是事实。但若无三月廿六夜的事，独秀尽管仍须因六月十一夜的事被捕，至少蔡、汤两公不会使我感觉他们因'头巾见解'和'小报流言'而放逐一个有主张的'不羁之才'了。"胡适甚至认为这对中国的前途都产生了意想不到的影响：

> 此夜之会，先生（按，指汤尔和）记之甚略，然独秀因此离去北大，以后中国共产党的创立及后来国中思想之左倾，《新青年》的分化，北大自由主义者的变弱，皆起于此夜之会。

何以见得？胡适进而分析说："独秀在北大，颇受我与孟和（英美派）的影响，故不致十分左倾。独秀离开北大之后，渐渐脱离自由主义者的立场，就更左倾了。"因此，胡适断言："此夜之会，虽有尹默、夷初在后面捣鬼，然子民先生最敬重先生，是夜先生之议论风生，不但决定北大的命运，实开后来十年的政治与思想分野。此会之重要，也许不是这十六年的历史所能论定。"[62]虽过分夸大偶然因素对人物与社会的影响，却又不无一定道理。至少其对陈独秀及驱陈事件的本质的认识，较当时之文化新人中（除陈独秀之外的）其他任何人都透彻准确。

八、"只要对于白话来加以谋害者，都应该灭亡"

如果说胡适是事隔六年后有如许清澈的议论，那么陈独秀早就在1919年初就揭示乃至预示到包括反对以林纾为代表的"桐城谬种"的斗争的实质。这就是《新青年》第六卷第一号所发表《本志罪案之答辩书》：

> 他们所非难本志的，无非是破坏孔教，破坏礼法，破坏国粹，破坏贞节，破坏旧伦理（忠孝节），破坏旧艺术（中国戏），破坏宗教（鬼神），破坏旧文学，破坏旧政治（特权人治），这几条罪案。
>
> 这几条罪案，本社同人当然直认不讳。但是追本溯源，本志同人本来无罪，只因为拥护那德克拉西（Democracy）和赛因斯（Science）两位先生，才犯下了这几条滔天的大罪。要拥护德先生，便不得不反对孔教，礼法，贞节，旧伦理，旧政治；要拥护那赛先生，便不得不反对旧艺术，旧宗教；要拥护德先生又要拥护赛先生，便不得不反对国粹和旧文学。
>
> 西洋人因为拥护德、赛两先生，闹了多少事，流了多少血，德、赛两先生才渐渐从黑暗中把他们救出，引到光明世界。我们现在认定只有这两位先生，可以救治中国政治上道德上学术上思想上一切的黑暗。若因为拥护这两位先生，一切政府的压迫，社会的攻击笑骂，就是断头流血，都不推辞。

由此可见，陈独秀等反对以林纾为代表的"桐城谬种"，是新文化运动的重要组成部分。

若干年后，鲁迅从另一角度以另一种文字谈论起那场斗争，说：

> 我总要上下四方寻求，得到一种最黑、最黑、最黑的咒文，先来诅咒一切反对白话，妨害白话者。即使人死了真有灵魂，因这最恶的心，应该堕入

地狱,也将决不改悔,总要先来诅咒一切反对白话,妨害白话者。

自从所谓"文学革命"以来,供给孩子的书籍,和欧、美、日本的一比较,虽然很可怜,但总算有图有说,只要能读下去,就可以懂得的了。可是一班别有心肠的人们,便竭力来阻遏它,要使孩子的世界中没有一丝乐趣。北京现在常用"马虎子"这一句话来恐吓孩子们。或者说,那就是《开河记》上所载的,给隋炀帝开河,蒸死小儿的麻叔谋;正确地写起来,须是"麻胡子"。……但无论他是甚么人,他的吃小孩究竟也还有限,不过尽他的一生。妨害白话者的流毒却甚于洪水猛兽,非常广大,能使全中国化成一个麻胡,凡有孩子都死在他肚子里。

只要对于白话来加以谋害者,都应该灭亡!

这些话,绅士们自然难免要掩住耳朵,……但这些我都不管,因为我幸而没有爬上"象牙之塔"去,正无须怎样小心,倘若无意中竟已撞上了,那就即刻跌下来罢。然而在跌下来的中途,当还未到地之前,还要说一遍:——

只要对于白话来加以谋害者,都应该灭亡![63]

虽然诅咒未必真的能使"反对白话,妨害白话者"灭亡,但从中也能测定当初文白之争的性质与形势是何等严峻。

好在陈独秀等文化新人能以"科学"与"民主"为灵魂,有所向披靡的闯劲,有断头流血、在所不辞的决心,他们与林纾等的斗争虽屡经挫折,犹能奋然向前。

正如郑振铎所分析的那样:"林纾的热烈的反攻《新青年》同人们乃是一九一九年二三月间的事。而过了几月,便是五四运动发生的时候,安福系不久便坍了台,自然更没有力量来对于新文学运动实施压迫了";"五四运动是跟着外交的失败而来的学生的爱国运动,而其实也便是这几年来革新运动所蕴积的火山的一个总爆发。这一块石片抛在静水里,立刻便波及全国";"白话文运动的势力在这一年里突飞的发展着。反对者的口完全沉寂下去了。'有人估计,这一年之中,至少出了四百种白话报'(胡适《五十年来之中国文学》),文学研究会在这一年的冬天成立于北京。《小说月报》也在这时候改由沈雁冰编辑,完全把内容改革了过来,成为新文学运动中最重要的一个机关杂志,新文学运动在这个时候方才和一般的革新运动分离了开来,而自有其更精深的进展与活跃。"[64]

九、历史的启迪

综上所述,陈独秀们是为推行新文化运动而批判桐城派的;或者说因为桐城派之末流阻碍了新文化运动的发展才遭到陈独秀们的严厉批判。

桐城派作为一个与清王朝相始终的文学流派,是有其自身的起承转合的历史过程的。诚如梁启超《清代学术概论》所云:"平心论之'桐城'开派诸人,本狷洁自好,

・1918年6月,蔡元培(前排中坐者)、陈独秀(前排右二)与北京大学文科国文门第四次毕业班师生合影

当'汉学'全盛时而奋然与抗,亦可谓有勇。不能以其末流之堕落而归罪于作始。"[65]即使其末流也未必都堕落了,都成"谬种"了,无论是"姚门弟子"还是"曾门弟子"中都有才识超卓之士;即使被视为"桐城谬种"的典型代表,本来性格偏执晚年更为变态的林纾,其于西洋文学的翻译传播上亦功不可没。

然而,"'五四'新文学运动之提倡者,大言'选学妖孽,桐城谬种'。此在当时,为语体新文学之'骅骝开道路',不有扫荡廓清,安有创新,其势不得不尔也。"[66]因而,今天应当充分理解陈独秀们当年的现实处境,他们顽强斗争中的某些矫枉过正之言,实在是被对手激迫出来的。其出发点与归宿在于救"今日吾国文学"之蔽,推行白话文,传播科学与民主。

因而,我们既不能因陈独秀们有某些过激之言,而影响对桐城派文学理论与创作中的精华进行科学的分析与评价;更不能因为要科学地总结桐城派的文化遗产,以陈独秀等某些过激之言为由,否定他们当年与"桐城谬种"进行斗争的合理性,而应在更高水平上批判地继承先驱者们有血有肉的精神遗产。诚如舒芜所云:"更高的水平不等于远离历史的具体性,所谓批判地继承绝不是把血抽干。我们应该比前人更为开阔地把握那个历史的具体性,应该以我们的更热更新的血肉去充实前人的活生生的文化斗争,这才是我们应取的态度。"[67]正是本乎此,本文才不厌其烦地勾勒当年文化斗争的典型情节,力图还原其历史的具体性,让后人去寻访蕴藏其中的历史启迪。

· 注释 ·

[1] 参阅拙著《戴名世论稿》,黄山书社 1985 年 9 月版;又见拙编《戴名世散文选集》前言《戴名世和他的散文》,百花文艺出版社 2003 年 1 月版。
[2] 钱玄同:《致陈独秀》,《新青年》第 3 卷第 6 号"通讯栏"。
[3] 钱玄同:《致胡适》,《新青年》第 3 卷第 6 号"通讯栏"。
[4] 钱玄同:《致胡适》,《新青年》第 3 卷第 6 号"通讯栏"。
[5] 钱玄同:《中国今后之文字问题》,《新青年》第 4 卷第 4 号。
[6] 钱玄同:《附答南丰美以美学基督徒悔〈文字改革及

宗教信仰)》,《新青年》第4卷第6号。

[7] 周作人:《过去的工作·饼斋尺牍》。

[8] 《跋方望溪文》,《潜研堂文集》卷31。

[9] 《与田叔子论古文书》,《七经楼文钞》卷3。

[10] 章士钊:《论近代诗家绝句·陈剑潭》附汪辟疆注,《江海学刊》1985年第4期。

[11] 傅斯年:《文学革新申义》,《新青年》第4卷第1号。

[12] 《新青年》第2卷第5号,1917年1月1日。

[13] 陈独秀:《文学革命论》,《新青年》第2卷第6号,1917年2月1日。

[14] 唐德刚:《胡适口述自传》,江苏文艺出版社1995年9月版。

[15] 唐德刚:《胡适口述自传》。

[16] 《胡适学术文集·新文学运动》第100页,(北京)中华书局1993年9月版。

[17] 周作人:《中国新文学的源流》第55页,(海口)海南出版社1994年8月版。

[18] 钱玄同附答陈大齐《保护眼珠与换回人眼》,《新青年》第5卷第6号。

[19] 钱玄同:《论应用之文亟宜改良》,《新青年》第3卷第5号。

[20] 胡适:《致陈独秀》,《胡适来往书信选》,(北京)中华书局1979年5月版。胡适所言的是陈被捕后的故事,但朱文华在《陈独秀评传》第132页说:"桐城故家,安徽孔教会会长马其昶于1919年初,曾拿了几本《新青年》和《新潮》,并加以'非圣乱经'、'洪水猛兽'、'邪说横行'等批语,面送总统徐世昌,要求干涉北京大学,惩处陈独秀和蔡元培等人。"——说的是陈被捕前的故事。两相对照,此前马氏之"惩处"大概不指逮捕入狱,故有前云惩之而后救之之言行。

[21] 陈独秀:《答佩剑青年》,《新青年》第3卷第6号。

[22] 舒芜:《"文白之争"温故录》,《新文学史料》第3辑,(北京)人民文学出版社1979年5月版。

[23] 见郑振铎编《中国新文学大系·文学论争集》,上海良友图书印刷公司1935年10月版。

[24] 钱基博:《现代中国文学史》,刘梦溪主编《中国现

代学术经典·钱基博卷》,河北教育出版社 1996 年 10 月版。

[25] 林纾有《送姚叔节归桐城序》《赠马通伯先生序》;马其昶有《林纾〈韩柳文研究法〉序》;姚永概有《〈畏庐续集〉序》。姚永概有诗云:"闽山遥接皖山苍,儒泽千秋溯紫阳。"林纾于《〈慎宜轩文集〉序》云:"古文一道,既得通伯(其昶),复得叔节(永概),吾道庶几不孤乎!"

[26] 见 1917 年 2 月 8 日上海《民国日报》。

[27] 见《胡适文存》卷一。

[28] 郑振铎编:《中国新文学大系·文学论争集》。

[29] 蔡元培:《答林君琴南函》,作于 1919 年 3 月 18 日,载同年 3 月 21 日《北京大学日刊》第 338 号,3 月 18 日及 4 月 1 日《公言报》,《新潮》杂志第 1 卷第 4 期,1919 年 4 月 1 日。

[30] 周策纵:《五四运动:现代中国的思想革命》(江苏人民出版社 1996 年 12 月版)第 84 页脚注:根据中国古代史,田氏是陈氏的分支,"秀"与"美"意思相近。"金"与"钱"同义,"异"与"同"反义,"胡"与"狄"都是蛮族或野人之意。以"莫"代"适"是据《论语·里仁篇》:"无适也,无莫也,义之舆比",或《左传·昭公三十年》:"楚执政众而乖,莫适任患。"荆生影射徐树铮将军,因荆、徐是古代关系密切的两个州。徐树铮(1880—1925),字又铮,安徽萧县人。

[31] 周作人:《知堂回想录》第 226 页,敦煌文艺出版社 1998 年 1 月版。

[32] 胡适:《五十年来中国之文学》第 106 页,海南出版社 1994 年 8 月版。

[33]《妖梦》,见 1919 年 3 月 18 至 22 日上海《新申报》"蠡叟丛谈"之 44—46 页。

[34] 冯奇编著《林纾评传·作品选》大言林之"人格的魅力与历史的悲剧",引文见第 41—42 页,中国文史出版社 1998 年 6 月版。

[35] 周作人:《知堂回想录》第 226 页,敦煌文艺出版社 1998 年 1 月版。

[36]《每周评论》1919 年 3 月 30 日刊读者来信:"我向别人借看《妖梦》,乃知比《荆生》和给蔡君的信,更加可笑:篇中所叙的人,竟有叫'元绪'的,这竟是拖鼻

涕的野小孩在人家大门上画乌龟的行径了。这种行径，真是可怜。我想该举人也是一个人类，已经活到七十岁，知识还是如此蒙昧，这真是他的不幸，所以说他真是可怜。……'道理'两个字，和该举人相去不止十万八千里，本来不能和他去讲。"

[37] 周作人《知堂回想录》第237页则说："北大法科有一个学生叫做张子，是徐树铮所办的立达中学出身，林琴南在那里教书时的学生。平常替他做些情报，报告北大的事情，又给林琴南寄稿至新申报。"

[38] 陈独秀：《关于北京大学的谣言》，《每周评论》第13号，1919年3月16日。

[39] 陈独秀：《致胡适》（未刊稿），转见周天度著《蔡元培传》第156页，人民出版社1984年9月版。

[40] 水如编：《陈独秀书信集》第246页，新华出版社1987年11月版。

[41] 林纾：《致包世杰先生书》，《新申报》1919年4月5日。

[42] 林纾：《赠张生厚载序》，《公言报》1919年4月12日。这位张生此后辗转流徙。1951年4月15日上海《亦报》发表余苍《节录张子镠来信》，实为转述，云："……仅差两个多月即毕业，当然心有不甘，他去找蔡校长，校长推之评议会，去找评议会负责人胡适，即又推之校长。本班全体同学替他请愿，不行，甚至于教育总长傅沅叔替他写信，也不行……特请他所担任通讯的《新申报》出为辩白，列举所作的通讯篇目，证明没有一个字足以构成'破坏校誉'之罪，结果仍然不能免除处分。蔡校长给了他一张成绩证明书，叫他去天津北洋大学转学，仍可在本学期毕业，他却心灰意懒，即此辍学了。"

[43] 袁世凯死后，段祺瑞任国务院总理。1917年3月，北京准备选举新国会议员，徐树铮等皖系官僚成立新国会筹备事务所，操纵国会选举。当年夏天新国会成立后，这个事务所改名为"议员俱乐部"，参加者皆为皖系或倾向皖系的议员。因其总部设在北京宣武门内的安福胡同，安福系名称则由此而得。

[44] 参见沈卫威著《无地自由——胡适传》第60页，上海文艺出版社1994年10月版。

[45] 刘半农：《初期白话诗稿·序目》，收《半农杂文二集》，

上海良友图书公司1935年初版。

[46] 见《语丝》周刊第61期，1926年1月11日。

[47] 分别见周作人《知堂回想录》中《蔡孑民（三）》和《北大感旧录（十一）》。

[48] 陈独秀：《林纾的留声机器》，《每周评论》第15号，1919年3月30日。

[49] 傅斯年：《我所景仰的蔡先生之风格》，重庆《中央日报》1940年3月24日。

[50] 陈独秀：《在欢送蔡元培出国宴会上致词》，《时报》1920年11月24日。

[51] 徐道麟编：《民国徐又铮先生树铮年谱》第123—127页，台湾商务印书馆1981年版。

[52] 陈思和：《徐树铮与新文化运动》，《中国现代文学研究丛刊》1996年第3期。

[53]《畏庐续集》中收有《徐又铮填词图序》，《畏庐诗存》中《徐州》云："无限庚申怀旧感，青山历历过徐州。"徐树铮也曾俨然以桐城派护法自居，王揖唐《今传是楼诗话》记载徐与桐城文人唱和且与政海风波中用五色笔辑录诸家评语于《古文辞类》上。林纾又有《徐氏评点古文辞类·序》称赞道："呜呼！天下方汹汹！又铮长日旁午于军书，乃能出其余力以治此；可云得儒将之风流矣！"1923年、1924年姚永概、林纾相继去世，徐甚为悲痛，其有《上段政书》云："树铮辟地频年，奔走南北，兄妹亲爱，死丧迭仍，皆为私痛，未至过戚。惟两翁之殁，不能去怀，每一念及，辄复涕零。"

[54] 见陈独秀：《关于北京大学的谣言》。

[55] 见《知堂回想录》中《蔡孑民（三）》。

[56] 刘半农：《初期白话诗稿·序目》。

[57] 陈独秀附臧玉海《林纾与育德中学》按语，《新青年》第7卷第3号通讯栏。

[58] 见傅斯年：《我所景仰的蔡先生之风格》。

[59] 见《知堂回忆录》中《蔡孑民（三）》。

[60] 4月10日，蔡元培主持教授会议宣布这一决定，陈独秀在京但未参加会议。参见汤尔和日记（1919年4月11日）："五时后回寓，……途中遇陈仲甫，面色灰败，自北而南，以怒目视，亦可哂也。"

[61] 周作人:《知堂回想录》中《北大感旧录(十一)》。

[62] 胡适之言皆见《胡适来往书信选》(中)第281—294页,中华书局1979年5月版(内部发行)。

[63] 鲁迅:《二十四孝图》,《鲁迅全集》卷2第251—252页,人民文学出版社1981年版。

[64] 郑振铎:《中国新文学大系·文学论争集导言》。

[65] 梁启超:《清代文学概论》第62页,东方出版社1996年3月版。

[66] 钱仲联:《桐城派研究·序》,见周中明《桐城派研究》卷首,辽宁大学出版社1999年7月版。

[67] 舒芜:《"桐城谬种"问题之回顾》,《读书》杂志1989年第11、12期。

第十章

既开风气亦为师——陈独秀与胡适

> 除却文章无嗜好,
> 世无朋友更凄凉。
> 诗人枉向汨罗去,
> 不及刘伶老醉乡。
>
> ——陈独秀晚年诗作

·台静农藏陈独秀诗作手迹

陈独秀与胡适，应是写一部大书的题目。陈独秀长胡适（1891—1962）十二岁，他们都是从安徽走向全国乃至名扬世界的文化明星。他们的友谊与争论几乎是同时产生的，相克相生，直至生命的终结。其间有陈独秀时代中国知识分子性格与命运的典型展现，也几乎浓缩了一部中国近现代思想文化史，是份宝贵的思想文化资源。写得好，那部书完全可以加入《鲁迅与周作人》《鲁迅与胡适》《蒋介石与胡适》之类准畅销书的行列，构成一道独特的文化风景线。

限于本书的体例，此章仅

就五四新文化运动之发生、发展来叙说陈独秀与胡适；为讲清他们的性格与命运，行文中也会偶尔兼及其他时期。

一、胡适与陈独秀及《新青年》的结缘

众所周知，把陈独秀与胡适的名字连在一起的是五四新文化运动。新文化运动之兴，通常以陈独秀1915年9月在上海创办《新青年》杂志（其初名《青年》，自第二卷始改名《新青年》）为标志。此前之1914年夏陈独秀赴日本协助章士钊创编《甲寅》杂志，留美的胡适即是其作者之一；他所译之都德《柏林之围》就刊于《甲寅》第四期。章士钊1915年3月14日致信胡适，说曾在他报获读胡适论字学一文"比傅中西，得未曾有，倾慕之意，始于是时"；对胡适译稿称是"高怀雅谊，倾感不胜"；尤望胡适于稗官而外更有论政论学之文见赐，说"此吾国社会所急需，非独一志之私也"。[1]则见章士钊对胡适之评价与期望是非常之高。那么，作为章氏同事陈独秀自然也会对这个"文才斐"的留学生刮目相看的。而就在刊胡适所译《柏林之围》的同期《甲寅》上，载有陈独秀那篇惊世骇俗的论文《爱国心与自觉心》。陈于文中指出："国家者，保障人民之权利，谋益人民之幸福者也。不此之务，其国也存之无所荣，亡之无所惜。"[2]胡适不会不看，看了不会不对发此警世之言的陈独秀另眼相看。到1915年《甲寅》迁移上海，由亚东图书馆印行。亚东主人汪孟邹（名炼，以字行）是胡适的同乡，颇看重胡适其人。而汪又是陈独秀早年在芜湖创办《安徽俗话报》时的老朋友，患难与共，情同手足。汪将每期《甲寅》杂志寄若干份给胡适，请他在美分售给汉学界。待《青年》杂志创刊后，汪又充当了陈独秀与胡适交往的中介人。

·胡适

1915年10月6日，汪孟邹就将刚创办的《青年》杂志寄给胡适，并函告他，此杂志"乃炼友人皖城陈独秀主撰，与秋桐（即章士钊——引者注）亦是深交，曾为文载于《甲寅》者也。拟请吾兄于校课之暇，担任《青年》撰述，或论文，或小说戏曲，均所欢迎"。这自然是受陈独秀之托，向胡适约稿的。所以信中还说："炼亦知兄校课甚忙，但陈君之意甚诚，务希拨冗为之，是所感幸。"[3]

而两个月后，汪孟邹又写信给胡适，说："陈君望兄来文甚于望岁，见面时即问吾兄有文来否？故不得不为再三转达。每期不过一篇，且短篇亦无不可。务求拨冗为之，以增杂志光宠。至祷！至祷！否则陈君见面必问，炼将穷于应付也。"[4] 期望之殷无以复加。由此足见陈独秀为人诚挚。

胡适当时正在忙于准备哲学博士论文，课暇有限，无奈年长老友（汪孟邹长胡适十三岁）催促再三，便于1916年2月初，赶译出俄国作家库普林的短篇小说《决斗》，寄给了陈独秀。从此，胡适与陈独秀及《新青年》结缘。[5] 从此，他们在新文化运动中相辅相成，成为中国近代文化史上不可或缺亦不可多得的佳话。

二、"切实作一改良文学论文"

胡适1916年2月3日寄译稿的同时，有信给陈独秀，云：

> 今日欲为祖国造新文学，宜从输入欧西名著入手，使国中人士有所取法，有所观摩，然后乃有自己创造之新文学可言也。
>
> 译事正未易言。倘不经意为之，将令奇文瑰宝化为粪壤，岂徒唐突西施而已乎？与其译而失真，不如不译。此适所以自律，而亦颇以律人者也。

正以此为标准，胡适同信中坦率地批评了《青年》杂志所载薛琪瑛译英国作家王尔德《意中人》。他说："译书须择其与国人心理接近者先译之"，而王尔德《意中人》"虽佳，然似非吾国今日士夫所能领会也。以适观之，即译此书者尚未能领会是书佳处，况其他乎！而遽译，岂非冤枉王尔德。"[6]

胡适到底眼界不一样，一出手就非常尖锐而中肯。陈独秀自然十分重视胡适建设性的意见，然因战事延刊，直到8月13日才回信胡适，于认错告罪之余，表示"仰望足下甚殷"，并说：

> 尊论改造新文学意见，甚佩甚佩。足下功课之暇，尚求为《青年》多译短篇名著若《决斗》者，以为改良文学之先导。弟意此时华人之著述，宜多译不宜创作，文学且如此，他何待言。[7]

以西方文学名著作为中国文学改良之先导，是陈、胡之共识。只是陈独秀似乎更注重于中国社会之改造，因于信中说："中国万病，根在社会太坏，足下能有暇就所见闻论述美国各种社会现象，登之《青年》，以告国人耶？"

8月21日，胡适又有信致陈独秀，批评了《青年》杂志所载谢无量之诗及陈的按语。原来《青年》第一卷第三号刊有谢无量一首五言长律《寄会稽山人八十四韵》，写其自芜湖溯江还蜀的见闻与感受。陈独秀以"记者"名义加了一段按语说："文学者，国民最高精神之表现也。国人此种精神委顿久矣。谢君之作，深文馀味，希世之音也。子云相如而后，仅见斯篇，虽工部亦只有此工力无此佳丽。谢君自谓天下文章尽在蜀中，非夸矣。吾国人伟大精神，犹未丧失也欤，于此证之。"就在这首长诗之下，刊有陈独秀的《现代欧洲文艺史谭》，劈头即云："欧洲文艺思想之变迁，由古典主义（Classicalism）一变而为理想主义（Romanticism）……再变而为写实主义（Realism），更进而为自然主义（Naturalism）。"到第一卷第四号，陈独秀在答读者书信中，明确点题说："吾国文艺犹在古典主义理想主义

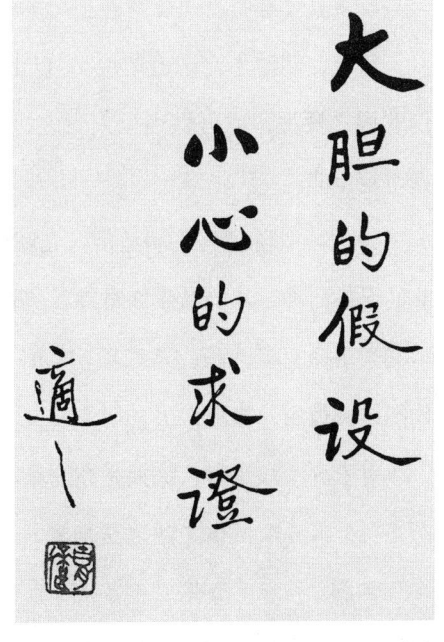

・胡适手迹

时代，今后当趋向写实主义。文章以记事为重，绘画以写生为重，庶足挽今日浮华颓败之恶风。"

胡适则"细查谢君此诗，至少凡用古典套语一百事"，"以用典见长之诗，决无可传之价值"。于是他批评陈独秀"正以足下论文学已知古典主义之当废，而独啧啧称誉此古典主义之诗。窃谓足下难免自相矛盾之诮矣"。

接着胡适尖锐批评了"今日文学之腐败极矣"。他说："综观文学堕落之因，盖可以'文胜质'一语包之。文胜质者，有形式而无精神，貌似而神亏之谓也。"进而献计陈氏："适以足下洞晓世界文学之趋势，又有文学改革之宏愿，故敢贡其一得之愚。"这就是胡适在《四十自述》《逼上梁山》等文中所介绍的他在1915年夏到1916年春，与留美同学辩论中所得，以为今日欲言文学革命，须从八事入手：

一曰不用典。二曰不用陈套语。三曰不讲对仗，文当废骈，诗当废律。四曰不避俗字俗语，不嫌以白话作诗词。五曰须讲求文法之结构。此皆形式上之革命也。六曰不作无病之呻吟。七曰不摹仿古人，语语须有个我在。八曰须言之有物。此皆精神上之革命也。

信末，胡适不无谦逊地说："以上所言，或有过激之处，然心所谓是，不敢不言。倘蒙揭之贵报，或可供当世人士之讨论。此一问题关系甚大，当有直言不讳之讨论，始可定是非。"[8]

10月1日陈独秀答胡适信，先就称赞谢诗事略作解释："乃以其为写景叙情之作，非同无病而呻。其所以盛称谢诗者，谓其继迹古人，非谓其专美来者。"然后盛赞胡适"承示文学革命八事，除五、八二项，其余六事，仆无不合十赞叹，以为今日中国文界之雷音。倘能详其理由，指陈得失，衍为一文，以告当世，其业尤盛。"

对于五、八二事，陈独秀亦细呈其疑：

第五项所谓文法之结构者，不知足下所谓文法，将何所指？仆意中国文字，非合音无语尾变化，强律以西洋之 Grammar，未免画蛇添足。（日本国语，乃合音。惟只动词、形容词，有语尾变化，其他种词亦强袭西洋文法。颇称附会无实用。况中国文乎？）若谓为章法语势之结构，汉文亦自有之。此当属诸修辞学，非普通文法。且文学之文，与应用之文不同，上未可律以论理学，下未可律以普通文法。其必不可忽视者，修辞学耳。质之足下，以为如何？

尊示第八项"须言之有物"一语，仆不甚解。或者足下非古典主义，而不非理想主义乎？鄙意欲救国文浮夸空泛之弊，只第六项"不作无病之呻吟"一语足矣。若专求"言之有物"，其流弊将毋同于"文以载道"之说？以文学为手段为器械，必附他物以生存。窃以为文学之作品，与应用文字作用不同。其美感与伎俩，所谓文学、美术自身独立存在之价值，是否可以轻轻抹杀，岂无研究之馀地？况乎自然派文学，义在如实描写社会，不许别有寄托，自堕理障。盖写实主义与理想主义不同也如此。

陈独秀将此与胡适切磋"文学革命"的复信，连同胡适之原信刊之于《新青年》第二卷第二号（民国五年10月1日发行），实揭开了"文学革命"的序幕。

如此作答，意犹未尽，于是陈独秀10月5日又另寄一信给胡适，云：

文学改革，为吾国目前切要之事。此非戏言，更非空言，如何如何？《青年》文艺栏意在改革文艺，而实无办法。吾国无写实诗文以为模范，译西文又未能直接唤起国人写实主义之观念，此事务求足下赐以所作写实文字，切实作一文学改良论文，寄登《青年》，均所至盼。[9]

尽管胡适因同学发难，促使他对文学革命意见酝酿基本成熟，若没有陈独秀再三催促与坦诚切磋，他在忙于准备博士论文之际，未必能及时地"切实作一文学改良论文"。

三、"今日中国文界之雷音"

胡适接陈独秀信不久，就写了一篇《文学改良刍议》，用复写纸抄了两份，一份给《留美学生季刊》发表，一份寄给了陈独秀。陈独秀得之，"快慰无似"，立即刊之于《新青年》

第二卷第五号。

胡适于《刍议》中仍倡言文学改良须从八事入手,但这八事的次序有大改变:一须言之有物,二不摹仿古人,三须讲求文法,四不作无病之呻吟,五务去滥调套语,六不用典,七不讲对仗,八不避俗字俗语。作为"文学革命"的第一篇发难言论,胡适不言"革命"言"改良",不曰"宣言"曰"刍议",底气似乎不足。其最重要的观点被置于"不摹仿古人"与"不避俗字俗语"两事之中。

其"不摹仿古人"说:

> 文学者,随时代而变迁者也。一时代有一时代之文学:周秦有周秦之文学,汉魏有汉魏之文学,唐宋元明有唐宋元明之文学。此非吾一人之私言,乃文明进化之公理也。……凡此诸时代,各因时势风会而变,各有其所长,吾辈以历史进化之眼光观之,决不可谓古人之文学皆胜于今人也。

> 既明文学进化之理,然后可言吾所谓"不摹仿古人之说"。今日之中国,当造今日之文学,不必摹仿唐宋,亦不必摹仿周秦也。……

> 吾每谓今日之文学,其足与世界"第一流"文学比较而无愧色者,独有白话小说(我佛山人、南亭亭长、洪都百炼生三人而已)一项。此无他故,此种小说皆不事摹仿古人(三人皆得力于《儒林外史》《水浒》《石头记》,然非摹仿之作也),而惟实写今日社会之情形,故能成真正文学。

其"不避俗字俗语"说:

> 吾惟以施耐庵、曹雪芹、吴趼人为文学正宗,故有"不避俗字俗语"之论也(参看上文第二条下)。盖吾国言文之背驰久矣。

> 及至元时,中国北部已在异族之下,三百馀年矣(辽金元)。此三百年中,中国乃发生一种通俗行远之文学。文则有《水浒》《西游》《三国》……之类,戏曲则尤不可胜计(关汉卿诸人,人各著剧数十种之多。吾国文人著作之富,未有过于此时者也)。以今世眼光观之,则中国文学当以元代为最盛;可传世不朽之作,当以元代为最多;此可无疑也。当是时,中国之文学最近言文[10]

合一，白话几成文学的语言矣。使此趋势不受阻遏，则中国几有一"活文学"出现，而但丁、路得之伟业几发生于神州。不意此趋势骤为明代所阻，政府既以八股取士，而当时文人如何，李七子之徒，又争以复古为高，于是此千年难遇言文合一之机会，遂中道夭折矣。

然以今世历史进化眼光观之，则白话文学之为中国文学之正宗，又为将来文学必用之利器，可断言也。以此之故，吾主张今日作文作诗，宜采用俗语俗字。与其作不能行远不能普及之秦汉六朝文字，不如作家喻户晓之《水浒》《西游》文字也。

这一期的《新青年》，正好出版于1917年1月1日。胡适寄自美国的《刍议》，不仅是对国内学界美好的元旦献礼，而且果成"今日中国文界之雷音"，揭开了中国新文化运动之新的一幕。胡适因此"暴得大名"，新文化运动也因胡适之独特贡献而顿添异彩。

四、"窃喜所见不孤"

陈独秀在胡适《文学改良刍议》后，以极其欢欣的笔调加了编者按（署"独秀识"）：

余恒谓中国近代文学史，施、曹价值远在归、姚之上。闻者咸大惊疑。今得胡君之论，窃喜所见不孤。白话文学，将为中国文学之正宗。余亦笃信而渴望之。吾生倘亲见其成，则大幸也。元代文学美术，本蔚然可观。余所最服膺者，为东篱，词隽意远，又复雄富，余尝称为"中国之沙克士比亚"。质之胡君，及读者诸君以为然否？

这篇短识意义重大：其一，对胡适的《刍议》有画龙点睛作用，胡适所言文学改良之八事，虽具体却琐屑。陈独秀则快人快语，一语破的："白话文学，将为中国文学之正宗"——既为文学纲领性口号，亦为文学革命之目标。文学改良——文学革命——新文化运动之发端：一言以蔽之，曰白话文运动。其二，就陈氏自己而言，可见其对文学革命这一伟大命题于胸中酝酿已久，一经胡适提出，则有不谋而合，"深得我心"之感，自然"笃信而渴望之"。陈氏曾高度称赞元代文学，称元代戏曲家马致远为中国的莎士比亚，常道中国近代文学史，《水浒传》作者施耐庵、《红楼梦》作者曹雪芹的艺术价值，远在明代古文家归有光、桐城派集大成者姚鼐之上，即所谓"神圣施、曹，而土芥归、方"。"闻者咸大惊疑"，此间当有许多生动的故事。惟陈独秀无如胡适有《逼上梁山》之类传记，因而后之学者言文学革命过程对胡适之参与始末知之甚详，对陈独秀几乎阙如。今则据现有文献补叙一二。

从宏观而言，推崇法兰西文明，呼唤科学民主；批判孔孟之道，反对文化专制主义，提出改造国民性，造就一代新青年，皆可作为陈独秀提倡文学革命所创造的文化背景。尤其是他在《东西民族根本思想之差异》中指出西洋民族以战争为本位，东洋民族以安息为本位；西洋民族以个人为本位，东洋民族以家族为本位；西洋民族以法治为本位、以实利为本位，东洋民族以感情为本位、以虚文为本位。[11] 在《敬告青年》中提出新青年的六项标准：自主的而非奴隶的；进步的而非保守的；进取的而非退隐的；世界的而非锁国的；实利的而非虚文的；科学的而非想象的。[12] 这些都将成为陈独秀提倡写实主义文学的理论依据与社会依据。就文学革命前期的具体准备而言，除上述与胡适的反复切磋之外，陈独秀早在 1915 年就发表了《现代欧洲文艺史谭》，在当时的中国是首次向国人勾勒了欧洲文学思潮发展的轮廓：

> 欧洲文艺思潮之变迁，由古典主义(Classicalism)一变而为理想主义(Romanticism)，此在十八十九世纪之交。文学者反对模拟希腊、罗马古典文体，所取材者，中世之传奇，以抒其理想耳，此盖影响于十八世纪政治社会之革新，黜古以崇今也。十九世纪之末，科学大兴，宇宙人生之真相，日益暴露，所谓赤裸时代，所谓揭开假面时代，宣传欧土自古相传之旧道德、旧思想、旧制度，一切破坏。文学艺术亦顺此潮流：由理想主义再变而为写实主义 (Realism)，更进而为自然主义 (Naturalism)。[13]

此文作为五四前夕第一篇文艺思潮研究论文，一经发表立即引起读者的关注。有读者致信陈独秀："贵杂志第三号论欧洲文艺，谓今日乃自然主义最盛时代，且历举古典主义等用相比较。仆意我国数千年文学屡有变迁，不知于此四主义中已居其几，而今后之自然主义，当以何法提倡之，贵杂志亦有意提倡此种主义否？"陈于复信中阐明了他的中国文艺发展观："文章以纪事为重，绘画以写生为重，庶足挽今日浮华颓败之恶风。……各国教育趋重实用，与文学趋重写实，同一理由。正不独美国为然，特美国尤甚耳。高深之学，自有一部分人士力求之，至于普通国民教育，若轻视生活实用智能，而骛高深之学，其何以利益其群，而争存于世界也。"他的结论是："吾国文艺，犹在古典主义、理想主义时代，今后当趋向写实主义。"[14]这在当时可谓惊人之论，读者于惊喜之余，就未能十分明了处"尚乞教之"，于是陈氏有复信进一步论证：

  欧文中古典主义，乃模拟古代文体，语必典雅，援引希腊、罗马神话，以眩赡富，堆砌成篇，了无真意。吾国之文，举有此病，骈文尤尔。诗人拟古，画家仿古，亦复如此。理想主义，视此较有活气，不为古人所囿。然或悬拟人格，或描写神圣，脱离现实，梦入想象之黄金世界，写实主义、自然主义乃与自然科学、实证哲学同时进步，此乃人类思想由虚入实之一贯精神也。

  自然主义尤趋现实，始于左喇时代，最近数十年来事耳。虽极淫鄙，亦所不讳，意在彻底暴露人生之真相，视写实主义更进一步。欧洲人或讥以破坏美术文艺之基础。自东洋人之眼观之，益属狂悖无伦。此日本政府所以明令禁止自然主义之文学之输入也。然于裸体绘画与雕塑，均之不禁，以其属于写实主义而非自然主义也。[15]

经过一番分辩，根据中国之国情，陈独秀极力推崇写实主义文学。文学当然不仅仅以写实为贵，但中国文学的历史以及20世纪的文学实践证明，陈独秀为"彻底暴露人生之真相"而提倡写实主义是富有远见的，甚至较胡适之"不摹仿古人"云云更富有文化哲学意义。

就在胡适《文学改良刍议》发表的前一期《新青年》上，陈氏还有答读者云：

  惟鄙意固不承认文以载道之说，而以为文学美文之为美，却不在骈体与用典也。结构之佳，择词之丽（即俗语亦丽，非必骈与典也），文气之清新，表情之真切而动人：此四者，其为文学美文之要素乎？应用之文，以理为主；文学之文，以情为主。骈文用典，每易束缚情性，牵强失真。六朝之文，美则美矣，即犯此病。后人再踵为之，将日惟神话妄言是务；文学之天才与性情，必因以汩没也。[16]

这里关于"文学美文之为美"的观点，大概是1916年10月5日《致胡适信》中思索的延伸。那封信除上文所引之外，还有言云："仆拟作《国文教授私议》一文，登之下期《青年》，然所论者应用文字，非言文学之文也。鄙意文学之文必与应用之文区以为二，应用之文但求朴实说理纪事，其道甚简。而文学之文，尚须有斟酌处，尊兄谓何？"[17] 胡适在《刍议》中回答了陈氏的提问，认为文学须言之有物，这物非古人所谓"文以载道"之说，而是情与思二者，"情感者，文学之灵魂"，"思想不必皆赖文学而传，而文学以有思想而益贵"，"文学无此二物，便如无灵感无脑筋之美人，虽有丽富厚之外观，抑亦末矣。"但未等胡适从容回答，他自己就在答读者信中叙说了一番，而与胡适的观点相似却更强调以情为主。只可惜他拟作的《国文教授私议》，或因为忙则终未见他写出。尽管如此，至此陈独秀的新文化观已基本形成。

对于陈独秀的新文化观的形成过程，我同意黄曼君们的描述，他们说：

> 陈独秀的文化思想在三维空间中构成，一维是西方近代文化，一维是中国古代文化，一维是"五四"新文化。他文化观的价值取向呈正、反、合的态势。所谓正，就是对西方近代文化的认同；所谓反，就是对中国传统文化的批判；所谓合，就是在肯定与否定的相互作用中建立起了第三种文化观——新文化观。[18]

应略加补充的是：一、陈氏对西方近代文化的认同，主体是法兰西文明，如他在《法兰西人与近世文明》中所说："近世文明之特征，最足以变古之道，而使人心社会划然一新者，厥有三事：一曰人权说，一曰生物进化论，一曰社会主义是也"，"此近世三大文明，皆法兰西人之赐。世界而无法兰西，今日之黑暗不识乃居何等"。[19] 二、其于中国传统文化,即非如林毓生所谓全盘反传统,[20]亦非如周作人所谓与明代公安派(三袁)之"独抒性灵"说一脉相承,而是有批判有继承,[21]批判为主继承为副,但批判是继承选择的前锋。三、其新文化观中亦批判地继承了康、梁(尤其是梁启超)文化观中合理的因素。

这样或许就能更准确地反映陈独秀从1915年到1917年间新文化观的形成过程与基本结构。

五、五四时代文学革命宣言

陈独秀的新文化观,既是新文化运动兴起的重要标志,又历史地构成了这一运动的理论成果。正是站在新文化的高度观照中外文化现象,阐述文化理论,陈独秀看问题就格外犀利而透彻,下判断也格外明快而果决。因而他一旦见到为他所催发的胡适的《文学改良刍议》,是何等欣喜,仅于文后加个"短识"犹未尽意,于是挥动如椽巨笔,写下了震撼文林的《文学革命论》,以空前的热情与胆略宣布:

> 文学革命之气运,酝酿已非一日,其首举义旗之急先锋,则为吾友胡适。余甘冒全国学究之敌,高张"文学革命军"大旗,以为吾友之声援。旗上大书特书吾革命军三大主义:曰,推倒雕琢的阿谀的贵族文学,建设平易的抒情的国民文学;曰,推倒陈腐的铺张的古典文学,建设新鲜的立诚的写实文学;曰,推倒迂晦的艰涩的山林文学,建设明了的通俗的社会文学。[22]

这是五四文学革命的宣言书。其与胡适《文学改良刍议》一起成为当时青年的"圣经"。但以往的研究对这份宣言书的思想内涵的估量很不够,仅视为对胡适《文学改良刍议》的响应或为文学革命鸣锣开道;其实陈文不仅对五四新文化运动有着极其现实的指导意义,也是一份极其珍贵的思想资源,其思想内涵是极为深刻而丰富的。

其一在为"革命"正名。中国人习惯将革命与朝代鼎革甚至暴力联系在一起,因而政客热衷于革命,平民与书生畏惧革命,直至20世纪末李泽厚、刘再复之《告别革命——回望二十世纪中国》[23]或未脱这种书生气,尽管他们是哲学家或美学家。

"革命"一词,在中国最早见之于《易》之"汤武革命,顺乎天而应乎人"及《尚书》之"革殷受命",指的是改朝换代。近代日本,以"革命"二字译英语之"Revolution"一词,作"从根底处推翻之,而别造一新世界"解。但20世纪初,当"革命"一词在中国广为流行时,多取日译"Revolution"之意,而非《易》与《尚书》的原意。

1903年初,梁启超在《新民丛报》第二十二号《释革》一文强调:"其事物本不善,有害于群,有窒于化,非芟夷蕴崇之,则不足以绝其患,非改弦更张之,则不足以致其理,若是者,利用'Revolution'",据此,他认为"易姓者固不足为'Revolution',而'Revolution'又不必易姓",从而与《易》《尚书》中的"革命"相区别,正与其政治改良观相吻合。即使是致力于推翻清王朝的革命党人如邹容,1903年出版《革命军》也取"革命"之新意,他说:"革命者,天演之公例也。革命者,世界之公理也。革命者,争存争亡过渡时代之要义也。革命者,顺乎天而应乎人者也。革命者,去腐败而存良善者也。革命者,由野蛮而进文明者也。革命者,除奴隶而为主人者也。"章太炎为《革命军》作序则说:"不仅驱除异族而已,虽政教、学术、礼俗、材性犹有当革者焉,故大言曰革命也。"他还在《驳康有为论革命书》中强调:"革命非天雄大黄之猛剂,而实补泻兼备之良药。"是以合众共知,结人心,开民智,"事成之后,必为民主",这是20世纪初仁人志士对"革命"的共识与目标。[24]

陈独秀于此"共识"之余,参之以欧洲文艺复兴的新风,指出:

> 欧语所谓革命者,为革故更新之义,与中土所谓朝代鼎革绝不相类;故自文艺复兴以来,政治界有革命,宗教界亦有革命,伦理道德亦有革命,文学艺术亦莫不有革命,莫不因革命而新兴而进化。近代欧洲文明史,宜可谓之革命史。故曰:今日庄严灿烂之欧洲,乃革命之赐也。

陈独秀倾心于"革命"的新意。1917年7月他在答读者信中又重申此义:"革命者,一切事物革故更新之谓也。中国政治革命,乃革故而未更新。严格言之,似不得谓之革命,其他革命,更无闻焉。"[25]直到1923年,他仍坚持说:"革命应以社会组织进化为条件，不应以武力暴动为特征"，其理由是"因为革命、反革命及内乱都要取武力暴动的手段，所以不但用武力改进社会组织是革命事业，凡是在社会组织进化上阶级争斗的日常工作都是革命事业。凡是一个革命家万不可误认为革命之手段（武力暴动）为革命之目的（社会组织进化）。"[26] 我们于此能看到的是他对文化意义上的革命，或革命意义上的文化的执著。

其二则明文学革命与政治革新之关系。陈独秀明白"旧文学与旧道德，有相依为命之势"，[27] "旧文学、旧政治、旧伦理，本是一家眷属，固不得去此而取彼；欲谋改革，乃畏阻力而牵就之，此东方人之思想，此改革数十年而毫无进步之最大原因也"。[28]

他认为"文学者，国民最高精神之表现也"，"伦理的觉悟，为吾人最后觉悟之最后觉悟"。[29] 而旧文学，"盖与吾阿谀夸张虚伪迂阔之国民性，互为因果"，因而"今欲革新政治，势不得不革新盘踞于运用此政治者精神界之文学。使吾人不张目以观世界社会文学之趋势，及时代之精神，日夜埋头故纸堆中，所目注心营者不越帝王、权贵、鬼怪、神仙，与夫个人之穷通利达，以此而求革新文学、革新政治，是缚手足而敌孟贲也"。陈氏总结中国政治界虽经三次革命，而黑暗未尝稍减，"其原因小部分，则为三次革命，皆虎头蛇尾，未能充分以鲜血洗净旧污；其大部分，则为盘踞吾人精神界根深蒂固之伦理道德文学艺术诸端，莫不黑幕层张，垢污深积，并此虎头蛇尾之革命而未有焉。此单独政治革命所以于吾之社会，不生若何变化，不收若何效果也。推其总因，乃在吾人疾视革命，不知其为开发文明的利器故"。在陈氏看来，救国须先救人，救人须先救心，而新文学则为救人救心之良药利器。以此逻辑，与其说他在言文学革命与政治革命的关系，救亡与启蒙的关系，不如说是从这些关系的视角来谈文学革命的理由。

其三确立文学革命的对象。他说："际兹文学革新之时代，凡属贵族文学、古典文学、山林文学均在排斥之列。以何理由而排斥此三种文学耶？曰：贵族文学，藻饰依他，失独立自尊之气象也；古典文学，铺张堆砌，失抒情写实之旨也；山林文学，深晦艰涩，自以为名山著述，于其群之大多数无所裨益也。其形体则陈陈相因，有肉无骨，有形无神,乃装饰品而非实用品;其内容则目光不越帝王权贵、神仙鬼怪,及其个人之穷通利达。所谓宇宙,所谓人生,所谓社会,举非其构思所及,此三种文学公同之缺点也。"以及与此相应的片面师古、文以载道的文艺思潮,更在排斥之列。

有人据此断言陈独秀全盘反传统。其实你倒可以说陈氏过分强调了文学启蒙的实用价值,而忽视了其也可为"装饰品"的美学价值。至于全盘反传统却证据不力,因为即使在这篇张扬文学革命的宣言中,陈氏对中国古代文学也是有褒有贬,非全盘否定。尤为可贵的是,他能看到一种文学现象的两重性,如魏晋以下之五言诗的转换,如韩愈文起八代之衰的利弊。陈氏还充分肯定"《国风》多里巷猥辞,《楚辞》盛用土语方言,非不斐然可观";"元明剧本,明清小说,乃近代文学之粲然可观者。惜为妖魔所厄,未及出胎,竟尔流产,以至今日中国之文学委琐陈腐,远不能与欧洲比肩"。

陈独秀的文学革命非专注于古代文学,而更立足于现实。他说:"今日吾国文学,悉承前代之敝:所谓'桐城派'者,八家与八股之混合体也;所谓'骈体文'者,思绮堂与随园之四六也;所谓'江西派'者,山谷之偶像也。求夫目无古人,赤裸裸的抒情写世,所谓代表时代之文豪者,不独全国无其人,而且举世无此想。文学之文,既不足观;应用之文,益复怪诞。"其中尤厌"桐城谬种",他将"桐城三祖"方(苞)、刘(大)、姚(鼐)及明代唐宋派代表作家归有光、秦汉派作家前后七子称之为"十八妖魔",对他们阻碍元明清戏曲小说的发展表示极大的愤慨。

其四则明确了文学革命的目标。显然陈独秀的文学革命是要以法兰西为主体的欧洲文明做榜样,来再造中国之新文学、新文化、新文明。亦即其"三大主义"中的建设方向:平易、抒情的国民文学,新鲜、立诚的写实文学,明了、通俗的社会文学。简而言之,就叫通俗文学或白话文学。在发表《文学革命论》的同期《新青年》上,有陈独秀《答程演生》说:"仆对于吾国国学及国文之主张,曰百家平等,不尚一尊;曰提出通俗国民文学。誓将此二义遍播国中,不独主张于大学文科也。"还有《答钱玄同》说:"以先生之声韵训诂大家,而提倡通俗新文学,何忧全国之不景从也?可为文学界浮一大白!"皆可以视作对《文学革命论》的补充与提要。

> 独秀兄：
> 前几天我们谈到北京群众烧毁晨报馆的责
> 任问题，我当时表示我的意见，你问我说，"你以为晨报
> 不该烧吗？"
> 五天以来，这一句话常常往来于我脑中。我们
> 做了十年的朋友，同做过不少的事，而见解主张
> 上尽有不同的地方。但最大的不同莫过于这一点
> 了。我忍不住要对你说几句话。
> 一个举动分子围烧报馆，这并不足奇怪。但
> 你是一个政党的负责人，对于此事不以为非，
> 而以为"该"，——这是使我很诧异的态度。
> 你不是曾同我表示过一个"争自由的宣言"吗？
> 那天北京的群众不是宣言"人民有集会结社
> 言论出版的自由"吗？我们前年的主张，无
> 论在你我的眼睛里都不是，决没有"该被
> 争自由的民众烧毁"的罪状；因为争自由的唯一原

· 1925年12月，胡适致陈独秀书信手迹

对于中国新文学的发展方向，陈独秀虽未如胡适提过"全盘西化"或"充分世界化"之类口号，但他同样是以欧洲文明为参照系，促进中国文学迅速从古典主义向现代化转型。他在《文学革命论》中首尾呼应地标举着欧洲文明。其首呼："今日庄严灿烂之欧洲，何自而来乎？曰，革命之赐也。"尾应："欧洲文化，受赐于政治科学者固多，受赐于文学者亦不少。予爱卢梭、巴士特之法兰西，予尤爱虞哥、左喇之法兰西；予爱康德、赫克尔之德意志，予尤爱桂特郝、卜特曼之德意志；予爱倍根、达尔文之英吉利，予尤爱狄铿士、王尔德之英吉利。吾国文学界豪杰之士，有自负为中国之虞哥、左喇、桂特郝、卜特曼、狄铿士、王尔德者乎？有不顾迂腐之毁誉，明目张胆以与十八妖魔宣战者乎？予愿拖四十二生的大炮，为之前驱！"

作为文学革命的前驱，陈独秀的"四十二生的大炮"，在中国文坛的轰鸣已成

八九十年前的历史景观,但直至今日中国作家中有几人能称得上"中国之虞哥、左喇、桂特郝、卜特曼、狄铿士、王尔德"呢?对此,我只好说:革命或云成功,作家仍须努力。

六、以"文学独立"论驱逐"文以载道"说

人们在比较胡适的《文学改良刍议》与陈独秀《文学革命论》之后,往往得出些相互矛盾的观点。如有人说,胡适首倡文学革命时还只是就文学而谈文学,而没有像陈独秀那样将文学革命与政治革命联系起来思考。[30] 而另有人说陈、胡之间存在着较为根本的分歧,即陈强调文学美术自身独立存在之价值,而胡适的"言之有物"论则有"文以载道"之嫌,甚至较王国维乃至袁宏道的文学观都有所后退。[31]

其实新文化运动之初,陈独秀与胡适推行白话文的基本立场与对传统文学的怀疑、批判精神是相同的。说胡适仅仅就文学谈文学,似不符合胡适性格实际,胡适虽曾信誓旦旦,"二十年不谈政治","正是要想从思想文艺方面替中国政治建筑一个非政治的基础"。[32] 胡适早在编《竞业旬报》时就培育了从文化视角谈政治的胚芽。因而有人将胡适与陈独秀相比,说其差别不在乎是否谈政治,只在乎取何谈法,谁先谈谁后谈,怎么谈,谈什么以及与谁谈,并将胡适的谈法叫做"潜政治性"。[33]

至于说陈独秀将胡适之文学改良改为文学革命,也不算大差异。因为胡适1915年到1916年间在美国酝酿文学革命时就倡言革命:"文学革命其时矣!吾辈势不容坐视。且复号召二三子,革命家前杖马棰,鞭笞驱除一车鬼,再拜迎入新世纪!"[34] 只是"受了在美国的朋友的反对,胆子变小了,态度变谦虚了,所以标题但称《文学改良刍议》,而全篇不敢提起'文学革命'的旗子"。至于文末"伏惟国人同志有以匡纠是正之"云云,"这是一个国外留学生对于国内学者的谦逊态度。文字题为'刍议',诗集题为'尝试',是可以不引起很大的反感的了"。[35] 可见其"比陈独秀有心机,有城府,有韬略",也就不必"小不忍则乱大谋"了。[36]

正是着眼这种策略上的差异,鲁迅对陈、胡有过精当的比较,他说:

> 假如将韬略比作一间仓库罢,独秀先生的外面竖起一面大旗,大书道:"内皆武器,来者小心!"但那门却开着的,里面有几支枪,几把刀,一目了然,用不着提防。适之先生的是紧紧地关着门,门上贴一条小纸条道:"内无武器,请勿疑虑。"这自然可以是真的,但有些人——至少我是这样的人——有时总不免要侧着头想一想。[37]

这自然是鲁迅日后观察所致,"文学革命"之初或只见端倪。"文学革命"之初,陈、胡之异可能更多的表现在提法是否到位。除了上述"白话文学"说之外,还有例如胡适"言之有物"说,以情感与思想为文学之"物",在当时尚算先进思潮,既不同于"文以载道"说,更不会较王国维甚至袁宏道还有所倒退。但此说确不如陈独秀"文学独立论"能彻底堵住"文以载道"观向新文学渗透。

当初胡适仅以文学革命须从八事入手的大纲通报陈独秀时,陈就担心"若专求'言之有物',其流弊将同于'文以载道'之说",因而提出"文学美术自身独立存在之价值","自然派文学义在如实描写社会,不许别有寄托,自堕理障"。在《文学革命论》中又特意指出:"文学本非为载道而设,而自昌黎以迄曾国藩所谓载道之文,不过抄袭孔、孟以来极肤浅极空泛之门面语而已。余尝谓唐、宋八家文之所谓'文以载道',直与八股家之所谓'代圣贤立言',同一鼻孔出气。"

在《答曾毅》信中,陈独秀还具体阐述了其"文学独立论"的内涵:

> 何谓文学之本义耶?窃以为文以代语而已,达意状物,为其本义。文学之文,特其描写美妙动人者耳。其本义原非为载道有物而设,更无所谓限制作用及正当的条件也。状物达意之外,倘加以他种作用,附以别项条件,则文学之为物其自身独立存在之价值,不已破坏无馀乎?故不独代圣贤立言为八股文之陋习,即载道与否,有物与否,亦非文学根本作用存在与否之理由。[38]

仅以"状物达意"、"美妙动人"作为文学的本质,自然简陋了点。不过,陈氏之立足点在于以此对"文以载道"——文学工具论的彻底否定。以此为起点,他进而指出:"中国学术不发达之最大原因,莫如学者自身不知学术独立之神圣。譬如文学自有独立之价值也,而文学家自身不承认之,必欲攀附六经,妄称'文以载道','代圣贤立言',以自贬抑。史学亦自有其独立之价值也,而史学家自身不承认之,必欲攀附《春秋》,着眼大义名分,甘以史学为伦理学之附属品。音乐亦自有其独立之价值也,而音乐家自身不承认之,必欲攀附圣功王道,甘以音乐家为政治学之附属品。医药拳技亦自有独立之价值也,而医家、拳术家自身不承认之,必欲攀附道术,如何养神,如何练气,方'与天地鬼神合德',方称'艺而近于道'。学者不自尊其所学,欲其发达,岂可得乎?"[39]

反过来说,陈独秀正是从学科独立的现代意识出发,来看待与维护文学的独立性的,从而与文学工具论——"文以载道"说划清界限,惟写实主义是尊。他在同篇《答曾毅》信中说:"仆之私意,固赞同自然主义者。惟衡以今日中国文学状况,陈义不欲过高,应首以掊击古典主义为急务。"他且以"'不诚实'三字,为吾国道德文学之共同病根",[40]因而极举写实主义,甚至排斥理想色彩。他说:"实写社会,即近代文学家之大理想大本领。实写以外,别无所谓理想,别无所谓物也。"[41]他理解中的"欧洲自然派文学家,其目光惟在实写自然现象,绝无美丑善恶邪正惩劝之念存于胸中,彼所描写之自然现象即道即物,去自然现象外,无道无物"[42]。到了这种境界,自然就无"文以载道"观插足的余地。

凡此云云,实则都在为胡适"言之有物"说作补充,以及替胡适回答来自各方面的诘难。但他为排斥"文以载道"说,却远离文学中的理想与倾向,则似走向了极端;因为写实主义作品虽隐藏作者之理想与思想倾向,却不等于作品中无理想与思想倾向。同时,文学革命论与文学独立论之间如何统一,陈独秀似乎也未作精细思索与论证。因而陈独秀之所谓言论到位,则多为片面的深刻,或深刻的片面。

七、"不容他人之匡正"与学术自由

还有明显的一例,即学术自由讨论问题。胡适从1915年10月与陈独秀通信初呈"文学革命八事"时起,就不断希望对此"当有直言不讳之讨论"。《文学改良刍议》之末更云:

"谓之刍议,犹云未定草也,伏惟国人同志有以匡纠是正之。"《文学改良刍议》发表之后,又寄信陈独秀表示:"甚愿国中人士能平心静气与吾辈同力研究此问题,讨论既熟,是非自明。吾辈已张革命之旗,虽不容退缩,然亦决不敢以吾辈所主张必是,而不容他人之匡正也。"[43]

应该说,胡适受美国民主思想影响,他所提倡学术自由讨论的原则并没错。然陈独秀于回信中悍然答道:

> 改良文学之声,已起于国中,赞成反对者各居其半。鄙意容纳异议,自由讨论,固为学术发达之原则;独至改良中国文学,当以白话为文学正宗之说,其是非甚明,必不容反对者有讨论之馀地,必以吾辈所主张者为绝对之是,而不容他人之匡正也。[44]

与胡适相比,陈独秀更坚定、更老辣地捍卫着新文化运动的基本方向。他言下之意什么都可以自由讨论,"独至改良中国文学,当以白话为文学正宗之说,其是非甚明,必不容反对者有讨论之馀地。"一个"独",一个"当",一个"必",足见陈独秀在原则上决不让步。"其故何哉?"陈独秀在上书中坚定地回答说:

> 盖以吾国文化,倘已至文言一致地步,则以国语为文,达意状物,岂非天经地义,尚有何种疑义必待讨论乎?其必欲摈弃国语文学,而悍然以古文为文学正宗者,犹之清初历家排斥西法,乾嘉畴人非难地球绕日之说;吾辈实无馀闲与之作此无谓之讨论也。

对于陈氏不容反对者讨论(实否定)新文化运动基本方向的观点,当时乃至今日的误解甚为严重,似乎陈氏于任何问题都不容他人自由讨论。其实他对来自各方面的意见,是有分析并区别对待的。他说:

> 本志自刊以来,对于反对之言论,非不欢迎;而答词之敬慢,略分三等:立论精到,足以正社论之失者,记者理应虚心受教;其次则是非未定者,苟反对者能言之成理,记者虽未敢苟同,亦必尊重讨论学理之自由,虚心请益;其不屑与辩者,则为世界学者业已公同辩明之常识,妄人尚复闭眼胡说,则

惟有痛骂之一法。

对于第三种人,陈氏进而说:"讨论学理之自由,乃神圣自由也;倘对于毫无学理毫无常识之妄言,而滥用此神圣自由,致是非不明,真理隐晦,是曰'学愿';'学愿'者,真理之贼也。"[45]

即使对于第三种人(所谓"真理之贼"),其痛骂充其量也是如钱玄同所谓"桐城谬种"云云。对此,立即就有人指责为"骂人";陈氏也立即作了答复,说:

"骂人"本是恶俗,本志同人当有则改之,无则加勉,以答足下的盛意。但是到了辩论真理的时候,本志同人大半气量狭小,性情直率,就不免声色俱厉;宁肯旁人骂我们是暴徒是流氓,却不愿装出那绅士的腔调,出言吞吐,致使是非不明于天下。因为我们也都"抱了扫毒主义",古人说得好,"除恶务尽",还有什么客气呢?[46]

由此我想起了鲁迅于"辱骂和恐吓绝不是战斗"的名言之外,还说过:"揭穿假面,就是指出了实际来,这不能混谓之骂。"[47]

其实,五四时代的陈独秀包括《新青年》同人,本无话语霸权,他们往往是以越位半步的话语来争得自由讨论的机会与权利。实践证明,慷慨激昂往往是弱者的做派与表现。虽然陈独秀在新文化运动的基本方向上不容反对者讨论,而实际上办不到,有关争论始终未停息过。因而在具体争论中,陈独秀又希望各方能遵循学术讨论的游戏规则。如即使有人提出文学不必革命,孔教不必排斥,"倘能持之有效,言之成理,记者当虚心欢迎之,决不效孔门专横口气,动以'非圣者无法'五字,假君权以行教权,排异议而杜思想之自由。"[48]再如"张厚载因为旧戏问题,和《新青年》反对,这事尽可以从容辩",他"盼望大家只可据理争辩,不用那'倚靠权势'、'暗地造谣'两种武器才好"。[49]即使对白话文写作,陈独秀虽在大声疾呼,也不急于求成,容有个过渡时期。他在《答曾毅》信中说:"鄙意今日之通俗文学,亦不必急切限以今语。惟今后语求近于文,文求近于语,使日赴'文言一致'之途,较为妥适易行。"[50]在《答方孝岳》信中则说:"愚意白话文之推行,有三要件:首当有比较的统一之国语;其次则须创造国语文典；再其次国之闻人多以国语著书立说。兹事匪易，本未可一蹴而几（就）者。"[51] 有趣的是，陈独秀、胡适等呼唤白话文的文章也是用文言写的，到1917年8月钱玄同出来呼吁："我们既然绝对主张用白话体做文章，则自己在《新青年》里面做的便应该渐渐的改用白话。"陈回信中还说："改用白话一层，似不必勉强一致，社友中倘有人绝对不能做白话文章的人，即偶用文言，也可登载。"[52]直到1918年5月，《新青年》才全部改用白话。

即使对他所深恶的滥用典故，陈独秀在《答陈丹崖》信中还是心平气和地说："行文原不必故意禁止用典。"他只反对"若古典主义之敝，乃在有意用典及模仿古人，以为非此则不高尚优美、隽永妍妙，以如是陈陈相因之文体，如何能代表文化？"[53]

可见陈独秀虽不及胡适有颇多韬略，但作为一个从辛亥革命走过来的老革命家，他绝不是个仅有匹夫之勇的莽夫；何况学术自由讨论，本是他所追求的民主与科学中应有之义。陈独秀实则非常热衷于学术讨论——辩论，同时乐于与各方对话，《新青年》自创刊始就有个非常有特色的专栏："通信"（或"读者论坛"）。[54] 到1921年，这个专栏中共发表通信、议论约三百六十余封（篇），平均每期有四封（篇），其中最多的一期刊有二十五封读者来信。

这些通信中，也有《新青年》同人的通信，如胡适的名文《文学改良刍议》、钱玄同与刘半农的"双簧信"（即托名"王敬轩"的来信与记者复信）；大量的是普通读者来信。来信中有称赞之辞，亦多商榷甚至斥责，陈独秀或以本人名义或以记者（实为编者）名义多有答复，有的是再四相复（如对常乃德）。其间稍嫌不耐烦，唯于《答张寿朋》信末说："像足下此次空空的颂圣文，以后恕不答复。"[55] 在上海时代，陈氏是独编独答。待《新青年》迁到北京后，胡适、钱玄同、刘半农等编者也参与复信，致使"通信"专栏，成为深受读者喜爱的栏目："通信一门，尤足使仆心动"（第一卷第四号，张永言信），"备读大志造福青年无任崇仰，又辟通信一门以为读者析疑辩难之助，用意良盛。"（第二卷第一号，程师葛信）鲁迅在肯定之余犹嫌其过甚。他1918年11月在《新青年》"通信"栏中发表一封致钱玄同的信说：

《新青年》里的通信，现在颇觉发达。读者也都喜看。但据我个人意见，以为还可酌减：只须将诚恳切实的讨论，按期登载，其他不负责人的随口批评，没有常识的问题，至多只要答他一回，此后便不必多说，省些纸墨，移作别用。[56]

在刊物上开辟"通信"专栏，陈独秀1904年3月创办《安徽俗话报》时就作过尝试；办得最好最有影响的，当然是《新青年》的这个专栏。陈氏亦十分珍视这些与读者对话中激发出来的思想火花。他早年自编的《独秀文存》中，通信成为与论文、随感录鼎立之一足。这在他同时代作者文集中并不多见。这也是陈独秀遵从学术讨论自由的见证。我不知道在有的学者心目中陈独秀怎么就成了日后那些文化专制者的形象，似乎他曾搞过"一言堂"，随意迫使人"不理解也要执行"。这种以今拟昔的虚构，实在离题太远。

历史的真实倒是那些曾经拥有话语霸权的旧派绅士们，却不那么"绅士"，他们对陈独秀、胡适等《新青年》同人极尽辱骂与恐吓之能事。对此，人们早从林纾的杰作《荆生》《妖梦》中领教过，这里仅从历史陈迹中择一则匿名信供今人共赏：

字付陈独秃、胡闹及狐群狗党知悉：汝等左道惑人，甚于黄巾、白莲。大逆灭亲，洋屁毁圣，肆无忌惮，大逞凶威，自谓真可矣了。不知人神共嫉，天地不容。汝等狗命不值一个小炸弹。但现在有欲花这冤枉钱的，将你们除削了，投诸豺犬。我看你们虽是捣乱分子，甘冒不韪，也是无见识，杀之亦可惜。然权不在我，你们可防备着点。见你阎王爷，教训教训你们。[57]

你看这是何等恶毒的语言！然"青山遮不住，毕竟东流去"。代表20世纪初先进文化的陈独秀、胡适在骂声中奋然前行。

八、蔡元培"三顾茅庐"礼聘陈独秀

在陈独秀与胡适兴起新文化之际，发生了一件对他们、对北京大学乃至对整个新文化运动至关重要的事，那就是蔡元培出掌北京大学。蔡元培是前清翰林，民国临时政府的教育总长，曾弃官留学德国，也考察过欧洲各国之教育，以他的社会影响、知识结构、性格魅力、治校方策，由他出掌北大，远非仅北大之大幸。

1916年9月1日，旅欧的蔡元培接到黎元洪政府教育总长范源濂促其回国担任北京大学校长的电报，于12月23日至北京，12月26日正式被任命为北京大学校长，次年1月4日到校视事。蔡元培早知尚处于由封建太学向现代大学转型过程中的"北大太腐败"，但他更深知一所大学的兴衰关键在人才。蔡元培一到北京，还未实际到任就先访问医专校长汤尔和[58]，询问北大情况。汤说："文科预科的情形，可问沈尹默君；理工科的情形，可问夏浮筠君。"又说："文科学长如未定，可请陈仲甫君。陈君现改名独秀，主编《新青年》杂志，确可为青年的指导者。"因取《新青年》十余本示蔡。[59]

蔡、陈本为熟人，早在1904年他俩曾经同为反清革命组织暗杀团成员。蔡元培说："我对于陈君，本来有一种不忘的印象，就是我与刘申叔君同在《警钟日报》服务时，刘君语我：'有一种芜湖发行之白话报，发起的若干人，都因困苦及危险而散去了，陈仲甫一个人又支持了好几个月。'现在听汤君的话，又翻阅了《新青年》，决意聘他。"[60]

当时，陈独秀与汪孟邹正好为书店招股事在京（1916年11月26日自沪出发，28日抵京），估计与老同学汤尔和有接触在先，才有蔡元培一到京汤就力荐陈独秀之举。

1916年12月26日是一个值得纪念的日子。这天蔡元培正式被任命为北大校长，当天早上九点他就到陈独秀下榻的旅馆与之相晤相谈；同一天蔡元培应信教自由会之邀在中央公园演讲，陈独秀到会聆听，并以"记者"名义记录为《蔡孑民先生在信教自由会演说》，然后刊之于第二卷第五号《新青年》上（1917年1月1日出版，同期有胡适之《文学改良刍议》）。可以想象，这一天蔡、陈两位老友是何等欢欣。陈万雄说："这是一非常有象征意义的面晤，蔡之邀陈入北大，陈之首先发表蔡之文章在《新青年》，表示一校一刊革新力量的结合的开始。"[61]

同行的汪孟邹在日记里记下这富有历史意义的一幕："十二月二十六日，早九时，蔡孑民先生来访仲甫，道貌温言，令人起敬，吾国唯一之人物也。"[62]

蔡元培寄厚望于陈独秀,"乃相与商定整顿北大的办法,次第执行"。[63] 自初晤之后,"蔡先生差不多天天要来看仲甫,有时来得很早,我们还没有起来。他招呼茶房,不要叫醒,只要拿凳子给他坐在房门口等候"——这是汪孟邹回上海后对汪原放等人叙说的京华佳话。汪原放他们听了,议论说:"这很像'三顾茅庐'哩。"[64]

沈尹默也谈过陈独秀进北大的经过:"1917年蔡先生来北大后,有一天,我从琉璃厂经过,忽遇陈独秀,故友重逢,大喜。"回北大后"并向蔡推荐陈独秀任北大文科学长,蔡先生甚喜,要我去找陈独秀征求同意。不料,独秀拒绝,他说要回上海办《新青年》。我再告蔡先生,蔡云:'你和他说,要他把《新青年》杂志搬到北京来办罢。'我把蔡先生殷勤之意告诉独秀,他慨然应允,就把《新青年》搬到北京,他自己就到北大担任文科学长了。我遇见陈独秀后,也即刻告诉了汤尔和,尔和很同意推荐独秀到北大,他大约也向蔡先生进过言。"[65]

沈氏之言,与蔡元培自己的回忆以及汪孟邹的见证,出入较大。确切的实事是1917年1月11日,蔡元培上任后第五天即呈文教育部,要求聘请陈为文科学长,呈文称陈"品学兼优,堪称斯任"。1月13日即获教育部批准并在校内公布。

这"消息传出后,全校震动。青年学生无不热烈欢迎,奔走相告。而教师中的遗老遗少则窃窃私议,啧有烦言",说"陈先生只会写几篇策论式的时文,并无真才实学;到北大任教尚嫌不够,更不要说出任文科学长了。蔡先生对于这些攻击,态度鲜明,驳斥是有力的。他说仲甫先生精通训诂音韵学,学有专长,过去连太炎先生也把他视为畏友。熟习陈先生的人也出来说话,说他在文字学考据方面有素养,有研究有著作。高一涵先生甚至说仲甫先生讲文字学,不在太炎先生之下。这样众口一词,才慢慢堵住了攻击者的嘴"。[66]

陈独秀与蔡元培相互倚重的意义,梁漱溟看得很清楚,晚年犹说:"自1916年冬蔡元培先生接任北京大学校长的职务后,北大由死水一潭变成开水一锅。蔡先生一上任就着手萃集四面八方的人才……陈独秀先生是佼佼者,当时他确是一员闯将,是影响最大,也是最能打开局面的人。但是,陈这个人平时细行不检,说话不讲方式,直来直去，很不客气，经常得罪于人，因而不少人怕他，乃至讨厌他，在校内外都有许多反对他的人。只有真正了解他的人才喜欢他，爱护他，蔡先生是最重要的一个。……陈独秀本领再大，在那时的北大，如果得不到蔡元培先生的大力器重、维护和支持，以陈之短，他很可能在北大站不住脚，而处于无用武之地。"[67]

蔡元培最值得称道的是其执掌北大时的办学方针：仿世界各大学通例，循"思想自由"原则，取兼容并包主义，无论有何种学派，苟其言之有理，持之有故，尚不适枭然淘汰之命运，虽彼此相反，而悉听其自由发展。[68] 这是在回答林纾挑战的公开信中所披露的。其实蔡元培的"兼容并包"，并不是"一碗水端平"，更非和稀泥，而是以此为旗号明显倾向于新派。当时他即深信"白话文必要盛行，我也常作白话文，也替白话文鼓吹；然而我也声明，作美文，用白话也好，用文言也好"。[69] 陈独秀对此当然更有感受，他曾说："蔡先生乃是一位无可无不可的老好人；然有时有关大节的事，或是他已下决心的事，都很倔强的坚持着，不肯通融，虽然态度还很温和。"[70] 正是这种温和的倔强，使蔡元培成为新文化运动不可多得的"大护法"：唯其温和，则较陈独秀回避了许多攻击的锋芒；唯其倔强，则如陈独秀一样坚持原则不让步。

正是陈独秀与蔡元培的互相倚重，才使一校一刊历史性地汇合，《新青年》移进北大编辑发行，北大新派教授的加盟，才使北大真正成了新文化运动的发源地，成为中国现代人文精神的摇篮。前述胡适《文学改良刍议》，陈独秀《文学革命论》，就是《新青年》移居北大的首批灿烂的精神成果。

九、陈独秀力荐胡适执教北大

蔡元培出掌北大，对陈独秀、胡适命运关系极大，不得不补说清楚，再言归正传。

陈独秀出任北大文科学长，不任课，专致于文科改革。蔡元培对有关文科的"人事、行政，一切由陈独秀先生主持，不稍加干涉"。[71] 陈独秀到任第一件事就是为文科延聘名教授。如同蔡元培作为北大校长未到任就聘请到陈独秀，陈独秀作为文科学长，则是刚上任就立即想到推荐胡适待日取代自己为文科学长。这都是中国教育史上难得的佳话。

1917年1月，陈独秀就有信寄胡适，信称：

适之先生左右：

奉手书并大作《文学改良刍议》，快慰无似。弟与孟邹兄为书局招股事，于去年十一月底来北京勾留月馀……书局成立后，编译之事尚待足下为柱石，月费至少可有百元。蔡子民已接北京总长（按，当为"北大校长"——引者注）之任，力约弟为文科学长，弟荐足下以代，此时无人，弟暂充乏。

孑民先生盼足下早日回国，即不愿任学长，校中哲学、文学教授俱乏上选，足下来此亦可担任。学长月薪三百元，重要教授亦此数。……足下回国必甚忙迫，事畜之资可勿顾虑，他处有约者倘无深交，可不必应之。中国社会可与共事之人，实不易得。恃在神交颇契，故直率陈之。

弟独秀白（一九一七年一月）[72]

世人都以为陈独秀是粗犷之人，没想到他会为尚未谋面的朋友胡适归国后的教职与兼职工作及其待遇，谋划得如此精细，真可谓"神交颇契"，定教尚在异邦的胡适感激不已。行笔至此，有一股暖流涌荡胸间，顿时想起一耳熟能详的名言：人生得一知己足矣。真该为胡适感到庆幸。以后不管风吹浪打，也不管他们政见如何相左，各走各的路，但他们的私谊不断，个中原因，由此不难窥测。或许正是本土有陈独秀等策动的方兴未艾

· 五四运动策源地——北大红楼

的新文化运动深深吸引着胡适，兼之有如此美好的安排，使他未及办妥哥伦比亚大学博士学位的手续，就毅然归国。致使这个一生获得三十五个博士头衔的胡适，自身正式学业——哲学博士学位至他毕业后十年的1927年才补发，其中缘由日后竟成了一桩公案。[73]

文科学长之职位，胡适自然不能冒昧接受，但他欣然答应陈独秀归国到北大任教。胡适1917年6月中旬离美，7月10日抵达上海，专等陈独秀到沪商决北大任教事，然后再回家看望阔别十年的寡母。他到上海的当天即写信给母亲说："闻北京大学文科学长陈独秀先生可于一二日内到上海，且俟他来一谈，再定何时归里。"[74]可见胡适也很看重与陈独秀的晤谈。

陈独秀到沪兼有主持北大招生事。在与胡适见面后，8月9日写信给蔡元培说，他自己"尚有琐事料理未清"，月内恐不能回京，知京中校务甚忙，"亟需有人相助"，故提议"请胡适之君早日赴京，稍为先生服劳"。信中称胡适有才干，说"适之英、汉文并佳，文科招生势必认真选择，适之到京即可令彼督理此事。适之颇有事务才，责任心不在浮筠兄之下，公共心颇富，校中事务，先生力有不及，彼所能为者，皆可令彼为之"。信中还就胡适的工作与待遇提出建议："此时与彼言定者，只每星期授英文六时，将来必不止此（或加诸子哲学，或英文学史，俟独秀到京再为商定）。希与以专任教员（聘书可用新章教授名目）之职（月薪二百四十元可矣，惟望自八月份起）。彼到京即住校中（鄙意新落成之寄宿舍，宜多请几位久留欧美，起居勤洁之教员居住其中，以为学生之表率）。"[75]陈独秀协同蔡元培将胡适赴京任教事宜，安排得妥妥当当。加上北大正需用人之际，胡适归省未久就有信催他北上。胡适只得苦口婆心说服母亲、岳父以及未婚妻江冬秀，将已推迟十年的婚期再推迟半年，许诺寒假再回乡完婚，于9月10日就匆匆北上就任北大教授。这年胡适仅二十六岁，是北大最年轻的教授。

胡适果未辜负陈独秀之殷切期望，很快成为北大最有名望的教授之一。蔡元培1919年初在回答林纾发难的公开信中，对胡适等新派教授称赞不已："胡君家世从学，其旧作古文虽不多见，然即其所作中国哲学史大纲言之，其了解古书之眼光，不让于清代乾嘉学者。钱君所作之文字学讲义，学术文通论，皆古雅之古文。周君所译之域外小说，则文笔之古奥，非浅学者所能解。"[76] 直至晚年，他对胡适之赞赏仍溢于言表，于《我在北京大学的经历》中说："那时候因《新青年》鼓吹文学革命，而我们认识留美的胡适之君，他回国后，即请到北大任教授。胡君真是'旧学邃密'而且'新知深沉'的一个人。"

陈独秀、胡适相互倾慕已久，一旦相与共事，更如鱼得水，相得益彰。他们从此一面同办《新青年》，倡导新文化，一面合力谋划北大文科的改革。对此，蔡元培亦予以充分肯定，他说："北大的整顿，自文科起"，"文学革命，思想自由的风气，遂大流行"。[77]

十、陈、胡之优势互补于文学革命发难之后

如果说在文学革命的发难期，陈独秀视尚未归国的胡适为急先锋；那么，在文学革命的实施期，陈独秀则更倚之为军师。

归国后，胡适在与陈独秀、钱玄同等切磋下，将《文学改良刍议》中的"八不主义"，先变为"四条主张"（一、要有话说，方才说话；二、有什么话，说什么话，话怎么说，就怎么说；三、要说我自己的话，别说别人的话；四、是什么时代的人，说什么时代的话），再变为十个大字：国语的文学、文学的国语。这就是被郑振铎称之为"文学革命的最堂皇的宣言"[78]——胡适1918年4月所撰《建设的文学革命论》中所表述的观点。到1922年2月，胡适在《五十年来中国之文学》中又说这"十个字，其实又只有'国语的文学'五个字"。到1935年的《中国新文学大系·第一集导言》，胡适则进而将此五个字通俗化为"活的文学"；并将之与周作人"人的文学"论相并列，称为"文学运动的中心理论"，说："前一理论是文字工具的革新，后一种是文学内容的革新。中国新文学运动的一切理论都包括在这两个中心思想的里面"。[79]

对于"活的文学"的理论,胡适清楚地认识了其破坏与建设的意义:"在破坏方面只是说'死文字决不能产生活文学',只是要用一种新的文学史观来打倒古文学的正统而建立白话文学为中国文学的正宗;在建设方面只是要用那向来被文人轻视的白话来做一切文学的唯一工具,要认那流行最广而产生了许多第一流文学作品的白话有'文学的国语'的资格的,可以用来创造中国现在和将来的新文学,并且要用那'国语的文学'来做统一全民族的语言的唯一工具。"[80]

胡适他们建立"活的文学"的理论之原动力是历史进化的文学观。正是从历史进化的文学观出发,胡适他们认为:白话文乃文言之进化,白话文替代文言乃"自然趋势",文学革命乃自然趋势上加"有意的主张",所以收效最快。胡适高度评价说:"那历史进化的文学观,初看去好像貌不惊人,其实是一种'哥白尼的天文革命':哥白尼用太阳中心说代替了地球中心说,此说一出就使天地易位,宇宙变色;历史进化的文学观用白话正统代替了古文正统,就使那'宇宙古今之至美'从那七层宝座上倒撞下来,变成了'选学妖孽,桐城谬种'!(这两个名词是玄同创的)从'正宗'变成了'谬种',从'宇宙古今之至美'变成了'妖魔'、'妖孽',这是我们的'哥白尼革命'。"[81]

胡适不仅善于深化总结文学革命理论,更善于精细地设计创造新文学的进行程序。胡适在《建设的文学革命论》中明确指出创造国语的文学约有三步:一、工具;二、方法;三、创造。前两步是预备,第三步才是实行创造新文学。其中"方法"设计得更为精细,从搜集材料到文学结构到描写的方法,乃至如何翻译西方文学名著做新文学创作的模范,讲得空前周全与实在,操作性极强。尤为可贵的是,他要求新文学打破近代小说以官场、妓院和龌龊社会为题材的局限,而让今日的贫民社会——工厂之男女工人,人力车夫,内地农家,各处大小贩夫及小店铺,一切痛苦情形,都"在文学上占一位置";新旧文明冲突中的种种变故——"一切家庭惨变,婚姻苦痛,女子之位置,教育之不适宜,……种种问题,都可供文学的材料"。这远非只是拓展了文学创作的视野,而是从源头上打造大众文学、平民文学以驱逐贵族文学走出文学中心位置。他强调搜集材料确立写作对象的过程中,还必须"注意实地的观察和个人的经验","要用周密的理想作观察经验的补助"。

此外，胡适还在《论短篇小说》《谈新诗》《文学进化观念与戏剧改良》等文中，分体裁为新文学创作作了细致入微的设计。这些理论虽为西学的中国式的表述（他将《木兰辞》《石壕吏》《长恨歌》之类叙事诗纳入短篇小说论述，可见其小说界定不严密），但它在新文学运动史上的开创意义与指导作用仍不可低估。不仅如此，胡适还率先在创作实践上为新文学作了尝试性的示范。他创作白话小说、戏剧，尤为引人注目的是创作"胡适之体"的新诗集——《尝试集》，从而宣告白话文能创作美文。同时，他还努力翻译介绍了一些欧美文学作品，从理论与实践上促进了新文学的发生、发展，功不可没。[82]尽管他常慨叹："提倡有心，创作无力。"

一般描述五四新文化运动的论著，至此就会欢呼新文化运动的伟大胜利了，并以全国一时出现四百多家白话报刊，1920年1月教育部通令全国把国民学校（小学）的一、二年级国文改为国语，1923年起中学国文课本亦采用国语，作为"文学革命"打开一片新天地的例证。那么，当胡适"军师"在作新文学（文化）规范设计时，陈独秀除了让他们"悍"化之外还做了些什么？那些论著对此往往语焉不详，好像无可言说似的。

其实陈独秀在胡适设计新文化规范时，同样始终关注着新文化运动。他于1919年1月发表的《〈新青年〉罪案答辩书》与同年12月发表的《〈新青年〉宣言》，都是高瞻远瞩极力鼓吹科学与民主，把握新文化运动的大方向不动摇，其意义是巨大的，是其他任何言论不可替代的。

陈独秀1920年2月初在武昌文华大学以"改用底理由"与"解释疑惑"为内容，作了《我们为什么要做白话文》的讲演。[83]这应该是一份全面阐述新文化运动理论与实践的学术报告，可惜仅存大纲，难见全豹。即使如此，仍能见到不少精彩见解，如说："'白描'是真美，是人人心中普遍的美，'百战不许持寸铁'是白话文底特征，所以文学的白话文比古文更难做，决不是'信口所说'，'信笔所之'。"再如说："现在的白话诗文不好：a. 作者底艺术不精，b. 真的白话文学年月还浅"，但"都和白话文体本身没有关系"。

尤其是 1920 年 1 月发表的《告新文化运动的诸同志》[84]和同年 4 月发表的《新文化运动是什么》，则于新文化运动渐见胜利的颂歌中，尖锐地指出它的缺点与误解。前者针对上海新文化运动同人出版许多性质相同的刊物，他"警告诸君的有三件事：（一）出版物是新文化运动底一端，不是全体；（二）新文化运动只当向前的发展，不当向后的反动；（三）不应该拿神圣的新文化运动做射利底器具"。这真不啻为"昏夜警钟"！

后者内容更丰富。着眼新文化运动的现状与发展，笔者以为有两点尤为重要，其一为他指出："通俗易解是新文学底一种要素，不是全体要素"，"文学、美术、音乐，都是人类最高心情底表现，白话文若是只以通俗易解为止境，不注意文学的价值，那便只能算是通俗文，不配说是新文学，这也是新文化运动中一件容易误解的事。"其二他说新文化运动注重创造精神，离开创造便没有进化。因而"我们不但对于旧文化不满足，对于新文化也要不满足才好；不但对东方文化不满足，对于西洋文化也要不满足才好；不满足才有创造的馀地"。

陈独秀不愧为天生领袖之才，他总能站在时代最前列，独具只眼地发现事物易被掩盖的另一侧，不失时机地给新文化运动的先锋们提供警戒。上述两点显然是要矫正新文化运动前期过分强调白话文之"白"以及全盘西化之偏。这对于正确处理新旧文化、中西文化的关系，努力提升白话文学的艺术境界，是何等重要的指导。

陈氏这些高论，自然是建立在其正确的新文化观的基础上。他说："文化底内容，是包含着科学、宗教、道德、文学、美术、音乐这几样；新文化运动，是觉得旧文化还有不足的地方，更加上新的科学、宗教、道德、文学、美术、音乐等运动。"这是新文化观。至于科学，他说："科学有广义、狭义：狭义的是指自然科学而言，广义的是指社会科学而言。社会科学是拿研究自然科学的方法，用在一切社会人事的学问上，像社会学、伦理学、历史学、法律学、经济学等，凡用自然科学方法来研究、说明的都算是科学；这乃是科学最大的效用。"同时批评"我们中国人向来不认识自然科学以外的学问，也有科学的威权；向来不认识自然科学以外的学问，也要受科学的洗礼"。正是以科学的新文化观反思新文化运动,陈独秀才能高屋建瓴地为新文化运动扶正纠偏。

不过,陈氏在《新文化运动是什么》中所热衷发挥团体公共心与将新文化运动引到政治、军事乃至产业领域,则属于另一个问题,待后再叙。但他说"新文化运动是人的运动",则是一个不可忽视的重要观点。这揭示了新文化运动的本质是以科学、民主思想唤醒人、改造人的运动。

可见在新文化运动的行进途中,陈独秀与胡适都各自作出了自己的贡献。相对而言,陈独秀更注重宏观方向性问题,胡适则更擅长微观操作性问题;两者相辅相成,更有利于新文化运动的健全发展。

十一、陈、胡分歧与《新青年》之南迁

陈独秀、胡适的友情缘自《新青年》,他们的分歧也源自《新青年》。

《新青年》在上海时由陈独秀独创独编,1917年迁到北京后成了北大新派教授的同人刊物;而灵魂人物仍为陈独秀,内容仍在文化思想的批判与探寻。到1919年五四运动以后,情形有变。首先是李大钊编了一期"马克思主义"专号(1919年5月出版的第六卷第五号),这是《新青年》转向宣传马克思主义的开端。接着陈独秀又编了一期"纪念五一劳动节"专号(1920年5月1日出版的第七卷第六号),这则成为陈独秀思想转变带动《新青年》编辑方针大转变的信号。从1920年9月亦即第八卷起,《新青年》又从北京迁回上海,逐渐成为宣传马克思主义、介绍俄国革命的阵地,实际编辑工作由年轻的共产主义者陈望道等承担。

本来此前胡适与李大钊在1919年7至8月间,就有过问题与主义之争。主义派崇马克思主义欲以直接行动对中国问题作根本解决,问题派则依杜威实验主义对中国问题作一点一滴改良。从表面看,双方皆是盗火者,旨在以外来"主义"来解决中国"问题"改造中国社会,似乎没有什么矛盾,而且实际上双方都曾属于《新青年》派。只

是涉及解决问题的途径,对现存政权与未来社会形态、民主与专政等问题的看法,双方分歧越来越大。这批书生不同于政客"道不同不相谋",他们则偏是"道不同而相谋",他们都想用自己的"主义"去说服、去影响自己的朋友,于是就有一轮一轮激烈的争论,即使注定要分道扬镳仍不放弃一切机会进行争论。这里少有意气之争,多为主义之争。《新青年》自五四之后的转向,"主义"派视为历史的进步与必然,"问题"派则认为其有悖新文化运动的初衷。作为两派的代表人物陈独秀、胡适都不是为了友谊放弃原则的苟合之辈,因而理所当然有一台好戏在后头。

《新青年》"纪念五一劳动节"专号尚在编辑过程中,陈独秀就料定它会在《新青年》同人中引起争议,于是4月26日写信给李大钊、胡适、钱玄同等十二位在京的主要撰稿人,征询《新青年》"以后拟如何办法"或"是否继续出版"等问题;如继续出版的话,那么"编辑人的问题:(一)由在京诸人轮流担任,(二)由在京一人担任,(三)由弟在沪担任,为时已迫,以上各条,请速赐复"。[85]

北京同人如何答复,不见文献。只知道陈独秀12月10日前后又写信给李大钊、钱玄同、胡适、周豫才、周启明等九位同人,说他"日内须赴广州,此间编辑事务已请陈望道先生办理"。[86] 16日夜,即将登舟赴粤之际,他再次写信给胡适、高一涵,重申《新青年》编辑事宜,并说:"《新青年》色彩过于鲜明,弟近亦不以为然,陈望道君亦主张稍改内容,以后仍以趋重哲学文学为是;但如此办法,非北京同人多做文章不可。"[87] 可见陈独秀仍希望北京同人与自己站在一起。

倒是胡适的回答非常决断:"《新青年》'色彩过于鲜明',……此是已成之事实,今虽有意抹淡,似亦非易事。北京同人抹淡的工夫赶不上上海同人染浓的手段之神速。"[88] 因此他提出三个办法:一、"听(任)《新青年》流为一种有特别色彩之杂志,而另创一个哲学文学的杂志";二、"若要《新青年》'改变内容',非恢复我们'不谈政治'的戒约,不能做到";三、"同意陶孟和的意见,暂时停办"。

虽说是三个办法,但胡适对第二个办法尤无信心,因而他说:"此时上海同人似不便做此一着,兄似更不便,因为不愿示人以弱。但北京同人正不妨如此宣言。故我主张趁兄离沪的机会,将《新青年》编辑的事,自九卷一号移到北京来。由北京同人于九卷一号内发表一个新宣言,略根据七卷一号的宣言,而注重学术思想艺文的改造,声明不谈政治。"

胡适此信寄陈独秀之前,已在北京的同人中传知,并有抄件寄上海编辑部,也俨然一封公共信。

据胡适说,陈独秀为他的信"动了一点感情",对"宣言不谈政治","太生气",甚至认为是"反对他个人";对主张"停办"的陶孟和,陈独秀致信表示"决绝"。胡适对此一边给陈独秀回信,一边致信在北京的同人李大钊、周豫才、钱玄同等八人征求意见,公开表白:"我并不反对他个人,并不反对《新青年》。不过我认为今日有一个文学哲学的杂志的必要,今《新青年》差不多成了Soviet Russia的汉译本,故我想另创一个专关学术艺文的杂志。今独秀既如此生气,并且认为反对他个人的表示,我很愿意取消此议,专提出'移回北京编辑'的一个办法。"[89]

在京同人慎重而反复地考虑了胡适的提议,都在胡适信上有签注。鲁迅与李大钊在注文之外还另有信致胡适,进一步申述自己的观点。

张慰慈、高一涵、陶孟和、王抚五都赞成胡适将《新青年》迁回北京的意见。陶、王还说:"如实不行则停刊,万不可分裂为两种杂志,致破坏《新青年》精神之团结。"

李大钊"主张从前的第一条办法。但如果不致'破坏《新青年》精神之团结',我对于改归北京编辑之议亦不反对,而绝对的不赞成停办,因停办比分裂还不好"。李大钊另有信说:"前天见了玄同,他说此事只好照你那第一条办法……起明、豫才的意见,也大致赞第一条办法,但希望减少点特别色彩。"并说:"我三两日得了工夫,一定去看你,好和你谈谈。"胡适在李大钊第一次批语下有注云:"后来守常也取消此议,改主移京编辑之说。"估计是李大钊"好和你谈谈"之后,而反被胡适说服了。

其实分歧既成事实,勉强弥合已无济于事。对此,周氏兄弟与钱玄同看得透彻。周作人当时正在病中,鲁迅转述了他的意见:"赞成北京编辑。但我看现在《新青年》的趋势是倾于分裂的,不容易勉强调和统一。无论用第一、第二条办法,结果还是一样,所以索性任他分裂，照第一条做或者倒还好一点。"鲁迅同意作人的意见，还附加了一句"不必争《新青年》这一个名目"。《新青年》派未分裂前，鲁迅就觉察到其裂痕，他在《守常全集·题记》中说："《新青年》同人中""也很有喜欢明争暗斗，扶植自己势力的人"。分裂势在必然。钱玄同的意见，和周氏兄弟差不多，觉得"一定要这边拉过来，那边拉过去，拉到结果，两败俱伤，不但无谓，且使外人误会，以为《新青年》同人主张'统一思想'，这是最丢脸的事"。但他"却和守常兄一样，也是绝对的不赞成"停办，理由是"即使大家对于仲甫兄感情真的坏极了，友谊也断绝了，只有他一个人还是要办下去，我们也不能要他停办"，何况"我们对于仲甫兄的友谊今昔一样，本未丝毫受伤"。到底还是钱玄同快人快言。

鲁迅于签注之后，又有信给胡适说："启孟以为照第二个办法最好。……我的意见以为三个都可以。但如北京同人一定要办，便可以用上两办法，而第二个办法更为顺当。"但他以为即使这样，"至于发表新宣言，说明不谈政治，我却认为不必"。原因是"凡《新青年》同人所作的作品，无论如何宣言，官场总是头痛，不会优容的"，但同时希望《新青年》此后"学术思想艺文的气息浓起来"。这种愿望鲁迅在 1920 年 11 月 14 日致日本友人青木正儿信中也有所流露："中国的文学艺术界实有不胜寂寞之感，创作的新芽似略见吐露，但能否成长，殊不可知。最近《新青年》也颇倾向于社会问题，文学方面的东西减少了。"[90]《新青年》是新文学之重镇，它已如此，不由得鲁迅不为中国文学的前景担忧。鲁迅与前注观点稍有改变，料是胡适周旋所致。可见胡适为达到将《新青年》迁回北京的目的是花了巨大工夫的。[91]胡适给在京同人的信写于1920年 11 月 22 日，在同人中几经周转有数月之久，鲁迅的信与钱玄同的签注都写有时间，前者为 1921 年 1 月 3 日，后者为 1921 年 2 月 6 日。这封特殊的信，到了 1921 年 2 月 6 日才寄陈独秀。这期间，胡适为争取北京同人站在自己一边，应是做了大量的"思想工作"。或许正是这次胡适的活动工夫，给鲁迅印象太深了，以致到晚年将他与陈独秀相比时，说对胡适之言行"有时总不免要侧着头想一想"。不知鲁迅这次有没有"侧着头想一想"，但他兄弟终究还是都基本倾向于胡适，而并不像有些论著描述的那样，说他如何与胡适斗争。不过，胡适越是下工夫争取北京的同人，就越证明他与陈独秀之间分歧的深刻。还是钱玄同一语破的，他将陈"太生气"的那封给北京同人的信，转给周氏兄弟时说："初不料陈、胡二公已到短兵相接的时候。"[92]

陈独秀2月15日致信胡适。

适之兄：

  六日来信收到了。我当时不赞成《新青年》移北京，老实说是因为近来大学空气不太好；现在《新青年》已被封禁，[93]非移粤不能出版，移京已不成问题。你们另外办一个报，我十分赞成，因为中国好报太少，你们做出来的东西总不差，但我却没有工夫帮助文章。而且在北京出版，我也不宜做文章。我一时不能回上海了。你劝我对于朋友不要太多疑，我承认是我应该时常不可忘却的忠告，但我总是时时提心吊胆恐怕我的好朋友书呆子为政客所利用。我仍希望你非候病十分好了，不可上课、做文章，而且很想你来广东一游。

弟独秀白 二月十五日

同一日，陈独秀还有信致周氏兄弟。

豫才
  二先生：
启明

  《新青年》风波想必先生已经知道了，此时除移粤出版无他法，北京同人料无人肯做文章了，惟有求助于你两位，如何，乞赐复。

弟独秀 二月十五日[94]

两相对照，可知不管胡适如何努力，有陈独秀在，《新青年》移京编辑与不谈政治都不可能。至此，《新青年》当初的北大同盟就宣告破裂，[95]尽管双方之措辞极其婉转与友好。

从此，陈独秀、胡适逐渐从思想信仰及学理分歧，走向实际政治态度的相背。尽管陈独秀忙于党务之后，与胡适的联系锐减，他们间的争论仍时有发生。1922年先有关于"好人政府"与联省自治之争，再有关于是否有国际帝国主义侵略危险之争；

1923年初有如何看待蔡元培不满北洋政府对教育的摧残而辞职出京的事,各执一词,年底为亚东版《科学与人生观》各作一序而发生唯物论与心物二元论之争;1924年9月为《努力月刊》事,胡适借题发挥说:"六年前《克林德碑》那篇痛骂拳匪的大文的作者,现在也出力颂扬拳匪了!……这真是翻手为云,覆手为雨,我们只好叫他讼棍的行为!"[96] 刚好前不久陈独秀有篇谈义和团的文章,与其从前之《克林德碑》观点有异,因而引来胡适这篇批陈最激烈的文字。这在陈、胡文字交往中是仅有的特例。

即使是私下交谈,陈、胡二位也免不了有争论。两人的共同朋友汪原放曾记录了他们争论生动的一幕。1925年冬,胡适住在上海亚东图书馆,医治痔疮。陈独秀"这位共产党的总书记有时会在夜间悄悄的来看望这位'五四'时期的盟友。可是每次见面,总是以两人的激烈争吵而告终。一个讲社会主义好,另一个讲资本主义好;一个讲马克思主义好,另一个讲实用主义好;一个讲苏联如何如何,另一个讲美国如何如何,各不相让。有一天他们争的面红耳赤,大概胡适被陈独秀的批驳刺痛了,他一下子站起来,……气急败坏的用手杖在地板上笃笃敲了几下,但他毕竟忍住了气,用绅士风度说了句:'仲甫,我有事,你坐罢!'下楼去了。陈独秀气呼呼的坐了好一会,……也去了。"但"过不了几天,陈独秀会再来,重新挑起一场争论"。[97] 不用说,这"重新挑起的争论",同样不会有什么结果。两人只是"各不相强",各走各的路。

也是1925年的11月,北京各界民众在中国共产党的鼓动下,从22日起多次举行游行示威,29日游行队伍中有人纵火烧了《晨报》报馆。大概数日之后仍在亚东图书馆,两人见面谈起此事,胡适对这种行为颇不以为然,陈独秀却反问他:"你以为《晨报》不该烧吗?"这让胡适非常惊讶,苦思了五六天,认为他们"做了十年的朋友,同做过不少的事,而且见解主张上常有不同的地方,但最大的不同莫过于这一点了"。胡适忍不住要对这位老朋友说几句话。胡适怕当面谈不拢,于是有这封著名的《致陈独秀》书信产生。胡适于信中说:"几十个暴动分子围烧一个报馆,这并不奇怪。但你是一个政党的负责领袖,对于此事不以为非,而以为'该',这是使我很诧怪的态度。"然后就自由与容忍的关系,发表了他的一个重要观点:

你我不是曾同发表一个"争自由"的宣言吗？那天北京的群众不是宣言"人民有集会、结社、言论出版的自由"吗？《晨报》近年的主张，无论在你我眼中为是为非，决没有"该"被自命争自由的民众烧毁的罪状；因为争自由的唯一原理是："异乎我者未必即非，而同乎我者未必即是；今日众人之所是未必即是，而众人之所非未必真非。"争自由的唯一理由，换句话说，就是期望大家能容忍异己的意见与信仰。凡不承认异己者的自由的人，就不配争自由，就不配谈自由。

胡适已从《晨报》事件以及他饱受陈"同党少年丑诋"的经历中，深感到："不容忍的空气充满了中国。并不是旧势力的（不）容忍，他们早已没有摧残异己的能力了。最不容忍的乃是一班自命为最新人物的人。"胡适进而说："我怕的是这种不容忍的风气造成之后，这个社会要变成一个更残忍、更残酷的社会，我们爱自由、争自由的人，怕没有立足容身之地了。"

胡适在这封信中，还言及与陈交往（包括争议与友情）的底线：

我也知道你们主张一阶级专制的人已不信仰自由这个字了。我也知道我今天向你讨论自由，也许为你所笑。但我要你知道，这一点在我要算一个根本的信仰。我们两个老朋友，政治主张上尽管不同，事业上尽管不同，所以仍不失其为老朋友者，正因为你我脑子背后多少总还同有一点容忍异己的态度。至少我可以说，我的根本信仰是承认别人有尝试的自由。如果连这一点最低限度的相同点都扫除了，我们不但不能做朋友，简直要做仇敌了。[98]

十二、陈、胡交友之道

想当初，他们为新文化与北大文科整顿，相磋相切，何等融洽。温和的胡适曾一度被老革命家的陈独秀所"悍化"，五四后不久的6月11日也参与了陈独秀等在北京"新世界"剧场散发传单的冒险活动。这份由陈起草的《北京市民宣言》，只一页篇幅，上半部为中文,下半部为英文。这英文译文就出自胡适之手。当晚陈独秀被捕。胡适一面接替陈主编《每周评论》,一面四处打听陈的下落,设法组织营救,并在6月29日出版的《每周评论》上发表两篇随感录:《研究室与监狱》《爱情与痛苦》,盛赞陈的高尚人格。前者以"你们要知道陈独秀的人格吗"的问句引起,然后照录了陈"我们青年要立志出了研究室就入监狱,出了监狱就入研究室"的名言作为回答。后者则曰:

> 《每周评论》第二十五号里,我的朋友陈独秀引我的话"爱情的代价是痛苦,爱情的方法是要忍得住痛苦。"他又加上一句评语道:"依我看不但爱情如此,爱国爱公理也都如此。"这几句话出版后的第三日,他就被北京军警捉去了,现在已有半个多月,他还在警察厅里。我们对他要说的话就是:"爱国爱公理的报酬是痛苦,爱国爱公理的条件是要忍得住痛苦。"

对为真理而奋斗的朋友鼓励有加,对朋友的痛苦感同身受,情感是何等真挚深厚。陈独秀在《文学革命论》中一句"首举义旗"为"吾友胡适",演变成白话为"我的朋友胡适之";胡适在这里则称"我的朋友陈独秀",两相呼应则成为中国近代史上的新典。然而这对好朋友如今却到了"短兵相接"的时候了,他们的友谊还能持续吗?他们将如何交往?

好在他们之间的争论,毕竟不同于当年与林纾之流的论战;好在他们都还有一点儿"容忍异己"的雅量。陈始终颇爱胡适之才。如同他们共同的朋友汪孟邹所云,"仲翁对于吾哥确是十分爱惜",因每每劝胡适:"但他说话偏激,哥素知其详,望勿介意,为幸为幸。"[99] 而胡适一生极重友情,他有名言:"此身非吾身,一半属父母,一半属朋友。"他也确从友谊中获得过许多恩惠与乐趣。陈独秀对他既有知遇之恩,他对陈也确有难以割舍的友情。因而不管他们如何激烈交锋,言语如何偏激,从未突破友情的底线。相反,他们仍各自以其特殊方式传递着友情,直至生命的终结。

陈独秀只要听到有关胡适的传闻,总会不失时机地告诫他,或为他出谋划策。如1920年9月他们正为《新青年》争得不可开交,陈知"南方颇传适之兄与孟和兄与研究系接近,且有恶评"[100],他担心"我的好朋友书呆子为政客所利用",因而一再提醒胡适注意。殊不知是谣言，因而胡适回信说："你真是一个卤莽的人！……何以竟深信外间那种绝对无稽的谣言。"胡适转而又说："但是我究竟不深怪你，因为你是一个心直口快的好朋友。"[101] 1921年8月陈独秀听说胡适在北大呆得不顺心，就力荐他出任安徽省教育厅长。8月27日有信给胡适说："弟意吾兄下年倘决计不在北大，到安徽去办教育，也倒很好。担任教育行政职务和他项官吏不同，但能做事，似不必避此形式。"[102] 直到晚年居狱中，听说胡适可能弃教从政，急忙写信劝诫，说："先生著述之才远优于从政，'王杨卢骆当时体，不废江河万古流'，近闻有一种传言，故为先生诵之，以报故人垂念之谊。"[103] 1935年初，陈于狱中又听到有关胡适的传闻，又作书寄胡适："兄南游中，此间颇有谣言，兄应有纪行一文公表，平心静气描写经过，实有必要。弟私心揣测，兄演词或有不妥处，然圣人之徒不过借口于此，武人不足责，可叹者诸先知先觉耳！"[104] 作为老朋友，陈独秀对胡适爱惜之情溢于言表。

胡适对陈独秀这位"常使英雄泪满襟"、多经磨难的老朋友，也颇尽友谊之道。五四运动以后，陈独秀多次被捕，胡适每次都尽力营救，毫不介意他们的"主义"相悖。

1921年10月4日，陈独秀在上海被法捕房逮捕。6日晚胡适闻讯，立即打电话给蔡元培设法营救。温文尔雅的胡适不禁冲口骂道："法国人真不要脸！"[105]

1922年8月9日，陈再度遭法捕房逮捕。当胡适得知法捕房不准交保的消息后，于16日写了一封长信给署理外交部的顾维钧，说陈独秀"曾三次入狱，不是怕坐监人"，但"法国人近年作的事，实在大伤中国青年的感情，请他以此意劝告法公使，请他们不要如此倒行逆施，惹出思想界'排法'的感情"，"不过一来为言论自由计，二来为中法两国民间的感情计，不得不请他出点力"。[106] 这封信犹如《西厢记》中张生"笔尖儿横扫了五千人"，果生灵验，由于顾的干预，陈案以罚款了事。然陈独秀穷得丁当响，哪来款罚？于是胡适赶紧与李大钊、蔡元培等一起，为陈募款以为善后。

1932年10月15日，陈独秀被国民党政府逮捕。胡适也曾力谋营救，但这一次犯在蒋介石手上，无法挽回。当时国民党中还有人起哄要对陈"处极刑"。胡适、蔡元培等通过艰难周旋，才使陈案由军事法庭移交司法审理。陈独秀被捕仅半个月，10月

30日胡适就在北大国文系作了题为《陈独秀与文学革命》的著名演讲,大讲陈独秀文学革命的巨大贡献;同时在他主编的《独立评论》第二十四号上(1932年10月30日出版),发表傅斯年之名文《陈独秀案》,力呈陈独秀提倡文学革命、伦理改造和社会主义之功绩,称他为"中国革命史上光焰万丈的大彗星"。

12月1日,陈独秀于狱中致书胡适,对他和许多老朋友奔走营救深表感谢,同时要胡适给他寄英文版李嘉图《经济学与赋税之原理》等一批书,供他狱中研究——这下他真的要将监狱变成研究室了。再则请胡催促商务印书馆早日出版他的《拼音文字》稿(全称《中国拼音文字草案》,1927年大革命失败以后,他潜伏上海于1928年所撰,当时托胡适与商务印书馆联系出版)。老天真的陈独秀不知商务碍于政治原因不能出版,他还呼吁胡适"拿出当年提倡白话文的勇气,登高一呼",推动新制拼音文字。为供陈独秀生活之需,胡适与赵元任等筹集一千元稿费给陈,稿子仍存胡适处。陈自己的事,胡适几乎是有求必应,尽量为他的生活和研究提供方便。他狱中的研究成果,如《实庵字说》《老子考略》等,也多由胡适帮助在《东方杂志》上公开发表。胡适力劝他写自传,可惜只写两章而辍。即使为党内其他朋友的事托他,胡适也会尽力帮忙。更值得一提的是,陈独秀于狱中写信给胡适要他组织得力人员翻译《资本论》,胡适竟立即回信允诺:"仲兄:手书敬悉。《资本论》此间已托社会调查所吴半农、千家驹两君合译,已脱稿的第一册有三分之二了。第一分册已在四月前付商务排印。此二人皆极可靠,皆能用英、德两国本子对勘。"这在今人视为不可理解,但这又是不可否认的历史真实。

当然,身处囹圄的陈独秀也如从前一样性格刚烈,他与胡适的友谊也如从前一样出现过危机。1933年10月25日,胡适从美国归国,月底经南京回北平,11月2日致信独秀云:"此次过京匆匆,不能来省视吾兄,十分失望,两个月后南下,当来奉看。"陈见信后十分恼火,11月15日致信汪原放说:"我知道他在此间即和一班达官贵人拜会喝酒,已经够忙了,……君子绝交不出恶声也。我和他仅仅友谊关系,其他一切不必谈,他现在既不以友谊态度待我,不过旧朋友中又失去一个,如此而已。"[107] 表示要与胡适绝交。两个月后[108],胡适果然再到南京,并果然去看望了这位老友。汪原放说:"仲翁最重感情,适之兄去看过他以后,他又不生气了。"[109]

1937年8月,侵华日军轰炸南京,陈独秀狱室被炸,险遭不测。胡适刚好因事到南京,闻讯立即与张伯苓等几番奔走请命,终使独秀获释。

行笔至此,相信读者明白,自1921年以后,作为一个自由主义者的胡适,他多次营救的可是中共总书记与托派总书记,而非一般朋友。同为朋友,周作人因附逆遭国民政府追究,有人请胡适出面营救,胡适则不予理睬。这在那些鼓吹"亲不亲,线上分"的人们看来简直是匪夷所思。胡适与独秀的交友之道是:既不以私交而损真理,也不以真理而碍私交。陈独秀早年虽有恩于胡适,他晚年特别是在狱中确实受惠于胡适。但他在狱中与难友濮清泉谈起胡适,还是颇多"主义"色彩。他说:

> 胡适这个人,实在难测,在《新青年》上有大胆狂言的勇气,也写过一些号角式的文章。新文化运动,也是有贡献的。但他前进一步,就要停步观望一下,后来他走了一步,就倒退两步,这就难以挽救了。当初,我曾寄希望于他,同他谈马克思主义,有时他兴奋起来,也说马克思是一个大思想家,有独到的见解。但考虑良久,又退回到杜威那里去了,如是者几次。

但胡对陈说:"你相信你的马克思,我相信我的杜威,各不相强,各不相扰,大家何必走一条路呢?"濮清泉说:"当胡适从杜威走向蒋介石,走到华盛顿当了中国大使,陈很为他惋惜。陈说,你若只作学术研究,也许不会被人鄙视的。胡适说,我也为你惋惜,你若不当政党领袖,专心研究学术,想来也会有所成就而不致身陷囹圄的。"濮还说:"陈、胡的私交比较深厚。胡适说,没有你的《文学革命论》,白话文学难达今日之成就。陈说,没有你的《文学改良刍议》,文学还会停在八股的牢笼中。"[110]可见他们是将"主义"与友谊分得清清楚楚,处理得堂堂正正,没有半点儿含糊,真令后人深长思之:"人"字该怎么写?

1942年5月27日,陈独秀客死四川江津之后,胡适一直关心着陈独秀遗著《独秀丛著》的出版。本与商务印书馆商定好出版事宜,何之瑜1948年初遵胡适之"盼咐"

已编好《独秀丛著》总目,并请胡适写总序。可惜未果。胡适 1948 年 12 月 15 日离开北平,1949 年 4 月 6 日自上海登轮赴美,14 日在太平洋轮船上为陈独秀最后的论文和书信集作序,题为《陈独秀最后对于民主政治的见解——〈论文与书信〉序》[111],序文中透露出他由于撤离大陆而产生的懊丧心情,好像有所缓解,因为读了陈的遗书高兴地了解到这位曾与他分道扬镳的老朋友,"根据苏俄二十年来的经验,沉思熟虑了六七年",终于殊途同归,走到与他同一的民主思想的轨道上(以反对党的合法化为民主重要标志的他们的共鸣区)。这也算胡适对老友亡灵的一份献礼。

十三、陈、胡反思五四新文化运动

陈独秀、胡适这一对新文化运动的盟友,他们各自对对方在新文化运动中的贡献的评价,相信是人们所愿意了解的。

胡适虽有好名之嫌,但他决不如有些人所言,在回顾新文化运动历史时"有意淡化"陈独秀等人的贡献。[112]事实恰恰相反,胡适只要讲起这段历史,他都念念不忘陈独秀、钱玄同等人的特殊贡献。胡适中年的《四十自述》、晚年的《口述自传》及其关于新文化运动的两个重要文献——《五十年来中国之文学》《中国新文学大系·第一集导言》,都充分肯定了陈独秀在新文化运动中的重要作用。尤其上文所提到的《陈独秀与文学革命》,更是全面论述了陈独秀与文学革命的关系。

胡适首先肯定陈独秀"有充分的文学训练,对于旧文学很有根底",散文、诗歌创作都有"新的创造","他更崇拜小说,他说曹雪芹、施耐庵的《红楼梦》、《水浒传》比较归有光、姚姬传的古文要高明得多,在那时说这种大胆的话,大家都惊异得很,这可见他早就了解白话文的重要,他最佩服马东篱的元曲,说他是中国的 Shakespeare"。

其次说,"他受法国文化的影响很大,他的英文法文都可以看书","他做过一篇《法兰西人与近代文明》表示他极端崇拜法国的文化,他说法国人发明了三个大东西",

即人权说、进化论与社会主义；"另外还有一点"，"其实陈先生受自然主义（文学）的影响最大"，"把法国文学上各种主义详细地介绍到中国，陈先生算是最早的一个"。

再次说："陈先生是一位革命家"，我们留美学生"只谈文学，不谈革命，但陈先生已经参加政治革命，实行家庭革命"，"在袁世凯要实现帝制时，陈先生知道政治革命失败是因为没有文化思想这些革命，他就参加伦理革命，宗教革命，道德的革命"。

胡适将这三点作为陈与新文学运动的重要背景来谈，一言其对中国文学的看法，再言其对法国文化的借鉴，三言其革命精神。说到文学革命的兴起，胡适特别推崇陈独秀的《文学革命论》。说："他这篇文章有可注意的两点：一、改我的主张进而为文学革命；二、成为由北京大学学长领导，成了全国的东西，成了一个严重的问题。他说庄严灿烂的欧洲是从革命来的，他高张文学革命军大旗，为中国文学开辟一个新局面"，"他愿意拖了四十二生的大炮为之前驱，打倒十八妖魔：明之前后七子和归、方、姚、刘！这就是变成整个思想革命"！[113] 最后，胡适将之归纳为陈对于文学革命的三大贡献。

此前人们对陈独秀的文学革命，虽有过种种良评美誉，但如此全面准确的评介，还属第一次。怎样说胡适会"有意淡化"陈独秀的贡献呢？

至于陈独秀，他在《文学革命论》中振臂一呼："文学革命之气运，酝酿已非一日，其首举义旗之急先锋，则为吾友胡适。余甘冒全国学究之敌，高张文学革命军大旗，以为吾友之声援。"将胡适抬到无以复加的高度，足使其"暴得大名"。此前此后诸多通信对胡适之称赞，已揭之于前文，不再重申。至晚年，陈独秀在《蔡孑民先生逝世后感言》中，特别声明："五四运动，是中国现代社会发展之必然的产物，无论是功是罪，都不应该专归到那几个人；可是蔡先生、适之和我，乃是当时在思想言论上负主要责任的人。"[114] 其实五四当年，舆论就称蔡元培、陈独秀、胡适之为新文化运动之"三圣"：[115] 蔡元培为"大护法"，陈独秀为精神领袖，胡适为"急先锋"。[116] 濮清泉在《我所知道的陈独秀》中还说："陈独秀写的《文学革命论》，胡适写的《文学改良刍议》成为当时青年的'圣经'"，"陈与胡适、刘半农、钱玄同等算是文字知交，都在《新青年》

上发表文章，当时人们称为陈、胡、钱、刘四支大笔"，甚至说："当时全国青年几乎把陈、胡、钱、刘，当做'圣哲'来崇拜。"这些言论都证实了陈独秀的结论。

陈、胡二位日后在回顾与反思新文化运动时，也有某些不尽相同的看法。

其一，关于新文化运动的"正名"。陈独秀于宏观称之为新文化运动，于微观称白话文运动为与伦理革命、思想革命、政治革命相呼应的文学革命。胡适于宏观与陈相同，但于微观称白话文运动为文学改良—文学革命，事后（尤其是晚年）则乐于称之"中国文艺复兴运动"，似乎是让人联想到欧洲之文艺复兴运动，转而评价中国的白话文运动。此说也获得过西方一些学者的认同，于是有《胡适与中国的文艺复兴》[117]这类著作产生。

早在 20 世纪 40 年代初，李长之就从德国的 Meyer 词书中文艺复兴定义（一个古代文化的再生，尤其是古代思想方式、人生方式、艺术方式的再生）出发，认为中国五四运动并非文艺复兴，"尽量放大了尺寸说，也不过是启蒙"，[118] 则不无道理。

其二，关于新文化运动产生的原因。陈独秀 1923 年底为《科学与人生观·序》而所作《答适之》书指出："常有人说：白话文的局面是胡适之、陈独秀一班人闹出来的。其实这是我们的不虞之誉。中国近来产业发达、人口集中，白话文完全是应这个需要而发生而存在的。适之等若在三十年前提倡白话文，只需章行严一篇文章便驳得烟消灰灭，此时章行严的崇论宏议有谁听？"他坚持以唯物论中经济基础决定上层建筑的理论解释新文化运动的兴起，只把其"当做经济的儿子，不像适之把他当做经济的兄弟"。[119]

胡适在 1935 年 9 月所作《中国新文学大系·第一集导言》中有专章批驳陈独秀。他说，"中国白话文学的运动当然不完全是我们几个人闹出来的"，"我们至少可以指出这些最重要的因子"：第一是我们有了一千多年的白话文学作品；其二是我们的老祖宗在两千年中，渐渐能把一种大同小异的"官话"推行到了全国的绝大部分；第三是我们的海禁开了，和世界文化接触了，有了参考比较的资料。此外，还有几十年的政治原因，其一是 1905 年科举制度的废除，其二是从 1911 年到 1912 年，清朝帝室的颠覆,中华民国的成立。

同时胡适也承认个人于其中的特殊作用。"至于我们几个发难的人,我们也不用太妄自菲薄,把一切都归到'最后之因'。"他进而说:"白话文的局面,若没有'胡适之、陈独秀一班人',至少也得迟出现二三十年。"在个人作用上,胡适又特别强调个人行为的偶然性。

他认为,所有这一切,都与"产业发达,人口集中"无干,并由此引出一个方法论的命题:"治历史的人,应该向这种传记材料里去寻求那多元的、个别的因素,而不应该走偷懒的路,妄想用一个'最后之因'来解释一切历史事实。无论抬出来的'最后之因'是'神',是'性',是'心灵',或是'生产方式',都可以解释一切历史;但是,正因为个个'最后之因'都可以解释一切历史,所以都不能解释任何历史!"[120]

两者相比,胡适之论似乎更全面些,陈独秀说的似乎更"主义"些。平心而论,两者皆有偏颇,因为言新文化运动兴起的原因既不可避开经济基础,又不可只言经济基础。涉及方法论,胡适则在重复其"问题与主义"的老调子。

其三,关于新文化运动与五四运动的关系。从历史角度看,前者为文化新人的文化运动,后者为爱国学生的反帝运动,两者之间既有密切联系而又有明显差别。多数论者往往笼统地歌颂它们,较少注意两者的复杂关系及由此而来的思想发展和历史后果。在论述两者关系时,陈更着眼于它们的联系,首先认为后者是前者的必然发展,然后说,五四运动就是"直接行动"和"牺牲精神"。"牺牲精神"无须多说,"直接行动"似直承1919年6月8日的《北京市民宣言》之馀绪,《宣言》中没解释,这里则说:"直接行动,就是人民对于社会国家的黑暗,由人民直接行动加以制裁,不诉诸法律,不利用特殊势力,不依赖代表。因为法律是强权的护持,特殊势力是民权的仇敌,代议员是欺骗者,决不能代表公众的意见。"[121]质而言之,就是民众革命。

1938年5月15日,陈又写了《"五四"运动时代过去了吗?》,指出五四运动时代所要求的是:

> 反对日本帝国主义的侵略及卖国贼。
>
> 反对旧礼教的束缚,提倡思想解放,妇女解放,以扫荡封建的残余。
>
> 提倡科学,破除迷信,建设工业。
>
> 反对古典文,提倡语体文,以为普及教育和文化的工具。
>
> 提倡民权,反对官僚政治。

陈在这里将文化与政治融为一体,从而批评"五四精神过时"论,要求青年继承五四传统,"无保留的以百分之百的力量参加一切民主民族的斗争"。[122]

而胡适则更多着眼于两者之差异。胡适晚年说:

> 从我们所说的"中国文艺复兴"这个文化运动的观点来看,那项由北京学生所发动而为全国人民一致支持的、在一九一九年所发生的"五四运动",实是这整个文化运动中的一项历史性的政治干扰。它把一个文化运动转变成一个政治运动。[123]

这似乎是李泽厚"救亡压倒启蒙"说的先声。不过,胡适还说了问题的另一面,即五四运动对白话文传播之功:

> 在一九一九至一九二〇两年之间,全国大小学生刊物总共约有四百多种。全是用白话文写的。虽然这在一九一九年所发生的学生运动,是对中国文艺复兴运动的一种干扰——它把一个文化运动转变成为一项政治运动——但是对传播白话文来说,"五四运动"倒是功不可没的。它把白话文派了实际的用场。[124]

十四、陈、胡角色之自我认定

陈独秀与胡适皆为新文化运动之领袖人物,皆为中国现代之启蒙巨匠,但他们在对于各自角色的自我认定上,也有微妙的差异。

胡适早在美国留学期间,就想将自己造就为"国人导师"。他在1916年1月25

日的日记中写有心愿："今日造因之道，首在树人；树人之道，端赖教育。故适近来别无奢望，但求归国后能以一张苦口，一支秃笔，从事于社会教育，以为百年树人之计，如是而已。……明知树人乃最迂远之因，然近来洞见国事与天下事均非捷径所能为功。七年之病当求三年之艾，倘以三年之艾为迂远而不为，则终亦必亡而已矣。"胡适所珍视的"社会教育"，旨在培育治国英才，所谓"一个国家有一个国家的范型式的领袖人物"，现代中国"领袖人物必须具备充分的现代意识，必须有充分的现代训练"，这一切离开现代的"社会教育"，别无他途。否则，"我们这个国家也只好长久被一班无知识无操守的浑人领导到沉沦的无底地狱去了。"[125]历史证明，20世纪中国最佳现代化的"社会教育"，自然是五四新文化运动。

但当新文化运动兴起，胡适真的当了"国人导师"之一，他又借用龚自珍的一句名言作了另一番表述：

　　但开风气不为师，龚生此言吾最喜。

　　同是曾开风气人，愿长相亲不相鄙。

这首短诗出自胡适1925年8月27日夜所作《老章又反叛了》一文，后两句是期待昔日的文友，今日之论敌章士钊有"相亲不相鄙"的雅量。其间的典故[126]，人们似不大关心，只认为"但开风气不为师"，是胡适历史角色最富个性的表述，因而被广为引用。但人们似乎未注意到，胡适之初衷为"既开风气亦为师"，一旦初衷实现了，他才以伟大的谦虚说：但开风气不为师。试问哪有开一时风气者不是"师"？这实为不言而喻之道理，明白此理却自谦"但开风气不为师"——是胡适之所以为胡适也。

陈独秀同样珍视教育，他视"教育是智慧的源泉"。他说："教育虽然没有万能的作用，但总算是改造社会底最重要工具之一，而且为改造社会最后的唯一工具"；"国之强弱，当以其国民之智勇富力为衡"，"今世列强并列，皆挟其全国之民之德智力以相角，兴亡之数不待战争而决"。[127]他跟胡适一样，不仅重视学校教育，更重视社会教育，以提高全民族的素质。陈独秀早在1903年就曾指出："谓中国人天然无爱国性，吾终不服，特以无人提倡刺击，以私见蔽其性灵耳。若能运广长舌，将众人脑筋中爱国机关拨动,则虽压制其不许爱国,恐不可得。"那么,由谁来"运广长舌"、"提倡刺击"、"将众人脑筋中爱国机关拨动"呢?他回答说:

> 全国人既如是沉梦不醒,我等既稍有一知半解,再委弃不顾,则神州四百兆人岂非无一人耶!故我等在全国虽居少数之少数,亦必尽力将国事担任起来,庶使后世读中国亡国史者,勿谓此时中国无一人也。[128]

大有"国人导师,舍我其谁"的味道。陈独秀从来就是快人快言,他那种极其自信的心态与思维逻辑,在新文化运动中表现得淋漓尽致。与胡适"但开风气不为师"云云相比,陈独秀意象之中有一句不屑道破的话语:既开风气即为师,那还用说吗?这才是一枝独秀、独具只眼的陈独秀之独特话语。相信你不会怀疑。

两相比较,人们认为就内慧而言,胡适堪称稳健、伦理与自由的化身,蒋中正的挽联:"新文化中旧道德的楷模,旧伦理中新思想的师表",庶几近似;陈独秀则为激进、刚烈、道义的象征,移李守常的妙联"铁肩担道义,妙手著文章"评之再合适不过。就外秀而言,胡适身上渗透着英美绅士风度和中国传统士人的儒雅圆通,表现出一种温文尔雅的学者风度;陈独秀始终是一个壮怀激越的革命家,是法俄大革命的浪漫精神与中国民族民主革命的激进思潮奇特结合的产物。[129]

"江山代有才人出"。戊戌变法时期,维新派的首领是康有为和梁启超,有"康梁"之称;辛亥革命时期,革命党人的核心为孙中山、黄兴,史家将孙、黄并列。五四时期,陈独秀、胡适共执牛耳,刚柔相济,优势互补,既开风气亦为师,从文化意义上结束了一个旧时代,开创了一个新时代:改变了中国三千年传统文化的走向,从而使中国文化踏上与世界文化接轨的现代化进程,宛若《神曲》的作者但丁在欧洲文化史的地位。因而,不管他们之间有多少争议,也不管他们一生有多少坎坷,甚至也不管他们后来各自走向了何方,他们在五四新文化运动中的丰功伟绩都不可忽视。因为没有他们天造地设般的配合,中国的新文化运动或许就难以那么迅猛地兴起,即使迟早兴起也未必那么有声有色。陈独秀、胡适在新文化运动中的灿烂,未因历史逝去而褪色;反因历史久远,而更显醒人的魅力。

注释

[1] 章士钊：《致胡适》，《胡适来往书信选》上册第1页，中华书局1979年5月版（内部发行）。

[2] 《陈独秀著作选》第1卷第118页，上海人民出版社1993年4月版。

[3] 汪孟邹：《致胡适》，见耿云志《胡适新论》第136页，湖南出版社1996年5月版。

[4] 汪孟邹：《致胡适》，见耿云志《胡适新论》第137页。

[5] 近年海外有人考辨说，胡适早在上海编《竞业旬报》时即已与陈氏结识，然未提供依据。若然，则陈向胡约稿何必请汪孟邹做中介呢？

[6] 胡适：《寄陈独秀》，《胡适书信集》上册第69页，北京大学出版社1996年9月版。

[7] 陈独秀：《致胡适》，《胡适来往书信选》上册第5页。其"认错"指未察薛女士于《意中人》"误译处甚多"，其"告罪"指胡适所译《决斗》迟迟未见刊。

[8] 胡适：《致陈独秀》，《胡适书信集》第82—84页。

[9] 《陈独秀书信集》第46页，新华出版社1987年11月版（内部发行）。

[10] 《水浒传》《西游记》实为明代中叶之作品，《三国演义》虽有人认为是元代作品，但仍无定论。

[11] 《东西民族根本思想之差异》，《青年杂志》第1卷第4号，1915年12月15日出版。

[12] 《敬告青年》，《青年杂志》第1卷第1号，1915年9月15日出版。

[13] 《现代欧洲文艺史谭》，《青年杂志》第1卷第3号。

[14] 陈独秀：《答张永言》，《青年杂志》第1卷第4号。

[15] 陈独秀：《答张永言》，《青年杂志》第1卷第6号，1916年2月15日。

[16] 陈独秀：《答常乃德》，《新青年》第2卷第4号，1916年12月1日。

[17] 陈独秀：《致胡适信》，《陈独秀书信集》第46页。

[18] 黄曼君主编《中国近百年文学理论批评史》第217页，湖北教育出版社1997年3月版。

[19] 《陈独秀著作选》第1卷第136—138页。

[20] 林毓生：《中国传统的创造性转化》，（北京）三联书

店1988年12月版。

[21] 周作人:《中国新文学的源流》,海南出版社1994年8月版。

[22] 见《新青年》第2卷第6号,1917年2月1日。下引该文,则不另注。

[23] 李泽厚、刘再复:《告别革命——回望二十世纪中国》,香港天地图书有限公司1995年版。他们于序中说:"我们所说的革命,是指以群众暴力等急剧方式推翻现有制度和现有权威的激烈行动(不包括反对侵略的所谓'民族革命')。"由此义出发,他们既决心告别来自"左"的革命,也告别来自"右"的革命。

[24] 本节参阅姜义华:《20世纪中国革命的事与理》,《学术月刊》1997年第10期。

[25] 陈独秀:《答卓鲁》,《新青年》第3卷第5号,1917年7月1日。

[26] 陈独秀:《革命与反革命》,《向导周报》第16期,1923年1月18日。

[27] 陈独秀:《答张护兰》,《新青年》第3卷第3号,1917年5月1日。

[28] 陈独秀:《答易宗夔》,《新青年》第5卷第4号,1918年10月15日。

[29] 陈独秀:《吾人最后之觉悟》,《青年杂志》第1卷第6号,1916年2月15日。

[30] 余虹:《五四新文学理论的双重现代性追求》,《文艺研究》2000年第1期。

[31] 章培恒、谈蓓芳:《论五四新文学与古代文学的关系》,《复旦学报》1996年第4期。

[32] 胡适:《我的歧路》,《胡适文存二集》第3卷第108页,上海亚东图书馆民国13年(1924)11月版。

[33] 夏中义:《谒胡适书》,《九谒先哲书》第133页,上海文化出版社2000年9月版。

[34] 胡适:《四十自述·逼上梁山》,《胡适自传》第102页,(南京)江苏文艺出版社1995年9月出版。

[35] 胡适:《四十自述·逼上梁山》,《胡适自传》第127页。

[36] 夏中义:《谒胡适书》,《九谒先哲书》第123页。

[37] 鲁迅:《且介亭杂文集·忆刘半农君》,吴子敏等编《鲁

迅论文学与艺术》第715—716页,(北京)人民文学出版社1980年7月版。

[38] 陈独秀:《答曾毅》,《新青年》第3卷第2号,1917年4月1日。

[39] 陈独秀:《学术独立》,《新青年》第5卷第1号,1918年7月15日。

[40] 陈独秀:《答张护兰》,《新青年》第3卷第3号,1917年5月1日。

[41] 陈独秀:《答陈丹崖》,《新青年》第2卷第6号,1917年2月1日。

[42] 陈独秀:《答曾毅》。

[43] 胡适:《寄陈独秀》,《胡适学术文集·新文学运动》第29页,中华书局1993年9月版。

[44] 陈独秀:《答胡适书》,《胡适学术文集·新文学运动》第31—32页。

[45] 陈独秀:《答崇拜王敬轩者》,《新青年》第4卷第6号,1918年6月15日。

[46] 陈独秀:《答爱真》,《新青年》第5卷第6号,1918年12月15日。

[47] 鲁迅:《"招贴即扯"》,《鲁迅全集》第6卷第181页,人民文学出版社1981年版。

[48] 陈独秀:《答佩剑青年》,《陈独秀著作选》第1卷第282页。

[49] 陈独秀:《关于北京大学的谣言》,《每周评论》第13号,1919年3月16日。

[50] 陈独秀:《答曾毅》,《新青年》第3卷第2号,1917年4月1日。

[51] 陈独秀:《答方孝岳》,《新青年》第3卷第2号。

[52] 陈独秀、钱玄同通信,《新青年》第3卷第6号,1917年8月1日。

[53] 陈独秀:《答陈丹崖》,《新青年》第2卷第6号,1917年2月1日。

[54] 这个专栏到1923年6月《新青年》改为季刊,成为中共党刊才被取消。

[55] 陈独秀:《答张寿朋》,《新青年》第5卷第6号,1918年12月15日。

[56] 鲁迅:《渡河与引路》,《鲁迅全集》第7卷第35页。
[57] 耿云志:《胡适新论》第141页,湖南出版社1996年5月版。
[58] 汤尔和(1871—1940),浙江杭州人,早年留日时与陈独秀皆为拒俄运动领导者。武昌起义后,在杭州参加浙江独立运动,随后被推选为浙江省代表赴武昌商议组织临时政府。民国成立后,汤退出政界,从事医学事业,1913年创办北京医学专门学校并任校长,俨然为当时浙江教育界在京势力的中心人物。陈万雄在《五四新文化的源流》中认为蔡、陈之进北大,都可能是由他策划的。
[59] 蔡元培:《我在北京大学的经历》,《东方杂志》第31卷第1号,1934年1月1日。
[60] 蔡元培:《我在北京大学的经历》。
[61] 陈万雄:《五四新文化的源流》第48页,(北京)三联书店1997年1月版。
[62] 汪原放:《回忆亚东图书馆》第35页。
[63] 蔡元培:《我在北京大学的经历》。
[64] 汪原放:《回忆亚东图书馆》第36页。
[65] 沈尹默:《我和北大》,《五四运动回忆录》(续)第165—166页,中国社会科学出版社1979年11月版。
[66] 罗章龙:《陈独秀先生在红楼的日子》,《新华文摘》1983年8月。
[67] 汪东林:《全国政协委员梁漱溟谈蔡元培先生》,《光明日报》1980年3月9日。
[68]《北京大学日刊》,1919年3月21日。
[69] 蔡元培:《我在北京大学的经历》。
[70] 陈独秀:《蔡孑民先生逝世感言》,1940年3月24日重庆《中央日报》。
[71] 罗章龙:《椿园载记》第24页,河南人民出版社1980年版。
[72] 见《胡适来往书信选》上册第6页,中华书局1979年5月版。
[73] 胡明:《胡适传论》第24页"博士与事业",人民文学出版社1996年6月版。
[74]《胡适书信集》第97页,北京大学出版社1996年9月版。

[75] 见《历史档案》1986年第2期。

[76] 转引自胡明《胡适传论》第357页。

[77] 蔡元培:《我在教育界的经验》,《宇宙风》第55、56期,1937年12月、1938年1月。

[78] 郑振铎:《中国新文学大系·文学论争集导言》第4页,上海良友图书印刷公司1935年8月版。

[79] 《胡适学术文集·新文学运动》第244页,中华书局1993年9月版。

[80] 胡适:《中国新文学大系·第一集导言》,《胡适学术文集·新文学运动》第254页。

[81] 胡适:《中国新文学大系·第一集导言》,《胡适学术文集·新文学运动》第249页。

[82] 章士钊:《评新文化运动》(见《中国新文学大系·文学论争集》)所讽刺与焦心的"以适之为上帝,绩溪为上京,遂乃一味于胡氏《文存》中求文章义法,于《尝试集》中求诗歌律令,目无旁骛,笔不暂停,以致酿成今日底他它吗呢吧咧之文变",恰成为白话文胜利与胡适之影响的形象化概括。

[83] 据《胡适口述自传》云,原为武昌文华大学邀请他去作学术报告,但他在京陪杜威讲演并任翻译,他"转荐独秀前往",于是有陈氏的武汉之行。

[84] 据《宗白华全集》(安徽教育出版社1994年版)第一卷之《答陈独秀先生》,知陈文原题为《告上海新文化运动的诸同志》,曾载1920年1月1日《时事新报·学灯》。

[85] 《陈独秀书信集》第252页。

[86] 《陈独秀书信集》第305页。

[87] 胡适:《答陈独秀》,《陈独秀书信集》第293页。

[88] 胡适:《答陈独秀》,《陈独秀书信集》第293页。

[89] 胡适此信及北京同人之签注,李大钊、鲁迅为此写的信,均见张静庐《中国现代出版史料初编》(甲编)第9—13页,中华书局1954年12月版。原件皆存北京大学档案馆。

[90] 鲁迅:《致青木正儿信》(译文),吴子敏等编《鲁迅论文学与艺术》第57页。

[91] 周作人日记,1919年10月5日:"下午二时至适之寓,议《新青年》事,自七卷始由仲甫一人编辑";1920

年 5 月 11 日：" 至公园赴适之约，共议《新青年》8 卷事。" 可见胡适曾为在京同人议《新青年》事之召集者与策划者。

[92] 见钱玄同致鲁迅、周作人的信（1921 年 1 月 11 日），载《鲁迅研究资料》第 12 辑第 17 页，天津人民出版社 1983 年版。

[93] 指《新青年》第 8 卷第 6 号付排时，全部稿件被法租界巡捕房派包探从印刷厂搜走，以致此期延至 1921 年 4 月 1 日出版。第 9 卷第 1 号《编辑室杂记》中有声明："本志八卷六号排印将完的时候，所有稿件尽被辣手抓去，而且不准在上海印刷；本志既须找寻原稿重编一道，又须将印刷地点改在广东，所以出版便不能如期了。劳爱读诸君，屡次来信询问缘由，本社非常抱歉——这也许是中国应该向我们抱歉！" 由此可知其始末。

[94] 此两信均见《陈独秀书信集》第 308—309 页。

[95] 从此《新青年》正式成为共产党人的刊物，北京原有同人中胡适、周氏兄弟、刘半农仍有学术文艺性稿子给它发表，直到第 9 卷结束。其中钱玄同早于 1920 年底就不为它写稿，以为"无论谈什么'主义'和'问题'，都有流弊"。（钱玄同 1920 年 9 月 10 日致周作人书）

[96] 胡适：《〈努力〉的问题》，原载 1924 年 9 月 12 日《晨报·副镌》。

[97] 汪原放：《胡适和〈胡适文存〉》，见任建树著《陈独秀大传》第 248 页，上海人民出版社 1999 年 5 月版。

[98] 胡适：《致陈独秀》（稿），见《胡适来往书信集》上册第 355—356 页。编者有注云："此稿约写于 1925 年 12 月间"。

[99] 参见中国社科院《胡适档案》。

[100] 陈独秀：《致胡适、高一涵》，《陈独秀书信集》293 页。

[101] 胡适：《致陈独秀》（稿），见《胡适来往书信选》上册，第 119—120 页。编者有注云："此信约写于 1920 年底（或 1921 年初）。"

[102] 陈独秀：《致胡适》，《陈独秀书信集》第 321 页。

[103] 陈独秀：《致胡适》，《陈独秀书信集》第 468 页。

[104] 陈独秀：《致胡适》，《陈独秀书信集》第 469 页。

[105] 《胡适日记》（上）第 236 页，中华书局 1985 年版。

[106] 《胡适日记》（上）第 236 页，（北京）中华书局

1985年版。

[107] 陈、胡二人之信，均见汪原放《回忆亚东图书馆》第171页。

[108] 汪原放《回忆亚东图书馆》说："次年，适之兄还是到牢里去看过仲翁的。"似记忆有误，从胡适11月2日信判断，他去看陈当在"两个月后"。

[109] 汪原放：《回忆亚东图书馆》第171页。

[110] 濮清泉：《我所知道的陈独秀》，见陈木辛编《陈独秀印象》第149—150页，学林出版社1997年12月版。

[111] 此书1949年6月由香港自由中国社编辑出版，较何之瑜编辑1948年亚东图书馆出版之《陈独秀最后的论文和书信》少收陈氏书信四则。

[112] 参见沈永宝《论从"八不主义"到"四条主张"的演变》，《文艺报》1994年3月5日。

[113] 此文原载1933年3月北平东亚书局出版《陈独秀评论》（陈东晓编）。

[114] 此文原载1940年3月24日重庆《中央日报》。

[115] "三圣"说，见包惠僧《我所知道的陈独秀》（陈木辛编《陈独秀印象》第92页），包仅说陈为"三圣"之一，其他二圣未指明，笔者根据其上下文判断其他二人当为蔡元培与胡适。

[116] 近年有夏中义在《九谒先哲书》（上海文化出版社2000年9月版）重新为陈、胡排座次："陈独秀近乎'决胜于千里之外'的战将，而（胡适）先生倒更像'运筹于帷幄之中'的儒帅了。"这倒无伤大雅，因为陈、胡可能都未必热衷于那座次。

[117]〔美〕格里德：《胡适与中国的文艺复兴》，鲁奇译，江苏人民出版社1995年2月版。

[118] 李长之：《五四运动之文化的意义及其评价》，原载《迎中国的文艺复兴》，商务印书馆1946年9月版。

[119]《陈独秀著作选》第2卷第575—576页。

[120]《胡适学术文集·新文学运动》第241—244页。

[121]《陈独秀著作选》第2卷第130页。

[122]《陈独秀著作选》第3卷第477—478页。

[123] 胡适：《口述自传》，见吴福辉编《胡适自传》第265页，江苏文艺出版社1995年9月版。

[124] 胡适:《口述自传》，见吴福辉编《胡适自传》第249页。

[125] 胡适:《领袖人物的来源》，转引自胡明《胡适传论》第540页，人民文学出版社1996年6月版。

[126] 指章士钊在新文化运动兴起后，曾前后两次作文《评新文化运动》，攻击"白话文体盛行而后……诲盗诲淫，无所不至，此诚国命之大创，而学术之深忧"，甚至说是"国家未灭，文字先亡"，宣布他所主办的《甲寅周刊》上"文字须求雅驯，白话恕不刊登"。后来终于向首倡白话文的胡适"投降"了。那是1925年，他与胡适合拍了一张照片，并题了一首白话诗给胡适："你姓胡，我姓章；/你讲什么新文学，/我开口还是我的老腔。/你不攻来我不驳，/双双并坐，各有各的心肠。/将来三五十年后，/这个相片好作文学纪念看。/哈，哈，/我写白话歪词送把你，/总算是老章投了降。"胡适则题上这首"但开风气不为师"的准绝句，与之相映成趣。不料未久章又写文攻击白话文学，所以胡适才说："老章又反叛了。"

[127] 陈独秀论教育言论，见童富勇等著《陈独秀、李大钊教育思想研究》第110—113页，辽宁教育出版社1997年6月版。

[128] 陈独秀:《安徽爱国会演说》，《陈独秀著作选》第1卷第15—16页。

[129] 欧阳哲生:《自由主义之累》第78页，上海人民出版社1993年12月版。

第十一章

谁是五四时代的狂人——陈独秀与《狂人日记》及其他

> 弄文罹文网，
> 抗世违世情。
> 积毁可销骨，
> 空留纸上声。
>
> ——鲁迅《题〈呐喊〉》

鲁迅《狂人日记》中的狂人到底是谁？

回答这个问题，应有两个层面：一为生活原型，一为精神原型。

一、从审美第一印象说起

关于生活原型，周作人晚年在署名"周遐寿"的《鲁迅小说里的人物》中说，鲁迅《狂人日记》中狂人的模型，乃是鲁迅的表兄弟，我们姑且称他为刘四。后来又说他叫郁四[1]。这诱发了人们的考证欲。其中考据最详实者，当数谷兴云的《关于〈狂人日记〉中"狂人"的原型阮久荪》。他指出周作人"姑且"云云为假托之词，而那"狂人"之原型乃他们的姨表弟阮久荪。1916年10月30日阮因精神错乱到鲁迅住处，至11月6日鲁迅送其南归，前后共八天，其中住院五天五夜。病愈后先安住在家，到1923—1924年他已充当民校教师与学馆塾师（不过，这已是《狂人日记》以后的事了，鲁迅写这篇小说时无法预知）。[2]周作人说："因为（鲁迅）青年鲁迅亲自见过'迫害狂'的病人，又加了书本上的知识，所以才能写出这篇来，否则是很不容易下笔的。"[3]这说的是模特儿对鲁迅小说创作的作用。但模特儿只是模特儿，不能等同于作品中的人物形象。这层意思，周作人也说得很清楚。

周作人说，《狂人日记》"篇首有一节文言的附记，说明写日记的本人是什么人，这当然是一种烟幕",[4] "附记中说'以供医家研究',也是一句幽默话,因为那时报纸上喜欢登载异闻,如三只脚的牛、两个头的胎儿等,末了必云'以供博学家之研究',所以这里也来这一句。"他进而说:"这篇文章虽然说是狂人的日记,其实思路清澈,有一贯的条理,不是精神病患者所能写得出来,这里迫害狂的名字原不过是作为一个楔子罢了。"[5]

热衷于考证,或从"烟幕"与"楔子"中寻得微言大义的先生们,对于周作人的这番有意义的解说,却不大理会。如新近有人特别看重附记,将之与文本打通,理出个狂人三部曲:

> 由激烈地反封建宗法制度及其文化开始,中经被迫害致狂,留下"语颇错杂无伦次,又多荒唐之言"的"日记二册",最后病愈做官去了。狂人通过他的人生三部曲,走向了他的归宿,委曲求全,抛弃致狂前的思想立场和原则。

并将此视为一个重大发现,说是"这个关键问题往往被许多论者所回避,其实《狂人日记》的'忧愤深广'恰恰最终寄寓在这里"。因而这位论者从这里发现了"'狂人'反封建的不彻底性与妥协性",并认为"'狂人'的由轰轰烈烈的'狂态'到规行矩步的'官态',由'壮剧'演变为'悲剧',乃是鲁迅为五四新文学提供的一个具有特殊审美意义的悲剧形象"。[6]

这种研究,全然不顾周作人关于"烟幕""楔子"的有益提示。按这种研究逻辑,则鲁迅当年供职北洋政府教育部岂不就成了"规行矩步的'官态'"?岂不就表现为"反封建的不彻底性与妥协性"?候补、供职与人物的思想性格固然有联系,但又不能将两者混为一谈。否则你就无法理解旧时代革命家们的职业身份与革命信仰的关系。

至于"狂人"的精神原型,应更令人感兴趣,然却似乎无人问津。欲求索狂人的

·青年鲁迅

精神原型，则当先理清狂人的精神结构。

这还得从周作人的解说说起。周作人在《〈呐喊〉衍义》中有云：

《狂人日记》的中心思想是礼教吃人。这是鲁迅在《新青年》上所放的第一炮，目标是古来的封建道德，以后的攻击便一直都集中在那上面。第三节中云："我翻开历史一查，这历史没有年代。歪歪斜斜的每页上都写着'仁义道德'几个字。我横竖睡不着，仔细看了半夜，才从字缝里看出字，满本都写着两个字是'吃人'！"……礼教吃人，所包含甚广，这里借狂人说话，自然只可照题目实做，这是打倒礼教的一篇宣传文字，文艺与学术问题都是次要的事。[7]

应该说，周作人的把握还是准确的。为了进一步求索，只得借重《狂人日记》研究史上的审美第一印象。关于审美的第一印象，宁宗一师曾有过妙论，云：

对于文艺爱好者来说，可能都有过这样的欣赏经验：读一篇文学作品（特别是那些叙事类作品）的第一次印象（心理学上叫"第一次感知"）往往会成为今后对这篇作品进行抑扬褒贬和审美判断的一个十分重要的关键。这也许是因为，对于读者来说，每篇作品只可能有一次"初次印象"。这如同人们看到一个性格特异的人，听到一个新鲜的故事，看到一个别致的事物，对他来说，这一切都是新鲜的。这个珍贵的新鲜感，在以后二次、三次接触中有时反而会淡漠了。这一规律常常出现在文艺鉴赏者的精神活动中。[8]

所谓《狂人日记》研究史上的审美第一印象，是指《狂人日记》问世后最早的反响，也就是对它最早最鲜活的评论，可能是最重要也是最准确的审美判断。尔后的有关评论虽多，也不排斥其中有迭出的新见，但新见

·《狂人日记》插图 智利 柯塞·万徒勒里作

过于拥挤,过于求凿,就可能弄得玄之又玄,甚至于在寻求微言大义的竞赛中离题万里,到头来,反不如那审美第一印象来得清晰与确切。

《狂人日记》的最早评论,来自傅斯年署名"记者"的《书报介绍·〈新青年〉杂志》。其中指出:"就文章而论,唐俟君的《狂人日记》用写实笔法,达寄托(symbolism)的旨趣,诚然是中国近来第一篇好小说。"[9]他对《狂人日记》所作的第一声反响,虽然简略却中肯准确。

1919年4月,傅斯年又署名"孟真"在《新潮》第一卷第四号上发表了《一段疯语》,更详尽地发挥了其读《狂人日记》最早的感想:

> 鲁迅先生所作《狂人日记》的狂人,对于人世的见解,真个透彻极了;但是世人总不能不说他是狂人。哼哼!狂人,狂人!耶稣、苏格拉底在古代,托尔斯泰、尼采在近代,世人何尝不称他做狂人呢!但是过了些时,何以无数的非狂人跟着狂人走呢?文化的进步,都由于有若干狂人,不问能不能,不管大家愿不愿,一个人去辟不经人迹的路。最初大家笑他,厌他,恨他,一会儿便要惊怪他,佩服他,终结还是爱他,像神明一般的待他。所以我敢决然断定,疯子是乌托邦的发明家,未来社会的制造者。

傅斯年在这篇"疯子赞"中,还说:"在现在的社会求'超人',只有疯子当得起。疯子的思想,总比我们超过一层;疯子的感情,总比我们来得真挚;疯子的行事,更是可望而不可及的。疯子对于社会有一个透彻的见解,因而对于人生有一个透彻的觉悟;因而行事决绝,不受世间习俗的拘束。"他进而将常人与疯子相比较,说:"中国现在的世界里,是沉闷寂灭到极点了;其原因确是疯子太少。疯子能改换社会。非疯子头脑太清楚了,心里忘不了得失,忘不了能不能,就不免顺着社会的潮流,滚来滚去。"他说:"疯子以外,最可爱的人物,便是小孩子。"他翻古人诗句为:"时人不识余心苦,将谓偷闲学疯子。"文末疾呼:

> 我们应当敬从的是疯子,最当亲爱的是孩子。疯子是我们的老师,孩子是我们的朋友。

我们带着孩子，跟着疯子走——走向光明去。

更鲜明、更尖锐地揭示《狂人日记》主题的，是被胡适誉为"四川省只手打孔店的老英雄"[10]吴虞所写《吃人与礼教》。他说：

我读《新青年》里鲁迅君的《狂人日记》，不觉得发生了许多感想。我们中国人，最妙是一面会吃人，一面又能够讲礼教。吃人与礼教，本来是极相矛盾的事。然而他们在当时历史上，却认为并行不悖的，这真正奇怪了。《狂人日记》内说："我翻开历史一查，这历史每页上都写着'仁义道德'几个字。仔细看了半夜，才从字缝里看出字来，满本都写着两个字，是'吃人'。"我觉得他这日记，把吃人的内容，和仁义道德的表面，看得清清楚楚。那些戴着礼教假面具吃人的滑头伎俩，都被他把黑幕揭破了。

接着吴虞于下文举了几个历史上的典型事例，来证明鲁迅《狂人日记》中的说法。至文末，吴虞则慷慨激昂地说：

到了如今，我们应该觉悟！我们不是为君主而生的！不是为圣贤而生的！也不是为纲常礼教而生的！什么"文节公"呀，"忠烈公"呀，都是那些吃人的人设的圈套，来诳骗我们的！我们如今应该明白了！吃人的就是讲礼教的！讲礼教的就是吃人的呀！[11]

如果说傅斯年所言是《狂人日记》的第一声反响，吴虞所言是《狂人日记》主题的第一次被揭示，那么，茅盾（署名"雁冰"）则准确地描述了其对《狂人日记》艺术世界的第一印象：

那时我对于这古怪的《狂人日记》起了怎样的感想呢，现在已经不大记得了；大概当时亦未必发生如何明确的印象，只觉得受着一种痛快的刺戟，犹如久处黑暗的人们骤然看了绚丽的阳光。这奇文中冷隽的句子，挺峭的文词，对照着那含蓄半吐的意义，和淡淡的象征主义的色彩，便构成了异样的风格，使人一见就感着不可言喻的悲哀的愉快。这种快感正像爱于吃辣的人所感到的"愈辣愈爽快"的感觉。我想当日如果竟有若干国粹派读者把这《狂人日记》反复读至五六遍之多,那我就敢断定他们(国粹派)一定不会默默的看它(《狂人日记》)产生,而要把恶骂来欢迎它(《狂人日记》)的生辰了。因为这篇文章,除了古怪的不足为训的体式外,还颇有些"离经叛道"的思想,传统的旧礼教,在这里受着最刻薄的攻击,蒙上了"吃人"的罪名了。……中国人一向自诩的精神文明第一次受了最"无赖"的怒骂。[12]

将傅、吴、沈三者所言相加,或许就可作为最早一批读者对这古怪的《狂人日记》"愈辣愈爽快"的审美第一印象。我相信,作为一种独特的精神活动,他们在审美过程中,是一只眼看着文本中的狂人,一只眼望着社会上的狂士——文化革命的先驱,且立足于黑暗的现实而向往着光明的未来,从而倾情地欢呼,讴歌着这位离经叛道的狂人。因此,综上所述,在他们审美第一印象中的狂人有两个最显著的特点:

其一,狂人敢于揭破封建礼教的假面具,指出礼教吃人。早在《狂人日记》发表之初,鲁迅就在《致许寿裳信》中说:"前曾言中国根柢全在道教,此说近颇广行。以此读史,有多种问题可以迎刃而解。后以偶阅《通鉴》,乃悟中国人尚是食人民族,因成此篇。此种发现,关系亦甚大,而知者尚寥寥也。"[13]足见鲁迅对"礼教吃人"这一发现的重视。

其二,狂人是尼采式的超人,其思想、感情、行事都超乎常人,是乌托邦的发明家,未来社会的制造者,是我们应当敬从的老师(领袖)。我们应"带着孩子,跟着疯子走——走向光明去"。

对于狂人的这两个特点,以往的研究关注的多为第一点,而对第二点在傅斯年之后似尚无人论及。而这两个特点,恰为狂人精神世界不可分割的组成部分。

以这两点格之,鲁迅生活的时代谁配当其精神原型呢?且让我们来慢慢分解。

二、俱往矣,数疯狂人物唯我独秀

鲁迅《狂人日记》问世之前,中国近代思想史上也曾颇有几个狂人。到鲁迅写作《狂人日记》时,他们都还健在,不过此时他们或已失去光泽,或甚至转向自己的反面。

例如严复（1854—1921），因曾"做"过《天演论》，给近代中国人以进化论的新世界观，被鲁迅誉为"十九世纪末年中国感觉锐敏的人"[14]。民国后，"终觉共和政体，非吾种所宜"。1913年成为孔教会首领，以为孔丘思想乃"救中国救世界的丹方"[15]，而咒提倡以美育代替宗教的蔡元培为"神经病"[16]。

康有为（1858—1927）在维新变法运动中，声名大振，"四年之间，凡七上书，其不达也如故，其频上也如故，举国俗流非笑之，唾骂之，或谓为热中，或斥为狂病"[17]。然进入民国以后，仍眷恋清帝，转而诋毁共和，组织保皇会、孔教会，"定孔教为国教"，甚至参加张勋复辟活动。因而屡遭章太炎、陈独秀等人的批判。

梁启超（1873—1929），曾以鲁莽疏阔手段，烈山泽以辟新局，自誉为近代思想界之陈涉；[18]与乃师齐名，世称康梁。凡所著述，"条理明晰，笔端常带感情，对于读者别有一种魔力"[19]。然变法失败之后，仍主张君主立宪，与袁世凯政府、北洋政府皆有染。言行多变且常自相矛盾，虽有"不惜以今日之我，难昔日之我"之类托词，仍不免朝野訾议。

章太炎（1869—1936），乃辛亥革命名流，"考其生平，以大勋章作扇坠，临总统府之门，大诟袁世凯的包藏祸心者，并世无第二人；七被追捕，三入牢狱，而革命之志，终不屈挠者，并世亦无第二人"[20]，人称章疯子。然武昌起义后，竟散布"革命军兴，革命党消"的言论，力主孙中山让位于袁世凯，直至袁暗杀宋教仁才如梦初醒而讨袁，为袁禁锢，袁死后方获释。诚如他的学生鲁迅所云："太炎先生虽先前也以革命家现身，后来却退居于宁静的学者，用自己所手造的和别人所帮造的墙，和时代隔绝了。"[21]

对于上述种种狂人（亦即风流人物），鲁迅都有过评说：

> 广东举人多得很，为什么康有为独独那么有名呢，因为他是公车上书的头儿，戊戌政变的主角，趋时；留英学生也不希罕，严复的姓名还没有消失，就在他先前认真的译过的好几部鬼子书，趋时；清末，治朴学的不止太炎先生一个人，而他的声名，远在孙诒让之上者，其实是为了他提倡种族革命，趋时，而且还"造反"。后来"时"也"趋"了过来，他们就成为活的纯正

的先贤。但是，晦气也夹屁股跟到，康有为永定为复辟的祖师，袁皇帝要严复劝进，孙传芳大帅也来请太炎先生投壶了。原来拉车前进的好身手，腿肚大，臂膊也粗，这回还是请他拉，拉还是拉，然而是拉车屁股向后，这里只好用古文，"呜呼哀哉，尚飨"了。[22]

说这些话时，鲁迅虽已近晚年，但这类思想可能积聚于早年。因为上述种种人物，在五四前夕皆纷纷落伍。虽然他们都程度不同地影响过前期鲁迅思想，但在写《狂人日记》时，他们都不配充当其主人公的精神原型。借用一下毛泽东的豪言，可谓"俱往矣，数风流人物，还看今朝"。

到了陈独秀时代，于《狂人日记》问世前夕，已涌现出一大批文化新人：陈独秀、蔡元培、李大钊、胡适、鲁迅、吴虞、周作人等。

他们中蔡元培、李大钊有领袖资格，然不属"狂"之列。因为蔡元培如陈独秀所说，"是一个无可无不可的老好人"，他令人佩服处在有坚守大节的倔强，容纳异己的雅量，尊重学术思想自由的卓见。[23] 这也大致可代表鲁迅的蔡元培观。而李大钊在鲁迅心目中的印象是"诚实，谦和"，模样"有些儒雅，有些朴质，也有些凡俗。所以既像文士，也像官吏，又有些像商人"。[24] 尽管蔡元培曾被严复视为"神经病"，李大钊后来被军阀所绞杀，但他们却不曾有过狂态。

钱玄同、吴虞反孔且有狂态，却无领袖资格。钱玄同在《新青年》前期曾是个"扎硬寨，打死战，一点也不肯表示退让"的角色[25]。鲁迅与钱玄同交谊甚笃。鲁迅曾高度评价钱在新文化运动中的作用："在中国，刚刚提起文学革新，就有反动了。不过白话文却渐渐风行起来，不大受阻碍。这是怎么一回事呢？就是因为当时又有钱玄同先生提倡废止汉字，用罗马字母来替代。这本不过是一种文字革新，很平常的，但被不喜欢改革的中国人听见，就大不得了了，于是就便放过了比较的平和的文学革命，而竭力来骂钱玄同。白话文乘了这一个机会，居然减去了许多敌人，反而没有阻碍，能够流行了。"[26] 吴虞早年于理论上鼓吹非孝非礼，于行为上与父亲反目，拔剑而起，挺身而斗，直至诉诸公堂，在四川被视为大逆不道，终至被赶出成都教育界。钱、吴二人反孔，狂态有余，而领袖气质不足。

胡适于新文化运动之初，虽"暴得大名"，陈独秀誉之为首举义旗的急先锋；但如鲁迅所言："五四运动前一年，胡适之先生所提倡的'文学革命'"，"却没有法国革命的'革命'那么可怕，不过是革新，改换一个字，就很平和了，我们就称为'文学革新'罢"；"那大意也并不可怕，不过说，我们不必再去费尽心机，学说古代的死人的话，要说现代的活人的话；不要将文章看做古董，要做容易懂得的白话的文章"。[27] 所以在鲁迅心目中，胡适"很平和"，还算不上"狂"，尽管当时社会上也有人呼之为"过激派"，作为领袖，却似乎嫩了点儿。至于周氏兄弟自己，虽骨子里都有点儿狂，但表相都很温厚（作人尤然），更无领袖欲。

如此道来，新文化运动中的狂人兼领袖，则非陈独秀莫属。如陈木辛所说："陈独秀之狂，在中国现代文化、政治史上罕有可比肩者。"[28]

陈独秀从小就倔强而且狂。他祖父曾预言：此儿不成龙即成蛇。[29] 他青年时代的朋友汪孟邹说他：无法无天[30]；章士钊视之为"不羁之马"[31]。"酒旗风暖少年狂"[32]，则为其自喻。民国初，陈氏撰奇文《爱国心与自觉心》，说："或谓恶国家胜于无国家，予则云残民之祸，恶国家甚于无国家。"[33] 一时"读者大病"，纷纷致书责难："不知爱国，宁复为人，何物狂徒，敢为是论。"但数月之后，国内政情每况愈下。章士钊作《国家与我》指出："爱国之心为物，不幸率如独秀所言，渐次为自觉心所排而去。甲乙递染，如中恶疾，流行之广，速于置邮。特独秀为汝南晨鸡，先登坛唤耳。"[34]

鲁迅曾慨叹自己在新文化运动中非振臂一呼，应者云集的英雄。那么，彼时振臂一呼，应者云集的英雄，盖唯狂飙型的陈独秀。这位辛亥革命、二次革命时代的老革命，1915年9月创办《新青年》（始名《青年》）杂志，改变了中国千年传统文化的走向，开辟了中国文化的新纪元，实现了中国文化史上的"哥白尼"式的革命，没有"断头流血，都不推辞"的疯狂"悍"劲，[35] 在积重难返的中国是寸步难行的。"胡适自己常说他的历史癖太深，故不配做革命的事业。文学革命的进行，最重要的急先锋是他的朋友陈独秀。陈独秀接着《文学改良刍议》之后,发表了一篇《文学革命论》,正式举起'文学革命'的旗子";"陈独秀的特别性质是他的一往直前的定力",而胡适的"态度太和平了。若照他这个态度做法,文学革命至少还须经过十年的讨论与尝试,但陈独秀的勇气恰好补救这个太持重的缺点","当日若没有陈独秀'必不容反对者有讨论之余地'的精神,文学革命的运动决不能引起那样大的注意"[36]。陈独秀也因此理所当然地成为新文化运动的精神领袖。这从当时正反两方面的舆论即可确证。无须多述,仅从《湘江评论》创刊号上(1919年7月14日)所发表的毛泽东《陈独秀之被捕及营救》所引当时文献就可见一端:"陈先生夙负学界重望,其言论思想,皆见称于国内外";"陈先生向以提倡新文学现代思想见忌于一般守旧者";"陈独秀氏为提倡近代思想最力之人,实学界重镇";"陈君英姿挺秀,学贯中西。皖省地绾南北,每产材武之士,如斯学者,诚叹难能。……远而一国,近而一省,育一人才,至为不易"。上为引述章士钊等诸人之说,接着毛泽东自谓:"我们对于陈君,认他为思想界的明星",并于文末情不自禁地高呼:"我祝陈君万岁!我祝陈君至坚至高的精神万岁!"

我相信陈独秀那狂飙式的精神领袖气质,早在鲁迅《狂人日记》写作之前,就已弥漫在他的言行之中,广为当时文化思想界所熟知。毛泽东所引云云,只是通过营救被捕的陈独秀集中表述出来而已。

值得一提的是,陈独秀与鲁迅一样,早期受尼采影响颇深。早在1932年傅斯年在《陈独秀案》中说:"陈独秀的思想中这个'尼采层'是使他最不能对中国固有不合理的事物因循妥协的,也正是他的文学革命与伦理改造两运动中之原动力。"[37]然鲁迅与尼采之研究者甚多,而陈独秀与尼采,傅斯年之后则似唯有陈鼓应在《悲剧哲学家尼采》一书中有一章文字论及。他说:

> 陈独秀在对中国传统文化所从事的"价值重估",一如尼采对西方传统文化所提出的"价值转换",他们在各自的思想文化界的影响都是划时代意义的。

> 尼采指称西方传统道德为"奴隶道德"之说,为陈独秀所借用。他在《青年杂志》创刊号的《敬告青年》一文抨击儒家伦理之为"奴隶道德"说:"忠

孝节义，奴隶之道德也；德国大哲尼采分道德为二类，有独立心而勇敢者曰贵族道德，谦逊而服从者曰奴隶道德。轻刑薄赋，奴隶之幸福也；称颂功德，奴隶之文章也；拜爵赐第，奴隶之光荣也；丰碑高墓，奴隶之纪念物也。"他在给读者的信上又说："宗法社会之奴隶道德，病在分别尊卑，课卑者以片面之义务。"（《答傅桂馨》）

儒家的纲常伦教说，几乎成为所有五四人物共同攻击的焦点。如陈独秀的观点认为："儒者三纲之说，为一切道德政治之大原：君为臣纲，则民于君为附属品，而无独立自主之人格也；父为子纲，则子于父为附属品，而无独立自主之人格也；夫为妻纲，则妻于夫为附属物，而无独立自主之人格也。"（《一九一六》）他在给吴虞的信上说："窃以为无论何种学派，均不能定为一尊，以阻碍思想文化之自由发展。况儒术孔道，非无优点而缺点则正多。尤与近代文明社会绝不相容者，其一贯伦理政治之纲常阶级说也。"（《答吴又陵书》）

陈独秀之攻击儒家纲常伦理，除了两千年来儒家伦理在政治与社会文化上之沦为"奴隶道德"的原因之外，主要是基于这两方面的现实动机：一是孔教与帝制，有不可离散因缘（参看《驳康有为致总理书》等文），二是孔子之道不合现代生活（参看《孔子之道与现代生活》等文）。

五四人物的反传统，有陈独秀首开其端，鲁迅、胡适、吴虞等继之而掀起一股巨大的思潮。五四人物的反传统，主要是集中在抨击主流文化之一的儒家。[38]

同受尼采影响，陈独秀与鲁迅有所不同。陈鼓应说："尼采对鲁迅的影响，在于个性张扬方面；对于陈独秀的作用，则在伦理方面。个性的张扬，可以说是所有创作者共有的特质，就这方面言，鲁迅并未把握尼采思想的核心问题。尼采学说的核心问题是对西方传统文化（尤其是传统道德）之'价值重估'，陈独秀把握了这个最为关键的要点，并借用尼采学说中的这一基本概念作为助力来改造中国传统文化，以此来与鲁迅相比，则意义更为显著。"陈鼓应进而将陈独秀与尼采作了比较，指出"就作品而言尼采的《查拉图斯特拉如是说》，这部富有哲理性的散文诗，其思想内涵之丰富，及其高度的艺术性，在当代是独一无二的；当然陈独秀的论著是难以望其项背的。就知识分子的角度而言，陈独秀的时代使命感显然要胜过强调自我提升的尼采"，"作为中国的知识分子，在国家危难的时代处境下，除了重视个体自由、权利之外，在民族危机的激发下，会很自然关心群体的走向。所以，陈独秀的组党并积极的介入政治社会改革运动，这是时代的浪潮把他推向历史的舞台，虽然他并非政治人物，从他的反帝意识，以及对基层贫苦人的关怀（比如，他在一九一九年写的《贫民的哭声》等文），这些都不是尼采的视觉所接触的。陈独秀这种反对以强凌弱，正是道德正义感的表现，他在政治上主张国民改造运动，都比尼采的个人主义为进步"。[39] 当然，陈鼓应着眼的是陈独秀的生命全程，而本章着眼的仅为《狂人日记》发表前夕的陈独秀。就整体而言，我怀疑陈独秀《实庵自传》第一章的标题："没有父亲的孩子"，即由尼采之名言："上帝死了"——脱胎而来。"没有父亲的孩子"——乃父权倒塌之谓，这大概就是陈独秀充当"终身的反对派"的心理逻辑起点，也是他作为中国的尼采式悲剧革命家的心灵独白。正是这种独特的心理逻辑起点，使陈独秀在五四前夕也即《狂人日记》发表前夕成为中国独一无二的尼采式的狂人（或曰超人）。关于陈氏与尼采的关系，濮清泉还提供了一个印证材料，他说陈氏很赞赏易卜生与尼采。陈盛赞尼采是："批判万恶社会的哲人"；陈说，尼采提倡超人哲学"正因为世界上没有超人，所以他要把人类提高到超人的地步"；陈曾在尼采代表作《查拉图斯特拉如是说》上写道："此声何声也，汹涌澎湃，荡尽人间污浊……"[40]

作家的取人为模特儿，大体有两法，一是专用一个人，二是杂取种种人。鲁迅之小说创作多取第二法。他说：

> 所写的事迹，大抵有一点见过或听到过的缘由，但决不全用这个事实，只是采取一端，加以改造，或生发开去，到足以几乎完全发表我的意思为止。人物的模特儿也一样，没有专用过一个人，往往嘴在浙江，脸在北京，衣服在山西，是个拼凑起来的脚色。[41]

鲁迅的《狂人日记》创作也大抵如此。我估计他杂取种种中又以陈独秀的事迹为主体。不敢说鲁迅的《狂人日记》就是在给陈独秀画像，但其间有陈独秀的影子，则是毋庸置疑的。除了上述大幅度的推理之外，我想小说中"狂人"自幼丧父，由"大哥"来扮演"代父"角色，承担起父亲的责任；与现实中陈独秀三岁时父亲客死苏州，因而他自称是"一个没有父亲的孩子"，然后由绰号"白胡爹爹"的祖父以毒打的方式与一个阿弥陀佛的大哥以敷衍的态度教他读书，两者不无相似处，则可作为《狂人日记》中有陈独秀影子的旁证。细心的读者还应看到《狂人日记》中有段写大哥教"狂人"作文的诀窍："我还记得大哥教我做论，无论怎样好人，翻他几句，便打上几个圈；原谅坏人几句，他便说'翻天妙手，与众不同'。"竟与陈独秀《实庵自传》中记他少时考八股的情景依稀相似：

> 像我那样的八股文程度，县考、府考自然名次都考得很低，到了院试，宗师（安徽语称学院为宗师）出的题目是什么"鱼鳖不可胜食也材木"的截搭题，我对于这样不通的题目，也就用不通的文章来对付，把《文选》上所有鸟兽草木的难字和《康熙字典》上荒谬的古文，不管三七二十一，牛头不对马嘴，上文不接下文地填满了一篇皇皇大文。……我回家把文章稿子交给大哥看，大哥看完文稿，皱着眉头足足有个把钟头一声不响，……谁也想不到我那篇不通的文章，竟蒙住了不通的大宗师，把我取了第一名，这件事使我更加一层鄙薄科举。

只是《狂人日记》中的大哥之好恶，竟似乎有似《实庵自传》中的宗师。或许是巧合，或许陈独秀平日就与《新青年》同人讲过此等趣事，鲁迅闻之，随手拈入文中，涉笔成趣。

王一川在《历史真实的共时化变形——"狂人"典型的修辞论阐释》一文中，引进"卡里斯马"理论，将鲁迅《狂人日记》中"狂人"纳入20世纪中国现代卡里斯马典型传统中考察，指出"'五四'时期（1915—1925），不用说，是需要并成批涌现卡里斯马人物的特殊年代"。并以陈独秀申述的"六义"——一、自由的而非奴隶的，二、进步的而非保守的，三、进取的而非退隐的，四、世界的而非锁国的，五、实利的而非虚文的，六、科学的而非想象的——作为五四时期现代卡里斯马人物具体行为规范。尔后说："这样的卡里斯马人物规范，不仅在李大钊、陈独秀等一代新文化主将的实践中得到集中呈现，而且也在'五四'新文学运动中获得完美的无意识镜象。"[42] 借鉴这种新理论，我更坚信陈独秀与《狂人日记》中的狂人有着不解之缘。

人道是艺术源于生活高于生活。平心而论，《狂人日记》中的狂人其思想与行为较之五四时代的狂人陈独秀实逊色得多。青年学者摩罗有云：《狂人日记》中的狂人"他内心充盈劝转吃人者的责任感，和希望未来者不要继续吃人的善心"，"狂人的反叛就不带有一丝恶魔的气质和狰狞的面目，他只是一个彬彬有礼的反叛者"。[43]

鲁迅的《狂人日记》中最醒目的是，借狂人之口道破"礼教吃人"的主题与喊出"救救孩子"的呼唤，但这些观念并未与形象作充分的艺术融合。如周作人所言："这是打倒孔教的一篇宣传文字，文学与艺术问题都是次要的事。"鲁迅自己也多次自道其缺陷。1919年4月与友人说："《狂人日记》很幼稚，而且太逼促，照艺术上说，是不应该的。"[44] 1927年9月又说："现在倘再发那些四平八稳的'救救孩子'似的议论，连我自己听去，也觉得空空洞洞了。"[45] 以往人们只将这些话视为鲁迅的伟大谦虚，未当真作为《狂人日记》的缺陷去研究。

不过，本章旨在借此展现陈独秀精神风貌中极为独特的一面，而非具体研究《狂人日记》之艺术得失。

三、鲁迅的小说创作与《新青年》

《狂人日记》1918年5月15日发表于《新青年》第四卷第五号，并首次署上尔后成为中国现代小说象征的笔名——鲁迅。

关于这篇小说的产生，鲁迅1922年底在《呐喊·自序》中，记录了五四前夕发生在北京宣武门外绍兴会馆的一个具有历史意义的场面：

那时偶或来谈的是一个老朋友金心异，将手提的大皮夹放在破桌上，脱下长衫，对面坐下了，因为怕狗，似乎心房还在怦怦的跳动。

……

我懂得他的意思了，他们正办《新青年》，然而那时仿佛不特没有人来赞同，并且也还没有人来反对，我想，他们许是感到寂寞了，但是说：

"假如一间铁屋子，是绝无窗户而万难破毁的，里面有许多熟睡的人们，不久都要闷死了，然而是从昏睡入死灭，并不感到就死的悲哀。现在你大嚷起来，惊起了较为清醒的几个人，使这不幸的少数者来受无可挽救的临终的苦楚，你倒以为对得起他们么？"

"然而几个人既然起来，你不能说决没有毁坏这铁屋的希望。"

是的，我虽然自有我的确信，然而说到希望，却是不能抹杀的，因为希望是在于将来，决不能以我之必无的证明，来折服了他之所谓可有，于是我终于答应他也做文章了，这便是最初的一篇《狂人日记》。从此以后，便一发而不可收……[46]

这里有几点需要说明。

其一，鲁迅的这位老朋友"金心异"，即钱玄同。"金心异"之名源自林纾的小说《荆生》。小说中以田其美影射陈独秀，以狄莫影射胡适，以金心异影射钱玄同，极尽辱骂之能事。[47] 鲁迅称钱玄同为老朋友，一则因为同乡（皆为浙江人），一则都曾为章太炎的学生（1907年，与钱等留学日本，同在章门听讲中国语言文字之学[48]）。鲁迅的这位老朋友钱玄同本为文字音韵学家，1915年即任教北京大学，1917年初积极投入陈独秀、胡适掀起的新文学运动。他曾说："我因为我的理智告诉我，旧文化之不合理应该打倒，文章应该用白话做，所以我是十分赞同陈仲甫所办的《新青年》杂志，愿意给他当一名摇旗呐喊的小卒。"[49] 钱"摇旗呐喊"时曾提出过"选学妖孽，桐城谬种"、"汉字不废，中国必亡"等惊世骇俗的口号。出于友谊，更为加强新派力量，钱积极主动地去"劝驾"，让周氏兄弟为《新青年》写稿。[50]

其二，鲁迅1912年2月应教育总长蔡元培之邀，从绍兴到南京中华民国临时政府的教育部任职。同年5月因教育部北迁，他只身前往北京，住进宣武门外的绍兴会馆（鲁迅称之为"S会馆"）。许多年，鲁迅便在那里抄古碑。"客中少有人来，古碑中也遇不到什么问题和主义，而我的生命却居然暗暗的消去了，这也就是我唯一的愿望"[51]——这就是鲁迅未与"金心异"接洽前的真实心境。

因为他"见过辛亥革命，见过二次革命，见过袁世凯称帝，张勋复辟，看来看去，就看得怀疑起来，于是失望，颓唐的很了"。[52]于是对陈独秀、胡适兴起的"文学革命"，"其实并没有怎样的热情"，无论是对主义派还是问题派都如此。并非如有的学者所云，鲁迅捎带讽刺了主张"多研究些问题，少谈些主义"的胡适。

然而热衷于"抄古碑"的鲁迅，却不会未看过《新青年》。周作人说："我初来北京，鲁迅以《新青年》数册见示，并且述许季茀的话道，'这里边颇有一些谬论，可以一驳'。大概许君是用民报社时代的眼光去看它，所以这么说的吧。"[53]鲁迅转述许寿裳的话，大概也代表了他当时的眼光。相对而言，周作人当初对《新青年》的态度似乎比鲁迅还积极些。周作人于1917年4月1日由绍兴抵达北京，同年1月他早就读过陈主编的《新青年》，并在1月24日日记中写道："得北京十九日寄书一包，内……《青年》一本，……晚阅《青年杂志》，多可读。子谷（按，即苏曼殊）有《断簪记》，颇佳。"这自然系鲁迅所寄。有这最初的印象垫底，所以他1917年4月初到北京看了鲁迅见示的数册《新青年》"却觉得没有什么谬，虽然也并不怎么对"。[54]大概也受了"金心异"的"劝驾"，周作人较其兄更快地投入了《新青年》同盟。1918年《新青年》出了二卷共十二期，周作人在上面发表的译著共十八篇，并以著名论文《人的文学》为新文学运动提供了"关于改革文学内容的一篇最重要的宣言"。[55]周作人为《新青年》写稿，鲁迅当然知道并支持。《新青年》第四卷第二号发表周作人《古诗今译》，用白话翻译古希腊谛阿克列多思的牧歌第十，周作人说："这篇译诗与题记，都经过鲁迅的修改。"[56]弟弟的先行，对鲁迅肯定有所促进。

其三，周作人在回想录中曾用"隐默"这么个特殊字眼，来概括索居绍兴会馆时的鲁迅的孤寂心态。"这种孤独悲凉感由于他对整个人生荒谬的形上感受中的孤独、悲凉纠缠溶合在一起，才更使它具有了那强有力的深刻性和生命力的。"[57] 诚如胡适所欣赏的"人民公敌"斯铎曼医生说的："世界上最强有力的人就是那个最孤立的人。"[58] 隐默孤独的鲁迅不鸣则已，一鸣惊人。《狂人日记》就是隐默心灵深处爆发出来的震天动地的伟大呐喊。

与《狂人日记》同期发表的，还有鲁迅的三首新诗（《梦》《爱之神》《桃花》，署名"唐俟"）。两者相加，诗文并茂，或许可以视为鲁迅加盟《新青年》派的最佳"投名状"。

与《新青年》结盟时期，鲁迅几乎是全方位地参与了《新青年》的种种革命性尝试。以名文《我之节烈观》《我们现在怎样做父亲》，参与伦理革命；以《他们的花园》《人与时》《他》等，参与了白话诗的尝试。当然，他最大的成就还是随感录与小说创作。

鲁迅在《新青年》发表随感录凡二十七篇。这些鲁字号的随感录，实将陈独秀开创的这一专栏与文体写到了极致，也为其后来的"鲁迅风"杂文创作导乎先路。

鲁迅于《狂人日记》之后，小说创作一发而不可收：1919年4月有《孔乙己》，发表于《新青年》第六卷第四号；同年5月有《药》，发表于《新青年》第六卷第五号；1920年9月有《风波》，发表于《新青年》第八卷第一号；1921年5月有《故乡》，发表于《新青年》第九卷第一号。他的第一部短篇小说集《呐喊》，收作品十四篇，其中《新青年》上的作品占三分之一还强。

不管人们怎样讨论作为文学家的鲁迅产生的历史背景与原因，都不应忽视一个不争的事实：那就是《新青年》为他大显身手提供了一个千载难逢的理想基地，人们是通过《新青年》认识鲁迅的。1918年8月20日鲁迅致信许寿裳说："《狂人日记》实为拙作，又有白话诗署'唐俟'者，亦仆所为。"[59] 可见正是在《新青年》首次亮相的"鲁迅"，令老朋友刮目相看，惊喜以询，才引来他不无自豪地回答"实为拙作"。

鲁迅在《新青年》上发表诗文、随感录多署名"唐俟"，唯小说一律署名"鲁迅"。这大概是陈独秀们看重《狂人日记》的社会效应并想努力拓展它。果不出所料，"鲁迅"立即引起社会广泛的关注。还是看鲁迅的自白吧："我就从不曾插了鲁迅的旗去访过一次人，'鲁迅即周树人'，是别人查出来的。这些人有四类：一类是为要研究小说,因而要知道作者的身世;一类单是好奇;一类是因为我也做短评,所以特地揭出来,想我受点祸;一类是以为于他有用处,想要钻进来。"[60] 这四类人当然不包括本来就知道"鲁迅即周树人"的《新青年》《新潮》社里的人们。或许可以说,没有《新青年》,就未必有作为中国现代小说之父的鲁迅。

就新文学运动而言,陈独秀、胡适于文学创作皆属"提倡有心,创作无力"。所以胡适从五四当年直至晚年不断地说,新文学运动之初小说创作"成绩最大的却是一位托名'鲁迅'的"。鲁迅自己也曾说:

> 凡是关心现代中国文学的人,谁都知道《新青年》是提倡"文学改良",后来更进一步号召"文学革命"的发难者。但当一九一五年九月中在上海开始出版的时候,却全部是文言的。苏曼殊的创作小说,陈嘏和刘半农的翻译小说,都是文言。到第二年,胡适的《文学改良刍议》发表了,作品也只有胡适的诗文和小说是白话。后来白话作者逐渐多了起来,但又因为《新青年》其实是一个议论的刊物,所以创作并不怎样看重,比较旺盛的只有白话诗;至于戏曲和小说,也依然大抵是翻译。
>
> 在这里发表了创作的短篇小说的,是鲁迅。从一九一八年五月起,《狂人日记》《孔乙己》《药》等,陆续的出现了,算是显示了"文学革命"的实绩,又因为那时的认为"表现的深切和格式的特别",颇激动了一部分青年读者的心。[61]

在鲁迅小说尚未出现之日,钱玄同多次称赞和尚作家苏曼殊的小说,并曾设想"曼殊上人思想高洁,所为小说,描写人生真处,足为新文学之始基乎"。[62] 对此,胡适以现代小说观念视之,得出不同结论:"苏曼殊所著小说,吾在上海时,特取而细读之,实不能知其好处。《绛纱记》所记全是兽性的肉欲,……《焚剑记》直是一篇胡说。"[63] 胡说或许过当,但即使是这别具一格的"诗僧",也仅能视为中国新旧小说间的过渡人物,尚不足充当新文学之始基,尽管他曾为陈独秀之挚友,尽管他的《碎簪记》也曾刊之《新青年》并被周作人视为"颇佳"。

那么，鲁迅小说之后呢？鲁迅曾明确地说："从《新青年》上，此外也没有养成什么小说的作家。"[64] 尽管到《狂人日记》问世的 1918 年 5 月，文学革命已轰轰烈烈兴起，赞成者与反对者都很投入，并非如鲁迅在《呐喊·自序》中所说的那么"寂寞"。但就小说创作而言，则唯以鲁迅"虽然不多，差不多没有不好的"小说创作去显示文学革命的实绩。足见这位鲁迅先生，在新文学运动历史上是何等弥足珍视。

这段与《新青年》相辅相成、相得益彰的历史，鲁迅是终身难忘的，而且每每言及，总是无限深情地怀念《新青年》的灵魂人物陈独秀。

因为当初"金心异"频频劝驾的背后，实有着《新青年》主编陈独秀的频频嘱咐与催促。个中原委，且听下文分解。

四、鲁迅心中的陈独秀

《鲁迅全集》中有数十处言及陈独秀（包括与陈氏密不可分的《新青年》）。前期是对《新青年》的关注及有关稿件的处理，后期则是对五四文学革命情景的怀念与对陈氏的感激之辞。

鲁迅 1918 年 1 月 4 日有信致许寿裳云："《新青年》已不能广行，书肆拟中止；独秀辈与之交涉，已允续刊，定于本月十五出版云"[65]——是为关心《新青年》之印行。同年 3 月 10 日致信许寿裳："《新青年》第二期已出，别封寄上。今年群益社见贻甚多，不取值，故亦不必以值见返耳"[66]——《新青年》社对鲁迅赠刊甚多，鲁迅则作为精神佳品转赠友人。6 月 19 日致信许氏："《新青年》第五期及启孟讲义前日已寄上。"[67] 8 月 20 日致信许氏欣喜地告诉他："《狂人日记》实为拙作。"[68] 8 月 29 日再致信许氏："《新青年》第五期不久可出，内有拙作少许。该杂志销路闻大不佳，而今之青年皆比我辈更为顽固，真是无法"[69]——由《新青年》的销路想到青年的思想现状，想到启蒙的艰难与迫切。

值得注意的是，鲁迅在致许寿裳信中两次说到自己的思想变迁。一于 1918 年 8 月

20日信中说："历观国内无一佳像，而仆则思想颇变迁，毫不悲观。"[70] 一于1919年1月16日信中说："仆年来仍事嬉游，一无善状，但思想似稍变迁。"[71] 这种变迁显然是受《新青年》影响而发生的。他以《新青年》为参照系，对当时社会思潮进行审视，说："仆审现在所出书，无不大害青年，其十恶不赦之思想，令人肉颤。沪上一班昏虫，又大捣鬼，至于为徐班侯之灵魂照相，其状乃如鼻烟壶。人事不修，群趋鬼道，所谓国将亡听命于神者哉！"[72] 甚至说："中国古书，叶叶害人，而新出诸书亦多妄人所为，毫无是处……汉文终当废去，盖人存则文必废，文存则人当亡，此时代，已无幸存之道。"[73] 至此，已有如同独秀之"悍"、玄同之"绝"。他更有云："盖国之观念，其愚亦与省界相类。若以人类为着眼点，则中国若改良，固足为人类进步之验（以如此国而尚能改良故）；若其灭亡，亦是人类向上之验，缘如此国人竟不能生存，是人类进步之故也。大约将来人道主义终当胜利，中国虽然不改进，而他人更不欲用奴隶；则虽渴望请安，亦是不得主顾，止能僵而死。如是数代，则请安磕头之瘾渐淡，终必难免于进步矣。此仆之所为乐也。"[74] 真与陈独秀此前不久之名文《爱国心与自觉心》中惊人之论，何其相似乃尔。

正因为如此，此时的鲁迅几乎与《新青年》共同着命运。他与许寿裳说："主张用白话者，近来似亦日多，但敌亦群起，四面八方攻击者众而应援者则甚少，所以当作之事甚多，而万不举一，颇不禁人才寥落之叹。"[75] 并以《新青年》之敌为敌。1918年8月闻刘师培等欲复刊《国粹学刊》和《国粹汇编》，[76] 即致书钱玄同说："中国国粹，虽然等于放屁，而一种坏种，要刊

· 北京宣武门外南半截胡同绍兴会馆

丛编，却也毫不足怪，"但该坏种等之创刊屁志，系专对《新青年》而发，则略以为异，初不料《新青年》之于他们，竟如此其难过也。然既将刊之，则听其刊之，且看其刊之，看其如何国法，如何粹法，如何发昏，如何放屁，如何做梦，如何探龙，亦一大快事也。国粹丛编万岁！老小昏虫万岁！！"[77] 愤慨之情，无以复加。这才是鲁迅接受陈独秀之邀（通过钱玄同）为《新青年》写稿的思想基础。虽然他于"一发不可收"的涌流之前，尚颇有踌躇，如上信中说："至于敝人的一篇，却恐怕有点靠不住，因为敝人嘴里要做的东西，向来很多，然而从来未尝动手，照例类推，未免不做的点在六十分以上了。"[78] 话是这么说，但一旦动手，就出手不凡——即有《狂人日记》之诞生也。

《狂人日记》发表之后，鲁迅立即成为《新青年》的主要撰稿人。从此他更对《新青年》维护有加。《新青年》自第六卷设立由陈独秀、钱玄同、高一涵、胡适、李大钊、沈尹默组成的编委会，六人轮流执编。[79] 鲁迅虽不是编委（有些论著径写鲁迅为编委，缺乏依据），但也参与一些有关活动。如他在《〈守常全集〉题记》中说："我最初看见守常先生的时候，是独秀先生邀去商量怎样进行《新青年》的集会上，这样就算认识了。"[80] 在《忆刘半农君》中说："《新青年》每出一期，就开一次编辑会，商定下一期的稿件，其时最惹我注意的是陈独秀和胡适之。"[81] 鲁迅未必每次编辑会都参加。周作人曾说："关于《新青年》的编辑会议，我一直没有参加过，《每周评论》的也是如此。因为我们是客员，平常写点稿子，只是遇着兴废的重要关头，才会被邀列席罢了。"[82] 这里的"我们"，自然是指周氏兄弟二人；"兴废的重要关头"，则指《新青年》转向继而由京迁沪之类的大事。不过，即使是"《新青年》的编辑中枢不得不复归上海"[83]，北京同人纷纷离它而去，鲁迅一度还是坚持为之写稿，直到1921年9月。他1921年8月17日致信周作人说："子佩代买来《新青年》九の一（即第九卷第一号——引者注）（便中当带上），据云九の二亦出，而只有一本为分馆买之，拟尚托出往寻。每书坊中殆必不止一本，而不肯多拿出者，盖防侦探，虑其一起拿去也。"则见其在《新青年》迁沪后，仍何等关注着它。鲁迅于此信中接着说："九の一后，（编辑室杂记）有云：本社社员某人因患肋膜炎不能执笔我们很希望他早日痊愈本志次期就登出他的著作。我想：你也不能不给他作或译了，否则《说报》之类中太多，而于此没有，也不甚好。"[84] 周作人1921年6月至9月因患肋膜炎未给《新青年》写稿，令陈独秀很着急，以致诉诸编者手记。鲁迅则劝周作人早日为之写稿，以释陈独秀之悬念。同信中说："我想老三（指周建人——引者注）于显克微支不甚有趣味，不如不译，而由你选译之，现在可登《新青年》，将来可出单行本。"

同年8月25日夜，鲁迅致信周作人说："你为《新青年》译イバネヅ也好"，[85]"《新》九の二已出，今附上，无甚可观，唯独秀随感究竟爽快耳"。[86] 同月29日致信周作人说："老三来，接到稿并信，仲甫信件当于明日寄去矣。"[87] 同年9月11日致信周作人说："报上又说仲甫走出了，但记者诸公之说，不足深信"，"现在译好的一篇ユロ君之《沼ネトン》拟予孙公，此后则译《狭ノ笼》可予仲甫也"。[88] 同月19日又有信与周作人商量他"为《新青年》译《狭ノ笼》"的注释以及作人、建人予《新青年》稿件的处理。从鲁迅的字里行间，不难看出他在《新青年》转向之后仍不断地为之写稿，除了珍视这块可贵的阵地，更缘于与陈独秀之间有一种不能割舍的情感。

《新青年》派真的分裂之后，鲁迅长期摆脱不掉一种失落与孤独感。他曾不无沉痛地说："后来《新青年》的团体散掉了，有的高升，有的隐退，有的前进，我又经验了一回同一阵战中的伙伴还是会这么变化，并且落得一个'作家'的头衔，依然在沙漠中走来走去"，"只因为成了游勇，布不成阵了，所以技术虽然比先前好一些，思路也似乎毫无拘束，而战斗的意气却冷得不少"。他因此彷徨而呼唤："新的战友在那里呢？"[89]

有了对陈独秀与《新青年》的这份眷恋之情，所以，鲁迅期待人们对新文化运动有公正的总结与评价。1922年8月鲁迅见到胡适《五十年来中国之文学》初稿，就致信胡适说："大稿已经读讫，警辟之至，大快人心！我很希望早日印成，因为这种历史的提示，胜于许多空理论。但白话的生长，总当以《新青年》主张以后为大关键，因为态度很平正，若夫以前文豪之偶用白话入诗文者，看起来总觉得和运用'僻典'有同等之精神也。"[90] 胡文洋洋洒洒，鲁迅最关注的是"白话的生长，总当以《新青年》主张以后为大关键"。这其间自然以陈独秀为关键之关键。因为鲁迅的逻辑是:"而白话则始于《新青年》,而《新青年》乃独秀所办。"[91] 但他更反对投机家的窃名:"五四运动之后,……革新运动表面上却颇有些成功,于是主张革新的也就蓬蓬勃勃,而且有许多还就是在先讥笑嘲骂《新青年》的人们,但他们却是另起一个冠冕堂皇的名目:新文化运动。这也就是后来又将这名目反套在《新青年》身上,而又加以嘲骂讥笑的,正如笑骂白话文的人,往往自称最得风气之先,早经主张过白话文一样。"[92] 或许也有曾反陈独秀的人,日后却谬托知己。

轮到鲁迅自己回顾评价陈独秀和《新青年》时,其印象是愈久愈清晰,其情感是愈久愈强烈。

1922年12月3日,鲁迅在《〈呐喊〉自序》中谈到自己作品风格及其形成原因时说:

> 在我自己,本以为现在是已经并非一个迫而不能已于言的人了,但或者也还未能忘怀于当日自己的寂寞的悲哀罢,所以有时候仍不免呐喊几声,聊以慰藉那在寂寞里奔驰的猛士,使他不惮于前驱。至于我的喊声是勇猛或是悲哀,是可憎或是可笑,那倒是不暇顾及的,但既然是呐喊,则当然须听将令了,所以我往往不恤用了曲笔,在《药》的瑜儿的坟上平空添上一个花环,在《明天》里叙单四嫂子竟没有做到看见儿子的梦,因为那时的主将是不主张消极的。[93]

这里"在寂寞里奔驰的猛士"与"主将",理所当然是指陈独秀。然而自1940年1月毛泽东发表《新民主主义论》以后,人们长期只把鲁迅作为新文化运动的主将,而对陈独秀则避而不谈,人民文学出版社1981年出版的《鲁迅全集》的相关注释对鲁迅自己所奉五四新文化运动主将的陈独秀也讳莫如深,这实无必要。因为如果说鲁迅是"左联"时期革命文学的主将,大致尚能成立;若说五四新文化运动的主将,当然是非陈独秀莫属。这是任何稍有实事求是之心的人都会承认的,包括研究中国近代文化思想史的西方学者。众所周知,中国新文化运动以1915年9月陈独秀创办的《新青年》为起端,鲁迅至1918年5月以《狂人日记》为"投名状"才加入《新青年》团体。

鲁迅在《新青年》时代自有其独特的贡献，但尚不是主将，如他自己所言："我做小说，是开手于一九一八年，《新青年》上提倡'文学革命'的时候的，……我的作品在《新青年》上，步调是和大家大概一致的，所以我想，这些确可以算作那时的'革命文学'。"[94]又曾说："我在《新青年》的《随感录》中做些短评，……记得当时的《新青年》是正在四面受敌之中，我所对付的不过一小部分。"[95]鲁迅是尊重历史的，不仅奉陈独秀为主将（虽然陈氏未必在意这顶桂冠），而且心悦诚服地称自己的创作（小说与随感录）是"听将令的"。鲁迅因而称自己的创作为"遵命文学"。他说："不过我所遵奉的，是那时革命的前驱者的命令，也是我自己所愿意遵奉的命令，决不是皇上的圣旨，也不是金元和真的指挥刀。"[96]

其实只有鲁迅深知狂飙式的主将陈独秀如何深刻地影响了一度在铁屋中与寂寞悲哀为伍的他的创作风格。我甚至认为"在《药》的瑜儿的坟上平空添上一个花环"之类的描写，或许就来自陈独秀终审文稿时的意见。这样，鲁迅所云"那时的主将是不主张消极的"这话后面就有着更具体的故事。鲁迅后来还说，为"与前驱者取同一的步调"，并为之"助助威"，"我于是删削些黑暗，装点些欢容，使作品比较的显出若干亮色"。[97]可见他是何等看重主将的意见与风格啊！这自然指《呐喊》时代至《彷徨》时代他作品风格为之一变。

也有人说鲁迅所云"主将"当为李大钊，此说似难成立。请看鲁迅论李大钊的专文：《〈守常全集〉题记》。鲁迅于文中虽称赞李大钊的遗文是"先驱者的遗产，革命史上的丰碑"；但又说："不幸对于遗文，我却很难讲什么话。因为所执的业彼此不同，在《新青年》时代，我虽以他为站在同一战线上的伙伴，却并未留心他的文章"，"他的理论，在现在看起来，当然未必是精当的"。[98]由此可见，鲁迅当年仅视李大钊为"站在同一战线上的伙伴"，而非主将，而且在《新青年》时代，鲁迅"并未留心他的文章"，事后看他的理论也未必精当，因而李大钊及其理论对鲁迅的作品乃至思想并未产生过明显的影响。

借用毛泽东评《水浒传》的语言："摒晁盖于一百零八人之外"；长期以来人们是

夺陈独秀"主将"之冠,摒其于新文化运动之外。其根本原因在于他曾一度为托派首领,成为共产党的反对派。有趣的是,陈独秀被中共驱逐出党之日,恰为鲁迅加入左联,为其盟主之时。然而,鲁迅并未因此而改变了他的陈独秀观。

陈独秀 1932 年 10 月 15 日为国民党政府逮捕。鲁迅"遵命文学"说即发表于此年的 12 月 14 日,这自然与胡适的著名讲演《陈独秀与文学革命》一样,是对身陷囹圄的陈独秀的一种道义上的声援与怀念。鲁迅似乎觉得如此说说,犹嫌乏力,于是 1933 年 5 月 3 日灯下所作《我怎么做起小说来》中直截了当地说:

但是《新青年》的编辑者,却一回一回的来催,催几回,我就做一篇,这里我必得纪念陈独秀先生,他是催促我做小说最着力的一个。[99]

多少年来,人们只知道是那"金心异"先生邀鲁迅为《新青年》写稿的。如今鲁迅自己揭开谜底,原来"陈独秀先生,他是催促我做小说最着力的一个",原来当初"金心异"之频频催稿是奉主将陈独秀的"将令"而去的。此事藏于鲁迅心中多年,不吐不快。趁陈独秀最危难之际,打开这个心结,鲁迅之用心是良苦的。

1934 年 8 月 1 日,鲁迅又有名文《忆刘半农君》云:

(刘半农)他到北京,恐怕是在《新青年》投稿之后,由蔡孑民先生或陈独秀先生去请来的,到了之后,当然更是《新青年》里的一个战士。他活泼,勇敢,很打了几次大仗。

《新青年》每出一期,就开一次编辑会,商定下一期的稿件。其时最惹我注意的是陈独秀和胡适之。假如将韬略比作一间仓库罢,独秀先生的是外面竖一面大旗,大书道:"内皆武器,来者小心!"但那门却开着的,里面有几枝枪,几把刀,一目了然,用不着提防。适之先生的是紧紧的关着门,门上粘着一条小纸条道:"内无武器,请勿疑虑。"这自然可以是真的,但有些人——至少是我这样的人,——有时总不免要侧着头想一想。半农却是令人不觉其有"武库"的一个人,所以我很佩服陈胡,却亲近半农。

我们不必根据这段话,将鲁迅与胡适的关系描写成如何如何的不协调。但我们在惊讶鲁迅善于捕捉人物个性之余，又不能不承认鲁迅对陈、胡二位之评价有明显的感情倾斜。这在鲁迅谈刘半农之浅得可爱时也流露了其倾向："但他的浅，却如一条清溪，澄澈见底，纵有多少沉渣和腐草，也不掩其大体的清。倘使装的是烂泥，一时就看不出它的深浅来了；如果是烂泥的深渊呢，那就更不如浅一点的好。"[100] 他爱刘半农《新青年》时代的"浅"，而憎恶他后来"渐渐地据了要津"。由此可见鲁迅于人的审美倾向。其实当初陈独秀开着门让人一目了然的"武库"，与刘半农"令人不觉其有'武库'"庶几相似；不同的是对陈不能如刘可用"浅而清"来形容他。因此鲁迅这段名言的结语似可读作：佩服胡适，亲近独秀。只是佩服之余未必能亲近，而亲近之中却不妨碍其佩服。这大概可表达鲁迅对陈、胡的感情倾斜的立体角度。或许正是基于对陈独秀刻骨铭心的印象，不管风吹浪打，鲁迅从未改变过对陈的好感与感激之情。尽管他们之间未发生如陈、胡那么多传奇故事。

五、陈独秀眼中的鲁迅

行文至此，读者不难发现，本章虽题为"谁是五四时代的狂人"，而实为讨论陈独秀与鲁迅的关系。鲁迅的独秀观已言之甚详，那么陈氏的鲁迅观则不可不说。

陈氏的鲁迅观，当分两个时期言说：一为《新青年》时代，一为他的晚年时代。关于《新青年》时代，幸有周作人《实庵的尺牍》保存了陈氏的若干书信。[101] 其中涉及鲁迅的如下：

其一为1918年12月《致周作人》：

> 启明先生左右，大著《人的文学》做的极好，唯此种材料以载月刊为宜，拟登入《新青年》，先生以为如何？周刊已批准，定于本月二十一日出版，印刷所之要求，下星期三即须交稿（唯纪事文可在星期五交稿）。文艺时评一栏，望先生有一实物批评之文。豫才先生处，亦求先生转达。此颂健康。弟独秀，十四日。

周作人于此信有按语云:"这里写有日子,是七年十二月的事。"从信的口吻判断,陈独秀要周作人转达鲁迅的亦是"文艺时评一栏,望先生有一实物批评之文"。陈氏是欲加强对社会时事的干预,才创办《每周评论》的,因而希望周氏兄弟于艺文学术之外,多写点"实物批评之文"。《新青年》自1920年8月迁回上海,成为宣传社会主义的阵地,实为这种逻辑的延伸。陈氏在此前后于上海为《新青年》组稿,与周作人时有通信,亦时提及鲁迅并对他的小说有所评论。

其二为1920年2月《致周作人》:

启明兄,五号报去出版期(四月一日)只四十日,三月一日左右必须齐稿。《一个青年的梦》望豫才先生速将全稿译了,交洛声兄寄沪。六号报打算做劳动节纪念号,所以不便杂登他种文章。《青年梦》是四幕,大约五号报可以登了。豫才先生均此不另。弟仲上,二月十九夜。

我很平安,请兄等放心,见玄同兄请告诉他。

《一个青年的梦》,是鲁迅所译日本作家(亦即日本新村运动的发起者)武者小路实笃的剧本,连载于《新青年》第七卷第二至五号。

其三为1920年3月11日《致周作人》:

二月廿九日来信收到了。《青年梦》已收到了……《新青年》七卷六号的出版期是五月一日,正逢mayday佳节,故决计作一本纪念号,请先生或译或述一篇托尔斯泰的泛劳动,如何?……我们很盼望豫才先生为《新青年》创作小说,请先生告诉他。

五一节纪念专号,是《新青年》转向的先兆。即使《新青年》正在转向,陈独秀仍盼鲁迅有小说在《新青年》上发表。

其四为1920年7月9日《致周作人》:

本月六日的信收到了。我现在盼望你的文章甚急,务必请你早点动手,望必在二十号以前寄到上海才好,因为下一月出版,最后的稿子至迟二十号必须交付印局才可排出。豫才先生有文章没有,也请你问他一声。玄同兄顶爱作随感录,现在怎么样。

此前的 4 月 26 日,陈独秀有信给北京同人,讨论《新青年》之何去何从?[102] 北京同人给稿件渐稀,因而陈氏催稿甚急。同年 8 月 2 日有信给胡适云:"八卷一号文稿,我已张罗略齐;兄想必很忙,此期不做可以,二号报要强迫你做一篇有精彩的文章才好。"并为胡适定题:"这攻击老子学说及形而上学的司令,非请吾兄担任不可。"[103] 然胡适未应诺。

其五为 1920 年 8 月 13 日《致周作人》:

> 两先生的文章今天都收到了。《风波》在这号报上印出,启明先生译的那篇,打算印在二号报上……倘两位先生高兴要再做一篇在二号报上发表,不用说更是好极了。玄同兄总无信来,他何以如此无兴致?无兴致是我们不应该取的态度,我无论如何挫折,总觉得很有兴致。

此信中的"两先生",自然是指周氏兄弟。鲁迅的小说《风波》8 月 13 日寄到,陈氏立即决定刊之于 9 月 1 日出版的《新青年》第八卷第一号。可谓神速,亦可见其对鲁迅小说是何等看重。

其六为 1920 年 8 月 22 日《致周作人》:

> 十五日的明信片收到了。前稿收到时已复一信,收到否?《风波》在一号报上登出,九月一日准能出版。……鲁迅兄做的小说,我实在五体投地的佩服。

周作人晚年在《知堂回想录》中节录了这封信,然后说:"在那时,他还只看到《孔乙己》和《药》这两篇,就这样说了,所以他的眼力是很不错的。"说陈的眼力很不错,是对的;但说他当时只看了鲁迅两篇小说则明显不确。因为除这两篇之外,还有一鸣惊人的《狂人日记》和正在编发的《风波》。前后看了这四篇"差不多没有不好的"小说,才使本来眼力不错的陈独秀,由衷地表示"实在五体投地的佩服"。

其七为 1920 年中秋后二日《致周作人》:

> 二号报准可如期出版。你尚有一篇小说在这里,大概另外没有文章了,

不晓得豫才兄怎么样？随感录本是一个很有生气的东西，现在为我一个人独占了，不好不好，我希望你和豫才、玄同二位有工夫都写点来。豫才兄做的小说实在有集拢来重印的价值，请你问他倘若以为然，可就《新潮》《新青年》剪下自加订正，寄来付印。

众所周知，鲁迅的第一个小说集于 1923 年 8 月由北京新潮社出版，即著名的《呐喊》。但很少有人知道，陈独秀是呼吁鲁迅将小说结集出版的第一人；当时陈于上海成立了新青年社，他欲以此社名义出版鲁迅的第一个小说集。

其八为 1921 年 2 月 15 日《致鲁迅、周作人》：

豫才
　　　二先生：
启明

《新青年》风波想必先生已经知道了，此时除移粤出版无他法，北京同人料无人肯做文章了，唯有求助于你两位，如何，乞赐复。

弟　独秀　二月十五日。[104]

这里的"风波"，通常被理解为《新青年》第八卷第六号付排时遭上海法租界巡捕房查封一事。但我以为在陈氏意中或许包括了《新青年》同人内部的纠纷。因而有"北京同人料无人肯做文章了，唯有求助于你两位"之说。

上述皆为陈独秀与周作人通信中涉及之鲁迅，那么陈独秀与鲁迅之间是否有直接通信往来呢？回答是肯定的，只是皆散失无存。查《鲁迅日记》知：1920 年 8 月 7 日上午寄陈仲甫说一篇，同年 11 月 9 日寄仲甫说一篇；1921 年 7 月 2 日寄仲甫信并文稿一篇，7 月 19 日夜仍寄仲甫信并稿一篇，8 月 30 日下午寄仲甫信并二弟文一篇、半农文二篇，9 月 10 日寄仲甫稿二篇，9 月 26 日寄仲甫信并二弟、三弟稿及自译稿各一篇。1921 年 5 月 18 日得仲甫信，同年 9 月 25 日得仲甫信。另外还有 1921 年 3 月 8 日上午寄新青年社说稿一篇（所寄为小说《故乡》）。这个时期，《新青年》正在转向，北京其他同人纷纷离他而去，周氏兄弟却与之往来频繁，实属难得。所以陈独秀格外珍视他们。

陈独秀晚年的鲁迅观,一见诸其于南京狱中与濮清泉的谈话,一见诸1937年所撰《我对于鲁迅之认识》。

濮清泉在《我所认识的陈独秀》中,关于陈独秀对鲁迅的评价,有如下的叙述:

> 谈到鲁迅,陈独秀说,首先必须承认,他在中国现代作家中,是首屈一指的人物。他的中短篇小说,无论在内容、形式、结构、表达各方面,都超上乘,比其他作家要深刻得多,因而也沉重得多。不过,就我浅薄的看法,比起世界一流作家和中国古典作家来,似觉还有一段距离。《新青年》上,他是一名战将,但不是主将。我们欢迎他写稿,也欢迎他的二弟周建人(当为周作人——引者注)写稿,历史事实,就是如此。现在有人说他是《新青年》主将,其余的人,似乎是喽罗,渺不足道。言论自由,我极端赞成,不过对一个人的过誉或过毁,都不是忠于历史的态度。

陈氏于此不仅有对鲁迅的评价,也有评价鲁迅的基本方法。濮似乎觉得陈对鲁迅之评价偏低,于是问陈:"是不是因为鲁迅骂你是焦大,因此你就贬他呢?"濮解释说:"陈入狱后,鲁迅曾以何干之的笔名在《申报·自由谈》上,骂陈是《红楼梦》中的焦大,焦大因为骂了主子王熙凤落得吃马屎。"陈氏回答说:"我决不是这样小气的人,他若骂得对,那是应该的,若骂得不对,只好任他去骂,我一生挨人骂多矣,我从没有计较过。我决不会反骂他是妙玉,鲁迅自己也说,谩骂决不是战斗,我很钦佩他这句话,毁誉一个人,不是当代就能作出定论的,要看天下后世评论如何,还要看大众的看法如何。"陈氏这种平静的态度是难能可贵的。然鲁迅1933年4月22日署名"何家干"发表于《申报·自由谈》的《言论自由的界限》,则似乎不涉及陈独秀。鲁迅于此文中有云:

> 看《红楼梦》,觉得贾府上是言论颇不自由的地方。焦大以奴才的身份,仗着酒醉,从主子骂起,直到别的一切奴才,说只有两个石狮子干净。结果怎样呢,结果是主子深恶,奴才痛嫉,给他塞了一嘴马粪。
>
> 其实是,焦大的骂,并非要打倒贾府,倒是要贾府好,不过说主奴如此,

贾府就要弄不下去罢了。然而得到的报酬是马粪。所以这焦大，实在是贾府的屈原，假使他能做文章，我想，恐怕也会有一篇《离骚》之类。

鲁迅在这段名言后有云："三年前的新月社诸君子，不幸和焦大有了相类的境遇"[105]。这已点明鲁迅心中活焦大是谁。文里文外，似乎都难找到证据说鲁迅"骂陈是《红楼梦》中的焦大"。陈独秀 1932 年 10 月 15 日被捕，1933 年 4 月 14 日出庭受审，4 月 26 日被判有期徒刑十三年。陈案开庭前的 1933 年 3 月 5 日，鲁迅在《我怎么做起小说来》一文中深情地说："这里我必得纪念陈独秀先生，他是催促我做小说最着力的一个。"[106] 鲁迅虽有刻薄的一面，但他对陈独秀却一直是敬重的。试想鲁迅怎么可能在陈案审判期间，"骂陈是《红楼梦》中的焦大"呢？若然岂不是成了投井下石？若然则鲁迅的人格魅力何在？因而对濮氏之言不能全不加分析地听信。濮还转述了陈对鲁迅的总体看法：

总之，我对鲁迅是相当钦佩的，我认他为畏友，他的文字之锋利、深刻，我是自愧不及的。人们说他的短文似匕首，我说他的文章胜大刀。他晚年放弃文学，从事政论，不能说不是一个损失，我是期待他有伟大作品问世的，我希望我这个期待不会落空。[107]

陈独秀讲这段话的具体时间虽不甚明了，但其间既有对鲁迅创作伟大作品的期望，那自然就只能是在鲁迅的生前。

即使在鲁迅方阵里发生过令陈独秀非常难堪的事，也没有动摇他对鲁迅的基本评价。如 1936 年 6 月 3 日，托派中央（临时委员会）书记陈其昌化名陈仲山给鲁迅写信，希望他在抗日联合战线问题上支持他们的观点。因为"鲁迅自 1926 年 3 月 10 日作《中山先生逝世后一周年》，……到 1932 年 9 月 19 日写《〈一天的工作〉后记》，在十几篇著述中反复引用或提到托洛茨基的观点。从这些文章中可以看到鲁迅对托洛茨基的肯定"，甚至"可以看出他受到了托洛茨基文艺理论的直接而深刻的影响"。托洛茨基 1927 年被斯大林从苏共除名，1929 年被驱逐出国，"鲁迅的托洛茨基观没有因此而改变"。直到"左联"受瞿秋白影响，"在写完上述《〈一天的工作〉后记》之后，鲁迅不再引用和提及托洛茨基的观点。"[108] 陈其昌曾是鲁迅的崇拜者，对之心存幻想，才有上述那封信。然后1936年7月出版的《文学丛报》（月刊）第四期和《现实文学》（月刊）第一期同时有署名"鲁迅"的《答托洛茨基派的信》的发表。

这封信曾被视为作为"党外布尔什维克"的鲁迅早在1936年就明确拥护以毛泽东为首的中共的重要文献。"你们的'理论'确比毛泽东先生们高超得多，……无奈这高超又恰恰为日本侵略所欢迎，则这高超仍不免要从天上掉下来，掉到地上最不干净的地方去"[109]云云，"文化大革命"中曾反复被人引用与发挥。但这封信的基本观点，尤其是其中关于中国托派"下作到拿日本人钱来出报攻击毛泽东先生们的一致抗日论"闪烁其词的暗示[110]，一直使中国托派尤其是陈独秀深感被诬陷而表示强烈不满。

对于陈独秀当时的反应，老托派成员王凡西在回忆录中有介绍：

> 事前他（陈其昌）也没有和其他同志商量，故事后颇受同志们的指责，尤其是南京监狱中的陈独秀，知道了大发脾气，问我们为什么对鲁迅发生幻想。他认为，鲁迅之于共产党，无异吴稚晖之于国民党，受捧之馀，感恩图报，决不能再有不计利害的是非心了。其昌从北大时候起就热烈崇拜鲁迅，很敬重他的骨气，幻想发生即由于此，看到鲁迅那封满纸诬陷的复信后，很觉得痛苦。[111]

王凡西后来在另一文中又说：

> 这段回忆曾经引起国内一些党史研究者的反应，他们认为陈独秀不能以公平冷静的态度来对待鲁迅。其实，这种表面客观的所谓持平之论，倒是绝不公平。当时陈独秀正以托派身份被蒋介石关在监狱里，突然间看到他的一位旧同事与老朋友，竟将最不堪的罪状横加在以他为首的托派同志的身上，怎能使这位性似烈火的革命者按捺住心头怒火呢？"唾面自干"不是任何革命者的品格，更不是陈独秀这位革命者的品格。[112]

问题是鲁迅一向反对国民党御用文人以"卢布说"恐吓他，那么他为何自己要用"日元说"来侮辱陈独秀们呢？这是鲁迅应有的行为吗？多少年来令人疑惑不解。

直到 1993 年初《新文学史料》第一期上，发表胡风遗著《鲁迅先生》，才真相大白。胡风以当事人的身份证明，鲁迅那篇著名的答托派的信，不是鲁迅自己写的，也不是鲁迅"口述"的，[113] 而是冯雪峰以鲁迅的名义代写的。"当时鲁迅在重病中，无力起坐，也无力说话，连和他商量一下都不可能。"冯雪峰"把拟稿念给他听了。鲁迅闭着眼睛听了，没有说什么，只简单的点了点头，表示了同意"。第二天，冯又向鲁迅念了内容与此相关的另一代拟文章（即《论现在我们的文学运动》——引者注），"鲁迅显得比昨夜更衰弱一些，更没有力气说什么，只是点了点头，表示同意，但略微现出了一点不耐烦的神色"。事后，鲁迅病情稍好转，胡风问他："雪峰模仿周先生的语气倒很像。"鲁迅淡淡地笑了笑说："我看一点也不像。"胡风还说："（鲁迅）他对《新青年》编辑同人，五四文学革命领导者之一的陈独秀，始终表示敬重的态度，并不因陈独秀后来政治上的变化而否认他的革命功绩，提到他的名字时总称为独秀先生或独秀，这表示了他的有功论功，有过论过，不能彼此互掩的战斗道德。"这样的鲁迅怎么可能去辱骂陈独秀及其友人？冯雪峰曾对胡风说："鲁迅还是不行，不如高尔基。高尔基那些政论，都是党派给他的秘书写的，他只是签个名。"胡风听后感到"有点意外"。问题是谁让冯雪峰越俎代庖，"代圣立言"的？信中的观点是冯的创造还是另有来头？则有待进一步的研究与发掘史料。然仅胡风的遗著，就叫几个托派老人激动不已。郑超麟说，读了胡风遗著"顿使鲁迅在我心目中形象高大起来，回到了我在国民监狱中看到这封有名的信以前的地位"。[114] 王凡西肯定地说："可惜陈独秀未能生前见到胡风的这一证言，不然的话，他一定会像现在的我们一样"，撤回将鲁迅比作与"白色老狗"吴稚晖相似的"红色老狗"那样的"愤慨语"。

此为后话。陈独秀毕竟未活到可看到胡风证言的日子，他虽无法了解鲁迅的真正处境，然而署名鲁迅的《答托洛茨基派的信》，并未影响他对鲁迅大致公平的评价。1936 年 10 月 19 日鲁迅逝世。1937 年 11 月 21 日，陈独秀发表《我对于鲁迅之认识》：

> 世之毁誉过当者，莫如对于鲁迅先生。鲁迅先生和他的弟弟启明先生（即周作人——引者注），都是《新青年》作者之一人，虽然不是最主要的作者，

发表的文字也很不少，尤其是启明先生；然而他们两位，都有他们自己独立的思想，不是因为附和《新青年》作者中那一个人而参加的。所以他们的作品在《新青年》中特别有价值，这是我个人的私见。

鲁迅先生的短篇幽默文章，在中国有空前的天才，思想也是前进的。在民国十六七年，他还没有接近政党以前，党中一班无知妄人，把他骂得一文不值，那时我曾为他大抱不平。后来他接近了政党，同是那一班无知妄人，忽然把他抬到三十三层天以上，仿佛鲁迅先生从前是个狗，后来是个神。我却以为真实的鲁迅并不是神，也不是狗，而是个人，有文学天才的人。

最后，有几个诚实的人，告诉我一点关于鲁迅先生大约可信的消息：鲁迅对于他所接近的政党之联合战线政策，并不根本反对，他所反对的乃是对于土豪、劣绅、政客、奸商都一概联合，以此怀恨而终。在现时全国军人的血战，竟有了上海的商人接济敌人以食粮和秘密推销大批日货来认购救国公债的怪现象。由此看来，鲁迅先生的意见，未必全无理由吧！在这一点，这位老文学家终于还保持着一点独立思想的精神，不肯轻于随声附和，是值得我们钦佩的。[115]

陈独秀于 1937 年 8 月 23 日出狱，9 月 9 日离南京赴武汉。这篇文章之写作与发表于他在武汉期间，当为纪念鲁迅逝世一周年而作的。

此时的陈独秀已平息了因《答托洛茨基派的信》带来的情绪波动，而能高度理智而公正地评价鲁迅，认为"真实的鲁迅并不是神，也不是狗，而是个人，有文学天才的人"。并严厉批评了党内一些无知妄人以党派为圈评价鲁迅，所带来的两种错误倾向：要么狗化之，要么神化之；实则皆以是否能被利用为前提。鲁迅真的成了他笔下的中国现代之孔夫子，被人当了敲门的砖。有趣的是反对第一种倾向时，陈实为中共领袖；反对第二种倾向时，陈已被中共驱逐出党，而鲁迅几乎是同时登上"左联"盟主之位的。在不了解《答托洛茨基派的信》真相的背景下，陈独秀如此理智地评价鲁迅，说明这位刚烈的革命家尚有难得的容人之雅量与宽广的文化视野。

注释

[1] 周作人：《关于鲁迅》第204、588页，（乌鲁木齐）新疆人民出版社1997年3月版。

[2] 谷兴云：《关于〈狂人日记〉中的'狂人'的原型阮久荪》，《河北学刊》1983年第1期。

[3] 周作人：《关于鲁迅》第204页。

[4] 周作人：《关于鲁迅》第203页。

[5] 周作人：《关于鲁迅》第205页。

[6] 李靖国：《鲁迅〈狂人日记〉重探》，《文学评论》2002年第4期。

[7] 周作人：《关于鲁迅》第204—205页。

[8] 宁宗一：《贵在写出人物的独特命运和灵魂——读〈莺莺传〉随想》，《唐传奇鉴赏集》第111页，人民文学出版社1983年2月版。

[9] 见《新潮》第1卷第2号，1919年2月1日出版。《新潮》是由陈独秀支持，以胡适、周作人为指导，以傅斯年、罗家伦为骨干的北大学生主办的刊物，时人誉之为《新青年》卫星。

[10] 胡适：《吴虞文录·序》，《胡适文存》第4卷第259页，亚东图书馆民国10年12月版。

[11] 吴虞：《吃人与礼教》，《新青年》第6卷第6号，1919年11月1日。

[12] 雁冰：《读〈呐喊〉》，《文学旬刊》第91期，1923年10月。

[13] 鲁迅：《致许寿裳信》，吴子敏等编《鲁迅论文学与艺术》第41页，人民文学出版社1980年7月版。

[14] 鲁迅：《热风·随感录二十五》(1918年)。

[15] 王栻：《严复传》，见李泽厚《中国近代思想史论》第256页，人民出版社1979年7月版。

[16] 参见周策纵《五四运动：现代中国的思想革命》第81页，江苏人民出版社1996年12月版。

[17] 王森然：《近代二十家评传》第109页。

[18] 梁启超：《清代学术概论》第81页，（北京）东方出版社1996年3月版。

[19] 梁启超：《清代学术概论》第77页。

[20] 鲁迅：《关于太炎先生两三事》，见《鲁迅论文学与

艺术》第1000—1001页。

[21] 鲁迅：《关于太炎先生两三事》，见《鲁迅论文学与艺术》第999页。

[22] 鲁迅：《趋时和复古》，《鲁迅论文学与艺术》第722—723页。

[23] 陈独秀：《蔡民先生逝世感言》，原载1940年3月24日重庆《中央日报》。

[24] 鲁迅：《〈守常全集〉题记》，《鲁迅全集》第4卷第523页，人民文学出版社1981年版。

[25] 郑振铎：《中国新文学大系·文学论争集导言》，上海良友图书印刷公司1935年10月版。

[26] 鲁迅：《无声的中国》，《鲁迅全集》第4卷第13页。

[27] 鲁迅：《无声的中国》，《鲁迅全集》第4卷第13页。

[28] 陈木辛编《陈独秀印象》卷首，上海学林出版社1997年12月版。

[29] 濮清泉：《我所知道的陈独秀》。

[30] 据郑超鳞回忆，见任建树《陈独秀大传》第1页，上海人民出版社1999年5月版。

[31] 章士钊：《吴敬恒—梁启超—陈独秀》，《甲寅周刊》第1卷第30号。

[32] 陈独秀：《灵隐寺前》，任建树等编注《陈独秀诗集》第88页，时代文艺出版社1995年4月版。

[33] 陈独秀：《爱国心和自觉心》，《甲寅杂志》第1卷第4号，1914年11月10日。

[34] 章士钊：《国家与我》，《甲寅杂志》第1卷第8号。

[35] "悍"乃钱玄同、胡适对陈独秀的独特评价。胡适《中国新文学大系·第一集导言》中说钱玄同极端赞成陈氏"必不容反对者有讨论之余地"这种"过悍"的话，"我受了他们'悍'化，也更自信了"。

[36] 胡适：《五十年来中国之文学》，《胡适学术文集·新文学运动》第151—152页，(北京)中华书局1993年9月版。

[37] 傅斯年：《陈独秀案》，岳玉玺等编《傅斯年选集》第320页，天津人民出版社1996年2月版。

[38] 陈鼓应：《悲剧哲学家尼采》第300—302页，三联书店1994年5月第2版。至于陈独秀的反孔，胡适在《〈吴虞文录〉序》中也说过："吴先生和我的朋友陈独秀是近

年来攻击孔教最有力的两位健将。"

[39] 陈鼓应:《悲剧哲学家尼采》第 304—305 页。

[40] 濮清泉:《我所知道的陈独秀》。

[41] 鲁迅:《我怎么做起小说来》,《鲁迅论文学与艺术》第 517—518 页。

[42] 王一川:《历史真实的共时化变形——"狂人"典型的修辞论阐释》,《天津社会科学》1995 年第 5 期。王文中谓:"卡里斯马(Charisma)在当代社会学中指某种具有原创性、神圣性和感召力的特殊人物、符号等,它是文化的中心价值体系赖以维系或巩固的强大的革命力量。这里将其引进文学中,指 20 世纪中国文学的一种特有的正面英雄化典型:具有原创性、神圣素质和感染力的主人公或帮手,他们被赋予拯救文化危机、开创新文化的重大使命。"

[43] 摩罗:《狂人:彬彬有礼的反叛者》,《鲁迅研究月刊》2000 年第 4 期。

[44] 鲁迅:《致傅斯年信》,《鲁迅论文学与艺术》第 50 页。

[45] 鲁迅:《答有恒先生》,《鲁迅论文学与艺术》第 266 页。

[46] 鲁迅:《呐喊·自序》,《鲁迅论文学与艺术》第 91—92 页。

[47] 周作人:《知堂回想录》第 226 页,敦煌文艺出版社 1998 年 1 月版。

[48] 钱玄同:《我对于周豫才君之追忆与略评》,《师大月刊》第 30 期,1936 年。

[49] 钱玄同:《论今古文经学及辨伪丛书》,见《古史辨》1921 年第 1 册。

[50] 周作人:《知堂回想录》第 225 页。摘旧时日记,知钱 1917 年 8 月 9 日、17 日、27 日及 9 月中的某日皆访问过周氏兄弟,"大抵午后四时来,吃过晚饭,谈到十一二点方回师大寄宿舍"。《鲁迅日记》1917 年到 1919 年 "晚钱玄同来" 的记述更多。

[51] 鲁迅:《呐喊·自序》,《鲁迅论文学与艺术》第 91 页。

[52] 鲁迅:《自选集·自序》,《鲁迅论文学与艺术》第 498 页。

[53] 周作人:《知堂回想录》第 224 页。

[54] 周作人:《知堂回想录》第 224 页。

[55] 胡适:《中国新文学大系·第一集导言》,《胡适学

术文集·新文学运动》第 257 页,中华书局 1993 年 9 月版。

[56] 周作人:《知堂回想录》第 225 页。

[57] 李泽厚:《胡适·陈独秀·鲁迅》,《中国现代思想史论》第 112 页,东方出版社 1987 年 6 月版。

[58] 胡适:《易卜生主义》,《新青年》第 4 卷第 6 号。

[59] 鲁迅:《致许寿裳书》,《鲁迅论文学与艺术》第 41 页。

[60] 鲁迅:《〈阿Q正传〉的成因》,《鲁迅论文学与艺术》第 226 页。

[61] 鲁迅:《中国新文学大系·小说二集序》,《鲁迅论文学与艺术》第 806—807 页。

[62] 钱玄同语,见杨义《中国现代小说史》第 61 页,(北京)人民文学出版社 1986 年 9 月版。

[63] 胡适:《答钱玄同书》,《胡适学术论文集·新文学运动》第 353 页。

[64] 鲁迅:《中国新文学大系·小说二集序》,《鲁迅论文学与艺术》第 807 页。

[65]《鲁迅书信集》第 14 页,人民文学出版社 1976 年 8 月版。

[66]《鲁迅书信集》第 15 页。

[67]《鲁迅书信集》第 16 页。

[68]《鲁迅书信集》第 18 页。

[69]《鲁迅书信集》第 19 页。

[70]《鲁迅书信集》第 18 页。

[71]《鲁迅书信集》第 21 页。

[72]《鲁迅书信集》第 15—16 页。

[73]《鲁迅书信集》第 20 页。

[74]《鲁迅书信集》第 18—19 页。

[75]《鲁迅书信集》第 20 页。

[76] 刘师培等筹划欲复刊《国粹学刊》和《国粹汇编》未果,至 1919 年 3 月他们另创办《国故》月刊,鼓吹"昌明中国固有之学术",与新文化运动对抗。

[77]《鲁迅书信集》第 17 页。

[78]《鲁迅书信集》第 17 页。按,周作人《知堂回想录》记载,鲁迅《狂人日记》创作于 1918 年的初春。其与钱说"至于敝人的一篇,却恐怕有点靠不住"时,则实已写成《狂人日记》初稿,可能还在修琢之中。

[79]《新青年》并未正式取用过"编委会"的名称,只是第6卷第1号扉页上公布了"本杂志第六卷分期编辑表"。具体操作时也未必很严格。周作人在《知堂回想录》中就说:"在这以前(1919年10月5日——引者按),大约是第五、六卷吧,曾议决由几个人轮流担任编辑,记得有独秀、适之、守常、半农、玄同和陶孟和这六个人,此外有没有沈尹默,那就记不得了。我特别记得是陶孟和主编的这一回。我送去一篇译稿,是日本江马修的小说,题目是'小的一个人',无论怎么总是译不好,陶君给我加了一个字,改作'小小的一个人',这个我至今不能忘记。真可以说是'一字师'了。"周作人所云,聊备一说。

[80] 鲁迅:《〈守常全集〉题记》,《鲁迅全集》第4卷第523页。

[81] 鲁迅:《忆刘半农君》,《鲁迅全集》第6卷第71—72页。

[82] 周作人:《知堂回想录》第240页。

[83] 鲁迅:《中国新文学大系·小说二集序》,《鲁迅论文学与艺术》第809页。

[84] 鲁迅:《致周作人书》,《鲁迅书信集》第38页。

[85]《鲁迅书信集》第39页,イバネヅ即伊巴涅思(V.B.Ibaáñez,1867—1928),西班牙作家。周作人译了他的《癫狗病》,载《新青年》第9卷第5号,1921年9月。

[86] 指《新青年》第9卷第2号(1921年6月)所载陈的随感录三篇:《下品的无政府党》《青年底误会》和《反抗舆论的勇气》。

[87]《鲁迅全集》第11卷第394页。

[88]《鲁迅全集》第11卷第403页,《沼ノネトソ》即《池边》,《狭ノ笼》即《狭的笼》,都是俄国盲人作家爱罗先珂(1889—1952)的童话,鲁迅译文后者载于《新青年》第9卷第4号,1921年8月。

[89] 鲁迅:《〈自选集〉自序》,《鲁迅论文学与艺术》第499页。

[90] 鲁迅:《致胡适书》,《鲁迅书信集》第48页。

[91] 鲁迅:《扣丝杂感》(1927年9月15日),《鲁迅论文学与艺术》第269页。

[92] 鲁迅:《〈热风〉题记》(1925年11月3日),《鲁迅

论文学与艺术》第181—182页。

[93] 鲁迅:《〈呐喊〉自序》,《鲁迅论文学与艺术》第92页。

[94] 鲁迅:《〈自选集〉自序》,《鲁迅论文学与艺术》第498页。

[95] 鲁迅:《〈热风〉题记》(1925年11月3日),《鲁迅论文学与艺术》第181页。

[96] 鲁迅:《〈自选集〉自序》,《鲁迅论文学与艺术》第499页。

[97] 鲁迅:《〈自选集〉自序》,《鲁迅论文学与艺术》第498页。

[98] 鲁迅:《〈守常全集〉题记》,《鲁迅全集》第4卷第524—525页。

[99] 鲁迅:《我怎样做小说来》,《鲁迅论文学与艺术》第517页。

[100] 鲁迅:《忆刘半农君》,《鲁迅论文学与艺术》第715—716页。

[101] 周作人:《实庵的尺牍》,见周作人《过去的工作》第66—72页,河北教育出版社2002年1月版。本章所引陈信凡见此篇者不另注。涉及鲁迅文字下之重点号都为引者所加。

[102] 参阅本书《陈独秀与胡适》一章。

[103] 陈独秀:《致胡适》,《陈独秀书信集》第257页,水如编,新华出版社1987年11月版(内部发行)。

[104] 陈独秀:《致鲁迅、周作人书》,《陈独秀书信集》第309页。

[105] 鲁迅:《言论自由的界限》,《鲁迅论文学与艺术》第526页。

[106] 吴子敏等编《鲁迅论文学与艺术》第517页。

[107] 濮清泉:《我所知道的陈独秀》。

[108] 〔日〕长堀祐造:《试论鲁迅托洛茨基观的转变》,《鲁迅研究月刊》1996年第3期。

[109] 鲁迅:《答托洛茨基派的信》,《鲁迅全集》第6卷第588页。

[110] 1937年底到1938年初王明、康生也污蔑陈独秀为"汉奸","是每月拿日本三百元津贴的日本间谍",制造无根的谎言。立即有王星拱等社会名流主动投书武汉各

大报，为之申辩。但这与上述暗示事件之间是否有什么联系，则不得而知。只知道1938年3月《七月》（月刊）上发表毛泽东《鲁迅论》中说："（鲁迅）他在1936年就大胆的指出托派匪徒的危险倾向，现在的事实完全证明了他的见解是那样的稳定，那样的清楚。托派成为汉奸组织而直接拿日本特务机关的津贴，已是很明显的事情了。"如此呼应着署名"鲁迅"的那封信的观点。

[111] 王凡西：《双山回忆录》（增订本）第238页，香港士林图书服务社1994年版。

[112] 王凡西：《胡风遗著读后感》，转见沈寂主编《陈独秀研究》第1辑第319—320页，东方出版社1999年3月版。

[113] 《鲁迅全集》第6卷收录此文后有说明："这信由先生口授，O.V笔写。"O.V即冯雪峰（1903—1976）。

[114] 郑超麟：《读胡风长文〈鲁迅先生〉有感》，《鲁迅研究月刊》1993年第10期。

[115] 陈独秀：《我对于鲁迅之认识》，《宇宙风》（散文旬刊）第52期，1937年11月21日。

· 外编 ·

实庵自传

陈独秀

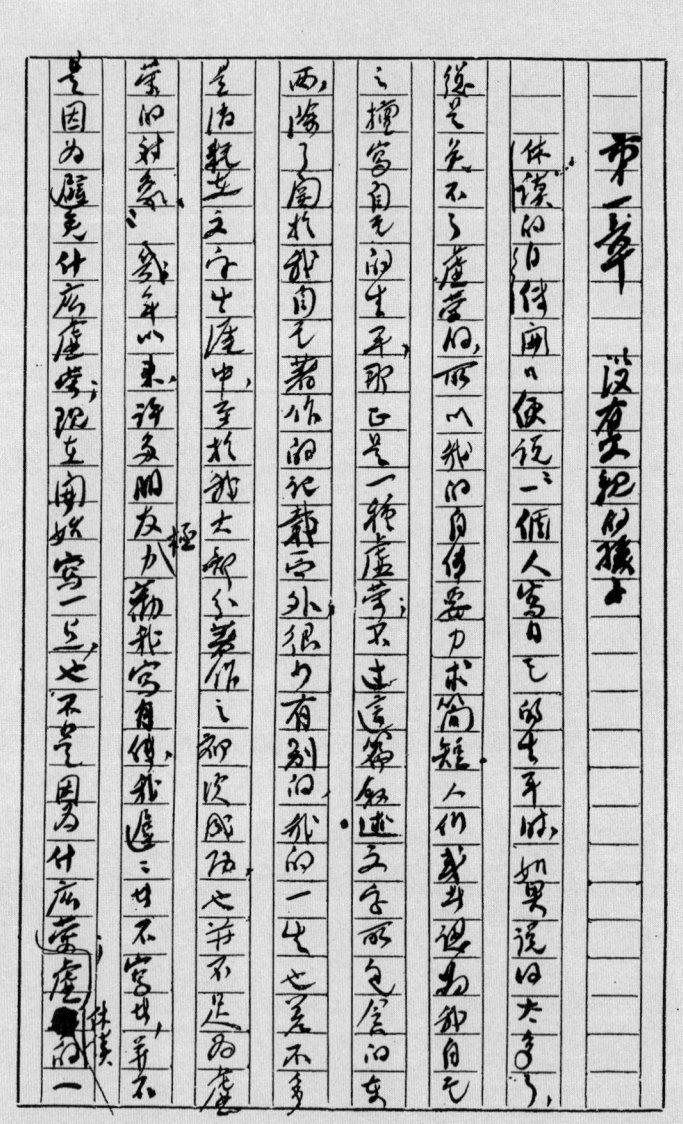

第一章 没有父亲的孩子

休谟的伯伯们，便说：一个人写自己的生平时，如果说的太少了，像是没人要写自己的生平似的，所以我们自传都要力求简括，人们或是追考为我自己撰写真实的生平呢，正是一种虚荣心之一种，他写我的生平，著作的记载宣布外，很少有别的一些也是不多，而像了解我的大概不敢作记忆所不足的地方。至诚轰烈之牢不是中华就那不写作纪念我的几只不写作，学的对象，我几年以来许多朋友劝我写自传，我还三十不写是因为什么虚荣现在南京写一点也不是因为什么虚荣。一

陈独秀《实庵自传》手迹

第一章 没有父亲的孩子

休谟的自传开口便说："一个人写自己的生平时，如果说得太多了，总是免不了虚荣的，所以我的自传要力求简短，人们或者认为我自己之擅写自己的生平，那正是一种虚荣；不过这篇叙述文字所包含的东西，除了关于我自己著作的记载而外，很少有别的，我的一生也差不多是消耗在文字生涯中，至于我大部分著作之初次成功，也并不足为虚荣的对象。"几年以来，许多朋友极力劝我写自传，我迟迟不写者，并不是因为避免什么虚荣；现在开始写一点，也不是因为什么虚荣；休谟的一生差不多是消耗在文字生涯中，我的一生差不多是消耗在政治生涯中，至于我大部分政治生涯之失败，也并不足为虚荣的对象。我现在写这本自传，关于我个人的事，打算照休谟的话"力求简短"，主要的是把我一生所见所闻的政治及社会思想之变动，尽我所记忆的描写出来，作为现代青年一种活的经验，不力求简短，也不滥抄不大有生气的政治经济材料，以夸张篇幅。

写自传的人，照例都从幼年时代说起，可是我幼年时代的事，几乎完全记忆不清了。弗兰克林的自传，一开始便说："我向来喜欢搜集先人一切琐碎的遗事，你们当能忆及和我同住英格兰时，遍访亲戚故旧，我之长途跋涉，目的正在此。"我现在不能够这样做，也不愿意这样做，只略略写出在幼年时代印象较深的几件事而已。

第一件事：我自幼便是一个没有父亲的孩子。

民国十年（1921）我在广东时，有一次宴会席上，陈炯明正正经经的问我："外间说你组织什么'讨父团'，真有此事吗？"我也正正经经的回答道："我的儿子有资格组织这一团体，我连参加的资格也没有，因为我自幼便是一个没有父亲的孩子。"当时在座的人们，有的听了我的话，呵呵大笑，有的睁大着眼睛看着我，仿佛不明白我说些什么，或者因为言语不通，或者以为答非所问。

我出世几个月，我的父亲便死了，真的，我自幼便是一个没有父亲的孩子。我记得我幼时家住在安徽省怀宁县城里，我记得家中有一个严厉的祖父，一个能干而慈爱的母亲，一个阿弥陀佛的大哥。

亲戚本家都绰号我的这位祖父为"白胡爹爹"，孩子们哭时，一说白胡爹爹来了，便停住声不敢哭，这位白胡爹爹的严厉可怕便可想见了。这位白胡爹爹有两种怪脾气：一是好洁，一是好静。家中有一角地方有一件桌椅没扫抹干净，我的母亲，我的大姊，便要倒大霉。他不许家中人走起路来有脚步声，我的二姊年幼不知利害，为了走路有时有脚步声，也不知挨过多少次毒打，便是我们的外祖母到我们家里来，如果不是从他眼前经过，都不得不蹑手蹑脚的像做贼的一般走路，因为恐怕他三不知的骂起来，倒不好出头承认是她的脚步声。我那时心中老是有一个不可解的疑问：这位好洁好静的祖父，他是抽鸦片烟的，在家里开灯不算数，还时常要到街上极龌龊而嘈杂的烟馆去抽烟，才算过瘾，那时他好洁好静的脾气那里去了呢？这一疑问直到半个世纪以后的今天，我才有了解答。第一个解答是人有好群性，就是抽大烟，也得集体的抽起来才有趣；然而这一解答还不免浅薄，更精微奥妙的解答，是烧烟泡的艺术之相互欣赏，大家的全意识都沉没在相互欣赏这一艺术的世界，这一艺术世界之外的一切一切都忘怀了。我这样的解答，别人或者都以为我在说笑话，恐怕只有我的朋友刘叔雅才懂得这个哲学。

我从六岁到八九岁，都是这位祖父教我读书。我从小有点小聪明，可是这点小聪明却害苦了我。我大哥读书，他从来不大注意，独独看中了我，恨不得我一年之中把"四书"、"五经"都读完，他才称意，"四书"、《诗经》还罢了，我最怕的是《左传》，幸亏这位祖父或者还不知道"三礼"的重要，否则会送掉我的小性命。我背书背不出，使他生气动手打，还是小事；使他最生气，气得怒目切齿几乎发狂令人可怕的，是我无论挨了如何毒打，总一声不哭，他不只一次愤怒而伤感的骂道："这个小东西，将来长大成人，必定是一个杀人不眨眼的凶恶强盗，真是家门不幸！"我的母亲为此不知流了多少眼泪，可是母亲对我并不像祖父那样悲观，总是用好言劝勉我，说道："小儿，你务必好好用心读书，将来书读好了，中个举人替你父亲争口气，你的父亲读书一生，未曾考中举人，是他生前一桩恨事！"我见了母亲流泪，倒哭出来了，母亲一面替我揩眼泪,一面责备我道:"你这孩子真淘气,爹爹那样打你,你不哭,现在倒无端的哭了!"母亲的眼泪,比祖父的板子,着实有威权,一直到现在,我还是不怕打,不怕杀,只怕人对我哭,尤其妇人哭。母亲的眼泪,是叫我用功读书之强有力的命令。我们知道打着不哭的孩子很多,后来虽不定有出息,也不定做强盗。祖父对我的预料,显然不符合,我后来并没有做强盗,并且最厌恶杀人。我以为现时代还不能免的战争,即令是革命战争中的杀人,也是残忍的野蛮的事,然而战争还有进步的作用;其馀的杀人,如政治的暗杀,法律的宣告死刑,只有助长人们的残忍与野蛮性,没有一点好的影响,别的杀人更不用说了。

父亲的性格,我不大知道。母亲之为人,很能干而疏财仗义,好打抱不平,亲戚本家都称她为女丈夫;其实她本质还是一个老好人,往往优容奸恶,缺乏严肃坚决的态度。据我所记忆的有两件事,可以充分表现出她这一弱点。

有一位我祖父辈的本家,是我们族里的族长,怀宁话称为"户尊",在渌水乡地方上是一位颇有点名望的绅董,算得一位小小的社会栋梁。我的母亲很尊敬他,我们小辈更不用说了。有一年(大约是光绪十二年前后),大水冲破了广济圩,全渌水乡(怀宁东乡)都淹没了,这位族长哭丧着脸向我母亲诉说乡民的苦痛之后,接着借钱救济他的家属,我母亲对他十分恭敬,然而借钱的事却终于不曾答应。族长去后,我对母亲说:"我们家里虽然穷,总比淹水的人家好些,何以一个钱不借给他呢?"母亲皱着眉头一言不发。我知道母亲的脾气,她不愿说的话,你再问也是枉然,我只在心中纳闷道:母亲时常当衣借钱济人之急,又时常教训我们,不要看不起穷人,不许骂叫化子,为什么今天不肯借钱给淹水的本家而且她一向尊敬的族长呢?事隔五六年,我才从许多人口中渐渐知道了这位族长的为人:族中及乡邻有争执的事,总得请他判断是非曲直,他于是非曲直的判断,很公平的不分亲疏,一概以所得鸡、米、烟土或老本洋多少为标准,因此有时他的亲戚本家会败诉,外人反而胜利,乡间人都称赞这位绅董公正无私!他还有一件事值得舆论称赞,就是每逢修圩放赈,他比任何人都热心,无论严寒酷暑,都忙着为大众奔波尽义务,凡他所督修的圩工,比别人所担任一段都更不坚固，大概他认为如果认真按照原定的工料做好，于他已是一种损失，失了将米放赈的机会，又是一种损失，这未免自己太对不住自己了！至此我才明白母亲皱眉不语的缘故，是因为她已经深知这位族长之为人，然而她仍旧恭敬他，这岂不是她的弱点吗？

还有这族长手下用的一位户差（户差的职务，是奉行族长命令，逮捕族中不法子孙到祠堂处罚），同时又是一位阴差（阎王的差人），他常常到我们家里来，说他在阴间会见了我们的祖先，我们的祖先没有钱用，托他来要钱买钱纸银锭烧给他们，我的母亲很恭敬地款待他，并且给钱托他代买钱纸银锭，不用说那钱纸银锭是烧给这位当阴差的先生了，这位阴差去后，母亲对我们总是表示不信任他的鬼话。有一天他又来到我们家里过阴，大张开嘴打了一个呵欠，直挺挺地倒在床上，口中喃喃说胡话，谁也听不清楚他说些什么，大概是酆都城的土话罢！是我气他不过，跑去约了同屋及近邻十多个孩子，从前后门奔进来，同声大喊某处失了火，这位阴差先生顿时停止了声响，急忙打了一个小小呵欠便回到阳间来了，闭着眼睛问道："这边有了火烛了罢？"我的母亲站在床边微笑地答道："是的！"他接着说："这可不错罢，我在那边就知道了。"我在旁边弯着腰，缩着颈脖子，用小手捂着嘴，几乎要大笑出来，母亲拿起鸡毛帚子将我赶走得很远，强忍着笑，骂道："你这班小鬼！"但她还是恭恭敬敬用酒肉款待这位阴差爹爹，并且送钱托他买钱纸银锭，这便是我母亲优容奸恶之又一事实。

有人称赞我疾恶如仇，有人批评我性情暴躁，其实我性情暴躁则有之，疾恶如仇则不尽然，在这方面，我和我的母亲同样缺乏严肃坚决的态度，有时简直是优容奸恶，因此误过多少大事，上过多少恶当，至今虽然深知之，还未必痛改之，其主要原因固然由于政治上之不严肃，不坚决，而母亲的性格之遗传，也有影响罢。

幸而我母亲崇重科举的思想，我始终没有受到影响。这件事我们当然不应该苛责前一辈的人，尤其是不曾受过新旧任何教育的妇人。

因为在那一时代的社会，科举不仅仅是一个虚荣，实已支配了全社会一般人的实际生活，有了功名才能做大官（那时捐班出身的官，人们还不大瞧得起，而且官也做不大，大官必须正途出身，洋博士那时还未发明），做大官才能发大财，发了财才能买田置地，做地主（那时存银行和做交易所生意，也还未发明），盖大屋（并非洋房），欺压乡农，荣宗耀祖；那时人家生了儿子，恭维他将来做刚白度（即买办）的，还只有上海十里洋场这一块小地方，其馀普遍的吉利话，一概是进学、中举、会进士、点状元；婆婆看待媳妇之厚薄，全以儿子有无功名和功名大小为标准。丈夫有功名的，公婆便捧在头上；没有功名的连佣人的气都得受。贫苦农民的儿子，举人、进士、状元不用说，连秀才的好梦都不敢做，用尽九牛二虎之力，供给儿子读几年书，好歹能写出百而八十字，已经算是才子，如果能够跟着先生进城过一次考，胡乱写几百字交了卷，那怕第一场就榜上无名，回家去也算得出人头地。穷凶极恶的地主们，对这一家佃户，便另眼看待，所以当时乡间有这样两句流行的谚语："去到考场放个屁，也替祖宗争口气"；农民的儿子如果考取了秀才，便是一步登天，也就是立了将来做土豪劣绅的基础，一生吃著不尽；所以无论城乡，屡考不中的人们，往往埋怨祖坟的风水不好，掘出尸骨来改葬，这便是那班圣人之徒扬名显亲的孝道；在这样的社会空气中，在人们尤其是妇女的头脑里面，科举当然是一件神圣事业了。

我的母亲虽然没有受过任何教育，当时传统的"忠孝节义"之通俗教育标语，她是知道的，我很感谢她从来不曾拿这些标语教育我们，她对于我们之教育，是考科举，起码也要中个举人，替父亲争气。当大哥考取了秀才时，母亲很高兴，而我却一则以喜，一则以惧，喜的是母亲高兴，惧的是学八股文章和应考的灾难，要临到我身上来了！

自从祖父死后，经过好几个塾师，我都大不满意，到了十二三岁时，由大哥教我读书。大哥知道我不喜欢八股文章，除温习经书外，新教我读《昭明文选》。初读时，我也有点头痛，后来渐渐读出味道来了，从此更加看不起八股文，这件事使我阿弥陀佛的大哥夹在中间很为难，一面受了母亲的严命，教我习八股，预备应考，一面他知道我不喜欢这一套。一直到光绪二十二年(1896)，我已经十七岁了，在县考前一两个月，大哥实在再挨不过去了，才硬着头皮对我说："考期已近了，你也得看看八股文章罢！"我当时一声不响。他知道我的脾气，不做声并非反对，而是承认。他高高兴兴的拿出合于小考格式的路德的文章为我讲解，我表面上是在听他的讲解，心里还是想着我的

《昭明文选》，不久大哥也看出路德的文章太不合我的口味，于是再拿出金、黄和袁枚的制艺给我看，我对于这几个人的文章虽然有点兴趣，而终于格格不入，他对于这位难说话的弟弟，实在无法可想，只好听其自然了。大哥虽然十分忠厚老实，我猜想他此时急则智生，必然向母亲作了一个虚伪的报告，说我如何如何用心学八股文，那是在这期间母亲喜悦的面容中可以看出的。像我那样的八股文程度，县考、府考自然名次都考得很低，到了院试，宗师（安徽语称学院为宗师）出的题目是什么"鱼鳖不可胜食也材木"的截搭题，我对于这样不通的题目，也就用不通的文章来对付，把《文选》上所有鸟兽草木的难字和《康熙字典》上荒谬的古文，不管三七二十一，牛头不对马嘴，上文不接下文地填满了一篇皇皇大文，正在收拾考具要交卷，那位山东大个儿的李宗师亲自走过来收取我的卷子（那时我和别的几个人，因为是幼童和县、府试录取第一名，或是经古考取了提堂，在宗师案前面试，所以他很便当的亲自收取卷子。我并不是考幼童，县、府试也非第一名，一入场看见卷面上印了提堂字样，知道经古已经考取了，不用说这也是昭明太子帮的忙），他翻开我的卷子大约看了两三行，便说："站住，别慌走！"我听了着实一吓，不知闯下了什么大祸。他略略看完了通篇，睁开大眼睛对我从头到脚看了一遍，问我十几岁，为啥不考幼童？我说童生今年十七岁了。他点点头说道："年纪还轻，回家好好用功，好好用功。"我回家把文章稿子交给大哥看，大哥看完文稿，皱着眉头足足有个把钟头一声不响，在我，应考本来是敷衍母亲，算不得什么正经事，这时看见大哥那种失望的情形，却有点令我难受。谁也想不到我那篇不通的文章，竟蒙住了不通的大宗师，把我取了第一名，这件事使我更加一层鄙薄科举。捷报传来，母亲乐得几乎掉下眼泪。"眼皮子浅"这句批评，怀宁人自己也承认，人家倒了霉，亲友邻舍们，照例总是编排得比实际倒霉要超过几十倍；人家有点兴旺，他们也要附会得比实际超过几十倍。我们这一门姓陈的，在怀宁本是一个小户人家，绅士们向来是瞧不起的，全族中到我的父亲时才有一个秀才，叔父还中了举，现在看见我们弟兄又都是青年秀才，不但另眼相看，而且造出许多神话，说我们家的祖坟是如何如何好风水，说城外迎江寺的宝塔是陈家祖坟前一管笔，说我出世的前夜，我母亲做过什么什么梦，诸如此类，不一而足。他们真想不到我后来接二连三做了使他们吓破了胆的康党、乱党、共产党，而不是他们所想象的举人、进士、状元郎。最有趣的是几家富户，竟看中了我这没有父亲的穷孩子，争先恐后的托人向我母亲问我可曾定亲。这就是我母亲大乐而特乐的社会原因。母亲快乐，我自然很高兴；所害怕的，来年江南乡试的灾难，又要临到我身上来了！

第二章 江南乡试

江南乡试是当时社会上一件大事,虽然经过了甲午战败,大家仍旧在梦中。我那时所想象的灾难,还远不及后来在考场中所经验的那样厉害;并且我觉得这场灾难是免不了的,不如积极的用点功,考个举人以了母亲的心愿,以后好让我专心做点正经学问。所以在那一年中,虽然多病,也还着实准备了考试的工夫,好在经义和策问,我是觉得有点兴趣的,就是八股文也勉强研究了一番。至于写字,我喜欢临碑帖,大哥总劝我学馆阁体,我心里实在好笑,我已打定主意,只想考个举人了事,决不愿意再上进,习那讨厌的馆阁字做什么!我们弟兄感情极好,虽然意见上没有一件事不冲突,没有一件事依他的话做,而始终总保持着温和态度,不肯在口头上反驳他,免得伤了手足的感情。

大概是光绪二十三年七月罢,我不得不初次离开母亲,初次出门到南京乡试了。同行的人们是大哥、大哥的先生、大哥的同学和先生的几位弟兄,大家都决计坐轮船去,因为轮船比民船快得多。那时到南京乡试的人,很多愿意坐民船,这并非保存国粹,而是因为坐民船可以发一笔财,船头上扯起一条写着"奉旨江南乡试"几个大字的黄布旗,一路上的关卡,虽然明明知道船上装满着私货,也不敢前来查问,比现在日本人走私或者还威风凛凛。我们一批人,居然不想发这笔横财,可算得是正人君子了!

我们这一批正人君子,除我以外,都到过南京乡试的,只有我初次出门,一到南京,看见仪凤门那样高大的城门,真是乡下佬上街,大开眼界,往日以为可以骄傲的省城,——周围九里十三步的安庆城,此时在我的脑中陡然变成一个山城小市了。我坐在驴子背上,一路幻想着,南京城内的房屋街市不知如何繁华美丽,又幻想着上海的城门更不知如何的高大,因为曾听人说上海比南京还要热闹多少倍。进城一看,使我失望了,城北几条大街道之平阔,诚然比起安庆来在天上,然而房屋却和安庆一样的矮小破烂,城北一带的荒凉,也和安庆是弟兄,南京所有的特色,只是一个"大"。可是房屋虽然破烂,好像人血堆起来的洋房还没有;城厢内外唯一的交通工具,只有小驴子,跑起路来,驴子颈间一串铃铛的丁令当郎声,和四个小蹄子的得得声相应和着,坐在驴背上的人,似乎都有点诗意,那时南京用人拖的东洋车、马车还没有,现在广州人所讥讽的"市虎",南京人所诅咒的"棺材"和公共汽车,更不用说;城南的街道和安庆一样窄小,在万人哭声中开辟的马路也还没有;因为甲午战后付了巨额的赔款,物价已日见高涨,乡试时南京的人口,临时又增加了一万多,米卖到七八十钱一升,猪肉卖到一百钱一斤,人们已经叫苦,现在回想起来,那时南京人的面容,还算是自由的、快活的,至少,人见着人,还不会相互疑心对方是扒手,或是暗探;这难道是物质文明和革命的罪恶吗?不是,绝对不是,这是别有原因的。

我们这一批正人君子,到南京的头一夜,是睡在一家熟人屋里的楼板上,第二天一早起来,留下三个人看守行李,其馀都出去分途找寓处。留下的三个人,第一个是大哥的先生,他是我们这一批正人君子的最高领袖,当然不便御驾亲征,失了尊严;第二个是我大哥,因为他不善言辞;我这小小人自然更不胜任,就是留下看守行李的第三个。午后,寓处找着了,立刻搬过去,一进屋,找房子的几个正人君子,全大睁着眼睛,你看看我,我看看你,异口同声的说:"这屋子又贵又坏,真上当!"我听了真莫名其妙,他们刚才亲自看好的房子,怎么忽然觉得上了当呢?过了三四天,在他们和同寓中别的考生谈话中间,才发现了上当的缘故。原来在我们之先搬来的几位正人君子,来找房子的时候,大家也明明看见房东家里有一位花枝招展的大姐儿,坐在窗口做针线,等到一搬进来,那位仙女便化作一阵清风不知何处去了。后来听说这种美人计,乃是南京房东招揽考先生的惯伎,上当的并不止我们这几位正人君子,那些临时请来的仙女,有的是亲眷,有的是土娼。考先生上当的固然很多,房东上当也不是没有。如果他们家中真有年轻的妇女;如果他们不小心把咸鱼、腊肉挂在厨房里或屋檐下,此时也会不翼而飞。好在考先生都有"读书人"这张体面的护符,奸淫窃盗的罪名,房东那敢加在他们身上!他们到商店里买东西,有机会也要顺带一点藏在袖子里，店家就是看见了也不敢声张，因为他们开口便说："我们是奉着皇帝圣旨来乡试的，你们诬辱我们做贼，便是诬辱了皇帝！"天高皇帝远，他们这几句大话，未必真能吓倒商人，商人所最怕的还是他们人多，一句话得罪了他们，他们便要动野蛮，他们一和人打架，路过的考先生，无论认识不认识，都会上前动手帮助，商人知道他们上前帮着打架还不是真正目的，在人多手多的混乱中，商人的损失可就更大了，就是闹到官，对于人多势大的考先生，官也没有办法。南京每逢乡试，临时增加一万多人，平均一人用五十元，市面上有五十万元的进账，临时商店遍城南到处都有，特别是状元境一带，商人们只要能够赚钱，受点气也就算不了什么。这班文武双全的考先生，唯有到钓鱼巷嫖妓时，却不动野蛮，只口口声声自称寒士，商请妓家减价而已，他们此时或者以为必须这样，才不失读书人的斯文气派！

　　我们寓处的房子，诚然又坏又贵，我跟着他们上当，这还是小事，使我最难受的要算是解大手的问题，现在回想起来还有点头痛。屋里没有茅厕，男人们又没有用惯马桶，大门外路旁空地，便是解大小手的处所，我记得那时南京稍微偏僻一点的地方，差不多每个人家大门外两旁空地上，都有一堆一堆的小小金字塔，不仅我们的寓处是如此。不但我的大哥，就是我们那位老夫子，本来是个道学先生，开口孔、孟，闭口程、朱，这位博学的老夫子，不但读过几本宋儒的语录，并且还知道什么"男女有别"、"男女授受不亲"的礼教，他也是天天那样在路旁空地上解大手，有时妇女在路上走过，只好当做没看见。同寓的有几个荒唐鬼，在高声朗诵那礼义、廉耻、正心、修身的八股文章之馀暇，时到门前探望，远远发现有年轻的妇女姗姗而来，他便扯下裤子蹲下去解大手，好像急于献宝似的，虽然他并无大手可解。我总是挨到天黑才敢出去解大手，因此有时踏了一脚屎回来，已经气闷，还要受别人的笑骂，骂我假正经，为什么白天不去解手，如今踏了一脚屎回来，弄得一屋子的臭气！"假正经"这句话，骂得我也许对，也许不对，我那时不但已解人事，而且自己戕贼得很厉害，如果有机会和女人睡觉，大约不会推辞，可是像那样冒冒失失的对一个陌生的女子当街献宝，我总认为是太无聊了。

　　到了八月初七日，我们要进场考试了。我背了考篮、书籍、文具、食粮、烧饭的锅炉和油布，已竭尽了生平的气力，若不是大哥代我领试卷，我便会在人丛中挤死。一进考棚，三魂吓掉了二魂半，每条十多丈长的号筒，都有几十或上百个号舍，号舍的大小仿佛现时警察的岗棚，然而要低得多，长个子站在里面是要低头弯腰的，这就是那时科举出身的老大以尝过"矮屋"滋味自豪的"矮屋"。矮屋的三面七齐八不齐的砖墙，当然里外都不曾用石灰泥过，里面蜘蛛网和灰尘是满满的，好容易打扫干净，坐进去拿一块板安放在面前，就算是写字台，睡起觉来，不用说就得坐在那里睡。一条号筒内，总有一两间空号，便是这一号筒的公共厕所，考场的特别名词叫做"屎号"。考过头场，如果没有冤鬼缠身，不曾在考卷上写出自己缺德的事，或用墨盒泼污了试卷，被贴出来，二场进去，如果不幸座位编在"屎号"，三天饱尝异味，还要被人家议论是干了亏心事的果报。那一年南京的天气，到了八月中旬还是奇热，大家都把带来的油布挂起遮住太阳光，号门都紧对着高墙，中间是只能容一个半人来往的一条长巷，上面露着一线天，大家挂上油布之后，连这一线天也一线不露了，空气简直不通，每人都在对面墙上挂起烧饭的锅炉，大家烧起饭来，再加上赤日当空，那条长巷便成了火巷，煮饭做菜，我一窍不通，三场九天，总是吃那半生不熟或者烂熟或煨成的挂面。有一件事给我的印象最深。考头场时，看见一位徐州的大胖子，一条大辫子盘在头顶上，全身一丝不挂，脚踏一双破鞋，手里捧着试卷，在如火的长巷中走来走去，走着走着，上下大小脑袋左右摇晃着，拖长着怪声念他那得意的文章，念到最得意处，用力把大腿一拍，翘起大拇指叫道："好！今科必中！"

　　这位"今科必中"的先生，使我看呆了一两个钟头。在这一两个钟头当中，我并非尽看他，乃是由他联想到所有考生的怪现状；由那些怪现状联想到这班动物得了志，国家和人民要如何遭殃；因此又联想到所谓抡才大典，简直是隔几年把这班猴子、狗熊搬出来开一次动物展览会；因此又联想到国家一切制度，恐怕都有如此这般的毛病；因此最后感觉到梁启超那班人们在《时务报》上说的话是有些道理呀！这便是我由选学妖孽转变到康、梁派之最大动机。一两个钟头的冥想，决定了我个人往后十几年的行动。我此次乡试，本来很勉强，不料其结果却对于我意外有益！

原载1937年11月11日、11月21日、12月1日《宇宙风》（十日刊）第五十一、五十二、五十三期

陈独秀在江津将此传手稿赠台静农。有跋云："此稿写于一九三七年七月十六至廿、五日中。时居南京第一监狱，敌机日夜轰炸，写此遣闷。兹赠静农兄以为纪念。"

·自跋·

书的故事

一

你为什么要写这么一本关于陈独秀的书？

这本书在写作过程中，就不断有朋友这样问我。其实对此，我亦时时扪心自问。

现谨于书末，从实招来，给老朋友一个答复，给新朋友一个交代。

二

我本是研究明清小说的。要讲清明清小说的历史地位，就不能不涉及五四新文化运动。明清小说在中国文学史上是座承上启下的桥梁，上承传统文学之终结，下启新文学之勃起。五四时期将明清白话小说作为推行白话文的"教本"，既是历史发展的必然，更是陈独秀、胡适等文化先驱的天才选择。值得大书特书。

尽管我在《性格的命运——中国古典小说审美论》（安徽教育出版社1998年10月版）一书中，已有专章："站在高耸的塔上眺望——陈独秀与中国小说"涉及这一命题（这在国内大概是第一篇从此角度谈论陈独秀的文字），却意犹未尽，觉得循此思路还有许多话要讲。

三

更何况我是安庆人。我历来认为地方高校文科教师要想在科研上有所作为,最好在本地文化资源中去寻找研究对象。

20世纪80年代初,我从安徽大学调到家乡的唯一高校任教。欲从家乡文化资源中找到科研的契合点,自然是非桐城派与陈独秀莫属。桐城派即中国传统文学之终结,明清小说被它视为异端;陈独秀为五四新文化运动的精神领袖,明清小说恰被他奉为中国文学之正宗。

富有喜剧色彩的是,新时期之初,桐城派研究渐渐热起来了,陈独秀研究反倒冷冷淡淡。这一反差,理当引起每一个有良知的学者尤其是安庆学者的深思,从而尽自己所能担负起文化反思的历史使命。

当时安庆确有些有识之士,寻觅到不少有关陈独秀的宝贵文献,如现存陈独秀的第一篇论文《扬子江形势论略》与《义门陈氏宗谱》等,并编印了《陈独秀研究参考资料》《陈独秀诗选》等,实在令人敬佩。同时在与陈独秀后裔接触中,也深深为他们历经磨难而仍坚毅热情的性格魅力所感动。这也激起我的乡情,觉得应如胡适晚年不遗余力地为其乡先贤戴东原"正名"一样,从自己勉强能胜任的角度为陈独秀这位杰出的乡先贤做点什么,尽管我永远无法与胡适的学力相比拟。

四

还有件事,对我既是刺激又是鞭策。那就是20世纪80年代初,安徽省举行大学生作文赛,我执教的中文系推选了几篇优秀作文。其中有一篇来自学生墙报的纪念陈独秀的散文《无碑的墓地》(作者是77级学生阎新建,现居美国),被评为一等奖。待作文选出版时,这篇作文被莫名其妙地抽去。

事情过去多少年之后,我好容易找到了这份散失的历史文本,今附之于斯,作为历史的纪念。

无碑的墓地

漫野的桃花正开得一片嫣红，莺飞草长，又是清明时节。几天来，公墓道上熙熙攘攘，人流不断。"红领巾"们抬着花圈，走向烈士陵园。一切伟大和渺小的亡灵，总算又可以暂时摆脱终年的冷落。可是，有谁会想到，在远郊的荒洼里，有一座无碑无碣、但也许更值得祭扫的坟墓？

对逝者的纪念，往往随着人格和地位而不同。不说巍峨耸峙的帝王寝陵，也不说迁客骚人的风流遗址，就是一般的百姓，大抵也要立块石头，刻几个字给后人记认。可是，当我"按图索骥"，独自来到这离城十余里的荒洼时，除了一片杉林，怎么也看不出其中的异样。我是按着一本《史话》的指点，来寻访陈独秀墓地的。这是去年年底的事。时节正是初冬，寒风瑟瑟，落木萧萧。杉树带刺的枝叶，虽然没有凋零，也蒙上了一层蜡质，失去了生命的活力。哪里是坟墓呢？我一时有点茫然。上了两年学，无论是党史还是现代文学史，陈独秀之名赫然在目。听说他死后归葬故里，我早想一探。《史话》上说陈独秀墓碑已失，我以为总有一点标记可资辨认，想不到树林藏起了一切。问附近砍树的农民，回答说没听到过这个人。

经过多方打听，找到了一个当年安葬过陈独秀的老农。他领着我，弯着腰钻进树林，终于到了陈独秀墓前。说是墓，其实只是个大土堆。没有任何标记，墓的尖顶已经塌落，像个扁平的面包。枯黄的衰草和砍伐的败枝遮盖了坟墓。树林里静悄悄，只有小雀子"喊喳"地叫着。远处传来"嘭嘭"的斧声，浊重而吃力。谁能相信，这一黄土之下，竟是当年在《新青年》上疾呼"民主和科学"的革命者呢！我默然肃立，一时间，想到了京城里那些金碧辉煌的皇陵，想到了岳王庙上"心昭天日"的悬匾，还有无数大大小小，出名不出名的坟墓。人们常常去游览，去祭扫，并没有忘掉他们。可是眼前这一代哲人、"思想明星"只落得孤坟鬼影,茕茕孑立。历史啊,你何尝那么公正。我只有抚膺叹息。

走出林子后,引路老者告诉我,这座坟多年无人祭扫,除了他自己也很少有人知道埋的是谁了。墓前原有一块很大的石碑,1958年被拔走垫了路。听了这话,我不禁重为一叹。以天下之大,哪儿找不到石头,偏偏少了这块墓碑垫路吗?古往今来,有多少文人墨客,或驻马,或濯足,至今勒石纪念,传为美谈。塞外昭君冢,钱塘苏小墓,一为皇妃,一为名妓,尚且留名千古,奉为圣地。不独中国是这样,看世界也莫不如此。不要说陈独秀这样现代史上的风云人物,即或是乡里的名人,也断不能挖碑垫路。农民何至于如此无知呢?我这样想着,但是看到山坡上散乱的村舍,坡脚下零落的土地,村童们破旧的装束,再一转念,难道能怪农民无知吗?他们起早歇晚,终年劳作,以求饱暖,哪还有闲情逸致管你埋在地下的死者呢。从他们讥笑的眼神看来,似乎把我当作穷极无聊寻开心的人了。

这一次寻访,已是难忘。不久以后遇到的一个场面,更使我对这无碑的墓地感慨万端。那是在游览小孤山的时候。走进庙堂,我和同伴都为眼前的景象大为惊诧。在一座红绸幔围护着的木刻"娘娘"像前,七八个青年农民正在跪拜求签。签筒"叭、叭"响着,拿到黄表纸签条的人,正围着老和尚听那命运的神示。窗洞里射进一抹淡红的夕阳,给厅堂添上凄清神秘的色彩。空气里弥漫着一股劣质香味。我们站在堂上,好像社会一下倒(退)了几十年。看着夕阳中袅袅上升的青烟,我突然想起那荒洼里的孤坟,那孤坟里的灵魂。六十年前,这灵魂曾那样疾呼"民主和科学";六十年后,"民主和科学"竟依然不能打破这迷信的签筒。更有甚者,农民说,这新刻的"娘娘"像,从木刻匠人家运上山时,沿途百余里鞭炮不断,四乡里人无不顶礼膜拜。历史前进得多么艰难,又多么曲折。一尊木偶,引来这么多的崇拜者。而努力打破这木偶的人,自己的墓碑却被挖去垫路。我深为感叹,鲁迅先生当年写《药》

的愤激之情，我仿佛有了些微体会。

翻过年来，转眼到了清明。这期间，看到不少研究陈独秀的文章。又听说成立了陈独秀研究小组，于是我向人打听，可有什么部门，像允许刻木偶菩萨一样，允许为陈独秀立块碑石。据说，有人起了这个念头，石头都预备好了。但陈独秀身份未定，铭文难写，又不知以什么名义出面，所以事情又搁下了。

呜呼！善良又好心的人们，西子湖畔重修了岳王墓，舞台上摇摆着包黑子，庙里的菩萨也重塑了金身，唯独亲手拉开新民主主义革命帷幕的陈独秀，连一块石碑都无法留存，我真怕那个老农一死，后世的文学家、史学家又要挖洞刨坑，再打一场"京华何处大观园"的官司。民族气节固然要讲，泥佛木偶暂时也还有人相信。但是我觉得，有念叨"忠臣清官"的工夫，何如更多地宣传"民主和科学"；有重塑泥佛木偶的钱财，不如给陈独秀立上一碑，写下他的功过是非，使人们得以了解历史。这对尚欠进步的国家，对终年辛苦的农民，对四个现代化，岂不更有好处吗？

1981.4.18

而今不断有寻墓者到陈独秀墓前献一捧鲜花，留个影，归去后写篇美文悼之念之，固然可欣可慰。但20世纪80年代初有几人能如阎君有胆有识，为陈独秀大声疾呼呢？

每当重读这篇充满着青春气息的短文，我就想起陈独秀当年对青春的礼赞：

青年如初春，如朝日，如百卉之萌动，如利刃之新发于硎，人生最可宝贵之时期也。青年之于社会，犹新鲜活泼细胞之在人身。

青春是美丽的，青年学生永远是时代的良心与希望。阎君当年之短文，犹汝南晨鸡，登坛一唤，令师辈汗颜。作为老师，我没有理由不接受这青春的召唤，把陈独秀研究这大块文章尽力做好一点儿。

对于陈独秀，我的基本看法如前所述，认为他首先是文化领袖，其次才是政治领袖。就文化而言，他呼唤的科学与民主具有永恒的魅力；就政治而言，他则是个悲剧角色。

文人本色、文人风采，对其性格与命运影响甚大。可是长期以来，其文人风采为其政治身份所掩盖，不为学界所重视。因而从文学／文化角度来研究陈独秀，实属开创性的尝试。

国内陈独秀研究的基本队伍，是由党史界与近代史界人士组成。因而我多次在全国陈独秀研究会上发言时开玩笑说，我这个学中文出身的在这个队伍中是个"异己分子"。好在这里是"八仙过海，各显神通"。不才如我，非仙非道，本无神通，正好向各路神仙学习，更新自己的知识结构，力求从文学／文化的角度，勾画出一个更真实更丰满的陈独秀形象。这不正是陈独秀所提倡的学术独立、思想自由的学术境界吗？

五

当我做了种种准备，直到20世纪90年代中叶真的动手来写我想写的关于陈独秀研究文字时，虽陷入意想不到的困境，却又获得了意想不到的资助。前者指多次以陈独秀研究为题，向省教委申请科研立项而落空。我唯有咬紧牙关努力去做自己的事。到新世纪之初，我从文学／文化角度研究陈独秀的论文，在海峡两岸越发越多，一部专著的模样已经显现。实践证明，从此角度系统研究陈独秀，国内迄无他人。当我以《陈独秀文艺思想与实践研究》为题，经省教育厅（现已不叫"教委"了）冷处理之后，报给了省社科规划办。蒙他们开恩，批准了这项课题（项目批准号为AHSK01—02D050），令我感激不已，并加快了写作步伐。

六

一部著作的完成，除了作者自己的惨淡经营之外，尚有赖于社会各界的理解与支持。

拙著主要参考书目一百零八种，其中有相当一部分得之于师友无私援助。令我永远难忘的有两种：一为香港学者陈万雄先生所著《新文化运动前的陈独秀》，是研究陈独秀的力作，大陆难以见到。我冒昧写信求助于陈先生，不料香港书市上已"断货"，陈先生自己也"只留有一本样书"，于是他慨然影印一册赐我。一为台湾出版的《台静农先生珍藏书札》（一），收录陈独秀书信手迹百余封，还有诗卷、书法、自传手迹，堪称稀世珍宝。安徽大学沈寂教授知我四方求索，也慨然出示珍藏本，允我全部复印供用。我从中获益匪浅。

为及时从学界获取信息反馈，拙著在写作过程中有些章节曾先行见刊于相关杂志。最早的是《陈独秀论中国小说》，刊之于国内权威杂志《中国现代文学研究丛刊》1995年第三期。这是该刊所设唯一的一期"陈独秀研究专栏"（也许是国内文学研究类报刊中迄今为止的一次"唯一"），仅发两篇文章，拙稿是主编吴福辉先生从自然来稿中捞取的。他亲自致函于我，在充分肯定其论点论证之余对引文作了认真校勘，并就注释的规范化（旨在与国际接轨）问题与我作了精细的商讨。令我非常感激，并树立信心将这命题接着往下做。

海峡对岸的《古今艺文》杂志社社长瞿毅先生，更是多次拿出巨大篇幅，以显著版位推出拙作，而且每配以热情的"编者手记"将之介绍给读者。如云：

> 钟扬教授《世纪末的回顾——论"亚东版"古典白话小说的文化意义》，道出胡适、陈独秀、汪孟邹、汪原放四人，为古典白话小说争正宗地位而竭尽心力。放眼今日出版界，一切向钱看，与汪孟邹先生为推广文化而出书，何啻天壤？

（第二十四卷一期，1997年11月1日出版）

> 钟扬教授的《陈独秀与中国现代戏曲改革》，肯定陈氏对戏曲改革之贡献，这是被一般人所忽略的。

（第二十四卷四期，1998年8月1日出版）

> 陈独秀是中国共产党的创始人。"五四"时代被誉为青年导师，也是新文化运动的掌旗人，影响所及并不在胡适之下。钟扬教授之《曼殊善画工虚

写——陈独秀与中国绘画艺术》，对陈氏反传统绘画有深入之剖析，并认定陈氏可能开中国漫画之先河。

（第二十七卷一期，2000年11月1日出版）

这一期我们再推出钟扬教授之《书法由来见性真——陈独秀与中国书法艺术》，陈氏不只是思想家，书法亦精湛，其评汪精卫之书法"珊珊媚骨"，更见慧眼。

（第二十七卷二期，2001年2月1日出版）

钟扬教授写了一系列有关陈独秀的论著。这一次写到《陈独秀与中国新诗》，文中提到陈氏不但会写新诗，更不遗余力地倡导新诗之写作。

（第二十七卷四期，2001年8月1日出版）

钟扬教授的力作《幸有艰难能炼骨——论陈独秀的诗歌创作》，旁征博引得出结论：陈氏之诗"以盛唐诗风为底色，上染魏晋风度，下著宋诗色泽，兼有欧诗调剂，使之成为中国诗坛一枝独秀之奇葩"。

（第二十八卷三期，2002年5月1日出版）

钟扬教授，本刊的读者当不会陌生，他的每一篇文章都是掷地有声的。这篇《陈独秀与桐城谬种》道出民国八年"五四"运动前文化界新旧势力激烈缠斗的过程。如果北大不开除陈独秀，也许陈氏后来的思想不会严重的左倾；中国的发展将是另一番景象。

（第二十九卷二期，2003年2月1日出版）

面对这些美誉，我真是愧莫能当，只当作一种信息反馈，鞭策自己写得更好一点儿。不过上述云云，有的是瞿毅先生的借题发挥（如陈氏"左"倾说），并非在述说我的观点；但我仍尊重他作为杂志主编的这种独抒己见的权利。

为本书作序的，一为从延安走过来的老革命家、陈独秀之三子陈松年的中学同学叶尚志先生，一为陈独秀之孙女、陈松年之女陈长璞女士。他们别具一格的序言，使拙著大添光彩。叶序是冲天豪情与科学精神相结合的结晶，陈序则令我想起钟叔河先生策划"人人袖珍文库"时的一句名言:"都是父亲读过儿子还要读的书";不妨说,陈独秀也是这样一部耐人解读的大书,所以叫"永恒的话题"。

此外,本书在写作过程中,还得到过南京财经大学著作基金之资助。

对于所有支持过拙著写作的师友(包括单位),我谨于此双手合十深表谢意;当然,尤不能忘怀的是陕西人民出版社及责编刘景巍同志,他们的雅意与美丽的催促,曾是我写作的强大动力。

七

文人陈独秀,是个大题目,拙著所写仅其中的一个侧面。诸如陈独秀与西方文化,陈独秀与中国传统文化,作为编辑家的陈独秀,作为教育家的陈独秀等,几乎每个题目,都可另写一部专著。而陈独秀在文字学/音韵学方面的成就尤为卓著,理当做系统深入的研究。他未竟的杰作《小学识字教本》,经刘志成先生整理、校订,1995 年 5 月由巴蜀书社出版,本应是功德无量之举;然"《小学识字教本》上、下篇释字一千零九,共八百七十条,其中被刘君删改的竟超过二分之一以上",以致被视为"太离谱"(参见中国现代文化学会陈独秀研究会主办的 2001 年 6 月版《〈陈独秀研究〉简报》(1) 所刊吴孟明《陈独秀原著〈小学识字教本〉不应删改》),因而此书难以作为研究之信本。台湾 20 世纪 70 年代初经梁实秋作技术处理的影印本,虽改名为《文字新诠》,亦不署著者名氏,却是忠实于原作的。遗憾的是,我迄今未获见这个版本。因而这项研究暂时就做不成,况且文字学/音韵学研究皆非我之所长。只好阙如,以待来哲。

八

这本书之写作,虽不能说"字字看来皆是血",却真乃"十年辛苦不寻常"。若就相当集中的写作而言,则有两个时间与地点值得纪念。其 2000 年 10 月 9 日起撰于安庆师院月伴楼，2003年5月27日完稿于秦淮河畔凭淮轩。

九

全书写完，掩卷之余，我心头却有股挥之不去的遗憾。那就是总觉得对陈氏第二夫人高君曼的相关情节知之太少。高君曼是位受过新思潮熏陶的女性，她与陈氏的自由结合所历风风雨雨中定有许多可歌可泣的故事，关于她也应该有种种资料留存人间，然而我在写作本书的过程中竟连她的一张照片都未找着。难道她真的仅留一座孤冢伫立在雨花台旁？

令我惊喜的是，拙著交稿后不久，从《南学通讯》第十九、二十期合刊上读到金建陵先生的大作《新近发现的陈独秀妻子高君曼的两组诗》。金文云：

《民国日报》1916年（民国5年）1月22日在上海创刊，原为反对袁世凯而创办。主编邵力子、叶楚伧等人都是南社中人。《民国日报》的第十二版"艺文部"，更是南社同人发表诗、词的园地。陈独秀、高君曼伉俪虽未入籍南社，却与南社成员柏文蔚、张继、苏曼殊、王无生、刘三、沈尹默、谢无量、秦毓鎏等过从甚密，关系融洽。再说，发表高君曼的两组诗也是件雅事，朋友们自然会玉成此事。《月词》和《饯春词》这两组诗，不仅折射出陈独秀、高君曼的家庭生活，而且夫妇之间的感情世界，也可窥见一斑。

这样，金先生就为我们提供了一份认识高君曼精神世界的形象资料。我随即函请上海的友人，从上海图书馆查到原报，并校正了金文转述高诗的若干误植。现将高诗录于兹，以供天下同好鉴赏也。

月　　词

君　曼

嫩寒庭院雨初收，花影如潮翠欲流。

绣幕深沉人不见，二分眉黛几分愁。

倚窗临槛总成痴，欲向姮娥寄所思。
银汉迢迢官漏永，闲阶无语立多时。

寂寂春城画角哀，中宵扶病起徘徊。
相思满地都无着，何事深闺夜夜来。

蟾光如水浸帘栊，飞絮迷离罨画中。
鹦鹉不知漂泊惯，终宵轻薄骂东风。

沉沉院落镇黄昏，旧梦模糊剩泪痕。
落尽棠梨浑不管，和云和雨瘗春魂。

密云如殢望来迟，为拜双星待小时。
偷向丁帘深处立，怕他花影妒腰支。

春寒风腻冷银缸，竹翠分阴上琐窗。
记得凭肩花底坐，含情羞见影双双。

午夜轻寒冷翠裾，叶娇花媚影扶疏。
玉人帘底偷窥久，浑怪初三瘦不如。

画楼前后柳塘西，一碧澄鲜玉宇低。
我欲化身云万朵，妨他清洁着污泥。

影事如烟泪暗弹，钗痕依约粉香残。

伤心最是当前景，不似年时共倚阑。

这组诗见于《民国日报》1916年（民国5年）7月12日第十二版。

饯春词
君 曼

洛阳三月春犹浅，刚觉春来春又归。

若个多情解相忆，征鞍还带落花飞。

化碧鹃魂镇日啼，娇红姹紫怨何如。

抛人容易匆匆去，莫到江南又久居。

离离芳草连天远，绿断来时路几层。

欲倩杨花讯踪迹，可怜漂泊更无凭。

离筵惆怅日西斜，客舍留春转自嗟。

多恐明年消息早，归来依旧是天涯。

画楼垂柳碧丝丝，泪眼东风晓露滋。

莫遣玉人便知得，者番花事又荼蘼。

骊唱尊前未解愁，莺花蝶草尽风流。

碧城十二如天远，何处钟声何处楼。

羌笛凄凉怨玉门,春来春去了无痕。

年年载酒长安道,折得杨枝总断魂。

楼下花骢花下嘶,殷勤还与订归期。

问君更有愁多少,拼把年华换别离。

这组诗则见于《民国日报》1916年7月14日第十二版。

2003年10月16日钟扬记于清江花苑碧波园

·再版后记·

拙著自2005年初由陕西人民出版社出版以来，屡承相知师友谬夸。有书评多篇见诸报刊：陈辽《陈独秀：被遮蔽的文化领袖》（《中华读书报》2005年10月19日）、伯林《十年不辍的"陈独秀研究"》（《光明日报》2006年3月23日）、石楠《一本才子笔下的才子书——喜读石钟扬新著〈文人陈独秀〉》（《新安晚报》2005年5月6日）、任建树《陈独秀首先是文化领袖抑或政治领袖——读石钟扬新著〈文人陈独秀：启蒙的智慧〉》（《安庆师院学报》2006年1月）、淮茗《铮铮铁骨，文人本色——从石钟扬先生〈文人陈独秀〉一书说起》（台湾《古今艺文》第三十一卷第四期）、陈协《站在高耸的塔上眺望——读石钟扬教授〈文人陈独秀〉》（台湾《古今艺文》第三十一卷第四期）。江苏陈独秀研究会以此为话题，请来数十位学者在南京财经大学举行了一次研讨会；此外拙著还获得了北方十五省、市、自治区第二十一届哲学、社会科学优秀图书奖；而吴永坤、林修敏两先生则为之匡正误字多处。高情雅意，尤感于心。

此次再版，得李锐、冯其庸、陈铁健、叶尚志等著名学者赠诗相贺，更令拙著添彩。

李锐先生诗云：

　　峻岭崇山独秀峰，潮头敲响启蒙钟；
　　苏斯变节严批判，德赛当家世大同。

冯其庸先生诗云：

独秀当时一代雄，千秋史笔结终公；

　　何人获得无瑕璧，不见长城属祖龙。

陈铁健先生诗云：

　　往事迷离未足奇，不疑之处应有疑；

　　似明若暗理还乱，研史当无穷尽时。

叶尚志先生诗云：

　　龙山皖水一奇才，叱咤风云棘路开。

　　北国呼风掀巨浪，南天唤雨扫层霾。

　　文章呐喊通三昧，旗帜飘扬动九垓。

　　墓地萧然悲世杰，浮沉歧隅亦堪哀。

萧景星先生有诗：

　　墨妙兰亭句亦奇，近来工力更成时；

　　仲甫一自叨椽笔，声价应数十倍之。

庄严先生也有诗：

　　几度相逢识畹兰，近邻却少往还欢。

　　论诗取沥超前胆，治学能移傍左山。

　　放眼古今余一笑，骋怀江海逾三闲。

　　与君愿作调弦伴，曲度秦淮取次弹。

为省篇幅，拙著再版删去了若干章节与附录。两篇佳序，也忍痛割爱。

钟扬

2009.6.28 于秦淮河畔

・新版感言・

一

2012年金秋时节，在南京卧龙湖笔会上，邻座的一位作家听说我研究陈独秀，一脸郑重地说，给你推荐一本好书。我问是国内的吗？他说是。国内的我应该见过至少知道，请问书名。他说，《文人陈独秀》。我笑而不言。笔会的主角苏位东以戏剧行当的腔口插话：你知道对面坐的是谁吗？作家摇头未语。苏先生继续以戏腔说，哈，告诉你，他就是《文人陈独秀》作者石钟扬教授。作家起立与我握手，连道：幸会幸会。从此，我们成了朋友。

2013年也是金秋时节，我到台湾大学图书馆去拜读陈独秀江津时代致台静农的102封信和《实庵自传》手稿真迹。没想到特藏部主任郭女士事先摆了一本《文人陈独秀》在案台，等我签名留作馆藏。《文人陈独秀》中有相当篇章是先行在台湾杂志上发表的，接受台湾朋友的检阅。

《文人陈独秀》出版已经十年了。至今仍有朋友惦记着、阅读着、议论着，更时而有朋友向我索书……实令我欣愧交集。

二

今年乃《新青年》创刊一百周年。

在近代中国的思想历程中，五四新文化运动无疑是一次最为壮丽的精神日出。而《新青年》创刊的 1915 年 9 月 15 日，则是五四新文化运动的光辉起点。

百年历史证明，五四精神从未过时，陈独秀通过"天下第一刊"《新青年》播撒的科学、民主的种子，总要开花结果。

值此《新青年》百岁之际，拙著能在人民文学出版社以崭新的面貌问世，我无比欣慰。感谢刘国辉、王一珂等为拙著出版付出辛劳的朋友。

―――――――――

三

清明节前老母骨折，我独自回乡护理。

校阅《文人陈独秀》，是我侍母之馀的功课。数十年来第一次在故乡的老屋里摆弄自己的书稿。

故乡是长江边的一个小村庄。严阵《长江从我窗前流过》，是我"文革"回乡务农时百读不厌的诗章。如今远离城市的喧嚣和雾霾，坐在窗前阅稿，白天有布谷送唱，夜间有蛙鼓助兴，真是别有一番诗味在心头。

前人有言，文章千古事，得失寸心知。写作者多有自恋情结，其实文章未必能成千古事；而其得失（乃至生命）却真的要听知于读者之寸心，非徒作者自己。因而我于灯下深深感谢还在读我书的朋友。

钟扬

2015 年 5 月 9 日灯下于扬子江畔